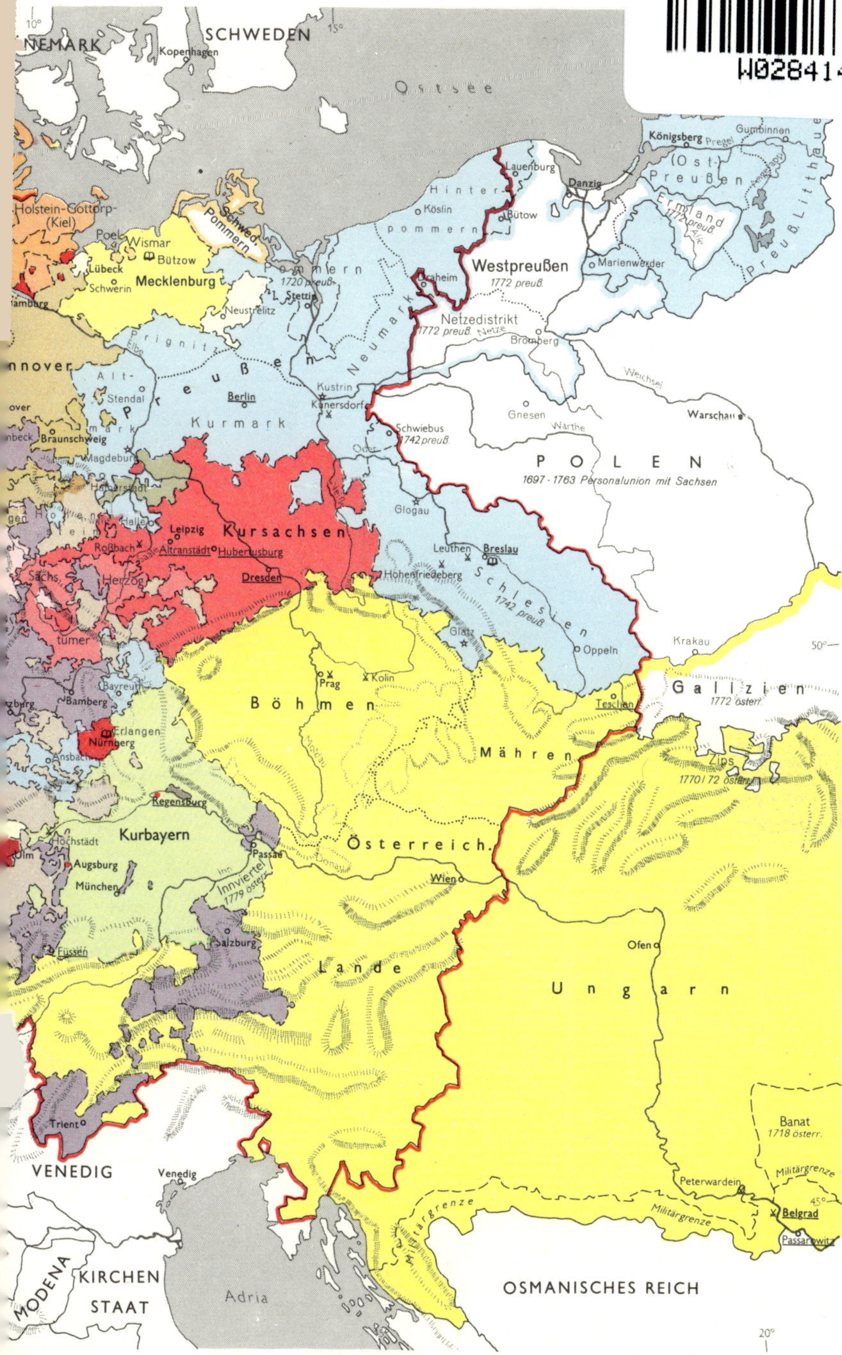
SCHWEDEN
NEMARK
Kopenhagen
Ostsee
Königsberg
Gumbinnen
Pregel
(Ost-)
Preußen
Lauenburg
Danzig
Hinter-
Köslin
pommern
Bütow
Ermland
1772 preuß.
Westpreußen
1772 preuß.
Marienwerder
Preuß. Litthauen
Holstein-Gottorp-
(Kiel)
Poel
Wismar
Bützow
Schwed.
Pommern
Lübeck
Mecklenburg
Schwerin
Pommern
1720 preuß.
Stettin
Draheim
Neustrelitz
Neumark
Netzedistrikt
1772 preuß.
Netze
Bromberg
Prignitz
Elbe
Preußen
Weichsel
Alt-
Stendal
mark
Berlin
Kurmark
Kustrin
Kunersdorf
Gnesen
Warthe
Warschau
Braunschweig
Magdeburg
Halberstadt
Schwiebus
1742 preuß.
Oder
POLEN
1697 - 1763 Personalunion mit Sachsen
Halle
Leipzig
Kursachsen
Glogau
Roßbach
Altranstädt
Hubertusburg
Leuthen
Breslau
Sachs.
Herzog
Dresden
Hohenfriedeberg
Schlesien
1742 preuß.
tümer
Glatz
Oppeln
Krakau
50°
Prag
Kolin
Bayreuth
Bamberg
Böhmen
Teschen
Galizien
1772 österr.
Erlangen
Nürnberg
Ansbach
Mähren
Zips
1770/72 österr.
Regensburg
Kurbayern
Höchstädt
Passau
Österreich.
Ulm
Augsburg
Donau
München
Innviertel
1779 österr.
Wien
Salzburg
Füssen
Ofen
Lande
Ungarn
Trient
Banat
1718 österr.
VENEDIG
Venedig
Militärgrenze
Peterwardein
Belgrad
Passarowitz
45°
MODENA
KIRCHEN
STAAT
Adria
OSMANISCHES REICH
20°
10°
15°

STUDIEN ZUR GESCHICHTE PREUSSENS

Herausgegeben von

Dr. Dr. h. c. Walther Hubatsch, o. Professor an der Universität Bonn

Band 18

Adolph von Menzel
Die Bittschrift
(1849, Schloß Hohenzollern)

Walther Hubatsch

Friedrich der Große und die preußische Verwaltung

GROTE

Mit einer Vierfarbtafel
und zwei mehrfarbigen Karten

Gesamtherstellung: Merkur-Druckerei 521 Troisdorf
Printed in Germany 1973
ISBN 3 7745 0297 8

Inhaltsverzeichnis

Anhang

Karten

1. *Deutschland im 18. Jahrhundert (1763)* im vorderen Buchdeckel (Farbige Doppelkarte M = 1 : 7,5 Mill., Weiterbearbeitung auf der Grundlage von Ernst Opgenoorth nach: Karten und Stammtafeln zur deutschen Geschichte, ULLSTEIN-Taschenbuch DG 16, hrsg. v. W. Hubatsch, 1972). Techn. Gestaltung: Inst. f. Kartographie, u. a. Bonn

2. *Preußen. Verwaltungsgrenzen 1779* im hinteren Buchdeckel (Entwurf: W. Hubatsch, technische Gestaltung: Erwin Fell)

Titelbild

Adolph von Menzel: Die Bittschrift (1849)
(Original im Schloß Hohenzollern. Colordiapositiv: Staatsbibliothek Berlin Preuß. Kulturbesitz, Bildarchiv)

VORBEMERKUNG

Dieses Buch über Friedrich den Großen ist keine Biographie, sondern eine Geschichte der friderizianischen Verwaltung vor dem Hintergrund der äußeren Staatsaktionen und der Persönlichkeitsentwicklung des Königs.

Die Arbeit fußt auf den ACTA BORUSSICA, deren systematische Auswertung für dieses Thema bisher noch nicht erfolgt war, ergänzt durch Archivmaterial aus früheren preußischen Staatsarchiven, besonders Berlin-Dahlem, Münster und Königsberg (jetzt Göttingen).

Die vorliegende Ausgabe erscheint mit freundlicher Genehmigung des Verlags Thames and Hudson in London, der das Werk zuerst unter dem Titel "Frederick the Great — Men in Office" mit reicher Bebilderung im Jahre 1973 herausbrachte. Frau Prof. Ragnhild M. Hatton - London sei auch an dieser Stelle für Anregung, Förderung und kritische Hinweise gedankt.

Bonn, am 24. Januar 1973

Prof. Dr. Dr. h. c. Walther Hubatsch

EINLEITUNG

König Friedrich II. der Große von Preußen ist bisweilen mit König Karl XII. von Schweden verglichen worden, dem nordischen Kriegsfürsten, der fast noch sein Zeitgenosse war *. Es ist indessen dem Altmeister unter den britischen Historikern, George Peabody Gooch (1873—1968), der die bisher letzte große Friedrich-Biographie geschrieben hat, zu verdanken, daß er entschieden auf die Vielseitigkeit der Persönlichkeit des Preußenkönigs hinwies. Sein Feldherrntalent ist unbestritten, seine (in der Hohenzollernfamilie oft anzutreffende) musikalische Begabung eine ästhetisch-liebenswürdige Komponente, die nicht die eigentlichen Herrschereigenschaften ausmachen kann; den staatsmännischen Gepflogenheiten des Kontinents steht der Engländer fern, so dominiert in seinem Friedrich-Bild der geistreiche Schriftsteller. Doch würden unsere Vorstellungen von dem bedeutendsten Herrscher Preußens damit noch recht unvollständig sein. Es war eine historiographische Tat, wenn Gooch sehr mit Recht von den Einseitigkeiten abgelenkt hat, die in der landläufigen Geschichtsauffassung Friedrich dem Großen zunehmend nicht mehr gerecht werden konnten. Unter seinen wirklich königlichen Eigenschaften tritt die Verwaltung seines Staates als eine der bedeutsamsten Leistungen hervor, der Friedrich sich zeitlebens mit Eifer und wahrer Hingabe gewidmet hat, ohne daß diese Seite seines Wesens bisher zureichend und im Zusammenhang gewürdigt worden wäre. Unter den Voraussetzungen, aber auch den Begrenzungen, die im 18. Jahrhundert gegeben waren, wird nach dem Erreichbaren zu fragen sein, und es wird geprüft werden müssen, welche Anlagen Friedrich für diese Herrscherpflichten mitbrachte, wie er in sie hineinwuchs und zu welchem Ziel er sie zu entwickeln vermochte.

Damit ist das Problem der Persönlichkeit in ihrer geschichtlichen Wirkung angesprochen. Von Natur aus war Friedrich impulsiv, und bei allem Bemühen, sich selbst zu rationalisieren, brachen die unreflektierten Eigenschaften seines Charakters immer wieder durch. Er befand sich in einem ständigen Kampf mit seinen Einfällen, Leidenschaften, Einseitigkeiten; er vollzog schwierige Verwaltungsgeschäfte oft ohne sorgsame Prüfung mit Ungestüm und Hast; er behielt stets eine Neigung zur Überspitzung, zum

* Den Vergleich bringt Otto Haintz: Karl XII., 2. Aufl. Berlin 1958 im 1. Band. Vorher Thomas Carlyle in Abschnitt IX Kap. 2 seines Buches über Friedrich d. Gr. — König Friedrich hat sich selbst mit Karl XII. in Briefen, Schriften und Politischen Testamenten beschäftigt und hat dem Schwedenkönig in kritischer Distanz zu Voltaires Biographie eine Studie gewidmet, in der aus der Erfahrung eigener Feldzüge den militärischen Talenten König Karls ebenso eine gerechte Würdigung zuteil wird wie der (vielleicht notwendigen) Einseitigkeit seiner politischen Zielsetzung. — Siehe weiter unten S. 124. Jetzt grundlegend: Ragnhild Marie Hatton: Charles XII of Sweden. London 1968.

Aperçu; wiederholt brach bei ihm das Vergnügen an der ironischen, bis zur Bosheit sich steigernden, schroffen, ja verletzenden Pointierung durch. Auf seine Umgebung hat er zuweilen leutselig, auch rührend menschlich gewirkt, meist jedoch herrisch, launenhaft, willkürlich, treibend, in Details sich zersplitternd. Und doch gelang es ihm, alle diese Dämonen, da er um sie wußte, auch wieder zu bändigen. Der König konnte eine bewundernswerte Zähigkeit und Geduld aufbringen, eine Pünktlichkeit und Rechenhaftigkeit von höchster Präzision und Genauigkeit; er vermochte sich eine klare Überschau des Ganzen zu erhalten und unzählige Einzelheiten in große Zusammenhänge einzufügen. So suchte er nach einer wohl abgewogenen, vernünftigen Ordnung der Staatsgestaltung, nach einem System, das organischer sein sollte als ein Schematismus. Der angeblich allgegenwärtige, einsame Entscheidungen treffende Monarch war und blieb angewiesen auf seine Mitarbeiter bis in die untersten Ränge der königlichen Bediensteten hin, die vieles ausgleichen konnten, die Kanten abschliffen, die Schroffheiten und auch das Tempo milderten — alle zusammen vom gleichen Ziel beseelt, den Dienst am Staat zu leisten, in gemeinsamer Anstrengung seine Mittel und Möglichkeiten zu erschließen zur Betreuung des abstrakt verstandenen, fiktiv vorgestellten Untertanen, dem ein Höchstmaß an Menschlichkeit und Gerechtigkeit zuteil werden sollte.

Friedrichs Staatsmannschaft hatte sich dem Gang der politischen Ereignisse anzupassen, seine Feldherrnkunst parierte die Gefährdung von außen; als letztes und dauerndes Ergebnis der Regierungszeit blieb das Objekt der Verwaltung. Verwaltung aber war wie stets so auch in der friderizianischen Zeit ein ständiger, beweglicher Prozeß, ein Wechselspiel zwischen Herausforderung und Antwort, ein dynamisches Spiel nach Regeln, deren Bedingungen sich stets veränderten. Nicht nur das Objekt, sondern auch der Träger der Verwaltungsarbeit war dem unterworfen. Es würde nicht genügen, wie in einem Entwicklungsroman die Persönlichkeit lediglich bis an die Schwelle der Reife zu verfolgen: der Kampf beginnt erst danach. Es ist ein unblutiger Kampf um Erwerbsmittel, um den ausgewogenen Haushalt im Staat, in Provinzen und Gemeinden, um die Schaffung von Siedlerstellen, um öffentliche Bauten, um Manufakturen und Handel, um Kornspeicher, um Kodifikationen und Menschenbildung. Es ist der Kampf eines sich persönlich verantwortlich fühlenden Königs in der Polarität zwischen Herrschen und Dienen.

I.
ALS KRONPRINZ

1. Bei der Kammer in Küstrin und beim Regiment

Der Beginn der Verwaltungstätigkeit Friedrichs läßt sich auf den Tag genau angeben. Es war der 20. November 1730, als der Kronprinz von Preußen, als solcher rehabilitiert, sich zum Dienstantritt bei der Neumärkischen Kriegs- und Domänenkammer in Küstrin meldete. Damit war nach der — äußerlichen — Unterwerfung unter den Willen des Königs eine Episode beendet, die aus persönlichen Krisen eine Staatskrise heraufbeschworen hatte. Die unerfreulichen Familienverhältnisse im preußischen Königshause wird man nicht allein dem jähzornigen Vater zuzumessen haben. Die aus Gründen der Staatsraison zweimal von den Hohenzollern eingegangene Ehe mit dem stolzen Welfenhause — bei dem Kronprinzen Friedrich nochmals in einer Nebenlinie fortgesetzt — hatte zu inneren dynastischen Vorbehalten der zuletzt mit England verknüpften Hannoveraner geführt. Schon die Königskrönung Friedrich I. wäre durch die noch am Vorabend demonstrierte Weigerung seiner welfischen Gemahlin beinahe nicht erfolgt; und Königin Sophie Dorothea hat oft genug am Berliner Hof das englische Vorbild herausgestrichen, so daß es auf den jungen Friedrich nicht ohne Eindruck auf seine leicht erregbare Phantasie bleiben konnte. Zweifellos sind die Kinder gegen den Vater voreingenommen gemacht worden, und in den zahlreichen Intrigen, Verstellungen und Heimlichkeiten fand sich Friedrich mit seiner Schwester Wilhelmine in einer vertrauten Bundesgenossenschaft, die ihr Leben lang anhielt. Friedrich Wilhelm I., der mit dem hohlen Pomp und dem teuren Luxus des väterlichen Hofstaates sofort aufgeräumt hatte, als er die Regierung übernahm, sah in dem überzarten Knaben, dem er einst sein Erbe anvertrauen sollte, einen in französischer Manier gezierten Schöngeist mit poetischen und flötenmusikalischen Neigungen, der jeder ernsteren Forderung geschmeidig auswich. Beunruhigt fragte sich der König, was in dem kleinen Kopf vorging. War es ein böses Vorzeichen, daß er den Namen seines Großvaters trug und mit ihm die leichte Lebensauffassung wiederkehren würde, die ein Staat wie Preußen, wenn er sich behaupten und vergrößern wollte, sich nicht erlauben konnte? Friedrich Wilhelm I., der nicht nur Maskeraden, Redouten, Komödien verbot, sondern auch die geistliche Musik aus den Kirchen entfernt wissen wollte, weil sie die Gemeinde nur beschäftige, aber nicht bessere, hatte bei seinem Vater zeitweise heftige pietistische Neigungen festgestellt, denen er selbst anhing, bei dem Kronprinzen aber gänzlich vermißte. Alle Sorgen und inneren Nöte, alle Wünsche und heißen Erwartungen kondensierte er in der eigenhändig niedergeschriebenen Instruction für seinen Nachfolger aus Anlaß seines 10. Geburtstages 1722, an dem Friedrich mit dem Leutnantsrang in die preußische Armee aufgenommen wurde. Aber auch dieser Bindung entzog sich der Knabe, ebenso wie der Konfirmandenunterricht ihn zum Schmerz des Vaters innerlich nicht berührte. Friedrich Wilhelm wollte den Sohn öfters bei sich sehen; er nahm ihn auf seine Besichtigungsreisen mit, so 1726 in die westfälischen Provinzen und nach Königsberg und 1728, allerdings erst auf dringliche Bitten des Gastgebers, an den Dresdener Hof. Hier tat sich dem Kronprinzen eine neue, von Berlin und Potsdam grundverschiedene Welt auf: die leichte Galanterie, der unverbindliche schöne Schein, die spielerische Lebenslust und — die Musik. Für Friedrich wurde die Rückkehr zu Strenge und Kargheit zur Qual. Die Rechnungsführung selbst seines kleinen Taschengeldes war ihm verhaßt; unbedenklich machte er Schulden. Die Vorstellung verstärkte sich, daß er es überall besser haben könne, zumal Trotz und Widersetzlichkeit den Vater zu Mißhandlungen reizen und ihn in hilfloser Wut Forderungen stellen lassen, die Fritz, durch die Mutter gedeckt, glatt verweigert. Die Katastrophe kommt, als der 18jährige Kronprinz im August 1730 bei dem Fluchtversuch nach England ertappt wird, das Kriegsgericht den Prozeß wegen Desertation zum Abschluß brachte, Friedrich in Festungshaft genommen und sein Mitverschworener Katte hingerichtet wurde. Mit einem alttestamentlichen Gerechtigkeitssinn hatte der König auf der Vollstreckung des Urteils bestanden, ohne Ansehen der Person, um die Disziplin der Armee nicht anzutasten.

Aber der Kronprinz blieb nicht in beschäftigungslosem Gewahrsam. Jetzt — zum ersten Mal — hatte der Vater ihn wirklich in der Gewalt. Und die nutzte er, um dem Sohn, noch nicht zu spät, diejenige Ausbildung zu geben, die er als sein Nachfolger im Regentenamt benötigte. Friedrich nimmt nunmehr unter Anleitung von Kammerdirektor Hille an den Sitzungen des Kammerkollegiums in Küstrin teil, wird nachmittags mit Abschreibarbeiten beschäftigt und soll sich in die Akten einlesen (so wie ihm einst als Zehnjährigem eine Auswahl von Fürstenbriefen vorgelegt worden war, damit er den Inhalt von Haupt- und Staatsaktionen und den Korrespondenzstil kennen lerne). Jede andere Lektüre wurde untersagt, damit der immer noch Ausweichende zu einer intensiven Hauptbeschäftigung veranlaßt wurde. Wenn der „Herr Auskultator" lesen wolle, so seien im Küstriner Archiv genügend interessante Akten aus der Zeit des Markgrafen Hans oder des Kurfürsten Friedrich Wilhelm zu finden; verboten sei dagegen das Studium von Fortifikationsplänen, denn das könne nur als „Amusement" gelten. Selbst die Gesprächsthemen mit seinen Ausbildern waren vorgeschrieben: „. . . von göttlichem Wort, von der Landesverfassung, von Manufakturen, Polizeisachen, Bestellung des Landes, Abnahme von Rechnungen, Raisonnements über Pachtungen, imgleichen Prozeßordnungen . . .“. Der Lebenszuschnitt blieb einfach ohne Abwechslung, für einen Achtzehnjährigen entsetzlich langweilig, aber ebenso hart wie nützlich. Zum ersten Mal sah der zukünftige Regent in den täglichen Arbeiten der Kammer das Wirtschaftsleben und die Steuer, das Vertragswesen und die Personalien, die Verwaltungsebene der Über- und Unterordnung. Die Haushaltsführung für sein eigenes bescheidenes Taschengeld lernte Friedrich jetzt endlich nach vielen vorangegangenen Fehlschlägen ordentlich und zur Zufriedenheit seines Vaters vorlegen.

Neun Monate dauerte diese einförmige Tätigkeit, da hatte Friedrich seines Vaters Verzeihung erlangt. Die nächste Stufe seiner Ausbildung war jedoch nicht weniger genau überlegt und geregelt. Die Teilnahme an den Sitzungen der Kriegs- und Domänenkammer unter Leitung des Präsidenten v. Münchow wurde auf dreimal wöchentlich beschränkt. Eine vorgeschriebene Anzahl von Domänenämtern sollte nun regelmäßig aufgesucht und die praktische Wirtschaftsführung dort gelernt werden: Pflügen, säen, ernten; Viehzucht und Bierbrauen, aber auch ökonomische Wirtschaftsführung sind Lehrgegenstände, und zur Erholung dienten Entenjagden. Der pietistische Rahmen fehlte nicht: Morgen- und Abendandachten mit Singen und Beten, Verlesung der Schriftstelle in „gebührender Andacht und Devotion“. Noch hing er — insgeheim — der radikalen Prädestinationslehre an, und das Problem der Grenzen menschlicher Entscheidungsfreiheit sollte ihn zunehmend beschäftigen und ihm ein mit Schaudern gemischtes Interesse abfordern. Aber dem Vater durfte davon nichts zu Ohren kommen. Im Gegenteil: Der Kronprinz glich sich völlig den Wünschen des Königs an. In sehr bemerkenswerten Briefen zwischen Mitte August 1731 und Ende Februar 1732 zeigte ihm Friedrich, was er gelernt hatte. Zahlreiche Beobachtungen und Vorschläge zur Wirtschaftsführung des Amts Wollup und des Vorwerks Carzig, zu Bodenverhältnissen, Verbesserung von Ställen und Wiesen, zur Berichtigung des Pachtvertrags mit Marienwalde, wo er eine Glasbrennerei anlegte, mögen von seinen Ausbildern mitberaten worden sein. Aber Friedrich bewies, daß er in der Materie zu Hause war und sich sachgerecht ausdrücken konnte. Schließlich hat er in gleichzeitigen Privatbriefen, die nicht für seinen Vater bestimmt waren, ein plötzlich erwachtes Interesse für die Angelegenheiten des Staates gezeigt. Dort taten sich Perspektiven auf, die weit über die Ökonomie einer Domänenkammer hinausgingen. Es ist kein Zweifel, daß das Küstriner Jahr in Friedrich die Wendung zum Staat herbeigeführt hat.

Am 26. Februar 1732 verließ der Kronprinz Küstrin, um in Berlin die vom König befohlene Verlobung mit der Prinzessin Elisabeth Christine von Braunschweig-Wolfenbüttel zu vollziehen. Franz Stephan, Herzog von Lothringen, der spätere Gemahl der Kaiserin Maria Theresia, hatte dabei die Rolle des Brautwerbers übernommen. Danach hatte Friedrich Wilhelm für seinen zwanzigjährigen Sohn einen weiteren Ausbildungsabschnitt vorgeschlagen. Bereits im Dezember 1731 war der Kronprinz wieder in die Armee aufgenommen worden; er trug die Uniform eines Obersten und Chef des Infanterie-Regiments Christoph Heinrich von der Goltz, das in Nauen und Neuruppin in Garnison stand. Am 29. Februar 1732 offiziell übernommen, hat das Regiment bis zum 5. April noch auf das Eintreffen seines kronprinzlichen Kommandeurs warten müssen. Auch hier wieder zunächst die Abwehr gegenüber der neuen Aufgabe, ausgedrückt in ironischen Bemerkungen über die „Universität Potsdam" als der „hohen Schule der Drillkunst". Noch von Nauen aus schreibt Friedrich an den Generalkriegskommissar Friedrich Wilhelm von Grumbkow, seinen Mentor aus der Küstriner Zeit: „Wir exerzieren hier comme il faut, neue Besen kehren gut, ich muß doch meine neue Würde illustrieren und zeigen, daß ich ‚ein tüchtiger Offizier' bin." Und aus der neuen Garnison Neuruppin am 23. Oktober 1732: „Ich widme mich dem Regiment; viel Exerzieren; die wirtschaftlichen Aufgaben, die mir der König gestellt hat, geben mir auch zu tun; dann kommt die Essenszeit, dann die Parole; darauf fahre ich entweder auf irgendein Dorf oder unterhalte mich mit Lesen oder Musizieren. Um sieben Uhr komme ich mit den Offizieren zusammen, da spielen wir Karten. Um acht Uhr esse ich, um neun ziehe ich mich zurück, und so vergeht ein Tag wie der andere." Kaum anders heißt es im Frühjahr 1733: „Ich komme vom Exerzieren, ich exerziere, ich werde exerzieren. Das sind alle Neuigkeiten, die es zu berichten gibt, indessen liebe ich es sehr, mir einige Augenblicke zur Erholung zu gönnen, und ziehe vor, hier von der Morgendämmerung bis zur Abenddämmerung zu exerzieren, als zu Berlin als reicher Mann zu leben."

In den „Denkwürdigkeiten zur Geschichte des Hauses Brandenburg" (1751) schrieb Friedrich im Rückblick auf diese Zeit: „In allen Regimentern wurde das Offizierskorps von Elementen gesäubert, deren Herkunft oder Führung sie zu einem Handwerk von Ehrenmännern ungeeignet machte. Seitdem duldete das Ehrgefühl der Offiziere nur noch Männer ohne Tadel unter ihresgleichen. — Das Exerzieren spielte sich folgendermaßen ab: Zunächst wurden die Griffe geübt. Dann wurde zugweise und divisionsweise gefeuert. Dann wurde unter langsamem Vorrücken in gleicher Weise gefeuert, ebenso im Zurückgehen. Danach wurden zwei Karrees formiert, ein vor dem Feinde unausführbares Manöver. Den Schluß bildete ein ganz unnützes Heckenfeuer. Immerhin wurden alle Übungen im Bataillon schon mit der Präzision eines tadellosen Uhrwerks ausgeführt." Als militärischer Mentor war dem 21jährigen kronprinzlichen Kommandeur vom König der 38 Jahre alte Oberstleutnant Kaspar Ludwig von Bredow beigegeben, ein taktvoller Offizier, dem Friedrich als „Aufpasser" zunächst mit Unrecht mißtraute; er schloß sich daher lieber seit 1734 an den Obersten von Camas (1688—1741) und den Ingenieur-Major Senning (1677—1743) an, die Friedrichs eigentliche Lehrer in Militärwissenschaften und Fortifikationskunde wurden. Daneben einher ging ein ausgedehntes Studium antiker Schriftsteller in französischen Übersetzungen, um aus ihnen weniger die wechselnde Technik als vielmehr die grundsätzlichen Elemente der Kriegskunst zu lernen.

Neuruppin, die „geliebte Garnison", wie Friedrich halb seufzend, halb ironisch sagte, war eine unbedeutende, öde, kleine, keineswegs saubere Landstadt, die der König, so gut es ging, für den Aufenthalt des I. Bataillons des Kronprinzen-Regiments erst noch herrichten ließ. Der kronprinzliche Kommandeur nahm Quartier neben dem Haus des Kürassier-Obristen v. Wreech, dessen Gattin auf Schloß Tamsel der damalige Auskulator Friedrich in Küstrin gehuldigt hatte. Außerhalb der Wälle von Neuruppin schuf sich Friedrich einen Garten als ländliches Refugium — freilich keine Idylle, da die Regimentskameraden ihren Kommandeur zu manchen rohen Schwänken und Streichen verlockten. Jedoch hat Friedrich, immer noch ein oft kränkelnder, schmächtiger Knabe, mit der ihm eigenen Souveränität geistiger Überlegenheit das für ihn Un-Wesentliche bald abgestreift. Komödianten, Lektüre, Musik und Kompositionen füllten seine Freizeit, ohne ihn zu befriedigen; hochgesteigerte Empfindlichkeiten hielten ihn in einem Zustand reizbarer Nervosität. Er hatte das heiße Verlangen, sich als Person und in seiner Tätigkeit bestätigt zu fühlen und brannte vor Ehrgeiz. Das Gewicht des gleichmäßigen und strengen Dienstes hinderte die ersehnte Selbständigkeit bei jedem Schritt. Den Zwiespalt zwischen einer öden, körperlich anstrengenden Wirklichkeit und der leichten Traumwelt aus Musik und Poesie vermochte er noch nicht aufzulösen. Zudem ließ ihn der Vater nicht aus den Augen.

Friedrich durfte die Verwaltungsaufgaben nicht vergessen, und bei der Arbeit mit dem neuen Pachtanschlag für das Amt Neuruppin, der ihm vom König aufgetragen war, hat er zunächst wieder Ausflüchte gehabt; zuletzt aber war er zu ehrgeizig, um sich die Sache von anderen abnehmen zu lassen. Doch das blieben Gelegenheitsbeschäftigungen, ebenso die Überwachung der Ansiedlung von Schweizer Kolonisten im Amt Ruppin, der Besichtigung der Spiegel-Manufaktur in Neustadt/Dosse und der Glashütte in Zechlin.

Bis zu seinem Regierungsantritt war Friedrich Chef des Regiments geblieben und hat es am 1. Juni 1740 zum Regiment Garde ernannt. Die tatsächliche Führung hatte der Kronprinz bereits im Herbst 1736 weithin abgegeben. Aber in den viereinhalb Jahren, nur durch seine Hochzeit im Juni 1733 unterbrochen, hat der Kronprinz das Kommando tatsächlich ausgeübt. Auch diese Aufgabe hat Friedrich ernster genommen als seine Äußerungen erscheinen lassen, und sich für sein Regiment auch in den nächsten sechs Jahren während der Exerziermonate verantwortlich gefühlt. Jedes der beiden Bataillone in Neuruppin und Nauen zählte 20 Offiziere, 55 Unteroffiziere, 3 Pfeifer, 15 Tambours und 540 Musketiere, dazu je eine Grenadierkompanie von 108 Mann. In seinen Anweisungen an die Kompanie-Chefs gab der Kronprinz-Kommandeur 1737 Richtlinien für die Ausbildung und kümmerte sich um Einzelheiten der Ausrüstung, vor allem des Schuhwerks. An Voltaire schrieb Friedrich 1739, er übe sich in der Kunst, Menschen zu erziehen: „ein beständiges Studium des menschlichen Geistes mit dem Endzweck, die stumpfesten Seelen für den Ruhm empfänglich zu machen, aufsässige und unruhige Gemüter unter die Zucht zu beugen, lockere Burschen, Libertiner und Verbrecher sittlich zu heben. So undankbar diese Aufgabe scheinen kann, man tut sie mit Vergnügen". Vor der Regimentsbesichtigung durch den König hatte der Kronprinz allerdings ein unbehagliches Gefühl: Er fürchtete, „nichts zu erreichen, und wenn wir uns halb tot exerzieren." Aber Friedrich Wilhelm sah den Sohn körperlich fester und sicherer werden; er spürte sehr wohl die Bemühungen und hielt mit der Anerkennung gegenüber dem infanteristischen Ausbildungsfachmann der Zeit, dem Fürsten Leopold von Anhalt-Dessau, nicht zurück: Des Kronprinzen Regiment sei nun „in besserer Ordnung, gute Rekruten und alles sehr schön". 1735 umarmte der König den Sohn vor den aufgestellten Truppen und beförderte ihn zum Generalmajor.

Friedrich hatte Gelegenheit gehabt, von Juli bis August 1734 aus Anlaß des Polnischen Erbfolgekrieges mit dem preußischen Hilfskontingent im Hauptquartier des alten Prinzen Eugen bei Heidelberg zu erscheinen. Doch hatte dieser Besuch im Feldlager und der Verlauf des Kriegszuges eine ganz unbeabsichtigte Wirkung: Friedrich, der kritische preußische Regimentskommandeur, war trotz aller Hochachtung für den alten österreichischen Feldherrn nicht von der Güte und Schlagkraft von dessen Instrument zu überzeugen. Gewiß war es eine oberflächliche, vielleicht sogar leichtfertige Einschätzung; sie genügte, um schwerwiegende Folgen daraus abzuleiten. Mit Kenntnissen, aber noch geringen Erfahrungen in Verwaltung und Militärwesen ausgestattet, träumte der 22jährige Kronprinz jetzt schon von der Stufenleiter des Ruhms, nach dem sein Ehrgeiz sich sehnte.

2. *Ostpreußen und Rheinsberg*

Friedrich war zu seinem Regiment nach Neuruppin zurückgekehrt. Freilich nicht, um in den Kleinlichkeiten des Gamaschendienstes aufzugehen, sondern um die sorgfältige Ausbildung im Detail einem höheren Zwecke nutzbar zu machen. Die Eindrücke aus dem österreichischen Feldlager, so wenig sie seinen Vorstellungen entsprechen mochten, wirkten in ihm nach. Als der greise Prinz Eugen im Frühjahr 1735 sich anschickte, den Feldzug am Rhein wieder aufzunehmen, drängte es Friedrich dorthin. Er hatte von dem alten Feldherrn, der ihn bevorzugt ins Gespräch gezogen hatte, ein

Bild lebendiger Geschichte empfangen, in Dimensionen menschlicher Größe und unvergänglichem Ruhm, die er auch für sich begehrenswert hielt. Vielleicht konnte er, an der Spitze eines besser disziplinierten Militärkontingents als es die Österreicher besaßen, mehr Initiative, Kühnheit und Entschlossenheit beweisen und sich damit einen Namen machen. Im Mai 1735 bat der Kronprinz, der König möge ihm gestattten, zur kaiserlichen Armee zu ziehen, wie andere junge ehrgeizige Fürsten es auch täten; die vorjährige Kampagne sei schlecht genug ausgefallen, um jetzt noch zu Hause zu bleiben. Dafür sei er auch nicht von seinem Vater zum Soldaten ausgebildet worden, um faule Tage zu genießen. — Aber der Sommer verstrich, ohne daß die Erlaubnis eintraf. Friedrich Wilhelm hatte viele Gründe, sich zurückzuhalten. Das bisher gute Verhältnis zum Kaiserhof war erkaltet; in Berlin hatte man den Eindruck, hintergangen und ausgenutzt worden zu sein. Am liebsten wäre Friedrich Wilhelm mit einem fünffach stärkeren Kontingent stracks auf den Niederrhein zu marschiert, um seine Anwartschaft auf das bald anfallende Erbe von Jülich zu demonstrieren; doch dafür fühlte er sich zu krank und schwach. Der Thronfolger, so befürchtete er, würde im österreichischen Lager wieder selbständige Politik anfangen und zum Werkzeug der Wiener Diplomatie werden; zudem schmerzte ihn der zunehmende körperliche und geistige Verfall des alten Waffengefährten von Höchstädt und Malplaquet: in dieser Verfassung sollte Friedrich den Prinzen Eugen nicht in Erinnerung behalten. Als der Kronprinz Ende August aus Neuruppin sein Gesuch dringend wiederholte, der Vater möchte bedenken, „daß ich ein junger Mensch bin und, wenn ich jetzt nicht Lust was zu lernen hätte, es danach mit mir würde zu spät sein, wenn ich alt werde", lehnte der König rundweg, aber mit freundlichen Worten ab. Er bot ihm als Ersatz eine „Lustreise" nach Preußen an, „um die dortige Ökonomie und Landesart zu examinieren und kennenzulernen, auch dabei zu sehen, woran es fehlt, daß es bisher dort nicht recht gehen wollte; welches Euch sehr nützlich sein kann, alles, was dort sowohl bei den Städten als auf dem Lande und in den Ämtern vorfällt, recht einzusehen, weil Ihr doch dereinst dies Land beherrschen müßt . . . Ihr sollt autorisiert werden, Euch bei der Kriegs- und Domänenkammer und überall, wo es nötig, von allen Umständen genau zu informieren. Die Regimenter, so in Preußen sind, sollt Ihr bei dieser Gelegenheit gleichfalls besehen, ob sie in Ordre sind, wie ich es haben will, da Ihr denn alles redressieren könnt, was in der Ordre fehlt." Das war die Instruktion an einen Stellvertreter. Schon im Vorjahre hatte anläßlich einer plötzlichen Erkrankung der König einen Teil seiner Regierungsfunktionen vorübergehend an den Kronprinzen übertragen lassen. Nunmehr wollte er ihn in seine Hauptbeschäftigung eingeführt wissen, in das Retablissements-Werk Ostpreußens. Diese Provinz war seit 1709 in mehreren Wellen von einer furchtbaren Pest heimgesucht worden, die in den nördlichen Kreisen das menschliche Leben fast zum Aussterben gebracht hatte. Seit seinem Regierungsantritt war Friedrich Wilhelm I. bemüht, mit den Mitteln des Gesamtstaats materiell zu helfen und den Wiederaufbau nach einem großzügigen, sich über zwei Jahrzehnte erstreckenden Plan persönlich zu leiten. Dazu diente die Ansiedlung von Zehntausenden von Bauernfamilien, die aus den Nachbargebieten, aber auch durch königliche Einladungspatente aus der französischen Schweiz, aus Nassau, der Rheinpfalz, aus Magdeburg-Halberstadt und in besonders großem Umfang aus Salzburg nach Preußen kamen. Die Bevölkerung Ostpreußens wuchs in der Regierungszeit Friedrich Wilhelms I. um 160 000 Menschen auf 600 000 Einwohner. Es war verständlich, daß dieses nicht ohne Mühe und Rückschläge vor sich ging. Die größten Krisen waren überwunden, aber fast jährlich begab sich der König in das Aufbaugebiet, um an Ort und Stelle die nötigen Maßnahmen einzuleiten. Weil seine Krankheit ihn 1735 daran hinderte, sollte der Kronprinz nach dem Rechten sehen; hatte doch Friedrich Wilhelm befohlen, daß das Bildnis des Königs in den Amtsstuben der Domänenkammern die Erinnerung an ihn stets wachzuhalten habe. Dem Kronprinzen sollten die Behörden „alles Verlangte zeigen, auch von allem Rede und Antwort geben und das, was er hier und da erinnern und befehlen wird, so exequieren, als wenn Seine Majestät es selbst mündlich befohlen hätten." Insbesondere war zu prüfen, ob und wofür die preußische Kammer ein beantragtes Extraordinarium von 175 000 Talern wirklich dringend brauchte.

Friedrich fügte sich, wenn auch mit innerem Widerstreben: „Eine Sendung nach Preußen ist etwas anständiger als eine Sendung nach Sibirien, aber nicht viel." Immer noch suchte er auszuweichen; auch jetzt kamen die Ansichten von Vater und Sohn nicht überein. Aber am Tage nach seiner Ankunft in Marienwerder besichtigte der Kronprinz die dort stehenden Eskadronen des Kürassierregiments von Buddenbrock. Er ließ sie Revue passieren mit den Augen seines Vaters und schrieb noch am gleichen Tage an diesen: „Die Kerls reiten wie die Puppen", versicherte, daß „bei guter Ordnung und Propreté bei dem Regiment nichts fehlt", obwohl vor einiger Zeit die rote Ruhr grassiert habe. Auch vergaß er nicht, einige besonders hochgewachsene Rekruten zu erwähnen. Weitere Berichte bezogen sich auf die Domänen und Dörfer. Über Mohrungen, Bartenstein, Angerburg ging es nach Gumbinnen. Dort blieb der Kronprinz fünf Tage, unternahm Stichfahrten zu den Ämtern, Domänenvorwerken und den neu gegründeten Städten Stallupönen, Darkehmen und Pillkallen und wohnte den Sitzungen der Gumbinner Kammerdeputation bei. Über Ragnit, Tilsit, Insterburg und Wehlau, wo er auf dem Übungsplatz vier Kavallerieregimenter besichtigte, erreichte der Kronprinz Königsberg und wohnte noch am 14. Oktober einer zweiten Sitzung der Kriegs- und Domänenkammer bei. Friedrich sandte Proben des Bauernbrotes, machte Verbesserungsvorschläge für das Schulwesen und trat für eine gleichmäßige Verteilung der Scharwerksdienste ein.

„Die Städte sind schön, gut bevölkert und ganz bebaut. Die meisten haben Vorstädte anlegen müssen, kurz, es wimmelt von Menschen in Stadt und Land, und in etwa acht Jahren wird die Provinz stärker bevölkert sein als die Schweiz oder Franken . . .“ Allerdings sei die Ernte in den letzten Jahren hinter den Erwartungen zurückgeblieben. „Von meiner Reise“, schrieb Friedrich an Grumbkow in der Gewißheit, daß diese Mitteilungen seinem Vater nicht weniger rasch vorgelegt würden als die unmittelbaren Berichte, „will ich Ihnen in kurzem sagen, daß ich ganz Preußen besichtigt habe. Ich habe seine guten Seiten und andererseits auch sein nacktes Elend gesehen. Entschließt sich der König nicht, gegen Neujahr die Magazine zu öffnen, so können Sie darauf rechnen, daß die halbe Bevölkerung verhungert; so schlecht ist die Ernte in den beiden letzten Jahren gewesen.“ Er halte es für seine Pflicht, auftragsgemäß ohne Umschweife und Beschönigung zu melden. Diese Besorgnis war übertrieben, wie die Amtsberichte der Kammer zeigen. Immerhin hatte der Kronprinz eine deutliche Anschauung von den hier vorhandenen Problemen bekommen. Dem König gefielen die Berichte, und besonders, „daß Ihr ins Detail geht und Euch bemüht, den Grund der Sachen zu erforschen, welches das Vornehmste ist“. Bald nach seiner Rückkehr ironisierte Friedrich in einem Brief an Grumbkow seinen Auftrag: „Bei der Lektüre fand ich eine Stelle aus dem Leben des Kaisers Julian, in der ich meine Sendung nach Preußen beschrieben glaube. Es heißt da: „Der Kaiser wollte nichts anders aus ihm machen als ein Phantom in Purpur, das dem Heere voranziehen und das Bild des Herrschers von Stadt zu Stadt zur Schau stellen sollte.“ Wenn Sie das lesen, denken Sie bitte an meine Reise, zu welchem Zweck ich sie machen sollte, und an die Figur, die ich in Preußen gespielt habe: Habe ich nicht den Vorläufer gespielt? Habe ich nicht der Armee und den Behörden mit Donnerstimme verkündet, daß ihr König lebt, daß er in Bälde kommen wird, um sie mit dem Blitz zu treffen oder freizusprechen? . . .“

Die Reise hatte sich gelohnt. Sie brachte noch manch anderes Ergebnis auf außenpolitischem Gebiet, das zunächst nur der Anschauung Friedrichs diente, später jedoch sein Urteil nachhaltig und einseitig bestimmt hat. In drastischer, geradezu naturalistischer Schilderung beschreibt er sein Zusammentreffen mit dem polnischen Exilkönig Stanislaus Leszcynski, dem Schwiegervater Ludwigs XV. von Frankreich, der in Königsberg im preußischen Asyl den Ausgang des polnischen Erbfolgekrieges abwartete. Kronprinz Friedrich war am 8. Oktober 1735 in Königsberg, schon auf der Rückreise, angekommen, hatte am Sonntag, dem 9. Oktober vormittags die Predigt in der Schloßkirche, „die sehr voll war“, und danach die Parade besucht. „Bei der Rückkehr“, schrieb Friedrich an Grumbkow, „begegnete ich ein paar hundert Berittenen, lauter Polen, . . . die Pferde sämtlich von vorzüglicher Rasse und von den größten Schmutzfinken der Welt geritten. Kurz darauf kam Königs Stanislaus in Kattes Wagen aus der Messe. Wir haben uns große Reverenzen gemacht und jeder ist dann weitergezogen. Seinem Wagen folgte ein Dutzend andere, in denen polnische Herren und Damen saßen, häßliche Affen und Äffinnen . . . Am Nachmittag erschien Graf Tarlo mit der ganzen Konföderation, um mir eine tiefe Verbeugung zu machen. Das sind keine Leute wie jene, die Sie in Dresden gesehen haben; sie verstehen, mit geringen Ausnahmen, nur polnisch und starren von Fett und von Schmutz. Ich hielt ihnen eine Ansprache und versicherte ihnen, mein Vater, der König, sei sehr für ihre Freiheit eingenommen und wünschte nichts mehr, als daß sie während des Aufenthaltes in seinen Staaten zufrieden sein möchten; wenigstens war ich berechtigt, dieses zu sagen, und es ist ja auch nur eine Höflichkeit." Auf der Heimreise durch das westliche Preußen „königlich polnischen Anteils" stieß Friedrich auf Scharen flüchtender Bevölkerung, die vor russischen Truppen nach Norden drängten, und auf sächsische Kavallerie, die sich nach Danzig begab; die zweite Übernahme des polnischen Throns durch die Wettiner, dieses Mal mit russischer Hilfe, zeichnete sich ab.

So eindrücklich die Zuschauerrolle bei dem zweiten Akt des polnischen Erbfolgekrieges für den 23jährigen Kronprinzen gewesen sein mag, so sah er, ohne feste Verantwortung an den Regierungsgeschäften, sein Ziel weder in der inneren noch in der auswärtigen Politik. Sein Lebensinhalt war auch nicht das Regiment, zu dem er als Kommandeur zurückgekehrt war und im Frühjahr 1736 verdrossen schrieb: „Wir exerzieren uns hier Tag für Tag halbtot und erreichen damit doch nichts, denn heute hat das Regiment des Markgrafen Heinrich (von Schwedt) Revue gehabt, und obwohl es Wunder vollbracht hat, war der König doch nicht zufrieden . . . Ich erwarte den Tag, die Stunde, ja die Minute, wo ich von hier fort kann, um in meine Ruhe zurückzukehren und das Leben zu genießen." Noch war die Zeit nicht gekommen, sich der Flöte und den Büchern zu widmen. Friedrich Wilhelm hatte sich erholt, er wollte wieder nach Ostpreußen reisen, und der Thronfolger hatte ihn zu begleiten.

Die Reise vom Sommer 1736 war für den König ein sichtlicher Erfolg. Das Experiment der Salzburger-Ansiedlung war geglückt. In Gumbinnen wurde die zweite ostpreußische Regierung als „Kriegs- und Domänenkammer" eingerichtet und mit dem tüchtigen Blumenthal besetzt, der Friedrich später noch gute Dienste leisten sollte. Über die Freistellung von Scharwerk wurde mit den Salzburgern, so wie früher bereits mit den Schweizern, der „Sozietätskontrakt" geschlossen, 26 Schulzen mit je einer Freihufe eingesetzt, die die Wiederbesetzung frei gewordener Höfe in lokaler Selbstverwaltung regelten. Auch die Kirchen- und Schulverhältnisse wurden revidiert.

Nachdem am 7. Juli die Weichsel passiert worden war, ging die Reise von Preußisch Mark über Saalfeld, Seegertswalde, Mohrungen, Liebstadt nach Amsdorf, der König in seinem achtspännigen Wagen immer zwei Stunden vor dem Gefolge voraus. Auf den Relaisstationen wurden die Pferde gewechselt, die heißen Wagenachsen mit Wasser gekühlt; dann ging es weiter, täglich 12 bis 15, manchmal 20 deutsche Meilen von 4 Uhr früh bis zum späten Abend. Die Landräte und Domänenbeamten, durch deren Gebiet der König fuhr, hatten neben dem königlichen Wagen zu reiten und sich zur Beantwortung von Fragen bereitzuhalten. Im Gefolge befanden sich außer dem Kronprinzen, dem Prinzen August Wilhelm und dem Markgrafen von Schwedt der Fürst von Anhalt und sein Sohn, General von Grumbkow und der französische Gesandte, der Generaladjutant und fünf weitere Offiziere, zwei Kabinettssekretäre, zwölf berittene Pagen und vier reitende Boten. Für die Reiter und den Vorspann der 21 Wagen, darunter der Küchen-, mehrere Proviant- und Packwagen, wurden 198 Pferde benötigt, die alle zwei Meilen zu wechseln waren — eine termin- und materialmäßig der Provinzialverwaltung abverlangte Präzisionsarbeit.

Kronprinz Friedrich fühlte sich dabei überflüssig. Immer noch stand er mit Reserve neben den Plänen und Anstrengungen seines Vaters. Der Zwiespalt wurde dadurch vergrößert, daß er in jenen Wochen Christian Wolffs Metaphysik in französischer Übersetzung erhalten hatte und dieses Werk auf der ganzen Reise „keinen Moment aus den Augen verlor". Die Distanz zu seiner Gegenwart mußte dadurch nur wachsen. Anstrengend und unerquicklich, von militärischen Aufträgen und heftigen Sommergewittern begleitet, erschien Friedrich diese Fahrt, die zum Schluß doch besser endete als er erwartet hatte. Sofort nach der Rückkehr am 8. August 1736 eröffnete Friedrich den Briefwechsel mit Voltaire, bezeichnenderweise über Wolffs Philosophie. Ende des Monats siedelte der Kronprinz von Neuruppin nach Rheinsberg über, wo er mit der Kronprinzessin und einem kleinen Freundeskreis sich den literarischen und musikalischen Neigungen überlassen konnte. Hatte schon in der Küstriner Zeit — trotz des Verbotes — eine emsige, ziemlich wahllose Lektüre ausschließlich französischen Schrifttums eingesetzt, so wurde in Rheinsberg eine ausgewählte Bibliothek aufgebaut, die neben schöner Literatur hauptsächlich Philosophie, antike Geschichte und ein wenig Aufklärungstheologie umfaßte und eifrig benutzt wurde, wie die Reflexionen in den Briefen der folgenden Zeit widerspiegeln. Von Staats- und Reichsrecht und den damals aufblühenden Kameralwissenschaften ist keine Spur zu entdecken. Keiner seiner Erzieher, weder der reformierte Hugenotte Duhan de Jandun noch der jetzt neu auftretende Gesellschafter Karl Stephan Jordan haben dafür einen Sinn gehabt oder gar bei Friedrich einen solchen wecken können. So ist alles geschehen, um den stets vielseitig Interessierten unsteten Einfällen preiszugeben, ihn abzulenken von seiner eigentlichen Aufgabe und ihm vom Boden der harten Staatsraison seines Staates wegzuziehen in die unverbindlichen Gefilde der Ästhetik und des schönen Scheins. „Mein Sanssouci, mein kleines Kloster" nennt Friedrich im

Herbst 1738 sein „Remusberg-Rheinsberg", wo er „nur nach geistiger Befriedigung und Seelenruhe" trachtet — aber sind das natürliche Ambitionen eines jungen Mannes von 26 Jahren? Im Sommer des gleichen Jahres war er auf Vermittlung des Grafen Adalbert Wolfgang zu Schaumburg-Lippe in die erste deutsche Freimaurerloge eingetreten. Auch diese Richtung hat er philosophisch verstehen wollen. Sie hat die später von ihm ausgebildete Staatsraison nicht bestimmt. Davon war er in der Rheinsberger Zeit ohnehin weit entfernt. Mag das Bedürfnis, seinen Bildungsbereich zu erweitern, echt gewesen sein, so täuschte er sich selbst in der Richtung. Nicht in der Befriedigung literarischen Ehrgeizes konnte seine Lebensaufgabe liegen. „Alle großen Fragen, die Geschichte, Natur und Leben an uns stellen, aus eigener Einsicht zu beantworten, mit höchster, nur irgend erreichbarer rationaler Klarheit das Dunkel zu durchleuchten, das den Handelnden umgibt" (Ritter): konnte auf die Dauer mehr als nur ein gut gemeintes, aber dilettantisches Bemühen davon übrigbleiben? Allenfalls die Umgrenzung eines weit gezogenen Radius, um bei dem Ansturm der nächsten, engen Sorgen sich einen Horizont der freieren Spielmöglichkeiten offen zu halten, als Wunschbild, zur Hoffnung oder auch nur zur Entspannung.

„Ich geize täglich mehr mit meiner Zeit; ich verliere sie nur sehr ungern und gebe mir selbst Rechenschaft über ihre Verwendung . . ." Doch wozu? „Mein Geist ist ganz im Banne der Philosophie", so heißt es im Sommer 1737. Aber Friedrich wäre wirklich nicht er selbst, wenn das alles gewesen wäre. In die Idylle der Rheinsberger „glücklichen" Jahre dringen auch andere Töne, solche von ferner Zukunftsbedeutung und solche, die schrill uns aufschrecken. Hellsichtig wird die Lage Preußens im Rahmen der europäischen Mächte analysiert, wenn als Folgerung aus dem Polnischen Erbfolgekrieg der Schluß gezogen wird, daß bei einem weiteren neutralen Stillhalten Preußen den Kürzeren ziehen und von seinen Nachbarn, so Sachsen, überrundet werden wird; Rußland überschwemmt Polen, nimmt Danzig . . . „Ich liebe den König, sein Ruhm (!) liegt mir am Herzen . . . Unsere militärische Stellung ist gut, aber unseren Unterhandlungen fehlt der Nachdruck." Und im gleichen Jahre 1737, nach Kenntnisnahme der für Preußen so schmählich ausgegangenen Verhandlungen über seine Erbansprüche auf Jülich, auf die es 1728 zugunsten von Berg teilweise verzichten mußte und sich 1732 auch darin nochmals eingeschränkt sah: Friedrich sieht das Rezept darin, sich auf nichts mehr einzulassen, 40 Schwadronen Dragoner im Cleveschen bereitzustellen, sämtliche Truppen in der Mark zusammenzuziehen und im Erbfall Jülich und Berg von Cleve aus zu besetzen. Eine militärische Sicherung von Berg allein würde nicht genügen. Friedrich wird im Sommer 1738 noch deutlicher; einem befreundeten Regimentskommandeur teilt er seine geheimsten Wünsche mit: „Unsere Revue ist gottlob sehr gut abgelaufen. Der König war zufrieden, und seine Zufriedenheit hat das ganze Regiment in Jubel versetzt von der Zeder bis zum Ysop *, vom Obersten bis zum letzten Pfeifer, und ich wünschte nichts so glühend, als die gleiche Befriedigung nach einer Schlacht zu verspüren, in der ich die feindlichen Truppen über den Haufen geworfen hätte. Ich hoffe, es wird dazu kommen, und ich kann Sie und mich selbst in der Ebene von Düsseldorf zu den Erfolgen beglückwünschen, die wir unter dem Befehl des Königs erringen werden."

Die Revuen blieben Tage der Aufregung. Durch schönen Schein Eindruck machen, war das Rezept. „Mein Regiment war großartig, und die Griffe, etwas Mehl auf die Köpfe der Soldaten gestreut, Leute über sechs Fuß und viele Rekruten waren stärkere Argumente als die meiner Verleumder", so wußte Friedrich seinem Vater zu begegnen. Mehr noch: kalt, ja zynisch wird die elende Menschenschinderei der Rekrutenjagd erörtert; derselbe Brief, der von geistiger Befriedigung und Seelenruhe spricht, teilt ein „physikalisches Phänomen" mit: „Es besteht darin, daß ich durch die Anziehungskraft von 6000 Talern aus dem tiefsten Holland einen Körper über 6 Fuß 4 Zoll nach meinem Zentrum gravitieren ließ." Und außer dieser fragwürdigen Erwerbung des Riesen für sein Regiment weiß der Kronprinz ein andermal zu berichten, daß ihm sein Vater das „magnifike Präsent" von 10 865 Talern als Gegenleistung für 5 Rekruten aus Friedrichs Regiment gemacht habe. Der Kronprinz, selbst als Deserteur dem Tode entronnen und Augenzeuge der Hinrichtung des mitdesertierten Freundes, stellte nunmehr Deserteure fremder Staaten in sein Regiment ein, fand aber zu den harten Regeln des Soldatenstandes zurück, wenn er glaubte, daß an einem Deserteur seines eigenen Regiments das Todesurteil vollstreckt werden wird: „Dieses Exempel wird nicht undienlich sein."

Das sind ebenfalls Äußerungen aus der Rheinsberger Zeit. Hat sich Friedrich — der sein Regiment nach wie vor kommandierte — in seinem „Remusberg" auf den Beruf eines „Philosophen auf dem Thron" vorbereitet? Das wäre zu einfach gesagt. Beide Sphären, die ästhetische wie die der Staatsnotwendigkeit, sind schon vor der Thronbesteigung auseinandergetreten. Sie bestehen weiterhin — getrennt — nebeneinander, doch sie beeinflussen und durchdringen sich nicht. Sie gehören zwar zu einer Person, die aber beliebig von ihnen Gebrauch machen kann. Die „Betrachtungen über den gegenwärtigen politischen Zustand Europas" von 1738 ist ebenso wie der „Antimachiavell" von 1739 mit seinen Anlehnungen an Fénelons „Telemach" eine philosophische, keine politische Schrift. Friedrichs einzige politische Schriften werden seine politischen Testamente sein, die zum ersten Mal vollständig erst im Jahre 1920 veröffentlicht wurden.

Zum dritten Mal begab sich Kronprinz Friedrich vom 7. Juli bis 18 August 1739 nach Ostpreußen. Wieder begleitete er den Vater. Dessen Verhält-

* Altes Testament, I. Könige Kap. 5 Vers 13.

nis zu ihm war jetzt so, „wie ich ihn mir nur wünschen kann und wie ich ihn und sein Verhalten gegen mich stets gewünscht habe." Ruhelos drängte Friedrich Wilhelm I. vorwärts. „Seit drei Wochen durcheilen wir ein Land", schrieb Friedrich an die Schwester Wilhelmine nach Bayreuth, „das so ausgedehnt ist wie zwei Drittel von ganz Deutschland, und sind mit unseren Geschäften immer noch nicht durch . . ." Der König hat Ostpreußen zum elften und letzten Mal gesehen. Und er konnte von seinem Werk in der ruhigen Gewißheit scheiden, daß das Retablissement abgeschlossen und die Provinz auf den „gleichen Fuß" mit den übrigen der Monarchie gestellt war. Auf Friedrich hat diese Bereisung einen starken Eindruck gemacht, und er wußte keinen besseren Adressaten seiner Beobachtung als Voltaire, dem er am 27. Juli 1739 von Insterburg aus die schönste Würdigung seines Vaters übersandte. Er beschrieb den Wiederaufbau nach der Pest, die am Anfang des Jahrhunderts die blühendste Provinz in eine schreckliche Einöde verwandelt hatte mit 15 entvölkerten Städten und 500 unbewohnten Dörfern.

Jetzt besitzt dieses Gebiet über eine halbe Million Einwohner. „Es zählt mehr Städte und Herden als früher, hat mehr Wohlstand und Fruchtbarkeit als irgendeine Gegend Deutschlands. Und all das ist lediglich dem König zu danken, der die Ausführung persönlich angeordnet und selbst auch geleitet hat. Er hat die Pläne entworfen und sie allein ausgeführt; er hat weder Mühe noch Sorge, noch ungeheure Geldmittel, noch Versprechungen oder Belohnungen gespart, um einer halben Million denkender Wesen das Glück und das Leben zu sichern. Ihm allein verdanken sie ihr Wohlergehen und ihre Ansiedlung. . . . Ich finde etwas so Heroisches in der hochherzigen und emsigen Art, wie der König diese Wüste besiedelt, sie fruchtbar und glücklich gemacht hat, daß es mir schien, als müßten Sie der gleichen Meinung sein, wenn Sie die Umstände dieser Kolonisierung erführen . . ."

Das ist eine Huldigung an den König, die unmöglich nur literarisch gemeint sein kann. Der Kronprinz hat einem starken und einprägsamen Erlebnis Ausdruck gegeben und möchte sein Urteil durch den, wie er meinte, aufgeklärtesten Menschen seiner Zeit gewürdigt wissen. Friedrich erkennt in der Tätigkeit seines Vaters den Inbegriff wahren Herrschertums. Was gibt es Höheres für einen Monarchen, als so das Glück seiner Untertanen zu befördern? Die Theorien des Anti-Machiavell scheinen sich mit der Wirklichkeit zu verschmelzen: es gibt da tatsächlich einen König, der aufgeht im Dienst an seinem Staat. Friedrich Wilhelm als aufgeklärt handelnder Fürst — welch eine Wendung in der Anschauung!

Aber der Thronfolger ist noch nicht so weit. Die sechs Wochen der Reise dehnen sich dem Ungeduldigen endlos in der einförmigen Abfolge der Besichtigungen. Er sehnt sich nach Rheinsberg, nach Flötenspiel und Büchern. „Vielleicht taugt dieses Land nicht zum Denken oder der Gott der Verse hat es nie mit gnädigen Blicken angesehen . . ." Das ist natürlich oberflächlich dahergeredet und deshalb ungerecht. Schon wuchsen in diesem Lande Kant und Hamann als Jünglinge heran, Herder sollte zur Vervollständigung des Dreigestirns bald folgen, und die Königsberger Albertus-Universität bereitete sich vor, um in der zweiten Jahrhunderthälfte Weltgeltung zu erlangen. Friedrich sollte davon schon im nächsten Jahre etwas spüren: „Ich habe niemals besseres Deutsch, schönere Wendungen und einen fließenderen, zierlicheren Vortrag gehört als von Herrn Quandt", dem Hofprediger an der Königsberger Schloßkirche und Rektor der dortigen Universität, den Friedrich für den „einzigen deutschen Redner" hielt. Er wird diese Provinz bald wiedersehen, aber nicht mehr mit dem Vater. Zum letzten Mal hatte er noch ausweichen können; denn in wenigen Monaten wird die Verantwortung auf ihn zukommen, ungeteilt, und wird ihn dann nicht mehr loslassen.

3. Das Erbe Friedrich Wilhelms I.

Der Konflikt zwischen Vater und Sohn war beigelegt. Die Generationen ergänzten einander. Nur oberflächlich urteilende Zeitgenossen mochten einen krassen Systemwechsel beim Regierungsantritt Friedrichs erwarten. Dieser hatte jedoch frühzeitig erkannt, was sein Vater für ihn aufgebaut hatte. Schon im Herbst 1737 meinte der Kronprinz, allerdings im Hinblick auf die damals erwartete Auseinandersetzung um Jülich: „Anscheinend hat der Himmel den König dazu bestimmt, alle Vorbereitungen zu treffen, die Weisheit und Vorsicht erfordern. Wer weiß, ob die Vorsehung mich nicht aufspart, um glorreichen Gebrauch von diesen Vorbereitungen zu machen und sie zur Ausführung der Pläne zu benutzen, zu denen die Voraussicht des Königs sie bestimmte hatte." Auch Friedrich Wilhelm war ausgesöhnt. Er wisse jetzt, so stellte er im Frühjahr 1740 fest, daß der Nachfolger ein guter Wirt sei und das Geld nicht zum Fenster hinauswerfen werde; auch für die Armee habe er Sinn und werde sie sorgfältig erhalten. Der König starb am 31. Mai 1740, „zufrieden, da ich einen so würdigen Sohn und Nachfolger hinterlasse." Da bei ihm alles wohl geordnet sein mußte, war einige Tage zuvor der Thronfolger in anderthalbstündigem Gespräch in die Lage des Staates eingeführt und ihm die Grundlage für die Fortsetzung der inneren und auswärtigen Politik nahegebracht worden.

Bereits in der einzigen von ihm überlieferten Instruktion für seinen Nachfolger vom Anfang des Jahres 1722 hatte Friedrich Wilhelm I. unter vielen Berufungen auf die Religion und unter Nennung von Beispielen aus der Geschichte seines Hauses die Hauptpunkte zur Beherzigung eingeschärft: „Eure Finanzen müßt Ihr selber und allein traktieren und das Kommando der Armee selber und allein bestellen"; daß „Ihr den Knopf auf dem Beutel allein habt“ werde ihm zum Ruf eines „klugen und braven Regenten“ verhelfen. Ausführlich wird von Unterhalt und Vermehrung des Heeres gesprochen, danach werden die einzelnen Landesteile durchgenommen. Preußen, „ein sehr schönes und großes Land und sehr fruchtbar“ muß fest in der königlichen Souveränität bleiben; keinesfalls dürfte die Ständeverfassung mit eigener Besteuerung wieder aufkommen. Der Adel ist zum Staatsdienst heranzuziehen, er soll „keinen Herrn kennen als Gott und den König in Preußen.“ Besonders wichtig ist der Dienst in der Armee, die möglichst aus Landeskindern bestehen sollte. In Preußen könnten noch Städte gegründet und Manufakturen, besonders Wollfabriken, angelegt werden. Vor- und Hinterpommern ist auch fruchtbar, die Domänen in gutem Stand. Durch günstige Pachtverträge müssen die Staatseinnahmen gesteigert werden. Ähnlich steht es mit der Neumark, deren Staatsgüter noch zu verbessern sind. Die Kurmark könnte nach Revision der Ämter noch mehr abwerfen, auch ist das Forstwesen bei der jetzigen Holzkonjunktur ertragreicher zu gestalten, zumal auch gegen Wilddiebstahl schärfer durchgegriffen werden muß. Die Bewohner der Altmark neigen zu Aufsässigkeit, die unzuverlässigen Landräte sind abzulösen; „das wird ihnen zeigen, daß Ihr der Herr seid und daß sie Vasallen sein und kein Mitbestimmungsrecht haben müssen.“ Auf einzelne, mit Namen genannte alte Familien ist besonders acht zu geben. „Das Magdeburgische ist ein schönes Land“, auch die Städte; die gut geordneten Domänen könnten noch Mehrertrag abwerfen. Aus Magdeburg stammende Amtshauptleute sollten am besten in Preußen, Pommern, Minden und Cleve beschäftigt werden, auch in der Mittelmark, aber wegen der zu nahen Verwandtschaft nicht in Magdeburg-Halberstadt und in der Altmark; dort sollten Amtshauptleute aus den anderen Provinzen ihren Dienst tun. Die Salzwerke und die Steinkohlenbergwerke von Wettin müßten um ein Drittel in ihren an sich guten Erträgen noch zu steigern sein. Die Vasallen in Minden, Ravensberg, Tecklenburg und Lingen sind unbequem, aber leichter zu führen als die Altmärker: ihre Domänen sind in gutem Stand. Schwierig und sehr auf ihre Sonderrechte bedacht sind die Leute aus Cleve und der Grafschaft Mark; man müßte sie in Berlin erziehen, um „brave, gute und geschickte Kerls“ aus ihnen zu machen. Die Domänenerträge sind zu steigern, aber meist sind es schlechte Wirte, die zu viel ausgeben. Die Leute in Moers und Geldern neigen zu Holland und zum Kaiser hin, deshalb wird man sehr auf sie acht haben müssen. Alle diese Länder und Provinzen sollten, wie es bisher geschehen ist, von dem König jährlich bereist werden, damit er Land und Leute, Verwaltung und Garnisonen kennenlernt. Die Revision der Domänen sollte nacheinander geschehen, so daß innerhalb von sechs Jahren die Staatsgüter in allen Provinzen gründlich überprüft werden. Insgesamt dürfte ohne sonderliche Anspannung ein jährlicher Mehrertrag von 6 bis 800 000 Talern zu erwarten sein.

Der Überblick von 1722, den Friedrich Wilhelm I. als eine Art Bestandsaufnahme gedient hat, veranlaßte ihn, eine Reihe bedeutender Verwaltungsmaßnahmen zu treffen, die er bis zum Ende seiner Regierungszeit großenteils noch vollenden konnte. In den Jahren zwischen 1722 und 1740 war viel geschehen, und die in dem „Politischen Testament" über Verwaltung, Finanzen, Wirtschaft, Kirche und Auswärtige Politik gemachten Angaben waren am Ende seines Lebens schon vielfach durch seine Maßnahmen überholt. Hat Friedrich Wilhelm doch selbst seinem Nachfolger eindrücklich vor Augen gehalten, in welch schlechtem Zustand er das Land von Friedrich I. hinterlassen bekam: die größte Provinz durch die Pest fast menschenleer, die Domänen überall verpfändet, der Staatsbankrott drohte, die Armee zahlenmäßig unbedeutend und schlecht; „. . . daß ich alle gewesene Unrichtigkeit nicht genug kann beschreiben. Ist gewiß ein rechtes Meisterstück, daß in neun Jahren bis Anno 1722 ich die Affären alles wieder so in eine gute Ordnung und Verfassung gebracht und Ihr auf Euren Domänen nichts schuldig seid; Eure Armee und Artillerie in solchem Stande als je eine in Europa. Und versichere Euch, daß ich von meinen Bedienten wenig Assistenz gehabt . . ."

Zwei Drittel seiner Regierungszeit waren Friedrich Wilhelm I. seit 1722 noch geblieben, bis er als nur 51jähriger bereits 1740 starb. Seine bedeutendsten Leistungen liegen neben dem Retablissement der Provinz Ostpreußen in der Schaffung einer wirkungsvollen Zentralverwaltung, nicht nur als organisatorischer Behörde, sondern auch hinsichtlich der Erziehung einer zuverlässigen, pflichttreuen, eifrig und rasch arbeitenden, anspruchslosen Beamtenschaft. Noch Ende des Jahres 1722 waren die beiden aus dem früheren Staatsrat entstandenen Oberbehörden zu einem Gesamt-Ministerium unter dem umständlichen Titel „General-Ober-Finanz-Kriegs- und Domänen-Direktorium" zusammengezogen. Die Ressorts des Innern, der Finanzen und der Militärverwaltung waren darin untergebracht; gleichzeitig wurden die Angelegenheiten der Provinzen von der Zentralregierung aus besorgt. Die drei großen Landesteile der Monarchie, untereinander unverbunden, waren ihrer Struktur nach zu unterschiedlich, als daß sie mit Erfolg schematisch-zentralistisch regiert werden konnten. So hatte auch der preußische Absolutismus auf dem Höhepunkt der unumschränkten monarchischen Staatsgewalt einem Regionalismus Rechnung zu tragen, wie er sich aus der Geschichte, Bevölkerung und der wirtschaftlichen Lage der jeweiligen Einzelgebiete ergab. Die neue Zentralbehörde, die 1723 ihre Tätigkeit aufnahm und sehr erfolgreich gearbeitet hat, stellte eine Mischung zwischen Sachressort und territorialer Verwaltung dar. Das „General-Direktorium" war in fünf Departements gegliedert, an deren Spitze je ein Minister stand, dem vier bis fünf Räte beigeordnet waren. Das I. Departement umfaßte die Provinzen Preußen, Pommern, Neumark ohne besondere Sachgebiete; das II. Departement hatte die Provinzen Kurmark und Magdeburg, an Sachgebieten die Marsch-, Verpflegungs- und Einquartierungsangelegenheiten, das Mühlsteinregal und die Proviantsachen zu bearbeiten. Das III. Departement zählte zu seinen Aufgaben die Gebiete Moers, Geldern, Cleve, Mark, Neuchâtel, oranische Erbschaft, ferner das Salz- und Postwesen. Das IV. Departement war beauftragt, sich der Provinzen Minden-Ravensberg, Tecklenburg, Lingen und Halberstadt sowie des gesamten Münzwesens und der Invalidensachen anzunehmen. Das Justiz-Departement hatte keine Territorialverwaltung auszuüben, sondern beschränkte sich auf die umfangreiche Verwaltungs-Jurisdiktion in allen Landesteilen. Viermal wöchentlich traten sämtliche Departements mit allen Räten zu gemeinsamen kollegialischen Beratungen im Schloß Berlin zusammen. Registraturen bestanden für jedes Departement, dagegen war die Geheime Kanzlei für das gesamte General-Direktorium zuständig. Es gab zwei Generalkassen, je eine für das „Kriegsgefälle" (Accise und Contributionen) und für das „Domänengefälle" (sämtliche regelmäßige Staatseinnahmen). Die Verwaltung des in gemünztem Gold im Schloßkeller liegenden Staatsschatzes behielt sich der König persönlich vor.

Die moderne Gesamtstaatsverwaltung in den einzelnen Landesteilen wurde von den „Kriegs- und Domänenkammern" durchgeführt, die gleichfalls 1723 eingerichtet worden waren. Im allgemeinen umfaßte der Amtsbereich einer Kammer jeweils eine Provinz; nur in Ostpreußen ist 1736 in Gumbinnen eine zweite (neben der Königsberger) Kriegs- und Domänenkammer eingerichtet worden, um das Retablissement-Gebiet von einer eigenen Verwaltungsbehörde regieren zu können. Der preußische Gesamtstaat zählte dementsprechend 9 Kriegs- und Domänenkammern: Königsberg, Gumbinnen (für die Provinz Preußen), Berlin (für die Kurmark), Küstrin (für die Neumark), Stettin (für Pommern), Magdeburg mit dem Halleschen Deputationskollegium (für die Provinz Magdeburg und die Grafschaft Mansfeld), Halberstadt (für das Fürstentum Halberstadt und die Grafschaft Hohenstein sowie modo commissionis für die Grafschaft Wernigerode und die Herrschaften Derenburg und Hasserode), Minden (für das Fürstentum Minden und die Grafschaft Ravensberg sowie die Herrschaften Tecklenburg und Lingen), Cleve (für die „Provinzen jenseits der Weser" Cleve-Mark mit Moers und Krefeld sowie für das Herzogtum Geldern mit einer eigenen Kriegs- und Domänen-Kommission). Neuchâtel und Valangin wurden von einem Gouverneur aus eingesessenem Adel zusammen mit einem „Geheimen Rat" für den König von Preußen verwaltet; die Finanzsachen wurden von dem III. Departement des Generaldirektoriums wahrgenommen.

Die sachliche und finanzielle Prüfung der Kammerwirtschaft wurde von der „Ober-Kriegs- und Domänen-Rechenkammer" als Organ des Generaldirektoriums vorgenommen. Die Aufgaben der Kriegs- und Domänenkammern bestanden zunächst in der Einsammlung der Einkünfte, deren Verwaltung und zweckmäßige Verwendung, sofern diese nicht zentral angeordnet wurde; sodann hatten die Kammern die Pflicht, mit allen Mitteln die Voraussetzung für die regelmäßige oder verbesserte Steuerabgabe zu schaffen, durch Hebung des Gewerbes, Förderung der Landwirtschaft, Aufrechterhaltung von Ordnung und Verkehr, Gewährleistung von Sicherheit als Grundlage einer ungestörten Erwerbstätigkeit. Meliorationen, Forst- und Tiefbauwesen, soweit die Kammern damit befaßt wurden, sind durch Fachleute mit beraten worden, ebenso die Salz- und Bergwerkssachen. Die Arbeitsweise war kollegialisch; jeder der Räte hatte einen sachlich oder regional umgrenzten Arbeitsbereich; die Generalia sind den Direktoren oder den Präsidenten vorbehalten gewesen. Beschlüsse wurden im Plenum nach Abstimmung gefaßt, das Decret gemeinsam unterzeichnet. Jede Kammer hatte, ihrem Namen entsprechend, ein Militärdepartement, das für Durchmärsche, Einquartierung und Verpflegung sorgte, den Vorspann regelte, Entschädigungen abschätzte und die Aufsicht über die Magazine hatte.

In einer solchen Verwaltungsstruktur sind die Grundzüge einer sachbezogenen, dem Fiskus und damit dem Allgemeinwohl dienenden Regierungstätigkeit sichtbar. Sie haben nicht schlagartig sich durchsetzen können, weil viele Wege in ein unbekanntes Arbeitsgebiet führten. Ältere, gewohnheitsmäßige Vorstellungen waren langsam zu überwinden, die neue Zielsetzung mußte erst Allgemeingut der Behörden werden, und diese selbst galt es für die bevorstehenden Aufgaben vorzubereiten. Auch der absolutistische Staat hat den Übergang nicht schroff vollzogen. In allen Provinzen bestanden neben den modernen Kriegs- und Domänenkammern noch die älteren Regierungen. Sie sollten entsprechend den Teilungen der Aufgabengebiete reine Justizbehörden sein; aber ebenso wie das Kammerjustizwesen eine Mitwirkung an der administrativen Rechtsprechung erlangen konnte, hatten auch die Regierungen in ihrem Gefolge nachgeordnete Behörden wie die geistlichen Konsistorien, die Kriminalkollegien und das Hofgericht. Überall gab es noch Reste der ständischen Verwaltung und älterer landesherrlicher Lokaltraditionen. Hoheits-, Grenz- und Lehenssachen, dazu die Aufsicht über Kirche und Schule sind die verbliebenen Hauptaufgaben der Regierungen; Erbhuldigungen, Landtagsabschiede, Gnadenakte, Landestrauer waren einige der repräsentationspflichtigen Vorfälle; das obere Landesgericht mit Appellationsinstanz hatte seine einst unbestrittene Bedeutung gegenüber der Hof- und Kammerjustiz längst eingebüßt. Hier entstanden Reibungsflächen, die keineswegs gestatten, den absolutistischen Staat mit einer gut laufenden Maschine zu vergleichen. In einem seltsam hohen Grade ist viel Halbfertiges, Irrationales, Unzulängliches und Veraltetes mitgeschleppt, Doppel-, ja, Gegen-Arbeit geleistet worden. Erst langsam und mühevoll wurde größere Klarheit geschaffen; neue Staatsaufgaben erforderten eine immer schnellere Anpassung der Verwaltung an die Gegebenheiten, doch blieb noch viel Routine und gegenseitiger Kompetenzanspruch. So sind Verwaltungsreformen seit Begründung des Generaldirektoriums als des entscheidenden Schritts nach vorn immer wieder im 18. Jahrhundert im preußischen Staat auf allen Ebenen nötig geworden und auch vollzogen.

Getrennte Verwaltungen — aus Gründen der verschiedenartigen Steuererhebung — blieben für die Städte und ländlichen Gemeinden bestehen. Bei den übrigens nicht sehr zahlreichen und meist kleinen Städten war in der Regierungszeit Friedrich Wilhelms I. die Umstellung der alten Ratskollegien auf die staatlichen Behörden, die allein die Städte verwalteten, durchgeführt worden. Polizei und Gerichtsbarkeit wurden seitdem von königlichen Beamten ausgeübt und beaufsichtigt. Die städtisch erhobene Akzise ist deshalb eine staatliche Steuer gewesen. Die Städte hatten ihre eigene Finanzverwaltung auf ihr Grundvermögen beschränkt und führten diese nach dem Vorbild der Domänenverwaltung durch. Die Aufsicht über Stadt- und Akzise-Verwaltung übte der Steuerrat aus, ein Mitglied der für diesen Ort zuständigen Kriegs- und Domänenkammer. Es ist charakteristisch, daß nicht nur Aufsicht und Kontrolle, sondern ebenso die Hebung der steuerfähigen Erträge in seinem Amtsbereich ihm aufgetragen wurden. Der Staat selbst drängte darauf, daß Meliorationen durchgeführt, Ziegeleien und Mühlen angelegt, die Manufakturen mit den modernsten Geräten ausgestattet wurden; Handelskommissionen prüften die Steigerung der städtischen Ausfuhrmöglichkeiten, wobei allerdings vielfach noch den lokalen statt den gesamtwirtschaftlichen Belangen Rechnung getragen worden ist. Auf dem Lande hatte sich, von Brandenburg ausgehend, in fast allen Provinzen schon die Kreisverfassung durchgesetzt. An der Spitze des Kreises stand der Landrat als königlicher Beamter und zugleich gewählter Vertreter der Kreisstände. Durch zahlreiche, von Fall zu Fall durch die Zentralregierung erlassene Anordnungen ist das Amt des Landrats von der staatlichen Seite her gestärkt und über alle Provinz-Besonderheiten hinaus einheitlich ausgebildet worden. Auch dieser Vorgang konnte im vierten Jahrzehnt des 18. Jahrhunderts in Preußen als abgeschlossen gelten. Die Güter und Dörfer sind dann, so weit sie in Privatbesitz waren, patrimonial verwaltet worden; war wie bei den Domänen der Fiskus der Patron, so hatten dort die Domänenpächter (deren Kontrakte jeweils nach sechs Jahren erneuert werden mußten) auch Beamtenbefugnisse.

Staatsbeamte wurden in der Regel auf Lebenszeit bestallt. Noch ohne feste Ausbildung und ohne beamtenrechtliche Sicherung sind doch nach Herkommen, Gewohnheit und praktischen Gegebenheiten die Amtsstellen besetzt und die „königlichen Bedienten" meist sinnvoll nach Maßgabe der Aufgaben und Projekte angesetzt worden. Die Beamten wurden allein vom König ernannt und befördert, entsprechend den Vorschlägen der Behördenleiter, die über Fähigkeiten und Verhalten Listen führten. Die Mehrzahl auch der hohen Beamten war unter Friedrich Wilhelm I. bürgerlicher Herkunft, so die Hälfte der Staatsminister, je fünf Sechstel der Geheimen

Finanz- und Kammerräte. Gewöhnlich erfolgte bei Erreichung einer bestimmten Rangstufe die Nobilitierung. Bei der Besoldung wurde allerdings vorausgesetzt, daß eine gewisse Wohlhabenheit die sehr sparsamen staatlichen Gehälter ergänzen konnte. Ein Minister erhielt etwa 1 bis 2000 Taler jährlich, ein Kammerrat die Hälfte, die Subalternbeamten bezogen bis zu 100 Talern an Bargeld, dazu oft noch Naturalien. Pension und Urlaub wurden von Fall zu Fall gewährt, einen Anspruch darauf gab es nicht, jedoch wurden später besondere staatliche Einrichtungen getroffen.

Die unteren Stellen im Staatsdienst wurden zu einem großen Teil ausgedienten Soldaten, besonders den Chargen vorbehalten. Das geschah nicht nur aus Gründen der Versorgung, sondern hatte den keineswegs nebensächlichen Zweck, militärische und zivile Verwaltung enger aneinanderzuführen, war es doch ein Ziel der Regierung Friedrich Wilhelms I. gewesen, weniger den Staat zu „militarisieren", als den Soldatenstand zu heben, ihn dem Bürgertum anzugleichen und aus verachteten und gefürchteten „Kerls" propre und honette Leute zu machen. Setzte sich die Armee bei seinem Regierungsantritt noch aus zwei Dritteln „Ausländern" zusammen, die mehr oder minder gewaltsam angeworben und nur mit drastischen Methoden bei der Fahne zu halten waren, so hatte das Kanton-Reglement von 1733 die Zahl der Einheimischen auf zwei Drittel der Heeresstärke ansteigen lassen. Im Jahr 1739 betrug die Gesamtstärke der Armee mit 32 Infanterie-, 12 Kürassier-, 7 Dragoner- und 2 Husaren-Regimentern, einschließlich der Garnisonbataillone, insgesamt 81 000 Mann. 2 700 Geschütze, die Festungsartillerie inbegriffen, waren vorhanden. Die Truppen standen verteilt auf die Provinzen Ostpreußen, Pommern, Magdeburg-Halberstadt, Mark Brandenburg, Westfalen und Wesel. Die Garnisonen lagen inmitten ihrer Kantonierungsbezirke, aus denen die Regimenter ihre Mannschaften aushoben. Die Offiziere dagegen traten aus dem preußischen Adel, dem auswärtige Kriegsdienste vom König untersagt waren, in die Regimenter oder in das Kadettenkorps ein. Der Offiziersanwärter leistete drei Monate Rekrutendienst, war danach drei Jahre Unteroffizier, bevor er als Fähnrich in eine frei werdende Offiziersstelle kam; nicht selten mußte er länger darauf warten, und es gab adlige Unteroffiziere, die nie ein Offizierspatent erlangen konnten, während andererseits verdiente bürgerliche Unteroffiziere vom König zu Leutnanten ernannt worden sind. Die Regimenter zählten zeitweise bis zu 30 adlige Unteroffiziere (darunter ein Drittel mit über 5 Jahren Dienstzeit); die Offizierstellen beim Ingenieur- und Artilleriekorps wurden vornehmlich bürgerlichen Spezialisten vorbehalten.

Der straffen Disziplin und den grausamen Strafen bei Desertionen stand als Vorzug gegenüber, daß die Besoldung pünktlich und in voller Höhe erfolgte, daß die Soldaten jährlich neu eingekleidet wurden und sauber in Anzug und Frisur schon äußerlich eine Standesehre zu entfalten begannen. Die von Friedrich Wilhelm I. so gewünschte Angleichung der Stände aneinander wurde durch die Einlegung von Soldaten in Bürgerquartiere beschleunigt. Zunächst von den Hauseigentümern als schwere Auflage empfunden, konnte doch auf die Dauer die erzieherische Wirkung durch Umwelt und Beispiel auf den Soldaten nicht ausbleiben, und auch der Quartiergeber, der die Mahlzeiten mit ihm zu teilen hatte, faßte meistens rasch Zutrauen zu dem aufgezwungenen Gast. Dazu kam, daß die Armee nur während der Exerziermonate von April bis Juni ihre Regimenter auf voller Stärke hielt. Für die übrigen neun Monate war über die Hälfte der Mannschaften beurlaubt, so im Jahre 1739 von den 23 000 Musketieren der Infanterie-Regimenter 13 000 Mann, die mit Feldarbeiten oder in Handwerksbetrieben, sogar als Gesellen, beschäftigt waren. Die anfangs zweifellos vorhandene, in ihren Folgerungen nicht völlig überschaute einseitige Bevorzugung des Soldaten war im Laufe der Regierungszeit Friedrich Wilhelms I. dem Versuch gewichen, das Militär in die gesamte Struktur des Staates einzubauen. Das war noch nicht ganz gelungen, zumal seine Marotte, ja Leidenschaft für „lange Kerls“ (selbst für die Kavallerie!) den König oft genug fortriß, den eigenen Anordnungen zuwider zu handeln. Aber allmählich konnten doch Kompetenzstreitigkeiten zwischen den zivilen Gerichten und der Militärgerichtsbarkeit, die sich sogar auf solche Kantonspflichtige erstreckte, die noch nicht Soldaten waren, abgegrenzt, wenn auch noch nicht beigelegt werden. Das galt auch für die militärische Heiratserlaubnis für Kantonisten, verständlich vom Standpunkt der Regimentskommandeure, nicht mehr als ein Drittel der Soldaten mit Familienanhang zu haben, in der Ausdehnung auf fast die gesamte Jungbauernschaft jedoch von wachsenden Folgen. Der praktischen Justizausübung gegenüber hatte Friedrich Wilhelm I. eine naive Auffassung; ihm galten vor allem Gottes Gebote, und der Feldprediger, der seine Soldaten gut katechisierte, war ihm willkommener als der Auditeur. Zur kalvinistischen Berufsaskese hatte sich ein immer leicht etwas weltflüchtiger Pietismus gesellt und von der Staatsspitze her das Königreich Preußen durchdrungen. Davon stand freilich nichts in dem „Antimachiavell“ des Kronprinzen zu lesen, und von der Aufklärung her, die sich in Voltaire und Maupertuis damals bereits materialistisch gefiel, war die Welt Friedrich Wilhelms I. fast so überholt wie das Mittelalter. Mit nahezu mathematischer Sicherheit würde sich beim Thronwechsel in Preußen deshalb alles ändern müssen, wenn erst „Friedrich der Philosoph“ die Regierung übernahm. Aber alle, die dieses so gewiß voraussagten, sollten sich irren.

II. DER JUNGE KÖNIG

1. Residenzen

Die erste Überraschung, die Friedrich II. der Welt bot, bestand darin, daß er zwar in beredten, wohl gesetzten Worten seine königliche Aufgabe, die Friedrich Wilhelm I. nur durch stumme, verbissene, tätige Rastlosigkeit praktiziert hatte, verbindlicher und gefällig zu erläutern verstand, aber keinen Zweifel daran ließ, daß an dem bisherigen Verwaltungssystem nichts geändert werde; daß er die Riesengarde auflöste und die gewaltsamen Werbungen verbot, daß er sich aber von deutschen Fürsten Regimenter schenken ließ und schon beim Regierungsantritt seine Armee noch weiter vermehrte; daß er zwar seinen Rheinsberger Freunden neue höfische Stellungen anwies, sie aber einflußlos hielt und die bewährten Mitarbeiter seines Vaters sämtlich übernahm. Das Hofzeremoniell wurde eingeschränkt, verlief wie bisher nüchtern und sparsam; auf die Krönung wurde ebenso wie bei Friedrich Wilhelm I. verzichtet, doch blieb das Auftreten des Königs niemals ohne Würde. Der 1667 gestiftete Orden „De la générosité“ wurde in die allgemeine Verdienstauszeichnung „Pour le mérite“ mit Johanniterkreuz, preußischen Adlern, Krone und dem Monogramm Friedrichs umgewandelt.

Die Rheinsberger Idylle war zu Ende, rasch, unwiderruflich und ohne Rückfall. Potsdam war so sehr die Gründung des Vaters gewesen, daß Friedrich dort sein Andenken ehren wollte; ein Bataillon Grenadiergarde in den alten Monturen versah weiter einen fast kultischen Gedächtnisdienst, aber Residenz wurde Potsdam zunächst nicht wieder. Nach dem Jagdschloß Grunewald und nach dem abgelegenen Oranienburg an der Havel zog Friedrich nichts hin, erst recht nichts nach dem mit düsteren Jugenderinnerungen verknüpften Wusterhausen. Der Königin-Mutter verblieb ihr Monbijou in Berlin. Friedrich ging vom Totenbett seines Vaters nach Berlin, blieb dann aber nicht in dem alten Schloß an der Spree, sondern begab sich schon am nächsten Tage nach Charlottenburg. Dies bestimmte er zu seiner Residenz. Die Kasernen der Leibgarde zu Pferde wurden gleich gegenüber dem Palais errichtet.

Das dörfliche Lietzenburg hatte wenig von seinem Charakter eingebüßt, seit es von dem ersten Preußenkönig zum Sommersitz seiner welfischen Gemahlin Sophie Charlotte bestimmt und dort von Arnold Nering 1695—1699 ein Schloß mit ihrem Namen erbaut worden war. Durch den schwedischen Architekten Eosander von Göthe zu einer gestreckten Flügelanlage erweitert und mit einem weitläufigen Garten in holländischem Geschmack versehen, war der Gesamtplan beim Regierungsantritt Friedrichs noch nicht vollendet. Zudem war das Schloß in letzter Zeit ziemlich vernachlässigt worden. Ein weiterer Flügel, der der Orangerie entsprochen und die königlichen Gemächer, in leichtem Rokoko gestaltet, enthalten sollte, wurde nunmehr von Georg Wenzeslaus von Knobelsdorff entworfen, der Rheinsberg in so gefälliger Weise umgebaut hatte. Die Fertigstellung zog sich jedoch bis zum Jahr 1746 hin, als der große Festsaal, die goldene Galerie, eingeweiht werden konnte. Der König hat auf die Gestaltung einen lebhaften Einfluß genommen, so daß die Innenausstattung einen unmittelbaren Eindruck des frühen friderizianischen Rokoko gibt. Schlichter als der strahlende Festsaal waren die königlichen Wohnräume an der Parkseite gehalten, wo die getäfelten, mit Deckengemälden von Pesne versehenen Arbeits- und Schlafzimmer und die Bibliothek unmittelbar nebeneinander lagen. Der König hat freilich den mit großen Erwartungen begleiteten Bau nicht in der erhofften Weise ausnutzen können. Die ersten Monate seiner Regierung verbrachte er dort, und die stille Atmosphäre schien ihm geeignet, seinen Geschäften ungestört nachzugehen. Hier erklärte Friedrich am 2. Juni 1740 den Ministern nach deren Vereidigung seine Regierungsgrundsätze: „. . . Da wir keinen Unterschied wissen wollen zwischen unserem eigenen und des Landes Vorteil . . . ja, des Landes Vorteil muß den Vorzug vor unserem eigenen besondern haben, wenn sich beide nicht miteinander vertragen.“ Als die Umbauten in Charlottenburg begannen, wich Friedrich im Herbst noch einmal für wenige Wochen nach Rheinsberg aus, um dann in das Feld zu ziehen. Im Juli 1742 kehrte er nach Charlottenburg zurück. Das 1760 von den Russen im Kriege stark beschädigte Schloß wurde im alten Zustand auf Befehl des Königs wiederhergestellt.

Inzwischen hatte König Friedrich schon nach dem Zweiten Schlesischen Kriege eine Verlegung seiner Residenz aus dem zu lauten und geschäftigen Berlin nach Potsdam beschlossen. Das Berliner Schloß erhielt, gleichzeitig mit der Fertigstellung von Charlottenburg, neue Möbel in den königlichen Gemächern, sonst sind aber dort keine wesentlichen Umbauten erfolgt. Die friderizianische Friedensperiode wurde eingeleitet durch den Neubau des Stadtschlosses Potsdam durch Knobelsdorff. Das aus älteren Bauteilen seit der Zeit des Kurfürsten Joachims I. zusammengewachsene alte Haus war schon unter dem Großen Kurfürsten einer gründlichen Erneuerung unterzogen worden. Nunmehr fügte Knobelsdorff korinthische Pilaster an die Fassaden und an die Eckportale, setzte eine kolonnadengeschmückte Freitreppe davor, erhöhte die Flügel auf drei Geschosse und umgab den davor liegenden Exerzierplatz mit Laubengängen, Taxushecken und Statuen. Johann August Nahl d. Ä. und Christian Hoppenhaupt d. J. entwarfen die Innenarchitektur und die Möbel, die zu den besten Leistungen des deutschen Rokoko zu zählen sind. In dem neuen Konzertsaal konnte der König schon 1747 Johann Sebastian Bach empfangen.

In dem gleichen Jahre war auch, nach Friedrichs Entwürfen, das Schlößchen Sanssouci fertiggestellt, ein höchst reizvoller intimer Bau von kleinen Abmessungen, von Knobelsdorff aus den Ideen des Königs in die Wirklichkeit übersetzt und von Nahl ausgestattet. Zusammen mit den Terrassen, dem Park, den Tempeln und Statuen ein heiteres Ineinanderklingen von Natur und Kunst, in einer märkischen Landschaft unter dem oft trüben nördlichen Himmel. Die Tafelrunde und das Flötenkonzert von Sanssouci wurden in dem Friedensjahrzehnt zu Ausdrucksformen einer gemessenen Lebensfreude des Königs, anmutig, aber verhalten, zurückgezogen; auf einen kleinen Kreis beschränkt. Von Berlin über Charlottenburg, das Stadtschloß von Potsdam nach Sanssouci führte eine Art Fluchtweg in immer größere Einsamkeit. Der aufwendige Bau des Neuen Palais, in der Notzeit nach dem Siebenjährigen Kriege entstanden, unterbricht diese Abfolge nicht, sondern unterstreicht sie nur noch. König Friedrich hat in der kalten Marmorpracht nie residiert; er distanzierte sich ironisch von der „Fanfaronade“ und blieb in Sanssouci, seinem „monrepos“, wo er Musik, Dichtung, Voltaire hatte, wo ihn ein einsames Altern erwartete und der Tod.

Waren diese Schlösser nun Residenzen, von denen aus der absolute Herrscher die Regierung ausüben konnte? Hierbei zeigt sich schon die Fragwürdigkeit des neuzeitlichen Absolutismusbegriffs. Denn zum Regieren gehörten nicht nur der königliche Wille und der Befehl. Das Dekret setzte notwendigerweise den Eingang und die fachliche Durcharbeitung von Akten voraus, die von zuständigen und mit der Sache vertrauten Bediensteten vorlagefertig gemacht worden waren. Selbst wenn der Monarch aus dem Kabinett regieren wollte, so konnte doch die Leitung eines Landes nicht dauernd in der Einsamkeit weilen, sondern brauchte erreichbar, überschaubar und kontrollierbar in nächster Nähe den umfänglichen Behördenapparat. Sanssouci, selbst vor den Potsdamern streng abgesperrt, war ein Refugium, ein Ort der Ausspannung, der Erholung. Gewiß wurden dort auch im Staatsinteresse Überlegungen angestellt, Programmschriften verfaßt und Grundsatzfragen erörtert; die politischen Testamente sind dort entstanden. Aber die Regierungspraxis erforderte den unmittelbaren, lebendigen, engen Kontakt mit der staatlichen Exekutive. So trat neben die königliche Residenz des Schlosses die Residenzstadt, und diese war, niemals bestritten, Berlin. Zwar trug auch Potsdam diese Bezeichnung, doch befanden sich dort nur wenige Außenstellen der Zentralbehörden.

Benötigte der König neben ein paar Kammern für Bediente und Küche kaum mehr als je ein Arbeits-, Schlaf- und Bibliothekszimmer mit einem Stück Park, so waren die Behörden zu dieser Zeit trotz größter personeller Sparsamkeit doch schon so angewachsen, daß nur eine große Stadt über entsprechende Einrichtungen verfügte, um zahlreiche Verwaltungszweige auf die Dauer aufzunehmen und ihnen ein rasches und ungestörtes Arbeiten sichern zu können. Berlin, das aus fünf Städten bestand (Berlin, Kölln,

Friedrichswerder, Dorotheenstadt, Friedrichstadt), zählte beim Regierungsantritt Friedrichs II. 98 000 Einwohner; es wuchs bis 1786 auf fast 150 000 Menschen trotz der Kriegsverluste und ihrer Folgen. 25 000 Mann (einschließlich Beurlaubten) zählte Berlins Garnison, etwa doppelt so viel unter Zurechnung aller Familienangehörigen. Die französische Kolonie stellte fast gleichbleibend immer noch über 5 000 Personen, die Böhmen etwa 1 000, die Juden 3 000. Reformierter Konfession waren 12 500 Berliner, katholisch 8 000, die übrigen Lutheraner. An Dienstpersonal wurden 3 000 männliche und 10 000 weibliche Personen gezählt. Die Berliner Gewerbe beschäftigten 1784 insgesamt 35 000 Meister, Gesellen und Arbeiter; an Beamten gab es nur ein Zehntel davon, nämlich 3 500 Personen. 7 000 Menschen wurden aus den öffentlichen Armenkassen unterstützt. In den Gefängnissen befanden sich 47 Personen mit kurzer Haftstrafe und 51 Schwerverbrecher. Nach Fortfall der inneren Befestigungen war die ganze Stadt einschließlich der Vorstädte mit einer Mauer umgeben.

König Friedrichs Hofstaat zählte gegen Ende seiner Regierung (1784) in Berlin und Potsdam zusammen: 5 Hof-Chargen, 7 Stallmeister mit 127 Kutschern und Reitknechten, eine königliche Kapelle mit 36 Musikern, eine italienische Oper mit 38 Künstlern, 24 weitere Ballett- und Theaterangehörige, 9 Gärtner, 25 Köche, 8 Kellerbediente, 3 Bäcker und Konditoren, 4 Silberdiener, 10 Kastellane in allen Schlössern und Unterpersonal. Der Hofstaat der Königin und der preußischen Prinzen war sehr viel geringer. An Zentralbehörden bestanden damals in Berlin: Der geheime Staatsrat, das Departement für auswärtige Angelegenheiten, das Generaldirektorium mit der Oberrechenkammer, dem Generalproviantamt und deren Kassen; das Justizdepartement mit dem Kammergericht, dem geistlichen Departement mit dem lutherischen Oberkonsistorium und dem reformierten geistlichen Departement, dem Lehns- und dem französischen Departement, dem Oberkuratorium der Universitäten und dem Pfälzerkolonie-Departement. Dazu traten das General-Postdirektorium, die General-Akzise- und Zolladministration (sogenannte Regie), das Oberkollegium medicum, das Fiskalat, das Generalmünzdirektorium; von den militärischen Verwaltungsbehörden das Generalauditoriat, das Kriegskonsistorium, die Geheime Kriegskanzlei und die Intendantur. Ferner bestanden in Berlin die Landschaftlichen Kollegien der Kurmark sowie die städtischen Behörden Berlins. Daneben gab es besondere, nur für die Residenzstadt geschaffene Einrichtungen wie das Hofpostamt, die königliche Hauptbrennholzadministration, die Kommission der königlichen Bauten in Berlin, die Berlinische Salzfaktorei, die Berlinische Feuersozietät, das Porzellanfabrikgericht und andere. An Sozialeinrichtungen sind das königliche Invalidenhaus und die Witwenverpflegungsanstalt, die öffentlichen Armenhäuser und -kassen und die Garnison-Krankenverpflegung zu erwähnen. Die Akademie und Bibliotheken, Sammlungen und Galerien (die königliche Gemäldesammlung im Schloß und die königliche Bibliothek waren damals schon öffentlich zugänglich) seien hier nur noch abschließend zu nennen, um den Umkreis einer Residenz zu kennzeichnen.

In Potsdam befanden sich drei Geheime Kabinettsräte, die für die rasche Erledigung von Eingaben zu sorgen hatten: „Wer bei dem Könige unmittelbar etwas zu suchen hat, reicht seine Vorstellung bei einem der vortragenden Kabinettsräte ein, und die Ausfertigung der Antworten und Bescheide geschehen so geschwind, daß auf eine Vorstellung, die des morgens vorgetragen wird, nachmittags um 5 Uhr die schriftliche Antwort dem Supplikanten, wenn er zu Potsdam ist, eingehändigt, und wenn er auswärts ist, auf die Post gegeben", so lautet eine Empfehlung an das Publikum aus dem Todesjahr des Königs. Die täglich zwischen Potsdam und Berlin reitenden Feldjäger mit den Depeschentaschen lösten sich auf halben Wege in Zehlendorf ab und legten so die Strecke in zweieinhalb Stunden zurück. Der König pflegte — ganz nach dem Vorbild seines Vaters — den Weg von Berlin nach Potsdam im achtspännigen Wagen im Galopp und Karriere in wenig mehr als einer Stunde zu bewältigen. Die „Journalière", eine öffentliche Postkutsche, benötigte dazu fünf Stunden.

Friedrich der Große hat nicht nur Schlösser gebaut, die bis heute sein Stilempfinden zeigen, sondern auch die Residenzstädte Berlin und Potsdam modernisiert und hinsichtlich der Zweck- und Repräsentativbauten hoffähig gemacht. Der erste Abschnitt der Bautätigkeit begann nach dem Zweiten Schlesischen Kriege 1745, mitbedingt durch die aus Ostfriesland vertraglich zur Verfügung gestellten Gelder, mit denen unter anderem der Bau der neuen Friedrichstraße nach Abbruch der Befestigungen am Königs- und Spandauer Tor finanziert wurde; dort entstanden neue Wohnviertel und die neue Friedrichsbrücke. 1748 wurde der alte Dom abgebrochen, der Schloßplatz erweitert und ein neuer Dom im Lustgarten zu bauen begonnen. Zugleich wurden das Arbeitshaus und das Invalidenhaus vor dem Oranienburger Tor errichtet; 1752 entstand die Vorstadt Neuvogtland. Im zweiten Bauabschnitt nach dem Siebenjährigen Krieg galt es, zunächst die Wohnungsnot zu beheben, wozu 149 Bürgerhäuser in den Jahren 1769 bis 1777 entstanden. Schon im Jahre des Hubertusburger Friedens war die Porzellanfabrik, ein Jahr später die Ritterakademie im Bau, entstanden eine Manchester-Manufaktur und eine Lackierfabrik bei Monbijou. 1769 wurde die steinerne Pomeranzenbrücke errichtet, aber erst 1774 begann der Bau der Königlichen Bibliothek und des Komödienhauses, der Gestaltung des Friedrichstädtischen (Gendarmen-)Marktes mit den Türmen der französischen und der deutschen Kirche und dem französischen Schauspielhaus, der Neugestaltung der Prachtstraße Unter den Linden mit den Akademie-Gebäuden unter Einbeziehung des Opernplatzes mit der katholischen St. Hedwigskirche und des Palais des Prinzen Heinrich, der Anlage des Tiergartens mit dem Großen Stern und dem in der Nähe befindlichen

Landhaus Bellevue des Prinzen Ferdinand eine wirklich großzügige Stadtbilderneuerung mit prächtigen und eindrucksvollen Alleen, Straßenzügen, Plätzen und Gebäudegruppen.

Auch in Potsdam, das nach den ersten beiden Schlesischen Kriegen knapp 25 000 Einwohner zählte, begann damals die von König Friedrich und seinem Architekten Karl von Gontard geleitete Umgestaltung des Stadtbildes. Das entsprach dem Wunsch im politischen Testament des Vaters; die weitere Bitte, die Stadt „Wilhelmstadt" zu nennen, hat Friedrich nicht erfüllt. Die Hälfte der unter Friedrich Wilhelm I. aufgeführten bescheidenen Fachwerk-Reihenhäuser mußte neuen massiven Gebäuden mit gegliederten Fassaden weichen, die der Fiskus anlegte und die die Bürger instandzuhalten hatten. Durch Abtragung ganzer Straßenzüge, durch neue, auf Wirkung bedachte Wegeführung und harmonische Anordnung von radialen Plätzen und langen dreistöckigen Häuserfronten entstand eine in sich geschlossene norddeutsche Barockstadt. Auffallend ist bei allen öffentlichen Bauten — vom Rathaus über die mit einem Prunkportal versehene Nikolaikirche und deren Pfarrhaus, die Hugenottenkirche, das einem Stadtpalais ähnelnde Waisenhaus, den Barberini-Palast bis zu den Triumphportalen und dem Marmorobelisk am Alten Markt — das Vorbild Italiens, das Friedrich selbst nie gesehen hatte. Unmittelbar neben dem Stadtschloß lag die mit weitläufigen Fassadenverzierungen versehene Gewehrfabrik. Auch sonst war das Gewerbe nach jeder sich bietenden Möglichkeit in die Residenzstädte hineingenommen worden; Tapeten-, Fayencen- und Seiden-Manufakturen galten als besonders höfisch. Die Soldaten waren meist aus den Bürgerhäusern entfernt und in zahlreichen neuerbauten Kasernen zusammengefaßt, die auch in allen Stadtteilen Berlins entstanden, neben Stallungen und Magazinen; die Garnison in Potsdam machte etwa 8 000 Mann (einschließlich der zeitweilig Beurlaubten) aus. Hatte Friedrich Wilhelm I. Potsdam nach Zweckmäßigkeitsgründen gebaut, so hatte Friedrich II. die Stadt gestaltet, ihr Anmut verliehen und sie zu einer Sehenswürdigkeit gemacht. Berlin erhielt durch König Friedrich an Bauten das Fünffache, Potsdam das Achtfache des alten Gebäudebestandes. An diesem Beispiel erweist sich die „nüchterne, kunstlose, preußische Sparsamkeit" als Legende; Potsdam war keine Sparta, dagegen entfaltete sich die Residenzstadt Berlin unter Friedrich zu einem wirklichen Spree-Athen. Im Vergleich erweist sich gegenüber dem aufgeklärten Philosophen von Sanssouci der strengere Vater als der größere Rationalist.

Schon unter Friedrich Wilhelm I. waren in der Hauptstadt seit 1727 die ersten Intelligenzblätter erschienen, zunächst zur Unterrichtung der Öffentlichkeit über Preisgestaltung, Wechselkurse, Fremdenverkehr; sodann für Stellenangebote, Verkäufe, schließlich als Kirchenzettel. Dazu kamen mit dem Regierungsantritt Friedrichs II. im Jahre 1740 die „Berlinischen Nachrichten von Staats- und gelehrten Sachen", von A. Haude gedruckt und seit 1772 von J. K. Ph. Spener geleitet, heraus, die ebenso wie die „Vossische Zeitung" (Berliner Privilegierte Zeitung) dreimal wöchentlich durch Boten ausgetragen wurde. In französischer Sprache erschienen seit 1740 das „Journal de Berlin", später die „Gazette littéraire de Berlin". Der König hielt die Verbreitung von gehaltvollen Zeitungen als unerläßlich für eine wirkliche Bildung des Hauptstadtpublikums, und er teilte die Bedenken seines Ministers gegen mancherlei politische Artikel nicht: Gazetten dürften nicht „genieret" werden, wenn sie für das Publikum interessant bleiben sollten.

Die Residenzen — sowohl in der Intimsphäre des Schlosses als auch in der Öffentlichkeit der Hauptstadt — sollten nach den Vorstellungen Friedrichs ein Ausdruck seines Staats und des ihn lenkenden königlichen Willens sein. Als Mittelpunkt seiner Länder, die wenigen anderen großen Städte Preußens durch Klarheit der Anlage und Gefälligkeit des Aussehens überstrahlend, durch ungezwungene Geistigkeit seiner Bewohner dominierend, hatte die auf Berlin und Potsdam konzentrierte Bau-Energie Friedrichs insgeheim zugleich den Effekt, den früh auf den Schlachtfeldern erworbenen Lorbeeren weitere Kränze des Ehrgeizes und des Ruhmes hinzuzufügen.

2. *Die Huldigungsreise*

In den ersten Tagen der Regierungsübernahme stand der junge König unter dem starken Eindruck, den die letzte Ansprache seines Vaters auf ihn ebenso ausgeübt hatte wie die Eröffnung von dessen politischem Testament. Es ist auffallend, in einem wie starken Maße die Staats- und Regierungskontinuität in den ersten Anordnungen Friedrichs sichtbar wird. Da ihm jede Erwartung, die sich an einen Systemwechsel knüpfte, entgegenschlug, sind allen seinen Äußerungen besondere Aufmerksamkeiten beigelegt und darin Neuerungen und Originalitäten gesehen worden, die doch stärker durch die Bindung an den Willen des königlichen Vaters bestimmt gewesen sind, als die Öffentlichkeit sich damals zugestehen wollte. Schon die von Friedrich angekündigte Heeresvermehrung ist in allen Einzelheiten im politischen Testament von 1722 angeordnet worden. Auch die von Cocceji dem jungen König nahegelegte Abschaffung der Folter, die in dem aufgeklärten Europa um so mehr begeisterte Zustimmung hervorrief, als die Rechtspflege in den meisten Staaten sich dieses Instrumentes noch nicht entledigen zu können glaubte, ist bereits im Jahre 1720 durch ein Dekret Friedrich Wilhelms I. verfügt worden; der König hatte jeweils deren Anwendung von seiner ausdrücklichen Genehmigung abhängig gemacht. Selbst Friedrich hat sie für die schwersten Verbrechen noch vorbehalten, und erst später sind solche Ausnahmen gänzlich weggefallen. Es war daher auch nicht erforderlich, im Jahre 1740 darüber ein Gesetz zu erlassen, da lediglich die Ausführung der geltenden Bestimmungen gemildert worden war. Ähnlich verhielt es sich mit der Toleranz in Konfessionsfragen. Es ist in der Regierungszeit Friedrich Wilhelms I. keine religiöse Unduldsamkeit gelitten worden; er hatte in seinem politischen Testament dargelegt, daß bei den Regimentern viele Katholiken stünden: der Thronfolger müsse die Libertät haben, „ihren katholischen Gottesdienst zu halten permittiren"; „was die katholische Religion anlangt, müßt Ihr sie tolerieren". Es war — bis in wörtliche Formulierungen hinein — ganz im Sinne seines Vaters, wenn Friedrich dem Geistlichen Departement, das auf den Mißstand der Proselytenmacherei in den katholischen Garnisonschulen hinwies, in dem berühmten Marginaldekret vom 22. Juni 1740 antwortete: „Die Religionen Müsen alle Tolleriret werden und Mus der fiscal nuhr das auge darauf haben das keine der andern abruch Tuhe, den hier muß ein jeder nach Seiner faßon Selich werden. Fr." In der Politik galt grundsätzlich die Weisung des Vaters: „Ein Regent, der mit Honneur in der Welt regieren will, muß seine Affären alle selber tun ... Eure Finanzen müßt Ihr selber und allein traktieren und das Kommando der Armee selber und allein bestellen."

Die Art, wie der 28jährige König diese Grundsätze jetzt durchsetzte, erregte allerseits Erstaunen. Friedrich hatte sich seit 1734 innerlich mit der Übernahme des Regenten-Amtes vertraut gemacht und hatte im 22. Kapitel seines „Anti-Macchiavell" sich grundlegend über seine Auffassung von der Fürstenpflicht geäußert: „Es gibt zwei Arten von Fürsten in der Welt, solche, die alles mit eigenen Augen sehen und ihren Staat selbst regieren, und solche, die sich auf die Zuverlässigkeit ihrer Minister verlassen und sich von denen leiten lassen, die Einfluß auf sie gewonnen haben. Die Fürsten der ersten Art sind gewissermaßen die Seele ihres Staates, auf ihnen allein ruht die ganze Last der Regierung wie die Welt auf den Schultern des Atlas; sie führen die inneren Angelegenheiten sowohl wie die äußeren; alle Befehle, Gesetze, Vorschriften gehen von ihnen aus; sie füllen zu gleicher Zeit die Posten des Justizministers, des Oberbefehlshabers des Heeres und des Finanzministers aus; kurz alles, was nur irgendwie mit Politik zusammenhängt, unterliegt ihrer Entscheidung. Sie haben nach dem Beispiel Gottes, der sich höherer Wesen als der Menschen bedient, nun seinen Willen zu vollstrecken, auch scharfsinnige und fleißige Geister, um ihre Absichten auszuführen und um im einzelnen zu verwirklichen, was sie im Großen geplant haben ..."

Die ersten Huldigungen empfing Friedrich von der Füsiliergarde in Berlin, dem Glasenappschen Regiment, das ihn mit Vivat-Rufen weckte. Von den versammelten Generalen verlangte er, sich korrekt an ihre Dienstobliegenheiten zu halten und mit der schärfsten Disziplin bei sich selbst anzufangen; „die Truppen müssen ebenso brauchbar sein wie schön, und sie dürfen dem Lande nicht verderblich werden, das sie beschützen sollen." Als

Fürst Leopold von Anhalt-Dessau die Hoffnung aussprach, auch bei dem jungen König die bisherige „Autorität" genießen zu dürfen, entgegnete dieser kühl, daß er von solcher Autorität nichts wisse und sein königliches Amt als einziger führen werde. Pünktlichkeit, Sparsamkeit und „Promptitüde in der Erledigung der Geschäfte" verlangte der neue König auch seinen Ministern ab und erregte ihren Unwillen, daß er den Finanzminister, August Friedrich von Boden, einen ehemaligen Domänenpächter und späteren Kabinettssekretär Friedrich Wilhelms I., im Amt bestätigte und damit das System strengster kameralistischer Wirtschaftsführung sanktionierte. Nur dort, wo die „Plusmacherei" abenteuerliche Züge angenommen hatte und die königlichen Kassen rücksichtslos durch Bedrückung der Untertanen gefüllt wurden, griff er durch: den aus dem Anhaltischen stammenden ursprünglichen Färber, von Friedrich Wilhelm I. geadelten Finanzrat Johann Gottlob von Eckart, einen der in jener Zeit an allen Fürstenhöfen zahlreich vorhandenen Projektemacher, den Engherzigkeit und Gefallsucht als Sparkommissar zu Erpressungen getrieben hatten, befahl der König des Landes zu verweisen.

Seinen Regierungsantritt ließ Friedrich an den drei wichtigsten europäischen Höfen nicht durch Diplomaten, sondern durch aktive Obersten seiner Armee bekanntmachen. Das war eine Herausforderung, wie sie sich nicht einmal der „Soldatenkönig" erlaubt hatte. Zudem hielt sich Friedrich nicht an die Etikette, sondern wählte seine Abgesandten nach ihrer Eignung für den Auftrag aus. So war der Hof in Versailles darüber verärgert, daß ihm des Königs Vertrauter, Oberst von Camas, zugeschickt wurde und daß ein Offizier von älterem Adel, Oberst Graf Truchseß von Waldburg, nach Hannover abgeordnet war; man argwöhnte schon daraus eine Bevorzugung des verhaßten Rivalen Hannover-England. Die Aufmerksamkeit, die Friedrich mit der Sendung des Obersten von Münchow den Österreichern erwies, war nicht größer als die, die Friedrich Wilhelm I. zeitlebens von Wien erfahren hatte. Die europäischen Höfe im sonst so zeremonienfreudigen 18. Jahrhundert fügten sich, was der junge Souverän in Charlottenburg nur mit spöttischem Lächeln quittierte. Truchseß sollte ihm „Berichte auf zweierlei Art" erstatten, die einen für den König allein mit der Bemerkung „soli", und „die anderen voller Neuigkeiten für das Ministerium". Der französische Gesandte in Berlin berichtete im Juli 1740, „daß der regierende König noch undurchdringlicher ist als sein Vater es war; er tut alles selbst, und seine Minister sind nur Handlanger von mittelmäßiger Bedeutung." Friedrich ließ selbst keinen Zweifel daran, daß er sein eigener Innen- und Außenminister, sein eigener Finanzminister und Feldmarschall sein wolle. „Sein Charakter ist so", schrieb der Marquis de Beauveau über den Preußenkönig, „daß er glaubt, mit Geist begabt könne man alles wissen, daß er niemand um Rat fragt, und besonders, daß er um jeden Preis eine erste Rolle in Europa spielen will." Ein absoluter Herrscher also, allerdings

— woran niemand zweifelte — ein aufgeklärter; und doch war es weniger die Aufklärung als Maxime seiner Handlungen als vielmehr eine aufgeklärt interpretierte Staatsraison, die Friedrich leitete. Das allgemeine Prinzip war auf die Anwendung für den eigenen Staat zugeschnitten. Insofern gab es zugleich Schranken für den Absolutismus. Der König blieb angewiesen auf seine Mitarbeiter und den vorzüglichen Regierungsapparat, den sein Vater ihm aufgebaut hatte. Entscheidend wurde, daß Friedrich über ihn verfügen konnte und nicht von Ministern und Militärs abhängig wurde.

Bevor der König sich auf die Huldigungsreise begab, um sich persönlich der drei hauptsächlichen Landesteile zu vergewissern, traf er noch einige charakteristische Verwaltungsentscheidungen. Alle Anwartschaften auf Lehngüter, Amtshauptmannschaften, Stiftspfründen wurden aufgehoben. Wiederholt wurden die Behörden zu knapper, sachlicher Berichterstattung und zu schnellerer Erledigung der Eingänge angehalten, vor allem auch zu genauer Nachprüfung von Bausachen, Anforderungen und Schadensfällen; es sei durchaus zu billigen, daß die Beamten mit der Bevölkerung darüber in Verbindung stehen, sie dürften sich jedoch nicht hintergehen lassen. Kassen-Rückstände seien in jedem Falle im Rahmen des eigenen Haushaltes auszugleichen. Dem im Frühjahr 1740 weit verbreiteten Gerede, es werde sich jetzt auch in der Verwaltung alles ändern, machte Friedrich schon am 2. Juni mit dem deutlichen Marginal ein Ende: „Scheinet als wenn das Directorium alle alte principis schon über ein Haufen werfen wollte.“ Drastischer lautete die Randverfügung auf ein Gesuch des Generaldirektoriums, einem Handwerksburschen Auswanderungserlaubnis zur Heirat außer Landes zu geben: „Das Directorium soll leute ins landt zihen und nicht hinausschafen. das seindt rechte nersche und ridiculle anfragen — sie sollen sich nicht unterstehen mit dergleichen wiederzukom. Fr.“ Auch den königlichen Vasallen wurde ausdrücklich untersagt, im Ausland Dienst zu nehmen. Wer bereits im fremden Solde steht, solle mit Aussicht auf Besserstellung veranlaßt werden, nach Preußen zurückzukommen.

Auf jede Art von Repräsentation hat der junge König verzichtet. Die Aufwendungen dafür sollten an anderer Stelle sinnvoll eingesetzt werden. Ihm schien nicht das Staatswohl davon abzuhängen, ob in den amtlichen Siegeln auch sämtliche Wappen der Länder, auf die Preußen Erbansprüche hatte, enthalten waren. Die feierliche Königskrönung hat Friedrich ebenso wie sein Vater ausgeschlagen und hat sich ironisch geäußert über „die heilige Ölflasche und unnütze und nichtige Zeremonien, die die Unwissenheit eingeführt hat und der Brauch begünstigt.“ Auch wollte er während der Huldigungsfahrt „unterwegs in den Städten keine Zeremonien und Gelärme mit Aufzügen, Turmblasen, Schießen, Ansprachen, Blumen-, Kalmus- oder Gras-Streuen und dergleichen, es habe Namen wie es wolle, sondern es soll wie vorhin gehalten werden.“ Wie vorhin — das bedeutet: wie bei seinem Vater. Und entsprechend ist auch, wie schon bei Friedrich

Wilhelm I., bei der Huldigung der kurmärkischen Stände der Kurhut mit dem Szepter nicht gezeigt worden. Das Königtum in Preußen war von einer Selbstdarstellung des Staates weit entfernt. Carl Hinrichs hat darin wohl mit Recht vermutet, daß die Könige nicht mehr als nur die obersten Beamten im Staat sein wollten, gewissermaßen incognito zu reisen wünschten, um von ihren Aufgaben nicht abgelenkt zu werden und vor allem auch die Untertanen in ihren Arbeiten nicht zu unterbrechen. Es ist die bis ins letzte durchrationalisierte Auffassung vom Staat, wie sie im Barockzeitalter undenkbar gewesen wäre und wie sie seit der Französischen Revolution mit ihren Schaustellungen und Aufbietungen der Öffentlichkeit ebenfalls für nicht mehr möglich gehalten wird.

Für Friedrich war demgemäß die Entgegennahme der Huldigung kaum mehr als eine Art staatsrechtlicher Sicherheitsmaßnahme. Sie galt weniger seiner Person als dem Träger des Amtes. Nach der Vereidigung der dirigierenden Minister des Generaldirektoriums und der Staatsminister am 1. und 2. Juni 1740 vereidigten diese wiederum vom 7. bis 9. Juni die Bedienten in ihrem Amtsbereich nach der hergebrachten, auch 1713 angewandten Formel, die bei den geheimen Finanzräten, den geheimen Sekretären und Registratoren bei dem Generaldirektorium und bei der kurmärkischen Kammer außer der Betonung des Amtsgeheimnisses und dem Verbot der Annahme von Geschenken den Zusatz enthielt, daß Korrespondenzen über dienstliche Sachen mit Außenstehenden zu unterbleiben hätten. Am 4. Juni war verfügt worden, daß die Kriegs- und Domänenkammern, die Geldrische Kommisison, die Regierung in Moers sowie die Obergerichte der Altmark und Uckermark zu vereidigen seien; eine entsprechende Anordnung an die Geheime Kriegskanzlei erging am 28. Juni. In Königsberg hatte bereits am 13. Juni die Vereidigung des Etatsministeriums und der übrigen Behörden stattgefunden.

Am 7. Juli trat der König mit einem kleinen Gefolge die Huldigungsreise an. Ihn begleiteten in seinem Wagen der Generaladjutant von Hacke, der Rheinsberger Freund Dietrich Freiherr von Keyserlingk und der Venezianer Franz Algarotti, ein eleganter Schriftsteller und Gesellschafter, den der König soeben an seinen Hof geholt hatte und dem er 1747 den Grafentitel verlieh. Trotz des nur kleinen Gefolges nahm der König seine Leibköche mit. Die Reise ging auf dem nun schon bekannten Wege von Berlin über Lebus, Frankfurt/Oder, Landsberg an der Warthe, Soldin, Pyritz, Stargard (Pommern), Köslin, Stolp, Lauenburg, Wutzkow, Marienwerder, Riesenburg, Preußisch Holland, Mohrungen, Liebstadt, Preußisch Eylau, Wandlacken (bei Gerdauen), Angerburg, Insterburg, Gumbinnen, Trakehnen, Tilsit nach Königsberg, wo der König am 16. Juli um 1/2 7 Uhr eintraf. Unterwegs hatte er, ganz in der Art seines Vaters, die Regimenter in Landsberg, Stargard, Köslin, Stolp, Marienwerder, Preußisch Holland und Angerburg besichtigt. Dort überreichte er dem unglücklichen Vater seines

Freundes Katte, dem Kommandeur des Kürassier-Regiments Hans Heinrich von Katte, das Feldmarschalls-Patent und erhob ihn in den erblichen Grafenstand. An jedem größeren Ort hatten die Amtshauptleute zur Stelle zu sein und neben dem Wagen des Königs zu reiten. Mit Ausnahme in den königlichen Gemächern in Marienwerder, Wandlacken, Trakehnen und Königsberg nahm der König meistens Quartier in den Pfarrwiddem.

Nach einer Regimentsbesichtigung am frühen Sonntagmorgen des 17. Juli fand um 10 Uhr in der Schloßkirche der Huldigungsgottesdienst statt, den der Oberhofprediger Quandt hielt, der auf den König nach der Form seiner Predigt einen sehr starken Eindruck machte; es schloß sich eine Parade im Königsgarten an. Die beiden nächsten Tage vergingen mit Audienzen der Abgesandten von Kurland, Oranien und Elbing (das damals schon 42 Jahre lang an Preußen verpfändet war); Gefangene wurden begnadigt, der König besichtigte das Licenthaus und den Hafen, wo er über 180 Schiffe zählte, und promenierte in der Stadt; er ließ sich die Zöglinge des Waisenhauses vorstellen. Die Studenten brachten ihm Fackelzug und Serenade und wurden königlich bewirtet. Die eigentlichen Staatsgeschäfte fanden am 20. Juli statt. Nach Ablegung des Eides der Etatsminister erfolgte die allgemeine Huldigungsfeier auf dem Schloßhof, wo sich die Landräte, die Ritterschaft, der Königsberger Magistrat und die Abgeordneten der Städte der Provinz, der Zünfte und die Professorenschaft der Universität eingefunden hatten. Mit den Ständen, die seit acht Tagen zu dem Huldigungslandtag zusammengekommen waren, ist durch den Minister von Podewils schon vorher eine Übereinkunft erzielt worden. Widerstand erhob sich nirgends. Lediglich die Huldigungsansprache des Landesdirektors Wilhelm Ludwig v. d. Groeben unterstellte, daß der König sich mit den Ständen zusammen um die Behebung der Beschwernisse bemühen werde. Ohne darauf einzugehen, wurde der Huldigungseid von Friedrich entgegengenommen und die Gedenkmünzen mit der anspruchsvollen Umschrift „Borussorum rex“ unter das Volk geworfen. Nach der Tafel wurde ein geheimer Staatsrat über die Hauptgründe der ständischen Propositionen gehalten; in derselben Nacht reiste der König über Danzig nach Berlin ab. Durch eine verspätete Anzeige des Huldigungstermins an den König von Sachsen-Polen war die Anwesenheit polnischer Kommissare in Königsberg vermieden worden und damit die Erinnerung an den aus dem Frieden von Wehlau 1657 herrührenden Anspruch auf Nachfolge im Herzogtum Preußen bei Aussterben des Hauses Brandenburg. Dieser Anspruch fiel 1772 endgültig.

Friedrich kannte die Probleme der Provinz Preußen von seinen letzten Aufenthalten her noch ganz genau. Die Provinz war dank der Fürsorge seines Vaters in einem besonders guten Stand und in jeder erdenklichen Weise modernisiert. Sie mußte nun — für Jahrzehnte — hinter den dringenden Aufgaben in anderen Landesteilen und hinter den Erfordernissen des Gesamtstaates zurückstehen. Von den größeren Verwaltungsprojekten hat die schon 1737 von Friedrich Wilhelm I. geplante Errichtung einer Kammer-Deputation (also einer Unterabteilung der Kriegs- und Domänenkammer) für die masurischen Ämter in Neidenburg oder Osterode die grundsätzliche Billigung des Königs gefunden. Es wäre dann die Regierung in Königsberg für die altpreußischen Ämter, die in Gumbinnen für die preußisch-litthauischen und die in Osterode für die masurischen Ämter zuständig gewesen. Regierungssitz sollte das alte Ordensschloß Osterode werden. Der Plan scheiterte daran, daß eine zusätzliche Bewilligung neuer Planstellen für Subalternbeamte nicht zu erreichen war. So behalf man sich mit einer besseren Aufteilung der Ämter zwischen den Kammern in Königsberg und Gumbinnen. Erst im Jahre 1905 ist mit der Bildung des Regierungsbezirks Allenstein das friderizianische Projekt verwirklicht worden. Die sonstigen von den preußischen Ständen schriftlich eingereichten Beschwernisse betrafen die militärischen Aushebungen, die Gerichtsbefugnisse der Amtshauptleute, das Salzmonopol und die Mahlsteuer, die Belassung von Handwerkern auf den Dörfern und die Zurückführung entlaufener Untersassen. Die meisten dieser Fragen sind in der folgenden Justizreform, in der Verbesserung des Kanton-Wesens und in der Vereinheitlichung der Staatswirtschaft bald geregelt worden. Der König war auch durchaus bereit, regionale Besonderheiten anzuerkennen und Ausnahmen zu machen, so bei der zeitweiligen Freigabe der Getreideausfuhr auf Vorstellung der Königsberger Kaufmannschaft. Das Recht der theologischen Fakultät auf Ausstellung von Zeugnissen für Schul- und Predigtamtskandidaten wurde indessen nicht eingeschränkt; es blieb bei den pietistischen Bestimmungen Friedrich Wilhelms I. aus den Jahren 1734/35. Insofern war die Erwartung der Orthodoxie, jetzt mit Hilfe der Aufklärung dem Pietismus den Gnadenstoß versetzen zu können, verfrüht gewesen. Die von den Ständen gewünschte Wiederherstellung des Landratsamtes entfiel, da eine Vereinheitlichung im kurmärkischen Sinne kaum möglich war und ist durch die bald darauf (1752) erfolgte neue Kreiseinteilung und die Neufassung der Aufgaben des Landrates gegenstandslos geworden. Auf die Frage der Landtagsbefugnisse schließlich war Friedrich gar nicht mehr eingegangen; sie hatte ihre Bedeutung für den Gesamtstaat längst eingebüßt.

Am 24. Juli nachmittags war der König wieder in Berlin. Dort fand am Dienstag, dem 2. August 1740 die Erbhuldigung der kurmärkischen Stände statt. Die um 8 Uhr begonnene Huldigungspredigt im Dom war von Friedrich auf eine Viertelstunde eingeschränkt worden. Unter den bei der Huldigung anwesenden Trägern der Erbämter hat der König seinem ersten Ausbilder in der Verwaltung, dem früheren Küstriner Kammerpräsidenten v. Münchow, einen Ehrenplatz angewiesen, eine schöne Geste der Anhänglichkeit und Versöhnlichkeit, die den alten Herrn für manche Peinlichkeiten seines damaligen heiklen Auftrags dem Kronprinzen gegenüber entschädigte. Hier wurde, anders als in Königsberg, das Zeremoniell streng eingehalten:

der König saß bedeckten Hauptes auf einem Thron im Huldigungssaal, rechts und links standen der Erbkämmerer mit dem Zepter und der Erbmarschall mit dem Schwert. Auf die mit erhobener Schwurhand von der gesamten Ritterschaft laut nachgesprochenen Eidesformel folgte der dreimalige Ruf „Vivat Fridericus rex!“ Dann trat der König auf den Balkon des Schlosses, und die Bürgerschaft vor dem Schloßplatz huldigte ihm nach kurzer Ansprache des Stadt-Präsidenten mit lautem Zuruf. Friedrich hatte verfügt, daß nicht nach der prunkvollen Zeremonieorder von 1688 (mit Vorantragung des Kurhutes, Geschützsalven usw.) zu verfahren sei, sondern nach der schlichten und kurzen Weise seines Vaters von 1713, „und kann alles dergestalt gefaßt werden, daß mit Vermeidung unnützlicher Weitläufigkeit der ganze Actus in kurzer Zeit vollendet werde, weil mir mit vergeblichen Umständen nicht viel gedient.“ Als der König aber vom Balkon auf die wogende Menge sah, war er von der Bedeutung der Stunde doch plötzlich ergriffen und verblieb dort lange Zeit reglos, wie ein Augenzeuge berichtet, „in tiefe Betrachtung verloren.“

Die anläßlich der Huldigung überreichten Beschwernisse und Wünsche der kurmärkischen Stände betrafen u. a. die Bitte, Stiftspfründen sich selbst vergeben zu dürfen und nicht durch königlichen Entscheid. Die Rechte der Kirchenpatrone sollten durch die Konsistorien nicht übergangen werden. Die Zollfreiheit des Adels wurde (wie auch von der uckermärkischen Ritterschaft) unter Berufung auf den Rezeß von 1653 gefordert. Die Sonderabgaben zur Ablösung der Einquartierung und Beköstigung der Truppen (sogenannte „Potsdamsche Bettengelder“ und „Kavalleriegelder“) sollten ebenso wie die Schloßbau- und Legationsgelder erlassen werden, die Vorspann-Pflichten der Bauern eingeschränkt, ebenso deren Einziehung zum Militärdienst. Die Stände verlangten eine Aufbesserung der Gehälter der Justizbeamten und daß die Stände überhaupt bei jeder Justizreform beratend hinzugezogen werden möchten; auch sollte der Fiskus sich der Einmischung in die Gutsgerichtbarkeit enthalten. Das sind ähnliche Beschwerden, wie sie schon in Preußen vorgetragen wurden. Die Beschneidung des adligen zugunsten des domanialen Besitzes hat allerdings der König, hier im Gegensatz zu seinem Vater, der unrechtmäßig entfremdetes Staatsgut mit allen Mitteln wieder hereinholte, bald abgestellt. Sonst aber ging es den kurmärkischen Ständen nicht anders als den preußischen: „Wie nun diese Vorstellungen sehr weitläufig und darinnen vermutlich viel unnütze und nach den jetzigen Einrichtungen impracticable und bedenkliche Gravamina enthalten“, so sollten die Hauptbeschwerdepunkte von den Behörden geprüft und übersichtlich erneut vorgelegt werden. Obwohl die Stände an die Erledigung Jahr für Jahr (zuletzt 1746) erinnerten, blieben sie ohne Antwort. Die Gesetzgebung des modernen Staates erfolgte nicht mehr in Dekreten für regionale Besonderheiten, sondern für das gesamte Staatsgebiet ohne Unterschied der Stände und Personen. Die gültigen Verordnungen und die

Justizpflege, von der Zentrale reguliert und reformiert, reichten aus, um die Beschwernisse nach Möglichkeit abzustellen. Wie alle sonstigen Eingaben sind auch diese auf den ordentlichen Weg der behördlichen Erledigung verwiesen worden; die ständischen Sonderrechte hatten im friderizianischen Preußen aufgehört.

An dem gleichen 2. August 1740 fand die Huldigung in dem preußischen Teil von Vorpommern statt. Einer der königlichen Bevollmächtigten war der frühere Küstriner Kammerdirektor Hille, den Friedrich dadurch ebenfalls besonders auszeichnete. Erst nach längeren Verhandlungen mit den Ständen sandte die Regierung in Stettin im Februar 1741 die vorpommerschen Landesprivilegien zur Bestätigung nach Berlin, erhielt jedoch, trotz Erinnerung im Juni 1745, keine Antwort. Die Huldigung in Hinterpommern und der Neumark wurde auf unbestimmte Zeit verschoben, um die Anwesenheit schwedischer Kommissare zu vermeiden, denen nach dem Westfälischen Frieden das Recht zur Abnahme der Eventualhuldigung zustand. Diese und andere den preußischen Staat und seine Länder belastenden rechtlichen Vorbehalte sind in der Regierungszeit Friedrichs des Großen beseitigt oder wurden gegenstandslos. Erst am 5. April 1743 erging angesichts der günstigen außenpolitischen Lage — Schweden befand sich in inneren Parteiwirren, war zudem in einen Krieg mit Rußland verstrickt — der Befehl des Königs an die Kammern in Stettin und Küstrin, die Huldigungen nachvollziehen zu lassen. Für die Neumark versicherte die Behörde, daß dies im Jahre 1740 schon ausreichend geschehen sei. Für Hinterpommern wurde die Partikulärhuldigung durch Umfahrt einer Kommission in der Zeit vom 2. bis 30. September 1743 nachgeholt. Die Vasallen, die dabei nicht erschienen waren, wurden nach dem Lehnsrecht zur Verantwortung gezogen. In Lauenburg-Bütow war ein Huldigungslandtag am 26. September 1740 von Städten und Ritterschaft gehalten worden; die Huldigung nahm als königlicher Bevollmächtigter der Präsident der Pommerschen Kriegs- und Domänenkammer, Philipp Otto von Grumbkow, ab. Die Beschwerden betrafen Befreiung von der Kantonpflicht, Ablehnung des Offiziersberufs für den Adel und Steuererleichterung für die Städte.

Im Herzogtum Magdeburg fand mit herkömmlichen Zeremonien die Huldigung am 2. August 1740 statt. Besondere Huldigungen erfolgten unter Beteiligung der Halloren am gleichen Tage in Halle mit Ausübung alten Brauchtums, sodann im Kreis Luckenwalde, in der Stadt Burg, in Herrschaft und Amt Rosenburg. Die peinlich sorgfältige Beachtung aller staatsrechtlichen Abstufungen hatte ihren guten Grund; mehrere dort ansässige oder begüterte Fürstlichkeiten vermeinten, sich der Huldigung entziehen zu können. König Friedrich hatte ihnen nachdrücklich klar gemacht, daß dies nachzuholen war. Die magdeburgischen Stände hatten ihre „Landes-Desiderien“, die sie übrigens sorgfältig mit der Kurmark und Halberstadt abgestimmt hatten, in einem starken Aktenband von mehr als 400 Folioseiten anläßlich der Huldigung überreicht. Die Zusicherung der Landesprivilegien und der ständischen Verwaltung durch Bezirks-Landräte, Wiederherstellung der landständischen Kassen, die Mitbeteiligung an der neuen Kirchenordnung von 1740 ebenso an der Gesetzgebung war auch hier verlangt worden, während die Justizreform abgelehnt wurde: „Die Vielheit der Gesetze gibt nur zu mehreren Verdrehungen Anlaß"; früher „präsidierte auf der Gerichtsstube ein altes teutsches, das ist: redliches Herz"; jetzt aber würden „die Pfaffen und italienischen Gesetzkramer mit Einführung solcher Gesetze, die in ihren Landen wegen allzu großer Künsteleien bereits vielen Unfug excitiert hatten", dieses zugrunde richten. Neben den sonst schon bekannten Beschwerden ist die genauere Abgrenzung von Kammer- und Militärjustiz tatsächlich ein dringendes Erfordernis zur Abstellung eines verbreiteten Übelstandes gewesen, „dieweil der miles perpetuus fast allwärts einen besonderen Etat und Corpus in dem gemeinsamen Wesen constituiert und von anderer Regimentsverfassung abgesondert und independent ist." Die Kantonpflicht solle aufhören, die Armee aus Ausländern geworben und die Provinzen zur Gestellung einer angemessenen Miliz verpflichtet werden — man sieht, wohin die Erwartungen auf einen „Systemwechsel" beim Regierungsantritt Friedrichs zielen! Die üblichen Bestrebungen, sich von Auflagen frei zu machen, Handelsbegünstigungen gegenüber „fremden Landen" (worunter auch die übrigen preußischen Provinzen verstanden werden), Steuerfreiheit für den Adel, Festigung und Erweiterung der gutsherrlichen Jurisdiktion, Patronatsrechte mit unbeschränkter Verwaltung der Kirchengüter, Jagdfreiheit — dies alles ist charakteristisch für den noch regional und ständisch aufgefaßten Staat. Vom Dezember 1740 bis zum März 1742 erinnerten die Magdeburger an eine königliche Antwort — vergeblich.

Auch im Fürstentum Halberstadt war am 2. August 1740 unter herkömmlichen Formen gehuldigt worden; eine besondere Huldigung erfolgte auf Wunsch der Stände in der Grafschaft Hohenstein, während Derenburg (Harz) lehnrechtlich zur Kurmark rechnete und in Berlin huldigte. Den katholischen Klöstern ist das im Westfälischen Frieden verbürgte brandenburgische Recht, sie jederzeit aufzuheben, erneut vor Augen gestellt worden; Folgerungen ergaben sich daraus vorerst nicht. Die halberstädtischen Stände hatten ihre Wünsche und Beschwerden der dortigen Regierung eingereicht, die sie nach Berlin übersandte, was die Prüfung des Sachverhalts erleichterte und beschleunigte. Die umfangreiche Akte schließt sich, unter mehrfacher Berufung auf diese, der magdeburgischen eng an, so daß nur einige Besonderheiten zu erwähnen sind wie das Verlangen, die Stadttore nachts offen zu halten, weil der Verschluß dem Commercio und dem Landbau nachteilig sei; man verlangte die (grundsätzlich niemals eingeschränkte) Appellationsfreiheit an die Reichsgerichte. Das Generaldirektorium gab demgegenüber sicherlich zu Recht zu verstehen, daß man mit den preußischen Gerichten schneller und besser bedient sei. Die Kirchenordnung solle nach der magdeburgischen von den Ständen beraten werden; die Marien- und Johannisfeste wollten die Protestanten wieder feiern. Die „Abstellung der exclusiven Privilegien von Künstlern“ wurde gefordert, das Münzrecht des Domkapitels und des Magistrats von Halberstadt und anderes mehr. Eine königliche Bewilligung dieser Wünsche blieb auch hier aus; in manchen Einzelheiten verwies das Generaldirektorium auf den ordentlichen Rechts- und Verwaltungsweg und war von sich aus um Abstellung der Mißstände bemüht, so weit seine Zuständigkeit dafür reichte.

In den westlichen Provinzen und Landesteilen Preußens hatte die Huldigung im Fürstentum Minden und in Moers am 2. August 1740 stattgefunden. Die Beschwernisse der Prälaten und Ritterschaft von Minden betrafen wie üblich Kantonpflicht, Sonderabgaben, ständisches Steuerrecht und Freistellung des Adels von Abgaben und Verwaltungssachen. Die Stände wurden bereits im Oktober 1740 vom Generaldirektorium höflich und deutlich wegen der jetzigen Teuerung auf „bessere Zeiten“ beschieden. In Geldern fand die Huldigung am gleichen Tage auf dem Marktplatz statt; der königliche Bevollmächtigte, der Präsident der cleveschen und mindenschen Kriegs- und Domänenkammern, bezog sich bei den Schutzversprechen auf den von den geldrischen Ständen mit Kaiser Karl V. geschlossenen Vertrag von Venlo von 1543. Zu einem Zwischenfall kam es in der Grafschaft Ravensberg, als die Ritterschaft dem preußischen Regierungsrat Pott die Abnahme des Huldigungseides verweigern wollte, weil er nicht von Adel sei; die königlichen Bevollmächtigten haben das in scharfer Form zurückgewiesen. Die überreichten Beschwerden der ravensbergischen Stände hatten außer der Erleichterung der Militärlasten und den Abgabe-Ermäßigungen auch die Wiederherstellung ständischer Verwaltung, vor allem die im Jahre 1719 vollzogene Verwaltungsunion mit Minden, zum Gegenstand. Die Wiedereinrichtung der Regierung in Bielefeld wurde unter Hinweis auf umständliche, Zeit und Kosten beanspruchende Reisen dringend gefordert. Das Generaldirektorium konnte jedoch schon aus Ersparnisgründen die deswegen erfolgte Zusammenlegung nicht rückgängig machen; zudem kam es im Sinne des Gesamtstaatsgedankens darauf an, die einzelnen Gebiete vereinheitlichend zusammenzufassen anstatt sie weiter aufzugliedern und abzusondern.

Eine Ausnahmestellung nahm Cleve ein. Friedrich hatte die Absicht, sich möglichst bald dorthin zu begeben. Die Huldigung fand dort unter altertümlichen Gebräuchen und, wegen der Kostenersparnis für die Grafschaft Mark gesondert in Hamm, am 2. August 1740 statt. Die Städte Soest und Lippstadt huldigten auch, obwohl sie nicht zur Grafschaft Mark gehörten, was sie sich bestätigen ließen. Lippstadt wurde gemeinschaftlich von Preußen und den Grafen von Lippe-Detmold verwaltet. Die Huldigung in Moers, wo die landständischen Versammlungen in der Art von Erbentagen bestanden, fand am 2. August 1740 gesondert statt und wurde von einem Kommissar aus der Kammer in Cleve entgegengenommen. Die ständische Regierung in Cleve hatte gleich bei Friedrichs Regierungsantritt dem dortigen preußischen Residenten eine Denkschrift überreicht, die die Stellung von Cleve-Mark im Rahmen des Niederrheinisch-Westfälischen Reichskreises und die Erneuerung der Reichsbelehnung betraf. Die immer noch nicht erledigten Erbansprüche des Hauses Brandenburg auf Jülich-Berg wurden angesprochen, doch riet das auswärtige Departement zur Zurückhaltung. Hinsichtlich der inneren Politik versprach man sich freien aufblühenden Handel in den Stromeinzugsgebieten von Lippe, Ruhr, Rhein und Maas, wenn nur die Abgaben und die Militärauflagen aufhörten. Die von der Kriegs- und Domänenkammer veranlaßte allgemeine Landesvermessung sollte nach Ansicht der Regierung aus Ersparnisgründen eingestellt werden. Diese und eine Reihe weiterer Probleme wurden auch in den auf dem Huldigungslandtag aufgesetzten Gravamina angesprochen, die in 38 Punkten gegen Steuer und Mühlenzwang angehen und die ständische Regierung mit dem Indigenatsrecht wiederhergestellt wissen wollen; an der staatlichen Post sollen landeingesessene Unternehmer und Fuhrleute beteiligt werden, die Duisburgischen Intelligenzzettel sollen nicht (wie übrigens auch im Magdeburgischen) durch Zwangsabonnements vertrieben werden; die Anfuhr von Baumaterial zu Domänengebäuden sei eine „nie erhörte" Auflage, dagegen sollten die Ständegelder weiterhin erhoben werden dürfen. Diese Resolution wurde dem König am 4. September in Wesel von den cleveschen und märkischen Ständen überreicht, der sie (nach dem Protokoll der Clevischen Ritterschaft) „entgegennahm und in die Tasche steckte. Der Empfang war sonst gnädig." Als man auf eine Antwort wartete, wurde der Bescheid erteilt, die Stände brauchten sich nicht länger aufzuhalten, sondern möchten in Cleve den Landtag zum Abschluß bringen. Den Präsidenten der cleveschen Kammer aber wies Friedrich an, ihn immediat über die wichtigsten Vorkommnisse in der Provinz, auch über die Ernteaussichten, zu informieren, damit er nicht auf die veralteten Zeitungsberichte des Generaldirektoriums angewiesen sei.

König Friedrich hatte unmittelbar nach der Huldigungsfeier in Berlin die Reise nach Cleve vorbereitet und am 4. August 1740 von Charlottenburg aus das Generaldirektorium angewiesen, ihn unterwegs nicht „mit Aufzügen, Ehrenpforten, Paradierung der Bürgerschaft, Läuten der Glokken, Lösung des Gewehrs, Blasen von den Türmen und anderen Zeremonien zu incommodieren." Am 15. August 1740 ging die Reise von Potsdam noch am gleichen Tage über Leipzig bis Eilenburg; am 17. war Friedrich bei seiner Schwester Wilhelmine in Bayreuth. Dort fuhr er am 19. August abends ab und gelangte über Erlangen, Ansbach, wo er seine zweite Schwester, die Markgräfin Friederike Luise traf, weiter über Crailsheim, Heilbronn, Durlach, Rastatt nach Kehl, wo er am 23. August nachmittags einpassierte. In seinem engeren Gefolge befand sich neben Algarotti des Königs jüngerer, damals 18jähriger Bruder, Prinz August Wilhelm, und der Generaladjutant Oberst Graf Leopold Alexander von Wartensleben. König Friedrich war vor Antritt der Reise nicht abgeneigt gewesen, seine Reise nach Versailles fortzusetzen und den Kardinal Fleury, den Leiter der französischen Politik, zu sprechen — eine Ungezwungenheit, die Friedrich durchaus zuzutrauen ist. Als aber von dort eine Einladung ausblieb, entfiel der Plan. Immerhin entschloß sich der König, wenigstens nach Straßburg zu gehen. Mit einem schlecht verhüllten Inkognito nahm er mit seinen Begleitern noch am gleichen Abend des Grenzübergangs im Gasthaus „Zum Raben" Quartier. Friedrich interessierte sich nicht für die Vergangenheit und für die Bauten der „wunderschönen Stadt"; er suchte und fand Umgang mit französischen Offizieren, erfuhr mancherlei über die inneren Verhältnisse ihrer Armee, bekam Gelegenheit, den Aufzug der Wache zu sehen, die Kasernen, die Ausrüstungsgegenstände, das Arsenal mit den Geschützen, die Zitadelle, die ihm am 25. August der Kommandant, obwohl er Argwohn geschöpft hatte, selbst zeigte. Am gleichen Abend war Friedrich überraschend abgefahren, nach Norden am linken Rheinufer entlang, übernachtete in Drusenheim, fuhr am 26. nach Landau weiter, wo er sich während des Wechsels der Postpferde die Festungswälle ansah; auf dem Wege nach Speyer traf er zufällig den polnischen Gesandten, der ihm in Berlin die Beileidsbekundungen zum Tode seines Vaters und die Glückwünsche zum Regierungsantritt überbringen wollte. Friedrich war nicht nur in Straßburg von mehreren preußischen Deserteuren und einem Bürger erkannt worden, sondern auch in Landau; am sächsischen Hofe wußte man schon am 2. September von Friedrichs Ausflug nach Straßburg. Der Preußenkönig hatte in schnellem Entschluß eine militärische Rekognoszierung der französischen Oberrhein-Stellung durchgeführt. Sein Bestreben, durch eigene Beobachtung Kenntnisse zu sammeln, hatte ihm, ähnlich wie im österreichischen Lager 1734, hier Truppen und Ausrüstung der Franzosen veranschaulicht, ihm auch französische Lebensart außerhalb des literarischen Glanzes gezeigt. Über Speyer, Worms, Mainz setzte der König seine Fahrt nach Koblenz fort, bestieg dort ein Schiff, das ihn auf dem Rhein bis Köln brachte und kam über Düsseldorf am 30. August in Duisburg wieder auf preußischem Boden an.

Die cleveschen Stände hatten ihm schon am 24. in Wesel ihre Aufwartung machen wollen; der Generaladjutant mußte sie noch hinhalten. Am 1. September hatte sich der König in Wesel bei der Wachtparade einen Fieberanfall geholt, so daß die erwähnte Audienz der cleveschen und märkischen Stände erst am 4. September 1740 stattfinden konnte. Da Oberst Camas aus Paris mit nichtssagenden Komplimenten zurückgekehrt war und auch in Hannover keine preußische Annäherung an die englische Politik zustandegekommen war, mußte Friedrich enttäuscht befürchten, daß die Großmächte Preußen weiterhin als unbedeutend bei ihren Berechnungen übergehen würden, wie sie es zu Lebzeiten seines Vaters getan hatten. Der Anlaß zu einer Demonstration, daß es auch anders sein könne, war schon da. Im Jahre 1732 hatte Preußen aus der oranischen Erbschaft die Herrschaft Herstal bei Lüttich gewonnen, diese jedoch wegen der Unbotmäßigkeit der Bevölkerung kaum zu halten vermocht. Dahinter standen die angeblichen Ansprüche des Bischofs von Lüttich, dem Friedrich Wilhelm I. vergebens ein Verkaufsangebot gemacht hatte. Jetzt forderte König Friedrich am 4. September 1740 den Kirchenfürsten zu einer Erklärung auf, ob er seine Oberhoheit weiter behaupten und die preußischen Untertanen vom Gehorsam abbringen wolle. Der Gesandte kam ohne Antwort zurück. Daraufhin wurde von Wesel aus ein verstärktes Regiment preußischer Truppen in Marsch gesetzt; sie verbreiteten Flugblätter, auf denen die Selbsthilfe als Mittel der Gerechtigkeit hingestellt wurde und die einen für die damalige Diplomatie höchst ungewöhnlichen Schlußsatz enthielten: „. . . doch wird der König, trotz so vieler Äußerungen des Übelwollens seitens dieses Fürsten, nicht unerbittlich sein; befriedigt, ihm gezeigt zu haben, daß er ihn züchtigen kann; aber zu hochherzig, um ihn zu zerschmettern." Der Bischof, bei der derzeitgen politischen Lage von keiner Seite gestützt, lenkte völlig ein; gegen 200 000 Taler fielen ihm die Herstaler Besitzungen Preußens im Oktober 1740 zu.

Von Wesel aus hatte sich König Friedrich in das Schlößchen Moyland bei Cleve begeben, wo er am 11. September mit Voltaire zusammentraf. Die beiderseits sehr hochgespannten Erwartungen erfüllten sich nicht, zumal Friedrich unter Fieber litt und Voltaire reisemüde war. Aber der Kontakt blieb nun bestehen. Jetzt endlich dachte Friedrich an die Rückreise, die über Braunschweig-Wolfenbüttel angetreten wurde. Am 20. September feierte man in Schloß Salzdahlum die Verlobung des Prinzen August Wilhelm von Preußen mit der Schwester der Gemahlin des Königs, Prinzessin Luise Amalie von Braunschweig-Wolfenbüttel. Am 23. September traf der König wieder in Potsdam ein. Die Huldigungsreise war zu Ende. Es war ein eigenartiger, mit vielen fremden Zwecken und Bestandteilen vermischter „Königs-Umritt" gewesen, wobei uraltes Brauchtum mit eiskalter Staatsvernunft in Widerspruch stand. Die Selbstdarstellung des Landes und seiner Herrschergewalt sollte später aus ganz anderen Faktoren an der gemeinsamen Aufgabe erwachsen.

Eine lange Muße zur Erholung von den Reisestrapazen war dem König nicht gegönnt. Am 26. Oktober erhielt er die Nachricht, daß Kaiser Karl VI. in Wien verstorben war. Die österreichische Erbfolgefrage stand drohend über der europäischen Politik, die Pragmatische Sanktion zwischen Anfechtung und Bewährung. Friedrich hatte gerade erst die Huldigungsreise beendet, als die großen Fragen der Politik auf ihn zukamen, die er in seinem Sinne zu lösen fest entschlossen war. Die Inspektion seiner Staaten hatte ihm gezeigt, daß er dank der Lebensarbeit seines Vaters auf festem und solidem Boden stand. Ein Krieg würde ein Wagnis sein. Es war zu prüfen, ob die ökonomische Kraft Preußens ausreichen würde, eine ernste und lange Krise zu überstehen. Das alles hing von der Beurteilung der Wirtschaftsverfassung dieses Staates ab.

3. *Preußische Kameralwirtschaft*

In einem — wie sich später herausstellen sollte — entscheidenden Punkt hat König Friedrich bald nach Übernahme der Regierungsgeschäfte die Verwaltungsorganisation seines Vaters verändert. Er fügte dem Generaldirektorium ein V. Departement hinzu, das den Auftrag erhielt, die Handels-, Verkehrs- und Wirtschaftspolitik zu gestalten, durchzuführen und zu überwachen. Damit war gegenüber den alten, landschaftsbezogenen Departements ein streng fachgebundenes Ressort-Ministerium entstanden. War es die Aufgabe Friedrich Wilhelms I. gewesen, die regionalen Bestandteile der Monarchie von einer Oberbehörde aus zu lenken, so mußte nunmehr das bisherige System folgerichtig dahingehend ergänzt werden, daß an die Seite der Gesamtverwaltung die Gesamtwirtschaft des Staates trat. Den Blick für ein überregionales Wirtschaftsgefüge zu eröffnen, die Zusammenarbeit der wirtschaftlichen Möglichkeiten der einzelnen Provinzen anzuregen und zu bewerkstelligen, schien um so nötiger, als die Beschwernisse der ständischen Landesvertretungen anläßlich der Huldigungsreise dem König auffallend vor Augen geführt hatten, wie eng der Wirtschaftshorizont war, in dem die Provinzen und in ihnen die einzelnen Stände ihrem Eigennutz nachgingen, ohne eine Mitverantwortung für das Ganze zu kennen. Dabei hatte Friedrich Wilhelm I. an dem Musterbeispiel des ostpreußischen Retablissements bereits bewiesen, wie fruchtbar die Zusammenfassung der gesamtstaatlichen Kräfte auf ein Ziel hin sich auswirken konnte. Insofern stellte die Begründung des V. Departements keine Änderung, sondern eine notwendige Ergänzung der bisherigen Behördenverfassung dar.

Die Aufgaben sind in der Instruktion vom 27. Juni 1740 klar bezeichnet: Verbesserung der bestehenden Manufakturen nach Zahl und Qualität, Ansetzung neuer Gewerbezweige und Anwerbung auswärtiger Fachkräfte hierfür. Gedacht ist in erster Linie an Woll- und Leinenfabrikation, aber auch schon an Seide, Brokat, Samt, Feinpapier, Zucker, „Nürnberger Puppenzeug", Schachteln, Besen, Handwerksgeräte und Instrumente — ein wenig systematisches Programm, vom Verbrauch ausgehend, noch in zaghaften, unsicheren, weisungsähnlichen Direktiven. Das Problem ist von Otto Hintze treffend gekennzeichnet: „Außerordentlich groß waren doch die Schwierigkeiten, mit denen die preußischen Könige zu kämpfen hatten bei ihrem Bestreben, wenigstens einen Teil ihrer Provinzen als ein selbständiges, dem beherrschenden Einfluß der Nachbarn, der Ausbeutung durch das günstiger situierte Ausland entzogenes Wirtschaftsgebiet zusammenfassend zu organisieren . . . Alles kam daher auf die Entwicklung und Steigerung der inneren Produktivkräfte, der menschlichen Arbeit und des Binnenverkehrs an." Es war selbstverständlich und lag in den Anschauungen der Zeit, daß hierbei nach den Vorstellungen der Kameralwissenschaft verfahren wurde und daß ein straff durchgeführter staatlicher Merkantilismus dafür allein erfolgversprechend zu sein schien. Das war gegenüber den bisherigen Praktiken nicht neu. Der König schloß sich darin ganz den Auffassungen an, wie er sie in der Küstriner Zeit von dem ihm durch seinen Vater bestellten ökonomischen Lehrmeister, dem Kammerdirektor Hille, vertreten fand, den Friedrich nun vergeblich von Stettin in das neue V. Departement hinüberzuziehen hoffte; er lehnte aus Altersgründen ab und ist bald danach gestorben.

Der energische Verfechter der staatlichen Merkantilpolitik im V. Departement wurde der 57jährige Samuel von Marschall. Er gehörte bereits unter Friedrich Wilhelm I. — von diesem nobilitiert — dem Generaldirektorium als vortragender Rat an, war Vorsteher der Rekrutenkasse, Landrat des Kreises Niederbarnim, wurde 1745 Leiter des preußischen Postwesens und Direktor der kurmärkischen Landschaft. Diesen Pflichtenkreis behielt er bei, fand aber in der Leitung des Handelsdepartements seine volle Wirkungsmöglichkeit, die er zur gänzlichen Zufriedenheit des Königs bis zur Erschöpfung seiner Kräfte wahrnahm. Ihm wurde hierbei im Rahmen seiner Dienstbefugnisse freie Hand gelassen, und der Regierungsstil Friedrichs zeigte sich darin, daß er Persönlichkeiten seines Vertrauens einen sonst nicht gewöhnlichen Entfaltungsspielraum beließ. Daß dadurch Reibungen und Schwierigkeiten bei der Abgrenzung der Befugnisse mit den anderen Departements des Generaldirektoriums auftreten mußten, war nicht zu vermeiden, aber Marschall hat mit Geschick, Takt, Zielstrebigkeit und Sachverstand sich durchgesetzt, ohne nach einigen der Abgrenzung dienenden Kabinettsordres letztlich mehr zu benötigen als die grundsätzliche Direktive vom 16. März 1747, wonach alle übergreifenden, mehrere Departements betreffende Angelegenheiten von Marschall zu bearbeiten waren, dem auch die Generalia verblieben, während die Specialia den Regional-Ministern anheimfielen.

Unterstützt von seinem Mitarbeiter Manitius, den er vom I. Departement versetzen ließ, hat Marschall schon im August 1740 einen Fragebogen an die Kriegs- und Domänenkammern herausgehen lassen, um den tatsächlichen Bestand und die Leistungsfähigkeit der einzelnen Gewerbezweige in jeder Provinz festzustellen, fehlende Industriezweige zu ermitteln, den Bedarf an ausländischen Erzeugnissen und den möglichen Ersatz durch inländische Produktion anzuzeigen und um Verbesserungen der Verkehrsverhältnisse und des Durchgangshandels zu erreichen. Besondere Fragen zielten auf die Pflanzung von weißen Maulbeerbäumen zum Seidenbau und von Farbkräutern. Gleichzeitig sind Marschalls Industrie-Agenten in Italien und den Niederlanden tätig gewesen, um Fabrikanten für Samt und Seide, Metalle, Leder, Feinpapier anzuwerben. Das war nicht leicht, denn tüchtige Unternehmer hatten kaum Anlaß, ihren bisherigen Wirkungskreis zu verlassen, wenn nicht besondere Unglücksfälle, Krieg oder Religionsverfolgungen dazu den Anlaß gaben. So ist die Ansiedlung von Brabanter Kanten-Fabrikanten 1748 eine Ausnahme gewesen. Der König hat durch Bereitstellung von Spinnmaschinen in den kleinen Städten ein leistungsfähiges, möglichst für den Export wirkendes Gewerbe ansässig machen wollen. Förderung des Inlandhandels durch Schutzzölle, Überwachung der genauen Betriebsvorschriften, Abbau von Hemmnissen im Binnenverkehr zeigen einen staatlichen Dirigismus, der notwendig war, um zu Qualitäts- und Absatzsteigerung zu gelangen. So hat das V. Departement bis zu Marschalls Tod am 11. Dezember 1749 nicht nur die gesamte Staatswirtschaft kontrolliert, sondern auch die privaten Unternehmer unterstützt, ihre Produktion und ihren Absatz gelenkt. Dabei erwies sich der König als unermüdlich in Anregungen, Hinweisen, Forderungen; er drängte auf Steigerung des Gewerbefleißes mit allen Mitteln: an den Winterabenden hätten auch Frauen und Kinder mit Flachsspinnen ihre Zeit nützlich und einträglich zu gestalten; er verlangte, daß die „Beamten den Untertanen, die nicht industrieux genug sind, gehörige Anleitung dazu geben."

Für eine systematische Staatswirtschaft fehlte es noch an einer verläßlichen Statistik. Zwar hatte Friedrich Wilhelm I. regelmäßige Erhebungen über die Ernteerträge, Preisbewegungen, Viehhaltung anstellen und beim Generaldirektorium zusammenbringen lassen; genaue Angaben waren jedoch nur von den Domänenämtern zu bekommen. Friedrich II. hat die Kammern und Ministerien zu fortgesetzter Berichterstattung angehalten, wobei allerdings die Erhebungsart unterschiedlich ausfiel und daher für die Gesamtmonarchie kaum vergleichbare Zahlenwerte entstanden. Erst mit der Verfeinerung der kameralistischen Methode am Ende seiner Regierungszeit sind hierbei Fortschritte zu verzeichnen. Der König blieb deshalb auf den Augenschein und die praktische Anweisung als Resultat seiner Revuereisen angewiesen. Dementsprechend entbehren auch die staatlichen Maßnahmen zur Wirtschaftsförderung der Systematik und sind meist Ergebnisse der Wünsche, des Vergleichs und der Erfahrung.

Schon die ersten Regierungstage forderten von dem König die Entscheidung, ob er die bisherige merkantilistische Getreidepolitik fortsetzen könne. Nach sehr ungünstiger Witterung war die Ernte des vergangenen Jahres in ganzen Landstrichen fast ausgefallen, auch die Nachbarstaaten von Hungersnot bedroht. Mit den bisherigen Maßnahmen, mit Getreide aus den Domänenkammern Königsberg und Gumbinnen auszuhelfen und die bereits stark entleerten Militärmagazine freizugeben, war der Not nicht zu steuern. Die Einfuhr aus Mecklenburg, Livland, Polen und Rußland mußte freigegeben werden. Aber mit Beginn der neuen Ernte wurde die Importsperre wieder verfügt, und wenn sie 1744 wegen Mißernten in Pommern und wegen der Auffüllung der Magazine in Schlesien gelockert wurde, so sollte das eine Ausnahme bleiben. Indessen war das Industrieland Schlesien ein Zuschußgebiet für Getreide, das aus Gründen der Frachtkosten nicht aus den alten Provinzen besorgt werden konnte; schließlich zeigte die schlechte Ernte von 1746 an, wie wenig gefestigt die Getreidevorratswirtschaft in Preußen noch gewesen ist, so daß Einfuhren der Grundnahrungsmittel nicht zu umgehen waren. Ausnahmen wurden auch in den folgenden Jahren gemacht, so daß die strenge Schutzzollvorschrift, obwohl nach wie vor die Grundlinie der Getreidehandelspolitik, nicht durchzuhalten war. Allerdings wurde auf alle Einfuhr ein erhöhter Zoll gelegt und die Genehmigungen nur von Fall zu Fall und nach eingehender Prüfung, die der König sich vorbehielt, erteilt. Wo es irgend möglich war, hatten die Magazine auszuhelfen und den vorübergehenden erhöhten Bedarf zu überbrücken. Während 1771/72 bei der großen Teuerung der Scheffel Roggen in Sachsen und Böhmen 5 Taler kostete, war er in Preußen um die Hälfte billiger. Die Zurückhaltung und Hortung der noch vorhandenen Vorräte in privater Hand wurde unter schwere Strafe gestellt. Um den Spekulationen den Boden zu entziehen, sind Festpreise amtlich bekanntgegeben worden. Der König ging unnachsichtig vor gegen Leute, die „an dem Elend der Armen profitieren wollten.“ Trotz der für den Fiskus nicht unerheblichen Steuerausfälle wurde in Notzeiten eine einschneidende Beschränkung des Branntweinbrennens verfügt, dazu noch, um die Mäßigkeitsbestrebungen zu fördern, seit 1756 sehr hohe Steuern auf den Branntweinverbrauch gelegt. Bis in die Marktordnungen griff die Getreidehandelspolitik ein: der Aufkauf auf dem platten Land durch Händler wurde 1747 verboten; auf den Märkten hatten zunächst die Bürger das Vorkaufsrecht, während der Überschuß den Kaufleuten freigegeben wurde. Die wirksamste Maßnahme gegen Kornwucher war das Ausfuhrverbot. Aber Preußen war ohnehin kein Ausfuhrland von Bedeutung mehr. Auch die Aufhebung von Binnenzollstätten und das Verbot des Stapelzwangs längs der Oder 1751 brachten dem Stettiner Handel nichts ein. Durch den Finow-Kanal war Magdeburg an das Wasserwegenetz der Oder angeschlossen, wodurch Stettin gegenüber Lübeck und Hamburg einigen Gewinn hatte, weil der Oder-Elbe-Verkehr nach der Ostsee abgezogen wurde.

In seinem politischen Testament von 1768 behandelte Friedrich II. die Ernteerträge und die Getreideausfuhr: „Ich habe diese Berechnung in meinem Staat machen lassen. Ich weiß, was jede Provinz verzehrt und was sie übrig behält oder was sie hinzukaufen muß, um ihre Bewohner zu ernähren. Um dies so genau wie möglich festzustellen, ist ein Kataster für die verschiedenen Ernten, gute, mittlere und schlechte, aufgestellt. Daraus ersehe ich, ob wir den Getreideverkauf erlauben dürfen oder wann wir die Ausfuhr verbieten müssen.“ Solche Aufstellungen sind 1766, 1776/77 und 1783/84 durchgeführt worden. Es kam darauf an, den eigenen Getreideexport so weit zu drosseln, um nicht bei Teuerungen Getreide wieder zu überhöhten Preisen einkaufen zu müssen. Der Präsident der ostpreußischen Kammer, v. Lesgewang, der nicht rechtzeitig Maßnahmen zur Behebung der Folgen einer Mißernte getroffen hatte, wurde seines Amtes enthoben. Ähnlich erging es dem Magdeburger Kammerpräsidenten v. Winckel 1785, der mehr Getreide ausführen ließ als er zur Bedarfsdeckung seiner Provinz bereitstellen konnte. Nachdem die Gründung von Elbe- und Oder-Getreidehandelsgesellschaften nicht zustandegekommen war oder nur geringen Gewinn abgeworfen hatte, erhielt für die Getreidepolitik seit 1772 die Weichsel mit dem Umschlagsplatz in Fordon zunehmend an Gewicht. Ohnehin hatte der König die Erfahrung machen müssen, daß die Provinzen doch verschiedenartige Voraussetzungen für den Getreidehandel mitbrachten und daher eine gewisse regionale Besonderheit bei den Handelsvorschriften erforderten, wodurch die staatlichen Lenkungsmaßnahmen sich überaus beweglich gestalten mußten. Im friderizianischen Preußen ist weder nach merkantilistischen Doktrinen noch in einer öden Gleichmacherei verwaltet worden. Während die mittleren Provinzen und auch Schlesien Zuschußgebiete an Nahrungsmitteln waren, ist Ostpreußen schon früh das klassische Land des Freihandels geworden. Ebenso ist in den westlichen preußischen Landesteilen wegen ihrer Streulage alles vermieden worden, was wirtschaftliche Kampfmaßnahmen der Nachbarstaaten herausgefordert haben würde.

In seinen letzten Regierungsjahren wandte sich der König wieder verstärkt der Magazin-Politik zu. Sein Vater hatte in allen Provinzen zahlreiche Magazine unterhalten, die die Regimenter in ihren Kantonen versorgten, in Kriegs- aber auch in Teuerungszeiten staatliche Reserven zur Verfügung des Königs bildeten. Sie sind daher mit größerem Recht als „Landmagazine“ bezeichnet worden. Friedrich der Große hielt diese Vorräte im Kriegsfall für nicht genügend geschützt und konzentrierte die Einlagerung von Mehl (statt Korn) in den beiden Zentralfestungen Magdeburg und Küstrin. Daneben wurde für Berlin und Umgebung die Festung Spandau zum „Friedensmagazin“ bestimmt. Dort sollte jeweils die Bevorratung für ein Jahr für Berlin gelagert werden. Einige Vorräte verblieben in Stettin, während die Magazine in Wesel und Minden stark eingeschränkt oder aufgelöst wurden. In Schlesien wurden die Festungen Breslau, Schweidnitz und Neisse zu Hauptmagazinen. Die großen Magazinbauten in Tangermünde, in der starken Festung Graudenz und in dem kleinen Fort Lyck im Spirdingsee in Masuren sind in den Jahren 1784—86 nur noch teilweise verwirklicht worden. Jedes dieser Magazine sollte imstande sein, eine Armee von 30 000 Mann einen Monat lang zu verpflegen. Insgesamt hatte die Vorratswirtschaft Friedrichs erreicht, daß am Ende seiner Regierung der zehnfache Betrag an Korn gegenüber seinem Regierungsanfang gespeichert lag: 120 000 Wispel zu je 24 Berliner Scheffel (1 Wispel = 1000 kg bzw. 10 hl), und für die gleiche Menge lag bares Geld bereit. Die Magazine standen auch jetzt für die Ausgabe an die Bevölkerung bereit, was in den 70er und 80er Jahren wiederholt geschah, um den Brotpreis erträglich zu halten. Hierin zeigt sich der soziale Charakter der friderizianischen Getreidepolitik. Der König betonte, daß „zu gewinnen gar nicht meine Idee ist, wenn nur dahin gesehen und veranstaltet wird, daß die Vorräte zu fernerem Bedarf immer wieder rekrutiert und komplett erhalten werden." Die praktische Durchführung dieses einfachen, aber in der Wirklichkeit wegen der stets veränderten Nachfrage sehr schwierig gleichmäßig zu vollziehenden Prinzips hat sich das V. Departement mit großem Geschick und einer Wendigkeit unterzogen, die ein Höchstmaß an Verwaltungstechnik eines kleinen, beweglichen, hoch leistungsfähigen und von selbstlosem Dienstinteresse durchdrungenen Beamtenapparates darstellte. Zunehmend traten zu der praktischen Erfahrung die Anregungen, die von der sich rasch entwickelnden Volkswirtschaftslehre ausgingen; die leitenden Departementschefs haben sich allen modernen Richtungen sehr aufgeschlossen gezeigt und den gegenüber Neuerungen mißtrauischen König zu beeinflussen gesucht. Das nie auflösbare Gegensatzpaar Freihandel oder Schutzzoll spielte hierbei ebenso eine Rolle wie die Versuche, die Strukturen der Agrarpolitik neu zu bestimmen.

Neben die geregelte Brotversorgung der Bevölkerung und die Erschließung des Absatzes der landwirtschaftlichen Produkte des noch überwiegend agrarisch bestimmten Staates Preußen trat die Sicherstellung der Bekleidung zunächst für den inneren Bedarf. Der wenig gewinnbringenden Ausfuhr ungenutzter Rohprodukte hatte schon Friedrich Wilhelm I. einen Riegel vorgeschoben, und in der Begründung des Berliner Lagerhauses zwar nicht ein Monopol, aber einen staatlichen Musterbetrieb für die Wollverarbeitung geschaffen, der mit 500 Beschäftigten an 240 Webstühlen und 5000 Heimarbeitern sich zur größten Wollmanufaktur Preußens entwickelte. Aus der staatlichen Lagerhauskommission unter Marschall und Manitius ist das V. Departement des Generaldirektoriums unmittelbar hervorgegangen, mit soliden Erkenntnissen der Möglichkeiten und Gefahren der Staatswirtschaft. Friedrich II. hat das Lagerhaus an einen Aachener Unternehmer verpachtet; es hatte angesichts der größeren staatlichen Gewerbepolitik nur noch eine Teilfunktion. Doch ist die Wollindustrie deshalb nicht zurückgetreten. Die bescheidene Industrialisierung der Landstädte war schon unter dem Großen Kurfürsten in Gang gekommen, aber erst Friedrich der Große hatte dem an der sächsischen Grenze gelegenen Luckenwalde Gelegenheit verschafft, seit 1750 über 150 Kolonistenfamilien aus Sachsen und Gera aufzunehmen, die als Tuch- und Zeugmacher in neuerbauten Fabrikgebäuden tätig waren. Die Aufsicht übte ein dem Staat verpflichteter Unternehmer aus. Die Kolonisten erhielten Häuser und Gärten durch Erbverschreibungen und blieben 15 Jahre abgabefrei. Die Rohstoffe wurden von den Meistern auf den Wollmärkten in Luckenwalde selbst ausgesucht und angekauft oder von dem Breslauer Pfingstwollmarkt, der die höchste Qualität lieferte, bezogen. Dafür stand als Kredit die unter Friedrich Wilhelm I. begründete Wollmagazin-Kasse zur Verfügung, über die der Magistrat und die kurmärkische Kammer die Aufsicht hatten. Sonst war die starke Schafhaltung im Kreis Luckenwalde von Vorteil, und die meiste der dort produzierten Wolle kam den Luckenwaldern selbst zugute. Die Herstellung an Tuch und Zeug stieg von 1776 bis 1786 von 1800 Stück auf nahezu das Doppelte, wovon ein Drittel als Exportware diente. Damit stand Luckenwalde an der Spitze der Tuchmacherstädte Preußens. Sehr bedeutend war auch die Cottbuser Tuchmanufaktur; weitere Weberkolonien bestanden in Brandenburg, Nowawes, Rathenow, Neuruppin, Wusterhausen, Eberswalde, Fürstenwalde, Beeskow, Storkow, Strausberg, Gransee und Köpenick. Nach dem Vorgang in 33 anderen kurmärkischen Städten wurde 1774 auch in Luckenwalde ein Wollmagazin eingerichtet, aber von der Kreditmöglichkeit konnten doch nur wenige Spinner und Weber Gebrauch machen. Viele der unselbständigen Tuchmacher überschätzten gelegentliche Konjunkturen und stürzten sich unbedacht in Schulden, so daß diese Unternehmung mit Verlusten für den Fiskus endete. Charakteristisch ist die zeitweilige Entsendung staatlicher Fabrikkommissare zur technischen Anleitung. Trotz aller staatlichen Fürsorge ließen sich aber die hauptsächlichen Schwierigkeiten bei der angestrebten beschleunigten Industrialisierung nicht beheben, weil die Sicherung eines regelmäßigen Absatzes nicht zu erreichen gewesen ist und nicht genügend Kredite für großzügige und langfristige Planungen zur Verfügung standen. Immerhin ist durch striktes Einfuhrverbot fremder Stoffe und durch unablässige Bemühung um Qualitätssteigerung die solide Grundlage für die preußische Wollmanufaktur gelegt worden, die sich den ausländischen Erzeugnissen durchaus an die Seite stellen konnte. Dabei ist keineswegs nur für den Bedarf der Armee gearbeitet worden; dieser war das sichere Gerüst für den Aufbau, aber die Zielsetzung des V. Departements ging auf die gesamte, auch die zivile, inländische Bedarfsdeckung und darüber hinaus auf gewinnbringenden Ausfuhr-Überschuß. Am Ende von Friedrichs Regierungszeit sind etwa 58 000 Beschäftigte in der Wollindustrie tätig gewesen, der Exportgewinn betrug fast 4 Millionen Taler. Zuletzt verfügten fast alle Provinzen über Tuchmanufakturen, deren Erzeugnisse sie zur Transportersparnis möglichst an den benachbarten Grenzen über die Messen und Märkte absetzten. So hat die Zeugmacherei in Pommern, die Tuchmacherei in Ost- und Westpreußen einen langsamen

Anstieg erfahren, während sich die Leinen-, Woll- und Baumwollindustrie in der Grafschaft Mark trotz der ungünstigen Zunftverfassung rascher entwickelte. 1744 war für die Bielefelder Bleichen die Freiheit von Werbung und Einquartierung zugesichert, Prämien wurden für besondere Leinwand- und Baumwollqualitäten gezahlt, und 1765 eine königliche Darlehnskasse für Bielefelder Leinenfabrikation eingerichtet; zwei Jahre zuvor war dort die erste statistische Erhebung über dieses Gewerbe erfolgt. Die westfälische Leinenindustrie wurde vor dem schlesischen Import geschützt. In Schlesien nahmen die Tuchfabrikation und die Baumwollspinnerei einen steten Aufschwung, seit die friderizianische Manufakturpolitik mit günstigen Tarifen, Gewährung von Freijahren, Bürger- und Meisterrechten seit 1742 die Heranziehung von Fachkräften bewirkte. Geschickte Unternehmer verschafften durch Aufstellung von Spinnstühlen in den Kasernen sogar den Soldaten und ihren Frauen erwünschte Nebenverdienste. Den Manufakturen wurden staatliche Ausfuhrprämien gezahlt.

Bei der Einrichtung des V. Departements war dieses angewiesen worden, der Herstellung hochwertiger Luxuswaren im eigenen Lande besondere Aufmerksamkeit zu widmen. Das führte zur Begründung eines ganzen Industriezweiges in Preußen, der Seidenfabrikation. Zwar gehen die Anfänge hierfür ebenfalls schon in die Zeit vor Friedrichs Regierungsantritt zurück, doch ist es gerade dieser Gewerbezweig gewesen, dem er zeitlebens eine besondere Aufmerksamkeit widmete und der ihm ein Ausdruck dafür war, inwieweit Preußen auch in der Herstellung feiner Industriewaren den Rang einer Macht von europäischem Ruf erreicht hat. Die Förderung von Manufakturen ist aber im friderizianischen System ein Vorgang der Administration; so fallen hier Handels- und Verwaltungsgeschichte untrennbar zusammen. Dabei wird man sich immer vor Augen halten müssen, daß Bedarfsdeckung und Luxusindustrie gleichzeitig und gleichberechtigt nebeneinander betrieben wurden; und nichts ist bezeichnender als die Tatsache, daß in der größten Not des Siebenjährigen Krieges die Seidenerzeugung und auch die staatliche Prämienzahlung für Qualitätsleistung und Auslandabsatz in voller Höhe weiterliefen. Dabei war es keineswegs Friedrichs Absicht, in der Art des Lagerhauses oder anderer zeitgemäßer Formen eine Staatsindustrie aufzuziehen. Ihm lag vielmehr an der Schaffung und Unterstützung leistungsfähiger Privatbetriebe. Der Staat hatte lediglich mit seinen ihm verfügbaren Mitteln Hilfestellungen zu geben durch Schutzzölle, Einfuhrverbote und Exporterleichterungen; er sorgte für gleichmäßige Beschäftigung der oft teuer angeworbenen Spezialarbeiter und für eine gleichbleibende, ja ansteigende konkurrenzfähige Qualität. Verwaltungs- und Finanzmaßnahmen sowie die zeitweilige Entsendung von Fabrikkommissaren in die Betriebe waren auch hier die Mittel fiskalischer Lenkung mit dem gesamtstaatlichen Ziel, die Abhängigkeit von fremdem Handel abzustreifen und das, was in

Frankreich, Holland und sogar in Krefeld möglich war, nun auch für Berlin, die Kurmark und die anderen Zentralprovinzen einzuführen.

Als König Friedrich nach dem Zweiten Schlesischen Krieg sich mit aller Energie dem Wirtschaftsausbau seiner Länder widmen konnte, waren schon über 1000 Webstühle für Feinwaren in Betrieb, darunter die Hälfte für Seidenherstellung. Der König, der unermüdliche Marschall und nach dessen Tod der aus Konitz stammende Berliner Kaufmann Johann Ernst Gotskowski waren die eigentlichen treibenden Kräfte bei der Beschaffung von Maulbeerbäumen, der Anlernung von Bauern und Arbeitern, bis 1766 die allgemeine Wirtschaftskrise einen nochmaligen Anfang nötig machte. Das 1749 errichtete Seidenmagazin wurde neu begründet, die Manufakturkommission mit technischen Beratern erweitert, die Produktionsprämie sorgfältig dosiert und die Absatzschwierigkeiten bereitenden Binnenzölle beseitigt. An seinem Lebensabend konnte der König die Genugtuung haben, daß 4200 Seidenwebstühle in Preußen in Betrieb waren, darunter 1300 in den westlichen Provinzen; die Jahresproduktion belief sich auf Fein-Stoffe im Wert von 3 Millionen Talern. Aber nur ein Sechstel des Bedarfs an Rohseide wurde in Preußen erzeugt. Immer noch war dieses Gewerbe weithin Hausfabrikation mit Einschluß der vom König mißbilligten Kinderarbeit. Außer in Berlin und der Kurmark hatte in Magdeburg mit der 1742 von sächsischen Unternehmern begründeten Wollen- und Halbseidenzeugfabrik, die 1000 Personen beschäftigte, das Seidengewerbe einen bedeutenden Platz, während in Stettin und Königsberg, wo über 30 000 Maulbeerbäume standen, fast nur Seidenband hergestellt wurde. In Schidlitz bei Danzig gab es eine kleine Seidenfabrik, während dieses Gewerbe neben der bedeutenden Leinenerzeugung in Schlesien keinen Fuß fassen konnte. Dagegen ist die Fabrikation von Seidenband und Seidentüchern in Iserlohn in der Grafschaft Mark betrieben. Insgesamt hatte Friedrich 2 Millionen Taler für die Entwicklung der Seidenindustrie ausgegeben und keinen Industriezweig so gefördert wie diesen. Vergeblich hatte er versucht, Krefelder Seidenfabriken nach Berlin zu ziehen. Sie behielten ihren Vorsprung am Standort, und der König hat das weltbekannte Seidenhaus v. d. Leyen monopolartig privilegiert und gegen jede Konkurrenz geschützt; 1751 und 1763 hat er sich selbst von der dortigen Produktion überzeugt; die Krefelder Wirtschaftsweise, von wenigen Familien mit großen Betrieben ausgeübt, war von der staatlich protegierten mühsamen Arbeitsart in den preußischen Mittel- und Ostprovinzen grundverschieden. Krefelder Seide durfte in die übrigen preußischen Provinzen nicht eingeführt werden, um den Absatz der eben errichteten Manufakturen der mittleren Provinzen nicht zu gefährden. Dennoch hat der König jede weitergehende Reglementierung abgelehnt. Der straffen Lenkung in der Kurmark stand die großzügige Einräumung von Selbständigkeit in Krefeld ohne Bruch gegenüber. Eben das zeichnete

Friedrichs Wirtschaftspolitik aus, daß er beweglich genug war, die Eigeninitiative anzuerkennen und seine Energie dort zu konzentrieren, wo die Förderung nötig und erfolgversprechend war.

Derselbe Unternehmer Gotskowski, dessen Eifer für die Seidenindustrie Friedrich zu schätzen wußte, hat bei der Begründung des zweiten großen Luxus-Industriezweiges, der preußischen Porzellanmanufaktur, wesentliche Dienste geleistet. Zwar hatte der Schweizer Wilhelm Caspar Wegely schon 1751 auf Anregung Friedrichs II. in Berlin eine Porzellanfabrik eröffnet, die aber die Geschmacksrichtung des Königs nicht traf und nach sechs Jahren ihre Tätigkeit einstellte. Da ein so wichtiger und repräsentativer Industriezweig jedoch in Preußen bestehen bleiben mußte, hat sich Gotskowski einer zweiten Gründung — in der schlimmsten Zeit des Siebenjährigen Krieges 1761 — auf Drängen des Königs angenommen. Die Porzellanherstellung und Bemaltechnik ist damals schon zu vollendeten Ergebnissen gelangt. Als aber das Unternehmen wirtschaftlich nicht durchzuhalten war, übernahm König Friedrich selbst 1763 die Manufaktur gegen Erstattung von 225 000 Talern als „Königliche Porzellan-Manufaktur". Die Deckung der Gebrauchsgüter nach dem Kriege sollte ergänzt werden durch hochleistungsfähige Erzeugnisse verfeinerten Geschmacks; entsprechend sollten Kunsthandwerker in Preußen beschäftigt werden. Service-Formen mit Blumenmalerei entsprachen den künstlerischen Vorstellungen des Königs bis zuletzt, und darin liegt die Besonderheit der „K.P.M.", obwohl die Stilrichtung sich schon gewandelt hatte. Wohl auch deshalb hatte das Berliner Porzellan trotz seiner hohen Qualität es schwer, sich durchzusetzen. Der König mußte mit den üblichen Mitteln merkantilistischer Wirtschaftsführung helfen. Schon 1754 war zugunsten der in Potsdam gegründeten unechten Porzellan-(Fayence-)Fabrik die Einfuhr ausländischer, besonders schwedischer und englischer Fayence-Waren untersagt worden; wurden derartige Erzeugnisse angetroffen, so wurden sie beschlagnahmt und durften vom Fiskus nicht einmal im Inland, sondern nur im Ausland abgesetzt werden. So erhielt auch die Berliner Porzellan-Manufaktur Steuerfreiheit und wurde in Depots in allen Provinzen von Ostpreußen bis Ostfriesland gelagert; die Ausfuhr nach Holland wurde angebahnt. Die Porzellanmanufaktur bekam freies Brennholz aus königlichen Forsten und sogar eigene Gerichtsbarkeit, das Monopol der Herstellung und des alleinigen Verkaufs. Monatlich ließ sich der König über Produktion, Absatz und künstlerische Entwürfe berichten. Die Einfuhr sächsischen Porzellans ist seit 1765 untersagt worden, selbst der Transitverkehr und die Ausstellung auf Messen war nicht erlaubt. Ähnlich wurde 1775 gegenüber württembergischem Porzellan verfahren. Andererseits wurde auswärtigen Handelshäusern (u. a. Hamburg, Frankfurt/M., Genua, England, Spanien, Portugal, Riga) Kredit versprochen, wenn sie Berliner Porzellan in Kommission nehmen würden. Das Verbot des

Handels mit fremdem Porzellan mußte in den Jahren 1768, 1774, 1780, 1785 erneuert werden. Einigen Schutzjuden ist als Gegenleistung für die Erneuerung ihres Privilegs auferlegt worden, Erzeugnisse der Berliner Porzellanmanufaktur abzunehmen und zu vertreiben. Im Jahre 1785 ist ein Überschuß von 24 000 Talern erreicht worden — keine nennenswerte Summe, aber doch ein Ergebnis der Zielstrebigkeit des Königs, nicht fortgesetzt bei den Staatsbetrieben zusetzen zu müssen.

Ähnliche Schwierigkeiten waren bei der Glasfabrikation aufgetreten. Die einzige Spiegelmanufaktur in Neustadt an der Dosse hatte seit 1741 Monopolstellung, konnte aber dem Bedarf nicht genügen und arbeitete zu teuer. Der König hatte am 18. August 1764 das Generaldirektorium angewiesen, die Preise zu regulieren: „Wenn nur statt 4000 Taler 3000 Taler einkommen, so profitieren die Kassen und kann das Publikum wohlfeilere Preise erhalten, welches ein Privilegium regulativum ist. Denn man kann leicht die Revenuen erhöhen, wenn man die Waren teuer verkauft; aber das ist ein solches Mittel, welches ich mit meinem Wissen niemals verstatten werde.“ Für Schlesien wurde 1785 einem Breslauer Unternehmer das Privileg zur Anfertigung kleiner Spiegel erteilt, sofern er das Glas dazu aus der inländischen Produktion nehme. Doch ließ die Qualität des in den Glashütten der Kur- und Neumark sowie des südlichen Pommern erzeugten Glases noch viel zu wünschen übrig, ob es sich nun um königliche oder private Glasmanufakturen oft primitivster Art handelte, von denen zahlreiche Gutsbesitzer auf ihren Grundstücken solche angelegt oder darum nachgesucht hatten. Nachdem vollends im Siebenjährigen Krieg die oft mit Mühe von auswärts herangezogenen Glasmacher der Enrollierung in die abgekämpften Regimenter preisgegeben wurden, mußte danach dieses Gewerbe vielfach von Grund auf neu eingerichtet werden, wobei freilich auch zunehmend auf Qualitätssteigerung geachtet wurde. Die Einfuhr böhmischen Glases wurde unterbunden, doch selbst die sehr leistungsfähigen schlesischen Glashütten mußten ihren Absatz in der Provinz und im Ausland suchen und erhielten keine Erlaubnis, die anderen preußischen Provinzen zu beliefern, um die einfachen Kleinbetriebe der mittleren Provinzen nicht zu erdrücken, die ohnehin über schlechten Absatz klagten. Gesuche um Anlegung neuer Glashütten hat der König deshalb abschlägig beschieden, wohl auch, um den Raubbau an Brennholz einzudämmen. Er hielt aber an den zahlreichen, kaum rentablen Arbeitsstellen fest und konnte sich noch nicht zu dem damals gewiß zu riskanten Schritt entschließen, eine großzügige, die Gesamtmonarchie überdeckende Standort-Organisation für die Industriezweige zu schaffen.

Das hätte ein vorzügliches Verkehrsnetz zur Voraussetzung gehabt, und eben daran mußte es fehlen. Ein großer Teil der preußischen Länder war von Berlin aus nur über fremde Territorien erreichbar, und selbst nach dem Erwerb Westpreußens, als die mittleren und östlichen Provinzen, von zahlreichen, auch größeren Enklaven abgesehen, miteinander verbunden waren, hat der König sich gescheut, feste Fernstrecken (Chausseen) anzulegen, weil sie nur dem unerwünschten Transithandel und im Kriegsfall dem Gegner zugute kommen würden. Die Wasserstraßen sind dagegen in West-Ost-Richtung systematisch ausgebaut worden, so daß von der Elbe über den Plauer und Finow-Kanal (seit 1746) zur Oder, über Warthe, Netze und Bromberger Kanal (1776) zur Weichsel leistungsfähige Verkehrswege entstanden. Außerdem wurden gebaut der Mietzel-Floß-Kanal 1740, der neue Oder-Kanal 1753, der Templiner, Werbelliner und Ruppiner Kanal sowie der Johannisburger Kanal (1766). 1780 war die Ruhr schiffbar gemacht und mit Schleusen versehen. Die Schiffahrt war in der Regel nur den inländischen Schiffergilden, in Ausnahmefällen auch auswärtigen, gestattet. Die Ladung von 1000 sechsspännigen Frachtwagen zu Lande konnte in 20 Kähnen sehr viel billiger transportiert werden. Zur Personen-, Paket- und Briefbeförderung war das preußische staatliche Postwesen schon zu Zeiten Friedrich Wilhelms I. so gut eingerichtet, daß es dem Nachfolger nur noch überlassen blieb, in den neu gewonnenen Provinzen gleiche Anstalten zu treffen.

Zu den standortgebundenen Landesprodukten, die zu ihrer Weiterverarbeitung auf die Wassertransporte angewiesen waren, gehörten zunächst die Erzeugnisse der Waldwirtschaft. Die rationelle Holznutzung auch in den Privatforsten war vom König in dem Edikt vom 10. März 1742 erneut eingeschärft worden. 1754 hatte er einen Aufforstungsplan für Eichen und Kiefern auf den Sandböden der Kurmark ausarbeiten lassen. Gutes Holz konnte bei den damaligen Schiffbaukonjunkturen hohe Gewinne einbringen: verbrauchte doch der Bau eines englischen Großfrachtschiffes oder eines großen Kriegsschiffes mindestens 4000 Eichen. Außerdem war die Lebensdauer eines Holzschiffes nicht hoch zu bemessen, so daß ein ständiger Bedarf herrschte. 1764 errechnete das Generaldirektorium, daß Hamburger Holzhändler für die Tannen in Preußen 6 Taler zahlten, sie dagegen mit 25 Talern verkauften. Deshalb sollte eine Holzhandlungsgesellschaft den Direkthandel zum Verbraucher übernehmen. Doch die ehemaligen Münz-Unternehmer Ephraim und Itzig, vom V. Departement zur Beteiligung aufgefordert, hielten das Projekt für unsicher. Die Transportkosten waren erheblich und überschritten bisweilen 400 % des Holzpreises. In der Tat hat die 1766 für 5 Jahre begründete Holzhandlungskompanie ihr Ziel nicht erreicht, so daß nach Ablauf des Vertrages 1771 die Hauptnutzholzadministration in staatliche Hand überging. Trotz Privilegierung war der Schleichhandel nicht auszuschließen; die Marktbeobachtung unterschätzte die englische Konkurrenz, die unmittelbar in Rußland aufkaufte. Zudem war mit der Wahrnehmung wechselnder Konjunkturen nichts erreicht, da der Schiffsbau nur gut abgelagertes Holz verarbeiten konnte. So hat dieses staatliche Unternehmen letztlich mit erheblichen Verlusten abgeschlossen. Immerhin war ein Nebenzweck erreicht, den der König dem Generaldirektorium am 12. Oktober 1770 bezeichnet hatte: „Zur Wiederherstellung und Konservation der Forsten und zum Besten der Nachkommenschaft beizutragen", denn die Privatgesellschaften ebenso wie die Inhaber der adligen Forsten hatten die Abholzung fast ausschließlich in der Nähe von flößbaren Gewässern vorgenommen. Jetzt wurde die staatliche Forstaufsicht durchgeführt. Ähnliches galt für den Brennholzbedarf, der von den Kammern überwacht wurde. Wo irgend möglich, ist zur Schonung der Wälder der Übergang von Holz zu Torf, Holz- und Steinkohle als Brennmaterial für Industrien und Kasernen vollzogen worden.

Steinkohlenförderung schien dem König von der gesamten Montanindustrie in seinen Ländern am wichtigsten: „Die besten Minen, die wir haben, das sind die Steinkohlen, und das beste, was zu tun ist, besteht darin, daß der Gebrauch derselben allgemein gemacht werde. Denn das schont unser Holz. Übrigens rechne ich nicht viel auf die Bergwerke", schrieb Friedrich noch eine Woche vor seinem Tode, am 10. August 1786, an den Leiter des Bergwerksdepartements, Minister von Heinitz. 1779 war von dem Kriegsrat Gansauge auf seinem Kohlenbezirk Altenweddingen auf eigene Kosten die erste Dampfmaschine zur Grubenentwässerung aufgestellt worden. Die ältesten Bergwerke Preußens lagen in der Grafschaft Mark, wo seit 1737 die neue Bergordnung einen rationellen Abbau ermöglichte. 1756 befanden sich dort 108 Kohlenbergwerke, weitere 104 waren stillgelegt, darunter die beiden staatlichen Zechen. Die gesamte Belegschaft bestand aus 688 Bergleuten, so daß in einem Bergwerk selten mehr als drei bis fünf Mann tätig waren. Erst 1766 wurde die überarbeitete und mit sächsischen und braunschweig-lüneburgischen Vorschriften verglichene Bergordnung für Cleve, Moers und die Grafschaft Mark erlassen und das Bergamt nach Hagen verlegt. Inzwischen sind die Erfahrungen im schlesischen Bergbau auch für die Mark fruchtbar gemacht worden, und die Schiffbarmachung der Ruhr 1780 hat die Absatzmöglichkeiten für die märkische Steinkohle erheblich gefördert. Unter der Aufsicht von Heinitz wirkte ideenreich und energievoll der preußische Bergdirektor Freiherr vom Stein von 1784 bis 1786 in Wetter an der Ruhr. Bereits 1740 war ein preußisches Bergamt in Tecklenburg-Lingen eingerichtet und 1747 die Grube Ibbenbüren in staatlichen Betrieb genommen worden. Weitere preußische Kohlenbergwerke lagen in Wettin und Löbejün im Saalkreis, die jedoch nicht die Hälfte der märkischen Förderung erbrachten. Im Mansfeldischen sind die Kupferschieferbergwerke Rothenburg (Saale) 1768 in Staatsbesitz genommen und wurden dadurch wieder rentabel. Im Salzbergbau hatten die königlichen Salinen zu Halle und Schönebeck (damals die größte in Deutschland) moderne technische

Anlagen erhalten und übertrafen die wenig leistungsfähigen Pfännerschaften in Groß-Salze und Staßfurt. Weitere vorbildliche Salinen waren das Gradierwerk in Königsborn in der Grafschaft Mark und Neu-Salzwerk bei Minden. Preußen konnte sich damit — unter üblichen Verboten — von der Einfuhr des französischen Baiensalzes und des Lüneburger Salzes unabhängig machen.

Schließlich ist ein Blick auf die Rüstungsindustrie Preußens zu werfen. Sie ist nicht, wie oft behauptet wird, die Voraussetzung, sondern das Ergebnis der merkantilistischen Wirtschaftsführung. Alle Gewerbezweige kamen auch ihr zugute, aber schon die erste Direktive an das V. Departement zeigte, daß das Militär weder Selbstzweck noch Ausgangspunkt des staatlichen Lebens im friderizianischen Preußen war. So ist es geradezu erstaunlich, daß die Zahl der eigentlichen Rüstungswerke sich nicht wesentlich gegenüber der Zeit des Großen Kurfürsten vermehrt hat: Je eine Stückgießerei und Pulverfabrik bestanden in Berlin, einige Eisenhüttenwerke in der Mark Brandenburg für Artillerie-Geschosse, ein Kupferhammer und ein Messingwerk in Eberswalde. Unter Friedrich Wilhelm I. war dann eine Gewehrfabrik hinzugetreten, je zur Hälfte in Spandau und Potsdam errichtet. Erst 1752 sind neue Eisenhütten in Schadow (bei Storkow), Gottow (Amt Zinna), Torgelow (Pommern) und Vietz (bei Küstrin) errichtet, doch wurden dort auch gußeiserne Bedarfsgegenstände hergestellt, so wie Friedrich auch für die schlesischen Hütten verfügte, daß dort „nicht beständig hin und sozusagen ewig Bomben gegossen werden dürften." Alles andere wurde „Entrepreneurs" überlassen, die Pulver und Gewehre aus Holland, eiserne Kanonen aus Schweden zu beschaffen hatten. Vor allem die Berliner Bankfirma Splitgerber & Daum hat die Staatsaufträge abgewickelt. So ist auch die — überaus bescheidene — preußische Rüstungsindustrie wie bei allen anderen Zweigen des Wirtschaftslebens ein Ausdruck für jenes enge, „beinahe persönliche Bündnis zwischen König und Unternehmer, das für den friderizianischen Industrialismus charakteristisch ist" (S. Skalweit).

Mehrere Manufakturen, für deren Begründung keine Unternehmer zu finden waren, hat der König selbst ins Leben gerufen, wobei er bedeutende Summen ausgeben mußte und auch schwere Rückschläge wegen Fehlinvestitionen erlitt. Die Manchesterfabrik bei Schloß Monbijou und die Uhrenfabrik von Berlin und Friedrichsthal (bei Oranienburg) verursachten fast 200 000 Taler Verluste. Starke Zuschüsse erforderten die Barchent-Manufaktur in Brandenburg und die Stahlwaren-Fabrik in Eberswalde, beide mit Thüringer Kolonisten betrieben. Zu nennen sind noch die Papierfabrik in Spechthausen bei Eberswalde, die Berliner Lackfabrik und die Türkisch-Garn-Färberei in Kaputh (bei Belzig/Potsdam). Der Aufbau solcher Industriezweige war davon abhängig, ob es gelang, zuverlässige Facharbeiter aus dem Ausland herbeizuholen und zu halten.

Unablässig war der König selbst bemüht, Mitarbeiter dafür zu gewinnen und Fachleute zur Begutachtung der Einrichtungen und der Verbesserungen heranzuziehen. Unternehmer und Kaufleute konnten nur zeitweilig und mit begrenzten Mitteln durch staatliche Geldhilfen gefördert werden. Sie sollten aber instand gesetzt werden, die Arbeiter gleichmäßig zu beschäftigen. In Krisenzeiten (so 1766/67) wurden staatliche Unterstützungsgelder gezahlt. In seiner Abhandlung über Regierungsformen und Herrscherpflichten von 1777 hat Friedrich der Große von dem Herrscher verlangt, er müsse „sich den Zustand des armen Volkes oftmals gegenwärtig halten, muß sich an die Stelle eines Landmannes oder Fabrikarbeiters setzen und sich fragen: wenn ich in der Klasse dieser Bürger geboren wäre, deren Arme ihr ganzes Kapital bedeuten, was würde ich wohl vom Herrscher erwarten? Was sein gesunder Menschenverstand ihm dann eingibt, das zu verwirklichen ist seine Pflicht."

Das (V.) Manufaktur-, Kommerzien- und Fabrik-Departement, aus der sonstigen Routine des Generaldirektoriums von Anfang an freigestellt, entwickelte sich nicht nur zu einem beweglichen Instrument der Wirtschaftsführung, sondern zu einem Gremium von verständnisvollen Helfern des Königs. Nach dem Tode von Marschall ist das Ministerium lange Zeit interimistisch geführt worden; von der Horst, von Bismarck, von Werder und zwischendurch zweimal von Heinitz haben, mehrfach unter gleichzeitiger Leitung anderer Departements, mit ihren wenigen Beamten die schwierige, unübersichtliche und stets wechselnde Materie behandelt. Leitender Direktor ohne Ministerrang wurde der frühere Bevollmächtigte des Departements in Amsterdam, der Schweizer Johann Rudolf Emanuel Faesch. Erst 1764 ist das V. Departement wieder einem Minister unterstellt worden, bis dahin behielt sich der König die Leitung selbst vor und übte sie auch tatsächlich aus. Vor Beginn des Siebenjährigen Krieges, der die Wirtschaftsstruktur des Staates auf das heftigste erschütterte und vielfach einen neuen Aufbau erforderte, war Preußen in seinen mittleren Provinzen zu einer wirtschaftlichen Einheit zusammengewachsen. Die fünf Kammerverwaltungen der Kurmark, der Neumark, von Magdeburg, Halberstadt und Pommern verfuhren hinsichtlich Handel und Gewerbe, Zöllen und Akzisen nach gleichen Richtlinien. Schlesien stand noch unter eigener Gesetzgebung, war auch als Provinz noch nicht dem Generaldirektorium unterstellt. Für Wolle erhielt es keine Einfuhr-, für Glaswaren keine Ausfuhrerlaubnis. Auch Ostpreußen, zusammen mit Preußisch Litthauen zu den volkreichsten Provinzen der Monarchie zu zählen, hatte eine Sonderstellung wegen seines sonst nicht geduldeten Frei- und Transithandels; obwohl der König vom 10. bis 16. Juni 1750 und vom 4. bis 10. Juni 1753 in Königsberg weilte, fehlte doch dorthin der enge und ständige Konakt zu Manufaktur-Unternehmen, so daß die Provinz in dieser Hinsicht auf Selbsthilfe angewiesen blieb. Der Gesamtstaat mußte seine Kräfte konzentrieren und das Nötige vor dem Erwünschten tun. Erst als nach der Besetzung großer Teile Polens durch Russen und Österreicher nach 1772 Engländer, Holländer und Sachsen sich neue Märkte in dem restlichen Polen suchten, wurde der König aufmerksam. Jetzt begann auch in der Provinz Preußen eine erste Welle der Manufakturgründungen mit staatlicher Unterstützung, hauptsächlich weitere Tuchfabriken, Segeltuch-, Steingut und Lederherstellung. Hinsichtlich des Binnenhandels war sonst die Gleichstellung mit den Mittelprovinzen erreicht. Das traf jedoch nicht für die westlich der Elbe gelegenen preußischen Landesteile zu, die wirtschaftlich wegen ihrer durch fremde Territorien führenden Zuzugswege als Ausland gelten mußten, obwohl die märkische Stahlindustrie hochwertige Erzeugnisse anbieten konnte, die den brandenburgischen Manufakturen weit überlegen waren. Durch ein kompliziertes System von Ausnahmebestimmungen, Sonderbegünstigungen und Austauschverfahren wurde dennoch versucht, die innerpreußischen Handelsbeziehungen von Cleve über Stettin und Königsberg mit Berlin zu verflechten, ohne sich gegenseitig die Absatzmärkte zu beeinträchtigen. Ostfriesland hat durch seine Seelage eine ungestörte und abgabefreie Verbindung zu den preußischen Ostseehäfen unterhalten.

So sehr ein ertragreicher Absatz der in Preußen erzeugten Waren im Ausland angestrebt wurde, so litt doch der Handel unter der Monopolstellung ganzer Manufakturzweige. Die Messen, besonders in Frankfurt/Oder, verloren ihre Bedeutung, da sie nicht frei beschickt werden durften und das Angebot unzureichend blieb. Die Aus- und Einfuhrbeschränkungen, lästige Kontrollen und einengende Vorschriften ließen einen idealen Zustand des Freihandels herbeisehnen, der doch nur ein Wunschbild blieb und die mühsam gehegten Industrieanfänge dem Überdruck des weit leistungsfähigeren Auslands preisgegeben hätte. Preußen wäre dann niemals über seine genügsame Agrarstruktur hinausgekommen. Nur durch rigorose Einfuhrverbote waren die ersten Versuche zur Eigenerzeugung durchzuhalten; die verständliche Zurückhaltung der wenig kapitalkräftigen Kaufleute konnte nur der Staat als die Gesamtwirtschaft überblickender Protektor überwinden, um Sicherheiten zu garantieren und Risiken zu beschränken. Nichts sollte an das Ausland gezahlt werden, was nicht auch im Inland hergestellt werden könne und damit besser der eigenen Volkswirtschaft zugute käme.

König Friedrich erwiderte auf die Empfehlung des französischen Finanzexperten De la Haye de Launay, das preußische Industrieschutzsystem abzubauen, mit folgenden Gegengründen: „Sie haben große Absichten, allein Sie greifen der Zeit voraus. Wenn diese gekommen ist, werde ich schon das tun, wozu Sie mir raten; ich würde aber alles verderben, wenn ich dem geeigneten Zeitpunkt vorgreifen wollte. Sie kennen meine Staaten. Mehrenteils ist der Boden sandig, trocken und undankbar; er bringt nicht genug Korn hervor, um alle seine Bewohner damit zu versehen, und die besseren Provinzen können die schlechteren nicht ganz damit versorgen. Die Weide ist, aus gleichen Ursachen, auch nicht hinreichend. Das Vieh ist klein, mager und in geringer Anzahl, meine Untertanen müssen es sich zum Teil aus Polen holen. Öl, Spezerei, Zucker, Kaffee und hundert andere Produkte müssen aus der Fremde importiert werden und ziehen ein ansehnliches Geld aus dem Lande. Wollte ich nun meinen Untertanen gestatten, fremde Fabrikwaren, die freilich sehr nach ihrem Geschmack sein würden, zu importieren, was würde in kurzer Zeit, da der Luxus in allen Ländern die Oberhand gewonnen, aus ihnen werden? Sie würden bald alles für Wolle, Leinwand und Holz, unsere einzigen Exportartikel, eingenommene bare Geld ausgegeben haben. Ich muß also notwendigerweise genau auf die Bilanz Achtung geben und meine Hand öffnen, nicht um an die Ausländer zu geben, sondern um von ihnen zu bekommen. ... Ich prohibiere so viel ich kann, weil dieses das einzige Mittel ist, daß meine Untertanen sich dasjenige selbst machen, was sie nicht anderswoher bekommen können. Ich gestehe zu, daß sie es anfangs schlecht machen; aber mit der Zeit und Gewohnheit wird es vollkommener werden, und wir müssen mit den ersten Versuchen Geduld haben. ... Ich habe einen schlechten Boden, also muß ich den Bäumen, die ich pflanze, Zeit lassen, um Wurzel zu schlagen und stark zu werden, ehe ich Früchte von ihnen verlangen kann. ...“

Derartige Grundregeln, vor allem ihre praktische Anwendung, entsprachen weniger dem Merkantilsystem, für dessen Anwendung in Preußen doch viele Voraussetzungen gefehlt haben, als einem beweglich gehandhabten Kameralismus unter Gleichsetzung des ehemaligen fürstlichen mit dem modernen Staatshaushalt, von einer Beamtenschaft getragen, die ihre Prinzipien in den kameralistischen Kollegs der Universitäten Halle und Frankfurt/Oder erarbeitet hatte. Nicht die Plusmacherei an sich, sondern die planmäßige Erweiterung der Wirtschaftsmöglichkeiten, um dadurch zu höheren Staatseinnahmen zu gelangen, war das Ziel. Staatsbildung und Wirtschaftsentwicklung waren demgemäß untrennbar. Wesentlich der Initiative des Königs war es zu verdanken, daß trotz ungünstiger Bedingungen die kaufmännischen Fähigkeiten des Unternehmertums entfaltet wurden und daß der vorwiegend agrarisch bestimmte preußische Staat in seinen gewerblichen Gebrauchsgütern autark geworden ist. Daß in verhältnismäßig kurzer Zeit die passive in eine aktive Handelsbilanz umgewandelt werden konnte, war allerdings durch den Erwerb von Schlesien für Preußen bedingt.

III.
NEUE PROVINZEN

1. Schlesien

Einen gefüllten Staatsschatz, ein schlagkräftiges Heer und der Drang, sich einen Namen zu machen — so hat König Friedrich der Öffentlichkeit gegenüber später seinen Schritt nach Schlesien begründet. Freilich hat er damit das „Arcanum" seines Staates noch nicht preisgegeben. So wenig Zweifel daran besteht, daß die genannten Motive vorhanden gewesen sind, so waren doch auch die Rechtsansprüche des Hauses Hohenzollern an Schlesien nicht zu unterschätzen. Allerdings hat Friedrich gleich gute Ansprüche auf Jülich-Berg sofort zugunsten Schlesiens fallengelassen und ist darauf nicht mehr zurückgekommen. Den territorial nicht verbundenen Streubesitz im Westen zu vermehren, schien ihm nicht verlockend. Wenn die Wirtschaftskraft Preußens ausreichte, um Schlesien zu gewinnen, dann konnte er nun mit der neu zugewachsenen Kraft Schlesien auch behaupten. Für den Aufbau eines modernen Staates war die bisherige Grundlage zu schmal; der drohende Gewinn Schlesiens durch Sachsen-Polen hätte vollends Preußen für lange Zeit politisch und wirtschaftlich ausschalten müssen. Das war nicht Friedrichs einsamer Entschluß, sondern war in den Überlegungen des Großen Kurfürsten ebenso aufgetaucht wie bei zwei erfahrenen leitenden Beamten, die unabhängig voneinander den König auf die anstehende schlesische Frage aufmerksam machen zu müssen glaubten, als die Nachricht von dem überraschend frühen Tode Kaiser Karls VI. nach Halle, Cleve und Preußen gelangt war.

Nicht einen Augenblick hat der junge König daran gezweifelt, daß der Weg zum „Rendezvous des Ruhmes" kurz und sicher sein würde. Daß die Verwaltung — und auch die Wirtschaft — seines Staates ungestört weiterliefen, schien ihm selbstverständlich, auch wenn er nicht als Staatsmann im Kabinett, sondern als Feldherr beim Heer weilen würde; auf alle Fälle hinterließ er am 3. Dezember 1740 Weisungen für die Zeit seiner Abwesenheit. Er ermahnte die Minister, im Diensteifer nicht nachzulassen und die Kassen in guter Ordnung zu halten. Zehn Tage später befand sich der König in Frankfurt/Oder, Weihnachten vor Glogau, am 3. Januar 1741 zog er in Breslau ein; Ende des Monats war er wieder in Berlin, mußte aber Mitte Februar nach Schlesien abreisen: die österreichische Armee stellte sich im April bei Mollwitz zum Kampf. Die Grundsteinlegung des Opernhauses in Berlin ließ er Prinz Heinrich vornehmen; erst Mitte November ist Friedrich nach Berlin zurückgekehrt, begab sich aber Mitte Januar 1742 wieder nach Böhmen. Nach dem Sieg der preußischen Waffen im Mai bei Chotusitz endete mit dem Breslauer Präliminarfrieden vom 11. Juni 1742 der Erste Schlesische Krieg. Mitte Juli war der König wieder in Berlin, reiste aber nach dem Friedensschluß im August über Minden nach Wesel und im September weiter nach Schlesien. Vom Oktober an bis August 1744 blieb Friedrich in Charlottenburg und Magdeburg, unternahm neben kurzen Reisen nach Bayreuth und Pyrmont drei Besichtigungsfahrten nach Schlesien. Nach dem mißglückten Marsch auf Prag vom August bis November 1744, den der König bei seinen Truppen mitmachte, bezog Friedrich sein „Winterquartier" bis März 1745 in Charlottenburg und Potsdam; einen Tag nach der Grundsteinlegung „des Lusthauses auf dem Weinberg bei Potsdam" (Sanssouci) reiste er zur Armee nach Schlesien ab. Aber erst nach vergeblichen Versuchen der Österreicher und Sachsen, den Preußen Schlesien wieder zu entreißen (Schlachten von Hohenfriedeberg, Soor, Kesselsdorf), wurde am 25. Dezember 1745 der Friede zu Dresden geschlossen; am nächsten Tage feierte der König das Weihnachtsfest in der Frauenkirche.

Die nun einsetzende zehnjährige Friedensperiode wird gekennzeichnet durch Verwaltungsreformen, Aufschwung von Gewerbe und Handel, künstlerische Leistungen, vor allem aber durch die innere Einbeziehung Schlesiens in den preußischen Gesamtstaat. Wie zwischen den beiden Schlesischen Kriegen, so ist der König auch nach dem Dresdener Frieden jährlich auf Revuereisen in der eroberten Provinz gewesen. Keinen anderen Landesteil seiner Monarchie hat König Friedrich so oft aufgesucht wie Schlesien. Das Palais Spätgen in Breslau wurde angekauft und in den Jahren 1750 bis 1752 zum königlichen Schloß ausgebaut.

Im Breslauer Vorfrieden 1742 (ergänzt durch den endgültigen Frieden in Berlin vom 28. Juli 1742) hatte Preußen den Besitz der bisher unter der böhmischen Krone stehenden Grafschaft Glatz zugestanden erhalten sowie die mährische (ursprünglich Jägerndorfer) Enklave Katscher, vor allem den größten Teil des Herzogtums Schlesien mit Ausnahme des Fürstentums Teschen, der Herrschaft Hennersdorf, eines Teiles von Jägerndorf und der Stadt Troppau. Dieser Besitz war im Dresdener Frieden 1745 bestätigt worden; der Erwerb von Nordböhmen bis zur Elbe für Preußen, dem Kaiser Karl VII. bereits als Zugeständnis abgerungen, hatte sich allerdings nicht verwirklichen lassen.* Von sächsischer Seite wurden außerdem an Preußen abgetreten die Stadt Fürstenberg an der Oder und das Dorf Schildlow, so daß die sächsische Enklave und Zollstätte an der Oder künftig fortfiel. Bereits 1742 hatte Kaiserin Maria Theresia auf die alte Lehnshoheit der Krone Böhmen über einen Teil der preußischen Nieder-

* Der bayerische Kurfürst Karl Albert war 1742 von den Gegnern der Kaiserin Maria Theresia zum Kaiser (Karl VII.) gewählt worden. Er starb 1745.

lausitz Verzicht geleistet. Bei Beendigung des „Dritten Schlesischen“, des Siebenjährigen Krieges im Frieden zu Hubertusburg 1763 traten unter erneuter Bestätigung der Friedensschlüsse von Breslau-Berlin und Dresden keine Gebietsveränderungen ein. Die Grenzfestsetzungen waren im „Schlesischen Grenzrezeß“ vom 6. Dezember 1742, ratifiziert zu Leobschütz am 20. Januar 1743, erfolgt und blieben unverändert; sie gingen auf die bereits am 9. Oktober 1741 zu Klein Schnellendorf geschlossene Konvention zurück: die Grenzpässe von Schlesien nach Mähren mußten in österreichischer Hand bleiben, ebenso die dem österreichischen Staatssekretär Frhr. v. Bartenstein gehörende Herrschaft Hennersdorf. So kam es zur Teilung Schlesiens und zu dem noch im Hubertusburger Frieden bestätigten Titular-Herzogtum Schlesien der Habsburgischen Kaiserin.

Das Herzogtum Schlesien und die Grafschaft Glatz, im preußischen Besitzanteil mit 640 Quadratmeilen (40 000 Quadratkilometer) Umfang, hatten als habsburgische Erblande zur böhmischen Ländergruppe gehörend eine ziemlich selbständige Landesverwaltung gehabt, wobei die evangelische Konfession, zuletzt durch schwedische Garantien 1709 gestärkt, in weiten Teilen Schlesiens die Absonderung von der österreichischen Monarchie vertieft hat. Doch verfügte Österreich in dem schlesischen Oberamt über ein staatliches Verwaltungsorgan, das die schlesischen Erb- und Fürstentümer, Standesherren und königlichen Städte zusammenhielt. Der Titularherzog von Schlesien war der König von Böhmen, bis zu seinem Tode 1740 Kaiser Karl VI. in Personalunion, während die Kaiserin Maria Theresia die böhmische Königswürde erst 1743 erhielt und der Wittelsbacher Karl VII. sie seit November 1740 beanspruchte. Die Stadt Breslau war ziemlich selbständig geblieben mit eigener Verwaltung, Gerichtsbarkeit und Stadtmiliz. Direktor des österreichischen Oberamtskollegiums in Schlesien war 1740 Graf Hans Anton Schaffgotsch, Wirklicher Geheimer Rat und Ober-Erbhofmeister, zugleich königlich böhmischer Landeshauptmann in den Fürstentümern Schweidnitz und Jauer, kaiserlicher Kämmerer, in Schlesien begütert. Er führte im Auftrage des Kaisers die Geschicke der Landesregierung, übte die Gerichtsaufsicht aus und hatte im Einvernehmen mit den Ständen die Steuer- und Militärverwaltung zu besorgen. Die mittlere Verwaltungsinstanz bildeten die Länderverwaltungen (Regierungen), die unteren Instanzen setzten sich aus den „Weichbildern“ (Kreisen) zusammen.

Mit dieser halb ständischen, umständlichen Verwaltungsorganisation wurde sofort nach der Übernahme Schlesiens durch Preußen aufgeräumt. Am ehesten ließen sich aus den Weichbildern die landrätlichen Kreise entwickeln. Die Besitznahme von Niederschlesien begann förmlich mit der Landeshuldigung am 7. November 1741 im Fürstensaal des Breslauer Rathauses, die der König in Person entgegennahm. Auch hierbei hatte er feierliche Einholung, Ausschlagung des Huldigungsraumes mit rotem

Tuch und Salutschießen verboten; sonst hatte man sich die Huldigungsordnung des Kaisers Mathias von 1611 zum Vorbild genommen. Versammelt waren Abgeordnete aus allen Teilen des Herzogtums; der König, in der Uniform seines Leibregiments vor dem Thron stehend, neben sich seine Brüder August Wilhelm und Heinrich, hörte die Ansprache des Ministers v. Podewils und die Antwort des Landeshauptmanns von Oels, dann huldigten Dompropst und Domdechant, die Standesherrschaften, das Domkapitel und die übrigen Stände und Städte mit dem Lehnseid. Zu einer Eidesverweigerung kam es nicht. Abends war die Stadt mit ihren Gärten festlich illuminiert, über 250 kunstvolle Transparente zeugten von Beteiligung und Geschmack der Bevölkerung. Für den Grenzstreifen längs der Neiße mit 11 Städten, 11 Vorwerken und 150 Dörfern wurde die Huldigung von dem preußischen Kommandanten von Breslau am 6. Mai 1742 in Neisse abgenommen; bei der Bemessung war man unter Hinweis auf die Überschwemmungsperioden nicht kleinlich verfahren und hatte sämtliche Ortschaften mit allen ihren Zugehörigkeiten, sofern sie von der Grenzlinie auch nur berührt wurden, einbezogen. Wichtiger war die Huldigung der Grafschaft Glatz, die der Erbprinz von Anhalt-Dessau für den König von Preußen am 20. Februar 1742 abnahm. Die Huldigung in Oberschlesien fand wegen der dortigen Kriegsverwüstungen in Neisse am 18. März 1743 statt und wurde ebenfalls von dem preußischen Kommandanten von Breslau ohne großes Zeremoniell entgegengenommen. Der Bischof von Olmütz und der Fürst von Liechtenstein, die dort Besitzungen hatten, waren durch Bevollmächtigte vertreten; der Bischof von Krakau war der unzutreffenden Ansicht, daß er von der Huldigungspflicht befreit sei und schickte keinen Abgesandten; man ließ die Sache auf sich beruhen. Nach dem Friedensschluß und der Ratifizierung des Grenzregulierungstraktates (durch den weitere 15 Ortschaften Preußen zugeschlagen wurden) erfolgte am 14. August 1743 gegenüber dem preußischen Gesandten in Wien, Graf Dohna, die ausdrückliche Verzichterklärung der böhmischen Stände auf Schlesien; anschließend wurden die Archive für die neugewonnenen Landesteile an Preußen übergeben. König Friedrich nannte den Breslauer Vorfrieden „ein großes und glückliches Ereignis, welches mein Haus in den Besitz einer der blühendsten Provinzen Deutschlands setzt, am Schluß eines höchst ruhmvollen Krieges. Man muß es verstehen, zur rechten Zeit anzuhalten; das Glück zwingen zu wollen heißt, es zu verlieren".

Zug um Zug mit der Eroberung des Landes wurde es sogleich unter preußische Verwaltung genommen. Diese übte, solange die Kampfhandlungen noch dauerten, das „Feldkriegskommissariat" aus, eine aus Zivilisten bestehende Behörde, deren Aufgabe die Verpflegung der Armee und die Überwachung der Landeseinwohner hinsichtlich der Steuerzahlung war. Das Feldkriegskommissariat war zugleich der Verhandlungspartner mit den schlesischen Ständen und führte die Ablösung der bisherigen Verwaltung durch die Einrichtung der Kriegs- und Domänenkammern, der Justiz- und Finanzverwaltung sowie der Kreisverwaltungen durch. An der Spitze des Feldkriegskommissariats standen gleichberechtigt als Chefs die von dem Generaldirektorium dafür abgestellten Geheimen Finanzräte v. Reinhardt und v. Münchow; ferner gehörte dazu der bereits in der Rangliste vom Dezember 1740 für mobile Verwendung vorgesehene General-Proviantmeister, der Geheime Finanzrat Deutsch, der Magazin- und Marschsachen bearbeitete. Die Landesverwaltung konnte für eine so überlastete Behörde, an die der König hinsichtlich der Heeresverpflegung kaum erfüllbare Anforderungen stellte, nur eine vorübergehende und nebenrangige Aufgabe sein. Doch erst am 11. Oktober 1741 erging an das Generaldirektorium die Kabinettsorder zur Einrichtung je einer Kriegs- und Domänenkammer in Breslau und Glogau. Zu Präsidenten wurden ebendieselben Chefs des Feldkriegskommissariats ernannt, v. Reinhardt für Breslau und Graf v. Münchow, der Sohn des früheren Küstriner Kammerpräsidenten, für Glogau. Die Direktoren wurden von den Kammern Königsberg und Küstrin, die Vize-Direktoren von Cleve und Stettin gestellt; die voll eingerichtete Kammer in Breslau umfaßte im Jahre 1743 außerdem 1 Oberforstmeister (zugleich für Glogau), 11 Räte, 4 Sekretäre, 3 Registratoren, 2 Journalisten, 8 Kanzlisten, 3 Kopisten, 3 Kanzleidiener; in Rechtssachen praktizierten 10 Advokaten und 9 Prokuratoren. Die Kammer in Glogau war schwächer besetzt; sie zählte nur 6 Räte, 2 Registratoren und 2 Kanzleidiener; die Kopisten fehlten; Sekretäre und Kanzlisten waren in gleicher Zahl wie in Breslau vorhanden. Ohnehin war es schwierig, geeignete Beamte, vor allem für die leitenden Stellen, zu erhalten; die Kammerverwaltungen in den alten Provinzen wurden zu Abstellungen rücksichtslos herangezogen und hatten Mühe, ihren Dienstbetrieb aufrecht zu erhalten und Ersatz zu finden.

Am 27. November 1741 waren die beiden schlesischen Kammern eingerichtet worden, so daß sie zum 1. Januar 1742 ihre Tätigkeit aufnehmen konnten. Die Verwaltungsgebiete waren recht umfangreich, obwohl zunächst nur Niederschlesien und Mittelschlesien mit zusammen 35 Kreisen das Arbeitsfeld darstellten. Zur Breslauer Kammer gehörten: der Distrikt Grottkau bis über die Neiße einschließlich der Städte Neisse und Schurgast, die Fürstentümer Münsterberg und Brieg, der Kreis Namslau, die Herrschaften Wartenberg, Goschütz, Oels, Stadt und Fürstentum Breslau und Schweidnitz. Zur Kammerverwaltung von Glogau gehörten die Fürstentümer Jauer, Liegnitz, Wohlau, Glogau, die Herrschaft Beuthen, Sagan, Schwiebus, Trachenberg und Militsch. Kaum war die Verwaltung in Gang gekommen, da wurde Reinhardt, der es unterlassen hatte, in seinem Amtsbereich die vom König in Aussicht gestellten Hilfsmaßnahmen für die kriegszerstörten Gebiete bekanntzugeben, zum Generaldirektorium nach Berlin zurückversetzt. Zum Chef auch der Breslauer Kammer wurde Münchow am 19. März 1742 ernannt, der zugleich zum Etatsminister und Oberpräsidenten über beide schlesischen Kammern bestellt wurde. Die schlesische Provinzialverwaltung unterstand nicht dem Generaldirektorium, sondern immediat dem König. Damit hatte sich dieser den bestimmenden Einfluß auf die fernere Entwicklung der größten preußischen Provinz gesichert; zugleich wurde Schlesien vor den anderen Landesteilen bevorzugt. Diese zunächst als vorübergehend gedachte Organisation ermöglichte es, Verwaltungsanordnungen schnell und ohne bürokratischen Aufwand zu erledigen und während der Aufbauphase mit außerordentlichen Mitteln des Gesamtstaates einzugreifen. In der Tat haben die persönliche Sorge und die häufige Anwesenheit des Königs in Schlesien rasch das Vertrauen zu seiner Verwaltung wachsen lassen und die Eingliederung der Provinz in den Gesamtstaat erheblich erleichtert und beschleunigt. Darin wird ebensowenig eine Regierung aus dem Kabinett zu vermuten sein, weil Friedrich nichts ferner lag als abstrakte Staatsführung durch Dekrete, er vielmehr durch eigenen Augenschein und praktische Veranlassung tätig war, noch auch ein grundsätzliches Abweichen von den Verwaltungsgrundsätzen seines Vaters, da Friedrich Wilhelm I. beim Retablissement Preußisch-Litthauens mit Immediatunterstellung des Notstandsgebietes die Mittel des Gesamtstaates für eine Zeitlang schwerpunktmäßig einsetzen konnte.

Der Etatsminister Ludwig Wilhelm Graf v. Münchow hat sich mit voller Energie, ebenso mit Umsicht und Verbindlichkeit seiner Aufgabe gewidmet. Schon die Ansprache, die der 28jährige bei der Eröffnung des Glogauer Kammerkollegiums an seine Mitarbeiter richtete, zeigt ihn als einen der besten Vertreter der preußischen Verwaltungsbeamten, der des Königs uneingeschränktes Vertrauen genossen hat. Den Zweck der Berufung in das Amt sah Münchow darin, daß „das wahre Beste des Landes, dessen Glückseligkeit, die Vermehrung der Einwohner, die Aufnahme des Handels und Wandels, die Ordnung in den Städten und auf dem platten Lande unser beständiges Augenmerk sein müsse, ... daß wir ohne alle Nebenabsichten sowohl des Königs als des Landes Beste, nicht nach unserer Bequemlichkeit, sondern nach unseren äußersten Kräften und Vermögen befördern müssen ... und darin ein wahres Vergnügen finden, nicht allein unseren täglichen Obliegenheiten ein äußerliches Genüge getan zu haben, sondern vielmehr daß kein Tag, ja wenn es möglich, keine Stunde hingegangen, worinnen wir nicht wirklich dem Könige einen Dienst getan ... ; daß man auch allein darin die Belohnung aller Dienste finden und ein solches billig höher als ein etwas reichlicheres Auskommen und einige äußerliche Vorzüge schätzen könne. — Bei meinem schweren Amt ist mein einziger Trost, daß ich fest überzeugt bin, mit keinem andern als dergleichen zu tun zu haben. — Einem jeden wird freistehen, seine Meinung zu sagen, ja ich beschwöre Sie, unter keinerlei Vorwand damit zurückzuhalten. Insbesondere ersuche ich Sie, meine wertesten Kollegen und Freunde, mir ja nicht zu verhehlen, wenn Sie wider mich selbst oder meine Meinung etwas zu erinnern finden. — Sollte sich jemand finden, welcher wegen seiner Veränderung mißvergnügt wäre und nicht sein genugsames Auskommen zu haben vermeint, so will ich hiermit denselben erinnert haben, daß ihm solches nicht zu einem Vorwand gereicht, seiner Schuldigkeit sich auch nur im geringsten zu entziehen oder sich wohl gar verbotener Unterhaltungsmittel zu [bedienen]. In diesem einzigen Fall würde ich mich nicht enthalten können, dessen Umstände noch unglücklicher zu machen und seiner üblen Aufführung und daraus folgendem üblen Gewissen meinerseits nach einigen vergeblichen mündlichen und schriftlichen Erinnerungen ein übles Begegnen entgegenzusetzen und mich, jedoch nur allein in diesem Fall, der Autorität zu bedienen, welche S.K.M. zu Dero Dienst mir beigelegt haben. — Das Gute, so daraus entsprießen möchte, werde ich nicht mir, sondern Ihnen beilegen, mich aber höchst glücklich schätzen, wenn wir überall Sr. K. M. Befehl ein Genüge tun ... Den hochgeehrten Herren bei den Kassen, Kanzlei und Bau-Departement habe ich noch eine ganz besondere Accuratesse, Fleiß, Verschwiegenheit und deren Eid überall gemäßes Betragen bestens zu recommandieren und dieselben insbesondere vor dem schändlichen Geldwuchern, Bestechungen und Plackereien zu verwarnen." Nach solchen Grundsätzen hat Münchow gelebt und gearbeitet. Als er die beim König nachgesuchte Heiratserlaubnis nicht erhielt, weil jetzt alle Kräfte dem Aufbauwerk gehören sollten, hat er sich gefügt — ein bezeichnender Ausdruck für die völlige Beanspruchung der Dienstleistung durch den Souverän, hier jedoch nicht mehr als persönliches Dienstverhältnis, sondern ausschließlich im Staatsinteresse verstanden. Die Breslauer Kaufmannschaft wollte ihm in Anerkenntnis seiner Bemühungen ein Geldgeschenk machen, aber Münchow lehnte ab. Als die Breslauer sich beim König darüber beklagten, erhielten sie die ihnen gewiß unerwartete Antwort: „Ich approbiere sein Verfahren, und tut Ihr am besten, wenn Ihr das Geld behaltet und zu anderem Behuf employiert. Zum wenigsten habt Ihr ein Exempel, daß Ich Meinen Leuten niemals gestatten werde, das Land auszusaugen, da ein jeder sich mit seinen Appointements begnügen muß." Bis zu seinem frühen Tod 1753 ist Münchow seinen Auffassungen treu geblieben.

Die Kammerverwaltungen wurden seit 1744 durch je ein Collegium Medicinae et Sanitatis ergänzt, die unter Vorsitz eines Kammerrats aus drei praktischen Ärzten, zwei Chirurgen, zwei Apothekern und einem Juristen als Syndikus bestanden; sie veröffentlichten die General-Medicinal-Ordnung mit Gebührenordnung und übten eine gewisse selbständige Jurisdiktion aus. Die sonstigen Aufgaben der Kammerverwaltungen waren die auch in den anderen Provinzen üblichen: Verwaltung der Einkünfte und Domänen, Zölle, Steuern, Akzise, ferner Magazin- und Quartierangelegenheiten, Werbungen, Handel und Gewerbe und Judenschutz. Die Aufsicht über die Städte übten jetzt auch hier die Steuerräte als Ortskommissare aus (zwei in jeder Kammer, dazu einer für die Grafschaft Glatz). Schließlich wurde auch in Oppeln eine Kammerdeputation als oberschlesischer Verwaltungsmittelpunkt geschaffen. Das schlesische Postwesen wurde durch Kabinettsorder vom 31. Juli 1743 der Aufsicht des Generalpostamts entzogen und der Kammer in Breslau unterstellt worden, was bis zur Einführung der französischen Regie so verblieb. Mit Sachsen wurde am 24. August 1743 ein Transit-Abkommen geschlossen.

Einen Monat nach Eröffnung der Kammern wurden für die 35 Kreise in Schlesien die preußischen Landräte bestallt, die auch in den Fürstentümern ihr Amt antraten. Die Grafschaft Glatz war verwaltungsmäßig direkt dem Provinzialminister für Schlesien unterstellt. Die Landräte wurden aus der eingesessenen schlesischen Ritterschaft berufen; ihnen zur Seite standen in jedem Kreis zwei „Landesdeputierte". Sie waren den Kammern für die Durchführung von Verwaltungsanordnungen in ihren Kreisen verantwortlich. Die Einrichtung des Landrats, der unbedingt königlicher Beamter war, aber von den Standesgenossen als ihr Vertrauensmann angesehen wurde, hat sich sehr gut bewährt und ist bei der Verwaltungsreform von 1748 auf die gesamte Monarchie übertragen worden.

König Friedrich hatte am Tage nach der Huldigung in Breslau den Vertretern der Stände und der Kirchen auseinandergesetzt, daß die Benachteiligung wegen Konfessionszugehörigkeit nunmehr beendet sei; die gewaltsame Werbung zum Militärdienst würde künftig unterlassen werden. Vor allem wünsche er in der Justizverwaltung eine Beteiligung der Einheimischen. Das Finanzwesen dagegen müsse zunächst von Kennern dieses Verwaltungszweiges auf den „märkischen Fuß" umgestellt werden. Das weltliche und geistliche Recht sollte fortan von zwei „Oberamts-Regierungen" in Breslau und Glogau wahrgenommen werden, trotz ihres Namens ausschließlich Gerichtshöfe, die für Anfang 1742 eingerichtet wurden und von den Präsidenten bis zu den Ratsstellen mit fast ausschließlich schlesischem Personal besetzt wurden. 1743 folgte eine weitere Oberamts-Regierung in Oppeln, bei deren Einrichtung die Auflage gemacht wurde, daß zwei der drei Räte katholischer Konfession zu sein hätten. Der Aufbau der Rechtspflege in Schlesien wurde dem preußischen Justizminister Samuel von Cocceji anvertraut, der aus einer Bremer Familie stammte und in Heidelberg geboren war. Dem 63jährigen wurde jetzt zusätzlich das Amt eines Justizministers von Niederschlesien übertragen, das allerdings Ende des Jahres 1743 an den Minister Georg Dietloff von Arnim kam. Mit diesem nicht leicht verträglichen Mann, der auch sogleich Münchow Schwierigkeiten machte, kam das eben begonnene

Justizreformwerk in Schlesien ins Stocken. Cocceji bekam jetzt jedoch die nötige Zeit, um den Hauptteil des (unvollendet gebliebenen) Corpus juris Fridericiani zwischen 1749 und 1751 erscheinen zu lassen; aber für Schlesien galt das preußische „Landrecht" nur sehr eingeschränkt. Dennoch gelang es, eine gewisse Beschleunigung des Prozeßablaufs durch Aufsicht über die Advokaten und feste Richter-Besoldung zu erreichen. Die Rechtsprechung erster Instanz verblieb den Huldigungszusagen entsprechend den Fürsten, Standesherrn und Stadtmagistraten; den „Oberamts-Regierungen" stand die Aufsicht darüber und der zweite Instanzenzug zu. Auch waren mit ihnen die Oberkonsistorien für geistliche Angelegenheiten verbunden. „Gerechtigkeit und Religion" bezeichnete Cocceji 1742 bei der Eröffnung der Breslauer Oberamts-Regierung als „die beiden Grundsäulen einer wohleingerichteten Republik". Wie Cocceji auf die Amtsauffassung einwirkte, zeigt seine Dienstanweisung für die Oberamtsregierungsräte, in der es unter anderem heißt: „In der Session soll er keine Memorialien oder Acta lesen oder Decreta und Sentenzen schreiben, sondern die Sachen zu Haus lesen und arbeiten, sein Decret aber und Sentenz oder Votum jederzeit, auf einem besonderen Bogen geschrieben, mit sich bringen, im übrigen aber auf die Vorträge fleißig Achtung geben." Auch der Strafvollzug wandelte sich. Anstelle der bisherigen Ausweisung der Verbrecher traten die Zucht- und Arbeitshäuser in Glogau und Brieg.

Die Voraussetzung für ein geordnetes Steuerwesen war die Anfertigung eines zuverlässigen Katasters. Die systematische Aufnahme Schlesiens setzte unter Leitung der Kameralisten v. Ziegler und v. Thile im Frühjahr 1742 ein und war binnen Jahresfrist für Niederschlesien abgeschlossen; nach diesen Listen der Steuerpflichtigen, die ergänzt und verbessert wurden, konnten schon zu Trinitatis 1743 die Veranlagungen durchgeführt werden; Ende des Jahres waren auch Glatz und Oberschlesien erfaßt. Dabei war genau auf die Ertragfähigkeit des Bodens geachtet, wobei die österreichischen Befundtabellen verglichen wurden, die jetzt dem Publikum zur Einsichtnahme und Berichtigung verfügbar gemacht wurden. Allerdings war es mit der Steuerfreiheit von Adel und Geistlichkeit vorbei; der König machte geltend, daß der Staat den gleichen Schutz allen Einwohnern biete, die deshalb auch gemeinsam die Abgaben zu entrichten hätten; auch die königlichen Domänen würden besteuert. Die Abgaben beliefen sich zwischen 28 und 34 Prozent des Reinertrags; sie waren der tatsächlichen Leistungsfähigkeit sorgfältig angepaßt, was als Erleichterung empfunden wurde. Die städtische Akzise und die ländliche Gewerbesteuer hatten nicht ausgereicht, um den Haushalt der Provinz auszugleichen; der jährliche Ausfall belief sich immer noch auf drei Prozent gegenüber dem Gesamtanschlag. Für Mißwuchs, Viehseuchen, Hagel- und Überschwemmungsschäden mußte vorgesorgt werden; hier trug der Staat einen erheblichen Anteil, um die Produktion möglichst rasch und leistungsstark wieder in Gang zu setzen. Bei größeren Brandschäden traten in den Bezirken die „Feuer-Societäten“ durch Selbsthilfe der Nachbarn bei Materialgestellung, Anfuhr und Handdiensten ein. Staatliche Feuerschutzverordnungen richteten sich gegen die Schindeldächer hauptsächlich in den Städten und gegen den Fachwerkbau. Wieviel in dem kriegszerstörten Lande der Verwaltung aufgetragen war, erhellt aus dem Bericht, den der Kommissar für Kriegsschäden, Lautensack, im Oktober 1742 über die Zustände in Oberschlesien abstattete: Die Ernte sei schlecht, die Städte ohne Handel, teilweise zerstört und dem Verfall nahe, verschuldet und ohne Aussicht, die Abgaben zu entrichten. Besonders in den Ortschaften der Standesherren sehe es übel aus, die Bevölkerung sei resigniert, halb verhungert, durch Einquartierungslasten ganz niedergedrückt; die Bergwerke verfallen, das ganze Land war so verarmt, daß die Steuerquoten erheblich herabgesetzt werden mußten. Für den Wiederaufbau ist dann von staatlicher Seite viel geschehen, und wenn der Siebenjährige Krieg nochmals das Land aussog, so war doch der Rahmen für eine sorgfältige und schnelle Hilfe schon gegeben. An dem Grundsatz der schlesischen Verwaltung und der Provinzialminister an ihrer Spitze ist auch nach dem Tode von Münchow festgehalten worden; auf ihn folgte Joachim Ewald von Massow, ein ehemaliger Offizier, der als Kammerpräsident in Königsberg eine ebenso umsichtige wie erfolgreiche Verwaltungspraxis gezeigt hatte, in Schlesien aber schon 1755 an dem Widerstand des katholischen Klerus scheiterte. Er wurde ersetzt durch den in der Magdeburger Kammer verwaltungserfahrenen Ernst Wilhelm von Schlabrendorff, den der König als arbeitsam schätzte und der in schweren Zeiten die Geschicke Schlesiens gewissenhaft gelenkt hat. Er war ein strenger Bürokrat, der den königlichen Willen bei den unteren Verwaltungsinstanzen durchsetzte, die Beamtenschaft von ungeeigneten Elementen säuberte, die Industriezweige beaufsichtigte und überall mit Energie gegen Erschlaffung und Lässigkeit vorging. Nach Schlabrendorffs Tod wurde 1770 der 31jährige Karl George Heinrich von Hoym zum schlesischen Provinzialminister ernannt, der die Zügel erheblich lockerer ließ. Seine an sich schon selbständige Stellung wurde noch dadurch erhöht, daß Friedrich II. sich bald dem Aufbau Westpreußens zuwenden und das einigermaßen eingerichtete Schlesien sich nun selbst überlassen mußte. So konnte Hoym mit geschickten Berichten den überlasteten König zeitweise darüber hinwegtäuschen, daß der erwartete große wirtschaftliche Aufschwung Schlesiens, zu dem Schlabrendorff so treffliche Ansätze gemacht hatte, ausgeblieben ist.

Von der Wirtschaft Schlesiens mag hier nur das erwähnt werden, was sie grundlegend von den anderen preußischen Provinzen unterschieden hat. Der noch sehr entwicklungsfähigen schlesischen Landwirtschaft konnte dadurch geholfen werden, daß die unbebauten Ackerflächen — teilweise durch drastische Verfügungen der Behörden — unter den Pflug genommen, das Auskaufen von Bauernstellen durch den Großgrundbesitz verhindert werden sollte; die Anpflanzung von Futterkräutern, Ölfrüchten, natürlich auch Maulbeerbäumen, nicht zuletzt der Kartoffel, wurde dringend empfohlen. Die Landbevölkerung sollte zwar schollengebunden, aber nicht in Leibeigenschaft leben, doch blieb faktisch die Abhängigkeit vom Gutsherrn, sofern nicht wie in Niederschlesien wohlhabende große Bauernhöfe den Besitzern ihre Selbständigkeit garantierten. Am fortschrittlichsten ging es deshalb auf den königlichen Domänengütern zu, weil dort die Behördenaufsicht streng durchgeführt werden konnte. Allerdings war die Zahl der Staatsbesitzungen in Schlesien recht gering, da sie in österreichischer Zeit meist veräußert worden waren. Größer war der Anteil der katholischen Kirche am Landbesitz, doch auch Städte und Bürger besaßen ansehnliche Ländereien mit Dörfern, Gütern und Vorwerken. Die Leistungen der ländlichen Bevölkerung an die verschiedenen Grundeigentümer wurde sehr unterschiedlich verlangt. Freibauern hatten gar keine, Zinsbauern meist nur geringe Geld- oder Naturalabgaben zu leisten, die „Gärtner" hatten wenigstens kleine Grundstücke, die „Häusler" jedoch nur die vielfach elenden Wohnhütten; die sogenannten „Freileute" waren abhängige, auf privilegierten Gütern angesiedelte Erbuntertanen. Die meisten der Landbewohner waren zu gemessenen, viele gar zu ungemessenen Diensten verpflichtet; dazu kamen für den Staat Fuhrgestellungen zum Festungsbau und die leidige Vorspannpflicht für Beamte und den königlichen Troß. König Friedrich hatte sich 1748 und 1763 vergeblich darum bemüht, die Erbuntertänigkeit zu beseitigen oder zu lockern. Je nach dem Grad der Abhängigkeit und der Kriegszerstörung war die Siedlungsdichte und Bodenbebauung beschaffen. Immerhin war Schlesien landwirtschaftlich besser erschlossen als alle seine Nachbarländer. Nur ein Zehntel der Grundfläche war nicht genutzt; jeder vierte Einwohner lebte von der Industrie, alle übrigen vom Ackerbau.

Große Aufmerksamkeit wurde dem Forstwesen beigemessen; um den wilden Einschlag zu bekämpfen und die wertvollen Baumbestände zu schonen, wurde das Schlagen von Maiengrün zu Pfingsten und das Umhertragen von Sträuchern am Laetare-Sonntag verboten. Besondere Schonung verlangte der König für die kostbaren Eichen. Die Erträge der Domänenkassen in Schlesien beliefen sich im Rechnungsjahr 1745/46 auf 687 000 Taler, davon machte allerdings der Gewinn aus dem Salzmonopol mehr als zwei Drittel der Einnahme aus.

Bedeutender war der Gewinn aus Handel und Gewerbe in Schlesien. An erster Stelle stand die Leineweberei, die in den Gebirgsdörfern und in einigen Manufakturen auch in den Städten betrieben wurde. Sie war in ihren ohnehin begrenzten Absatzmöglichkeiten durch die Kriege sehr behindert worden. Durch staatliche Hilfen, Qualitätssteigerungen und

Verfeinerung der Gewebearten, z. B. Kattun, Gold- und Silberstoffe, Borten, Samt, Barchent usw. wurde dieser Gewerbezweig neu belebt. Doch ist gerade im schlesischen Leinenhandel die staatliche Absatzsteuerung kaum von Erfolg gewesen; von einer Öffnung des Oder-Weges über Stettin wollten die Breslauer Kaufleute nichts wissen. Die Märkte in England, Spanien und Südamerika blieben ziemlich krisenfest, und im Jahre 1783 hat der schlesische Leinenhandel einen Gewinn von 3,5 Millionen Talern verbuchen können. Seit jeher war die schlesische Wollenweberei durch ihre feinen Tuche berühmt, und die Breslauer Wollmesse gewann bald ihren alten Ruf, wenn auch die österreichischen Schutzzollmaßnahmen den ursprünglichen Absatzmarkt empfindlich einschränkten und die altpreußischen Gebiete aus Schlesien nichts einführen durften, um nicht ihre eigenen Manufakturen stillegen zu müssen. Die Wollindustrie war durch Schlabrendorff nach 1763 sehr gefördert worden; Grünberg und die Grafschaft Glatz konnten bei der Tuchherstellung eine Absatzsteigerung von 25 bis 50 Prozent erreichen. Als ziemlich krisenfest erwies sich auch das Töpferei-Gewerbe, das in Bunzlau seinen Mittelpunkt hatte. Erheblich verbessert wurden die Glashütten, von denen 9 in Oberschlesien und 2 in der Grafschaft Glatz neu angelegt wurden, um den Ausfall des verbotenen böhmischen Glases auszugleichen. Insgesamt konnte Schlesien bereits zehn Jahre nach der Inbesitznahme durch Preußen für zehn Millionen Taler Güter ausführen. Es war an der Ausfuhr des Gesamtstaates mit 45 Prozent und an der Einfuhr mit 44 Prozent vertreten. Die mit hohen staatlichen Mitteln versuchte Industrialisierung Oberschlesiens kam nur stockend vorwärts; in Pleß wurde eine gut gehende Strumpffabrik eingerichtet, sonst gab es Tuch- und Zeugmachereien in Oppeln und Tarnowitz; die übrigen Städte blieben arg im Rückstand, die Gelder waren in Spekulationsbauten verbraucht. Unternehmer und Arbeiter weitergewandert.

Der wichtigste schlesische und auch für die Gesamtmonarchie bedeutendste Industriezweig war der Bergbau. Bei der Übernahme in die preußische Verwaltung befanden sich 12 Hochöfen und 27 Eisenhämmer in Betrieb. Das Hüttenwesen war gut entwickelt; eine besondere Anlage stellte die Messingfabrik (mit angegliederter Blechherstellung) von Jakobswalde bei Schlawentzütz (Kreis Cosel, Oberschlesien) dar. 1755 wurde in Oberschlesien die Kreuzburger Eisenhütte neu angelegt. Der erste Bergbauerlaß für Schlesien datiert vom 19. Februar 1756. Das Bergregal wurde auch auf die Steinkohle ausgedehnt, die damals fast ausschließlich im Waldenburger Revier in zwölf Kohlengruben gefördert wurde; in der ganzen Grafschaft Glatz gab es bis 1763 nicht mehr als 18 Bergleute, und in Oberschlesien dachte man noch nicht an Steinkohlenförderung. Es war das Verdienst des unermüdlichen Schlabrendorff, seit 1755 mit der systematischen Erfassung der Montanindustrie in Schlesien nach Leistung, Wirtschaftlichkeit und Ausbaumöglichkeit den Anfang gemacht zu haben.

Schon hatte sich die Zahl der Hochöfen auf 20, der Eisenhämmer auf 46 erhöht, da erstickte der Siebenjährige Krieg diesen aufblühenden Zweig. Schlabrendorff begann 1763 nochmals mit einem mühsamen Aufbau, doch fielen die kargen Staatszuschüsse einem Schwindler zum Opfer, zu gleicher Zeit, als der erste preußische Berghauptmann, der berühmte Kameralist Johann von Justi, seit 1765 Leiter der staatlichen Bergwerke, wegen nicht erfüllter Zusagen hinsichtlich der Leistungsfähigkeit des Hüttenwerkes Vietz (Kreis Landsberg/Warthe) und des Stahlhammers Kutzdorf (Kreis Königsberg/Neumark) und angeblichen finanziellen Defizits 1768 auf die Festung Küstrin gebracht wurde, wo er drei Jahre später verstarb.

Da ein Einzelner mit solchen Aufgaben offensichtlich überfordert war, entschloß sich der König, einen ganzen Schritt zu tun. Er begründete am 9. Mai 1768 das VII. (Bergwerks- und Hütten-)Departement des Generaldirektoriums und unterstellte es seinem tüchtigsten Verwaltungsfachmann, dem Minister Ludwig Philipp Freiherrn von Hagen, der aus dem III. und IV. Departement kam und deren Leitung auch noch beibehielt. Entscheidend für die Wirksamkeit des neuen Departements wurde es, daß dieses von der Geschäftsroutine des Generaldirektoriums gelöst worden ist und den Schriftverkehr unverzüglich und ohne kollegialische Mitberatung abwickeln konnte. Hagen veranlaßte, daß Mineralogie und Bergrecht zu Unterrichtsfächern an den preußischen Universitäten wurden; auf ihn geht im August 1768 die Bildung einer Immediatkommission für die Untersuchung der schlesischen Gebirge und die Kabinettsorder vom 1. Februar 1769 zurück, wonach (sehr zum Verdruß der schlesischen Kammerverwaltungen) alle Bergwerksachen zentral in Berlin bearbeitet wurden. Am 3. Dezember 1769 wurde das schlesische Oberbergamt in Reichenstein eingerichtet, das 1779 nach Breslau verlegt wurde. Bereits am 5. Juni 1769 war nach dem cleveschen Vorbild die „Revidierte Bergordnung für das souveräne Herzogtum Schlesien und die Grafschaft Glatz“ erlassen worden, die der Bergordnung für Magdeburg-Halberstadt, Mansfeld usw. vom 7. Dezember 1772 als Muster diente. Darin wurde das Schürfen nutzbarer Mineralien (auch auf Steinkohle ausgedehnt) für frei erklärt, doch blieb dem Staat die Ausstellung des Schürfscheins überlassen, so daß er auf seinem Grund die ersten Rechte beanspruchen konnte. Die Betriebsführung wurde, da die damaligen Zwergbetriebe ohne Erfahrung und nur mangelhaft ausgebildet waren, der Aufsicht der Bergämter mit ihren Berggeschworenen übertragen, die auch Schichtmeister und Steiger ernannten, die Preise und Abgaben festsetzten und die Strafgerichtsbarkeit im Bergbau ausübten. Jeder Bergmann war in das Knappschaftsregister eingetragen; die Knappschaften führten eine gewisse Selbstverwaltung durch und halfen aus ihrer Kasse bei Krankheit, Unfall und Arbeitslosigkeit, zahlten im Todesfall Gnadengeld und Begräbniskosten. Der Bergwerksinhaber hatte dem Staat zahlreiche und ziemlich hohe Abgaben zu entrichten, was die Wirtschaftlichkeit beeinträchtigte. Andererseits hatte, wie auch in den westlichen Landesteilen Preußens, das „Privilegium für die Bergleute“ die Freizügigkeit der Niederlassung verbürgt, die Befreiung vom Militärdienst (auch für die Söhne der Bergarbeiter), von Einquartierung, Kommunalabgaben und der Gerichtsbarkeit des Grundherrn. Um aber nicht einen akuten Landarbeitermangel hervorzurufen, war die Abwanderung in den Bergbau von der schriftlichen Einwilligung der Grundherrschaft abhängig gemacht. Die Folge bei den überall vorhandenen fehlenden Arbeitskräften war jedoch, daß den Bergwerken nicht genügend Leute zugeführt werden konnten; ein gewisser Ausgleich ist später durch den Loskauf aus dem Erbuntertänigkeitsverhältnis erreicht worden.

Als Hagen, noch nicht 50jährig, 1771 an Überarbeitung gestorben war, folgte eine Zeit des Interims, währenddessen zunächst Friedrich Wilhelm Freiherr von der Schulenburg-Kehnert das Departement neben zwei anderen wahrnahm, jedoch, da ihm die Kenntnisse dafür fehlten, es im Juni 1774 an den Minister Sigismund Freiherrn Waitz von Eschen abgab. Dieser war Kasseler Kammerrat und Obersalzgraf gewesen und sollte schon 1742 das preußische Bergamt Wettin erhalten; er blieb aber in Hessen und wurde dort Staatsminister, nobilitiert und in den Reichsfreiherrnstand erhoben. Mit Waitz kam jedenfalls ein Fachmann an die Spitze des VII. Departements, und er hat trotz seines hohen Alters viel Energie aufgewandt, um die Behörde und die nachgeordneten Bergämter von allen untauglichen Gehaltsempfängern zu säubern und sie zu leistungsfähigen und kenntnisreichen Führungsinstitutionen zu machen. Insofern war der Boden bereitet, als Waitz im Jahre 1776 im Alter von 78 Jahren im Amt starb. Der König blieb im Bergwerkswesen weiterhin auf „Ausländer“ angewiesen. Daß es ihm gelang, Friedrich Anton von Heinitz als Minister und Leiter des VII. Departements zu gewinnen, spricht ebenso für Friedrichs des Großen Qualitätsbegriff in Personalangelegenheiten wie für die Anziehungskraft, die der preußische König um 1776 ausüben konnte. Der in Kursachsen geborene Bergfachmann hatte zeitweise die Leitung des gesamten braunschweigischen Harz-Bergbaues ausgeübt, war an der Gründung der Bergakademie Freiberg in Sachsen maßgebend beteiligt und hatte in Schweden und Ungarn, zuletzt in Frankreich, vergleichende praktische Bergwerkkunde getrieben und sich als bedeutender Organisator bewährt. Heinitz kam mit 52 Jahren in sein neues Amt, hatte zeitweise noch das V. Departement nebenamtlich zu versorgen, wobei es nicht ohne Meinungsverschiedenheiten über den Wirtschaftsdirigismus abging; aber über des Königs Tod hinaus blieb der Minister seiner Hauptaufgabe treu, unterstützt besonders in Schlesien von Friedrich Wilhelm Freiherrn von Reden, dem um 27 Jahre jüngeren Neffen und Schüler des Ministers, der zugleich dessen Mitarbeiter war.

1778 bereits war Reden als Oberbergrat im VII. Departement angestellt, nachdem er sich in Frankreich, England und an der Bergakademie Freiberg ausgebildet hatte; im Jahre darauf war Reden kommissarischer Direktor des schlesischen Oberbergamts. Zu Heinitz und Reden trat seit 1781 auch der Oberbergrat Karl Freiherr vom Stein. Minister Heinitz hatte sogleich nach Amtsübernahme das gesamte preußische Bergwesen in vier Hauptdistrikte eingeteilt, aus denen später die Oberbergamtsbezirke Berlin (Kurmark, Neumark, Ost- und Westpreußen), Halle (Magdeburg, Halberstadt, Hohenstein, Mansfeld), Breslau (Schlesien, Grafschaft Glatz) und Dortmund (westfälische Provinzen) entstanden. Der schlesische Hauptbergwerksdistrikt wurde 1779 in die Bergämter Reichenstein, Waldenburg und Giehren (Kreis Löwenberg) eingeteilt, wozu später noch Tarnowitz trat, wo 1784 der Abbau von Bleierz in großem Maßstab begann. Die erste deutsche Dampfmaschine wurde von Heinitz im Bergbetrieb eingesetzt. Er gründete die Hüttenanlagen in Gleiwitz und Königshütte und stellte die ersten Koksöfen auf, wie er überhaupt praktische Neuerungen auf wissenschaftlicher Grundlage einführte und von den schlesischen Erfahrungen her das Berg- und Hüttenwesen des gesamten Staates von seinem Departement her modernisierte. Der Bergbau, so konnte Heinitz im Todesjahr König Friedrichs in einer ihm noch vorgelegten und gebilligten Denkschrift schreiben, sei nicht weniger wichtig als die beiden anderen Säulen der Staatswirtschaft, nämlich Landwirtschaft und Handel. Und der sonst so sparsame Monarch ließ sich überzeugen und hatte seit 1783 nahezu eine halbe Million Taler in die Anlage von Bergwerken gehen lassen — einen hohen Kredit auf die Zukunft, von dem der König sicher war, daß er seinen Zweck erfüllen würde.

Friedrich der Große ist bei seinen Lebzeiten und noch mehr danach wegen seiner merkantilistischen Politik, wegen des Staatsdirigismus, der Kabinettsregierung, seiner Rechthaberei, Ungeduld und Ungerechtigkeit heftig getadelt worden. Der ein wenig selbstherrliche schlesische Provinzialminister v. Schlabrendorff schrieb 1765 an einen Freund in Berlin: „. . . Man hört auf, dasjenige zu sein, was man sein sollte, wenn man zu Nichts zu des Herrn und Landes Besten sein freies Sentiment sagen darf, ohne sich der größten Gefahr zu exponieren". Es trifft sicher zu, daß viele Fehler gemacht wurden, manche Unbesonnenheit geschah und keineswegs alles harmonisch und unfehlbar zuging. Es ist auch eine fast banale Selbstverständlichkeit, daß die Befehle, Dekrete und Gesetze niemals die Wirklichkeit widerspiegeln. Sind sie aber deshalb entbehrlich? In Preußen herrschte immerhin dank einer wirklich funktionierenden Verwaltung eine verläßliche Exekutive, und in den Anstößen, die der König mit den Kabinettsordres gab, steckt so viel an Zielsetzung, Richtungweisung und Norm, daß gewiß nicht alles davon in den Wind geredet worden ist. Gewiß, die Art, wie Schlabrendorff behandelt und wahrscheinlich auch

Justi zu Unrecht eingekerkert worden ist, zeigt entschiedene Mißgriffe und ist nicht zu beschönigen. Aber dem stehen ebenso ungewöhnliche Zeugnisse von Leistungen, Großmut, Erkenntnisklarheit, Entscheidungsfreude gegenüber. Nicht allein auf die Minister-Eingaben und Zeitungsberichte wird der spätere Betrachter jener Epoche angewiesen bleiben, zumal der König die bisweilen fragwürdige Schönfärberei wohl durchschaut hat und auch kontrollieren konnte. Daß er sich gern über das Ausmaß seiner Erfolge täuschen ließ, erscheint nicht so sicher. Er war skeptisch genug, um die Grenzen menschlicher Zuverlässigkeit zu kennen und sich selbst davon nicht auszunehmen. Allerdings hat er zaghafte Bedenken und ungünstige Meldungen von seinen Beamten übel aufgenommen, aber nicht, weil er die Wirklichkeit nicht sehen wollte, sondern weil er von den Mitarbeitern verlangte, daß sie selbst alles in ihrer Kraft stehende tun sollten, um der Ungunst entschlossen zu begegnen und die schon veranlaßten Maßnahmen dem König mitzuteilen, um ihn zu entlasten. Friedrich der Große hat seine Beamtenschaft durch seine oft ungnädigen Dekrete und Ordres in eine harte Schule genommen — nicht, um sie zu reglementieren, sondern um sie zur Verantwortlichkeit innerhalb ihres Ressorts zu erziehen, um nicht alles auf den Regenten abzuschieben und nicht erst auf Weisung oder Befehl von ihm zu warten. Am 2. Juni 1782, als Heinitz zu seinem großen Pflichtenkreis des VII. Departements auch noch das V. Departement übertragen erhielt, notierte der Minister in sein Tagebuch: „Es ist Gottes Wille, dich geschäftig zu erhalten, und so siehe solches als Gottesdienst an, tue alles zur Ausbreitung von Gottes Ehre und wahrem Nutzen des Nächsten. Du hast darin an dem König ein Exempel, so wenig seinesgleichen. Er ist arbeitsam, zieht seine Schuldigkeit aller Erholung vor, besorgt zuvorderst seine Geschäfte und ist von Gott mit vorzüglichen Gaben dazu ausgerüstet. Er hat in seinem Stande nicht seinesgleichen, der die Enthaltsamkeit, Einförmigkeit hat, der seine Zeit so einzuteilen weiß. Man läßt ihm hierin nicht alle verdiente Gerechtigkeit widerfahren, und gleichwohl gehört ihm deshalb ein besonderer Vorzug vor anderen Regenten."

2. *Ostfriesland*

Dem Großen Kurfürsten von Brandenburg waren die Eroberungen an der pommerschen Küste durch Frankreich, den Verbündeten Schwedens, immer wieder entzogen worden. Daraufhin hatte er nach dem demütigenden Friedensschluß von Nymwegen 1675 sich an den Kaiser gehalten und von diesem als Entschädigung für langjährige Kriegshilfe die Anwartschaft auf Ostfriesland nach dem zu erwartenden Aussterben des dortigen

Fürstenhauses verlangt. Obwohl diese erst seinem Nachfolger 1694 zugestanden wurde, hatte der Kurfürst bereits 1682 im kaiserlichen Auftrag ein brandenburgisches Sicherungskontingent nach Ostfriesland gelegt und im Jahre darauf das kurbrandenburgische Admiralitätskollegium und die „Afrikanische Kompanie", eine brandenburgische Übersee-Handelsgesellschaft, in Emden eingerichtet; er trug sich mit Plänen, die obere Ems zu kanalisieren und nicht allein Cleve-Mark über diese Wasserstraßen nach Emden zu ziehen, sondern überhaupt den Rhein-Verkehr dorthin abzulenken. Auch war die Gründung einer ostindischen Handelsgesellschaft vorgesehen.

Trotz eines Erbvertrages, den 1691 Ostfriesland und Braunschweig-Lüneburg schlossen und der 1815 Anlaß wurde, um nach den französischen Revolutionskriegen Hannover mit Ostfriesland zu entschädigen, ist dem Preußenkönig Friedrich Wilhelm I. im Jahre 1714 die Anwartschaft bestätigt worden, so daß er seit 1732 das Fürstentum Ostfriesland im Wappen und Titel führte. In dem von Sturmfluten und inneren Wirren zerrissenen und von gewissenlosen Ständeherren ausgebeuteten Land hat Preußen, schon wegen der calvinistischen Religionsverwandtschaft willkommen, bald Fuß fassen können. Als Vertrauensmann diente der fähige Syndikus des Emdener Kollegiums, Dr. Sebastian Anton Homfeld, aus einer Marschbauernfamilie stammend, Gerichtsschulze beim preußischen Bataillon und seit 1733 preußischer Direktorialrat im niederrheinischen und westfälischen Kreis. Homfeld hat nicht nur erfolgreich die österreichischen und hannöverschen Einmischungen in Ostfriesland zurückzuweisen verstanden, sondern die einflußreichen Kreise des Landes für Preußen gewonnen. Dabei hat er sich selbst eine unentbehrliche Stellung zu schaffen gewußt. Friedrich II. von Preußen hatte ihm unmittelbar nach Antritt der Regierung die Vollmachten bestätigt, und nach langen Verhandlungen kam zunächst mit der Stadt Emden und Teilen der Ritterschaft am 28. November 1742 ein Vertrag zustande, wonach das preußische Erbfolgerecht uneingeschränkt anerkannt wurde und die bisherige landständische Verfassung durch Preußen garantiert werden sollte. Die Ratifikation erfolgte erst zwischen März und Mai 1744. König Friedrich hatte — anders als in Jülich-Berg — an seinen Ansprüchen festzuhalten, aber er faßte Ostfriesland vorerst nur als Pfand und Tauschobjekt auf, und noch später (1744/45) hat er zeitweise die Absicht gehabt, die Stadt Emden zu verkaufen.

Ostfriesland umfaßte 1744 acht landesherrliche Ämter: Emden (mit der einzigen bedeutenden, autonome Rechte besitzenden Stadt), Aurich (mit der Stadt), Norden (mit der Stadt), Leerort (mit dem Marktflecken Leer), Greetsiel, Berum, Friedeburg, Stickhausen sowie die Herrchsaft Pewsum und die Inseln Borkum, Juist, Norderney, Baltrum, Langeoog, die von landesherrlichen Vögten verwaltet wurden. Unmittelbar dem Landesherrn unterstellt war im Nordosten das Harlingerland mit Amt, Stadt und Burg Esens und dem Amt und Flecken Wittmund mit seiner Burg. Außer der Handelsstadt Emden, deren Bedeutung im Laufe des 17. Jahrhunderts durch innere und äußere Wirren und durch Veränderung des Stromlaufs der unteren Ems rasch abgesunken war, bestand nur noch ein kümmerliches Leinengewerbe in Leer; sonst lebte das Land von der Rinderzucht auf den fetten Marschen und von der Fischerei. Der Ackerbau war zurückgeblieben und die Hochmoor-Erschließung war noch ganz in den Anfängen. An Bevölkerungszahl stand Ostfriesland mit knapp 100 000 Einwohnern hinter der Grafschaft Mark. Die Stadt Emden war von 30 000 Einwohnern im 16. Jahrhundert auf 8 000 herabgesunken.

Kaum war die Ratifikationsurkunde des Emdener Vertrages ausgetauscht, da trat der Erbfall ein. Am 26. Mai 1744 starb der letzte Fürst von Ostfriesland Carl Edzard aus dem Geschlecht Cirksena. Noch am gleichen Tage wurde die Nachfolge des Königs von Preußen bekanntgegeben und die schwarzen Adler an der Burg befestigt; auch in den Ämtern erfolgte die Auswechslung der Wappen in aller Stille und Eile. Die holländische Besatzung in Emden wurde zum Stillhalten und später zum Abzug bewogen; der aussichtslose Versuch, durch kleine dänische Garnisonen in Aurich und Berum die preußische Besitzergreifung aufhalten zu wollen, zerstob vor dem Heranrücken einer Kompanie der preußischen Garnison aus Emden. Das kaiserliche Detachement war von Kaiser Karl VII. sofort zurückgerufen worden. Die fremden Truppen wurden aus dem Lande gezogen, die kleinen fürstlichen Kontingente in preußischen Dienst übernommen. Binnen einer Woche war der Übergang Ostfrieslands in den Besitz Preußens vollzogen.

Zu der Zeit hielt sich König Friedrich in Pyrmont auf. Zunächst ordnete er eine Verstärkung der Truppen in Emden durch die Garnison von Wesel an, um zu demonstrieren, daß er sich „in dem Besitz dieses Fürstentums ohnfehlbar mainteniren“ würde. Bereits am 30. Mai 1744 verließ der Kriegs- und Domänenrat Caspar Heinrich Bügel die Kammer in Minden mit eingehenden Instruktionen des Königs, wie Ostfriesland und der dortige Domänenbesitz zu untersuchen und nach welchen Grundsätzen zu verwalten seien. Ihm folgte der Minister von Cocceji, dessen Erfahrungen im Reichsrecht bei den Verhandlungen wegen der Gravamina und der Huldigung der ostfriesischen Stände unschätzbar waren. Es kam dem König wesentlich darauf an, den Übergang Ostfrieslands an Preußen in aller Ruhe zu vollziehen und schon angesichts der holländischen Nachbarschaft eine Stimmung der freundlichen Erwartung im Lande hervorzurufen. Dies ist dank der Umsicht der preußischen Beamten vollkommen gelungen. Bereits am 20. Juni 1744 war der Huldigungslandtag zusammengetreten, und am 23. Juni hat Cocceji in des Königs Namen die Huldigung „ohne die geringste Festivität“ entgegenehmen können. Von den Ständen konnte die Verdoppelung der bisher an den Fürsten geleisteten Zahlung auf 24 000 Taler jährlich erreicht werden, zuzüglich 12 000 Taler anstelle von Rekrutengestellung; dafür verpflichtete sich der König zur Übernahme der hohen Schulden des verstorbenen Fürsten, dessen Bibliothek verkauft und die Stelle des Bibliothekars gestrichen wurde. Ferner bestritt der König die Apanagen der Angehörigen des Fürstenhauses, den dortigen Militäretat, Ausgaben für Kirche und Schule, Baukosten und die Erfordernisse der Ämterverwaltungen, die insgesamt über 56 000 Taler betrugen, weshalb Amt für Amt die Kosten geprüft werden mußten; die Rekrutengelder wurden schließlich um 6 000 Taler erhöht. Die unübersehbare Zahl der Drosten, Räte, Landrichter, Amtleute, Rentmeister und Burggrafen sollte wegen ihrer unklaren Aufgabenstellung möglichst eingeschränkt oder abgeschafft werden, da „gemeiniglich je mehr derart Leute sind, je mehr Unordnung, Plackereien und Exaktionen entstehen . . . (zumal) wir hiesiger Orten ohne alle dergleichen Leute sehr wohl zurecht kommen." Die Verwaltung, mit Einschluß des Harlinger Landes, dessen Kanzlei von Esens mit der von Aurich zu vereinigen sei, sollte umfassen: einen Kanzler (wozu Homfeld am 27. Juni 1744 mit dem Charakter eines Geheimen Rates ernannt wurde), vier Räte (davon zwei zur Zeit unbesetzt, weil sie wegen preußenfeindlicher Umtriebe auf der Festung Greetsiel festgesetzt wurden), einen Advokatus Fisci, je einen Archivar und Sekretär, vier Kanzlisten, einen Pedell, zwei Boten. Von den beiden Geistlichen, die als Konsistorialräte zugleich der Regierung angehörten, sollte einer versetzt werden, die andere Stelle künftig wegfallen, wenn ein Stadtpfarrer zum Superintendenten ernannt werden würde. Gehälter und Deputate wurden belassen, bei den Subalternen leicht gekürzt; ausreichend waren sie ohnehin kaum, wenn z. B. dem Advocatus Fisci jährlich 100 Taler und 2 Schweine zugestanden wurden. Über die Drosten in Ostfriesland ist durch die Aufstellung vom Frühjahr 1745 und durch die neue Art der Bestallung und die Dienstanweisung vom März 1748, die die Amtsbefugnisse möglichst dem preußischen Landrat annähert, Klarheit geschaffen worden. Laut Kabinettsorder vom 6. Juli 1755 sollten die Drosten durch das Generaldirektorium bestallt und vorher durch das Justizministerium eingewiesen werden. Sie entsprechen in ihren Aufgaben etwa den früheren preußischen Amtshauptleuten, sind Inhaber der Amtsgewalt in den einzelnen Ämtern und zugleich Kommandanten der festen Häuser, von denen jedes Amt eines besitzt; sie sind verantwortlich für die Wirtschaftsführung in ihrem Bereich, für die Regelung der Untertanendienste und die Besetzung leerer Stellen; sie beaufsichtigen die Bediensteten des Amtes, haben die Kontrolle über Wege, Brücken und Deiche, haben auf Einhaltung der Grenzen und der landesherrlichen Regalien zu achten, auch auf Jagd und Fischerei, und sind an der Gerichtsbarkeit beteiligt. Die ursprünglich halbjährigeKündigung fiel später fort.

Mit den Ständen kam es am 7. Juli 1744 zur Convention von Aurich, einem förmlichen Vertrag zwischen Krone und Landständen, vom König am 31. Juli 1744 in Berlin ratifiziert. Darin werden nicht nur die Landtage belassen und deren Beschlüsse vom König gebilligt, sondern auch jene regionaltypische Zusicherung gegeben, daß der König, im Fall allgemeiner Überschwemmungen und Wasserfluten oder andere Hauptkalamitäten sich ereignen sollten, solange dieselben währten, „. . . etwas von dem quanto contribuendo fallen lassen“ werde. Jetzt erst konnte die Feststellung Coccejis zutreffen: „Es ist auch die Einigkeit und Ruhe so groß allhier im Lande, daß die Leute nicht glücklicher leben können, und wird die von Ew. Königl. Majestät geschehene Deklaration, daß die Rekruten nicht in natura geliefert werden dürfen, dieses Land in die äußerste Vergnügung setzen.“ Dasselbe konnte für den König gelten, der sich über diesen Fortgang sehr erfreut zeigte. Der Kammerrat Bügel berechnete einen jährlichen Reingewinn von rund 80 000 Talern, die großenteils in die Potsdamer Baukasse geflossen sind.

Indessen war die Verwaltungsstruktur Ostfrieslands so altertümlich und so sehr abweichend von denen der alten preußischen Provinzen, daß nicht auch hier wie in Schlesien auf die Dauer abweichende Einrichtungen getroffen werden konnten. Cocceji hatte den fürstlichen Geheimen Rat als überflüssig innerhalb des Gesamtstaates sofort aufgehoben; seine Justizreform bewährte sich wie in Schlesien so auch in Ostfriesland, wo mehrere hundert seit langem laufende Prozesse kassiert oder in Kürze erledigt werden konnten. An die Stelle des Reichskammergerichts trat der Oberappellations-Gerichtshof in Berlin. Daneben blieben aber noch reichsrechtliche Aufgaben für Preußen in Ostfriesland, so Sitz und Stimme für dieses Land im Reichsfürstenrat. Mit der Angliederung an die preußische Verwaltungsform mußte man sich Zeit lassen, da in den europäischen Verwicklungen während des Zweiten Schlesischen Krieges die neue Provinz hinter den Interessen des Gesamtstaates zurückzutreten hatte. Die Differenzen ergaben sich ohnehin bereits aus der Praxis. Die alte fürstliche Oberrentkammer sollte auf das berechtigte Drängen von Bügel zu einer den alten Provinzen gleichberechtigten Kriegs- und Domänenkammer umgestaltet werden. Das geschah Anfang 1745 zugleich mit der Auflösung der Kanzlei des Harlingerlandes. Bügel wurde deren Direktor mit dem Dienstsitz in Aurich. Während aber die Regierungen in den alten Provinzen in ihrer Bedeutung längst abgesunken waren, bestanden in Ostfriesland zwei Exekutivbehörden nebeneinander, da das ständische Regiment, ebenfalls in Aurich, noch die innere Verwaltung und die Polizeisachen wahrnahm, was sonst überall Sache der Kammern geworden war. Homfeld als Kanzler der ostfriesischen Regierung und Landeingesessener, hatte 1725 bis 1727 eine „Gründliche Anweisung von dem ostfriesischen Recht der Landtage“ nebst einer Erläuterung dazu verfaßt und hielt an der ständischen Regierungsweise fest, die ja durch König Friedrich verbürgt war; für Homfeld war Bügel ein landfremder Aufpasser, kleinlich und knauserig, der der Kammer sogar verwaltungsrechtliche Befugnisse beilegen wollte. Bügel wiederum war diese ganze verfilzte und verschwägerte Ständewirtschaft mit ihren undurchsichtigen und eigennützigen Geschäften und Schiebungen ein Greuel; er unterstellte, gewiß nicht zu Unrecht, Homfeld „die eitle Ambition, der Generalgouverneur dieser Provinz zu sein". Als nun gar Bügel neben Homfeld zum königlichen Landtagskommissar bestallt wurde, nahmen die Stände das Indigenatsrecht zum Anlaß, um den Landfremden rundweg zurückzuweisen. Obwohl das Generaldirektorium ihn stützte, gab sogar der König nach und ernannte an Bügels Stelle einen Eingesessenen.

Bügel blieb Kammerdirektor; er mußte ansehen, wie die ständischen Gruppen in Ostfriesland wieder gegeneinander auftraten, wie die Selbstverwaltung durch Gruppen und Interessen zur Sinnlosigkeit entartete. Er wandte sich, ohne sich in den Ständekrieg zu mischen, mit ganzer Kraft den nötigsten Aufgaben zu. Ostfriesland war dem III. Departement des Generaldirektoriums unterstellt, zusammen mit Cleve-Mark, Moers, Geldern, Neuchâtel; der tüchtige Minister August Friedrich v. Boden, als Finanzgenie von Friedrich Wilhelm I. entdeckt, gefördert und nobilitiert, wußte, was er an Bügel hatte. Schon die Ordnung des heillos verworrenen ostfriesischen Münzwesens war eine Riesenarbeit, die gegen den erbitterten Widerstand der Stände zu leisten war; doch gelang es Bügel, die wertlosen Zahlungsmittel aus der Steuerverwaltung auszuschließen und von 1746 an regelmäßig und in voller Höhe die Abgaben zu erreichen. Auch die Naturalabgaben in diesem Agrarland konnten verpachtet und damit regelmäßige Kammer-Etats erzielt werden. Vom gleichen Jahr an begann die Erschließung der Moore durch Fehnkultur; dagegen kam die Angleichung des Maß- und Gewichtssystems gegen den Einspruch der Landtage ebenso wenig weiter wie die Fischerei-, Forst- und Pferdezuchtordnung. Die Selbstverwaltung der 36 Deichgenossenschaften hatte sich nicht bewährt, und die große Sturmflut von 1717 hatte so verheerende Folgen haben können, weil bei Deichbesichtigungen Korruption und leichtfertige gegenseitige Bescheinigungen der Vetternschaften ein verrottetes System trügerisch als noch haltbar hingestellt hatten. Erst die durchgreifenden Reformen von 1749 konnten hier Wandel schaffen, ebenso bei der Strandbefestigung der vorgelagerten, durch Sturmflut bereits zerrissenen Inseln. Fortgesetzt teilte Bügel, von dem Haß der Stände verfolgt, seine Beobachtungen an Boden mit; nur das Dringlichste konnte die Kammer durchsetzen, und noch im Sommer 1745 wurde Bügel gehalten, die Mißstände „mit der Zeit und nach und nach, auch auf eine convenable Art", abzustellen. Noch im Jahre 1751 betrug die Verschuldung der ständischen Regierung nicht weniger als eine und ein Viertel Million Taler. Es war der friesische Landtagskommissar Sebastian Eberhard Jhering, der sich um eine Besserung der Schuldenverwaltung bemüht hat, ohne bei der Willkür der ständischen Verhältnisse mehr als eine nur formale Übersicht zu erreichen; das Generaldirektorium drohte im Mai 1748, da „essentielle Stücke in gehörige Ordnung zu bringen wie bishero man sich hüten werde, bis Wir endlich genötigt sein werden, Uns mit dem gehörigen Nachdruck zur Conservation Unserer getreuen Untertanen darin zu meliren."

Da Ostfriesland zugleich noch unter Aufsicht des Auswärtigen Departements stand, setzte sich der Gegensatz zwischen Kammer und Regierung in Aurich auf höherer Ebene zwischen den Departements in Berlin fort, bis man sich veranlaßt sah, eine gemischte Kommission für Ostfriesland einzusetzen. Endlich wurde am 18. August 1746 ein Ressort-Reglement fertiggestellt und vom König, der sich in der ostfriesischen Sache völlig zurückgehalten hatte, sofort unterzeichnet. Es war immer noch ein Kompromiß zwischen ständischer und staatlicher Verwaltung, ein erstaunliches Dokument, das im preußischen Absolutismus jener Zeit fremd und archaisch anmutet, jedenfalls in keiner Provinz eine Entsprechung hat. Es zeigt, wie höchst differenziert und wie wenig schematisch Verwaltung praktiziert werden konnte. Immerhin wurde festgestellt, daß die Kammer in Aurich von der dortigen Regierung gänzlich unabhängig und ranggleich war. Im Harlingerland und auf den Inseln, die von den ständischen Freiheiten seit jeher ausgenommen waren, hatte die Kammer Hoheitsbefugnisse wie die Kriegs- und Domänenkammer in anderen Provinzen; auch Jagd-, Forst- und Fischereisachen wurden ihr zur Bearbeitung zugestanden. Das Polizeiwesen übte aber „vor der Hand" die Regierung aus, „jedoch daß selbige wenn dabei eine sonderliche Veränderung zu machen nötig ist, auch überhaupt in allen Fällen, da wegen Handels und Wandels etwas zu regulieren, darüber jederzeit mit Unserer Kriegs- und Domänenkammer vorhero zu konferieren". Jetzt wurde die Kammer auch personell vervollständigt; aus Minden kam der 26jährige Kammerrat Peter Colomb, gebürtig aus Neustadt an der Dosse, einer französischen Réfugiéfamilie entstammend, nach Aurich, wo er ein halbes Jahrhundert, seit 1768 Präsident der ostfriesischen Kammer, bleiben und wirken sollte. Aber das Ressortreglement hat die grundsätzliche Verschiedenheit der Verwaltungsverfahren nicht beseitigen können. Die Ständeregierung sandte im Februar 1747 den Landsyndikus Kettler mit einem ganzen Bündel von Beschwerden über Bügel nach Berlin, um vor allem im Auswärtigen Departement für die Ständesache zu werben, wobei an die Verteilung von ostfriesischem Linnen, Käse, Tee, Lachs, aber auch nicht unerhebliche Geldsummen gedacht war, was eine völlige Unkenntnis der Zentralbehörden, ihrer Personen und Arbeitsweise offenbarte und von vornherein an der eisigen Ablehnung dieser Bestechungsversuche zum Scheitern verurteilt war. Unterdessen hatte Bügel einen Anhang in Ostfriesland sammeln können; es waren die 1744 ausgeschiedenen ehemaligen fürstlichen Beamten, die über ihn ihre Rehabilitation erstrebten. Der Vorteil für das Generaldirektorium lag darin, daß diese Männer eben mit den Praktiken der ständischen Durchstechereien, Cliquenwirtschaft, finanzieller Verschleierungen und Schiebungen auf das beste vertraut waren. So kündigte sich für die Regierung in Aurich das drohende Gewitter an, als König Friedrich am 16. August 1748 den vier Jahre vorher wegen antipreußischer Umtriebe auf Festung gesetzten Regierungsrat Bakmeister, einen eingeborenen Ostfriesen, zum Inspektor beim ständischen Administrationskollegium in Aurich ernannte mit der Instruktion, daß „in allen Stücken eine gute Ordnung baldmöglichst eingeführt und darauf beständig gehalten werde." Pünktlichkeit im Dienst, Aufsicht über die Rechnungsführung, Aufstellung eines festen Kassenetats, außerordentliche Ausgaben nur nach Genehmigung des Generaldirektoriums wurden ihm und dem Kollegium zur Pflicht gemacht — ein Beweis dafür, wie hier noch Erziehungsmaßnahmen im Bereich von Behörden erforderlich wurden, die sonst in den preußischen Provinzen seit den Anfängen Friedrich Wilhelms I. als bereits vollzogen und selbstverständlich gelten konnten. Zu diesem Zeitpunkt hatte aber auch schon Friedrich II. die ersten Maßnahmen eingeleitet, um die ostfriesische Verwaltung endlich und endgültig „auf preußischen Fuß" zu bringen.

Am 28. April 1748 war der Kammerdirektor Bügel plötzlich verstorben, ein „für des Königs Dienst redlich gesinnt gewesener und geschickter" Beamter, wie das Generaldirektorium ihm nachrühmte. Sein Nachfolger wurde Daniel Lentz, ein Altmärker, bisher an der Kammer in Gumbinnen tätig. Er sollte „der grundüblen Haushaltung der dortigen Stände" ein Ende machen. Die Ausführung überließ der König ihm, „als welches Ich allhier in der Entfernung, und da Ich das dasige Land niemalen gesehen noch der dortigen Umstände kundig bin, nicht zu beurteilen vermag." Lentz ließ zum 16. Januar 1749 in Aurich einen Landtag zusammentreten, aus dessen Mitte der Antrag kam, den Landkasten von Emden nach Aurich unter die Aufsicht der königlichen Kammer zu bringen. Auch die Aufsicht über die Emdener Stadtverwaltung wurde den preußischen Behörden durch Landtagsbeschluß zugestanden; so ist zum letzten Mal die Parteiung ausgenutzt worden, um die Provinzialverwaltung zu der wirklichen Regierungsbehörde zu machen. Der alten „Regierung" blieb die Aufgabe, das Schulden- und Steuerwesen mit dem Landtage zu regulieren, und sie hat vierzehn Jahre dazu benötigt, ohne durch Parteienspaltungen daran gehindert zu sein. In Emden übernahm wie auch sonst in Preußen ein Commissarius loci die Aufsicht über die städtische Geldwirtschaft. Diese Entmachtung der wenig segensreichen Patrizierherrschaft hat bei der Stadtbevölkerung und sonst im Lande Genugtuung und Zustimmung hervorgerufen. Lentz, mit dem Titel eines Kammerpräsidenten ausgezeichnet, regierte in Aurich ohne Anfechtung. König Friedrich war, in Begleitung seiner drei Brüder von Magdeburg über Braunschweig kommend, vom 13. bis 16. Juni 1751 in Emden gewesen, war festlich mit Triumphtoren und Ehrenpforten, hoch- und plattdeutschen Huldigungsgedichten empfangen worden, machte auf einer Yacht eine Fahrt auf dem Dollart und ließ sich in einem Boot zurückrudern. Am 15. inspizierte er die Kammer in Aurich und reiste am 16. über Emden, wo er an der Sitzung der Asiatischen Handelsgesellschaft teilnahm, nach Wesel ab. Ein zweites Mal besuchte Friedrich vom 14. bis 16. Juni 1755 Emden, wo er dem Stapellauf eines großen Seeschiffes zusah; er fuhr dann weiter nach Utrecht und Amsterdam.

Das Verhältnis des Königs zu Ostfriesland hatte sich jetzt freundlich, ja herzlich gestaltet. Der Export war auf fast 300 000 Taler jährlich gesteigert, davon an Butter 30 000, Käse 125 000 und an Pferden 120 000 Taler. Der Haferbau war wegen guter Absatzmöglichkeiten in England einträglich, und die Fehnkulturen zur Hochmoorerschließung gewannen an Bedeutung. Wegebauten und -verbesserungen kamen dem Handel und auch der Post zugute. Die Emder Post nach Amsterdam wurde der Stadt belassen; eine königlich preußische Fahrpost ging von Aurich über Oldenburg, Bremen und Minden; eine zweite Post über Leer, Lingen, Tecklenburg, Bielefeld einzurichten, bemühte sich Lentz, scheiterte aber an dem Erzbischof von Köln-Münster. Staatliche Reitposten verbanden die Ämter. Seit 1756 übte statt der Regierung in Aurich das Generalpostamt in Berlin die Postverwaltung in Ostfriesland aus, deren Ertrag sich von 3 000 auf 12 000 Taler steigerte. In der Zeit der französischen Besatzung während des Siebenjährigen Krieges 1757 und des österreichischen Einmarsches 1761 hatten sich Behörden und Landschaft bis auf einige zweifelhafte Fälle korrekt und den Erwartungen entsprechend verhalten; zeitweilig leisteten Bauernaufgebote örtlichen Widerstand gegen die Invasion. Der König lobte die Treue der Provinz am 31. März 1758 und hatte nochmals Veranlassung, in der Kabinettsorder vom 23. April 1758 festzustellen: „Den treu und wohlgesinnten Pächtern sowohl als auch Bürgern und Bauern im Lande, die an ihrer Treue und Devotion unerachtet aller Drohungen des Feindes nicht manquiert haben, sollt Ihr bei allen Gelegenheiten Meiner gnädigsten Zufriedenheit deshalb auch sonsten versichern." Lentz hatte es fertiggebracht, trotz der Kriegsereignisse die Einkünfte aus Ostfriesland regelmäßig zu erheben und in voller Höhe an das Generaldirektorium abzuführen. Mit Homfeld hatte es seit 1751 Schwierigkeiten gegeben, weil er sich mit dem soeben von Cleve dorthin berufenen Präsidenten der Ostfriesischen Regierung in Aurich, dem dichterisch veranlagten Ostpreußen Christoph Friedrich v. Derschau, nicht vertrug. 1759 wurde deshalb verfügt, alle Justiz- und Prozeßsachen, bei Beibehaltung der sonstigen Amtsbefugnisse des Kanzlers, dem Präsidenten Derschau zu übergeben, um weitere Unordnung und Verzögerung zu vermeiden. Homfelds umfangreiche und geschickte Einsprüche dagegen fruchteten nichts; er war längst nicht mehr der erste Mann Ostfrieslands, als er am 20. Mai 1761 im 73. Lebensjahr starb.

Seit 1768 war Peter Colomb Präsident der Ostfriesischen Kammer, neben Domhardt in Königsberg der begabteste Beamte an der Spitze einer Provinz. Der spätere Justizminister Wöllner urteilte 1788: „Er ist unstreitig der beste und erfahrenste Kammerpräsident in des Königs Ländern, macht auch dort ganz gute Sachen, um die Provinz in Aufnahme zu bringen.“ Er konnte auf den soliden und mit unermüdlichem Fleiß betriebenen Vorarbeiten und Leistungen von Lentz aufbauen. Schon 1751 ist zum Inselschutz ein fester jährlicher Beitrag zur Verfügung gestellt worden; die schlesische Hypothekenordnung mit Grundbucheintragungen, die Depositalordnung, die Wechselordnung und die kurmärkische Kriminal-Ordnung wurden im gleichen Jahre eingeführt; 1754 gelangte die Pferdezucht unter staatliche Aufsicht und zugleich wurde die Feuersozietät für die Städte (die auch von den größeren Marktorten übernommen wurde und sich bald auf die Dörfer ausdehnte) begründet. Jhering ergänzte sie durch ein besonderes Reglement für die feuergefährdeten Mühlen. Rückschläge im Aufbauwerk brachte der Siebenjährige Krieg, der mit Kontributionen, Einquartierungslasten und Vorspann fast 1,3 Millionen Taler dem noch nicht entschuldeten Land auferlegte. Die ganz Mitteleuropa in Mitleidenschaft ziehende Mißernte von 1770/71 verschonte auch Ostfriesland nicht; selbst in diesem Agrarland erwiesen sich die königlichen Magazine als Helfer in der Not und als Retter der armen Leute. Auf das nasse Jahr 1785 folgte die Dürre; noch schlimmer waren die Viehseuchen, gegen die man trotz erster Impferfolge machtlos zu sein schien; von 1745 bis 1761 gingen in Ostfriesland über 260 000 Stück Rindvieh ein, von 1769 bis 1771 nochmals 51 000, und 1774 wiederum 76 000. Der König konnte trotz anderweitiger starker Beanspruchung 1772 mit 50 000 Talern helfen. Verheerende Ausmaße nahm auch die Mäuseplage in den Jahren 1773 und 1787 an. Besonders aber hatte das Küstenland mit Sturmfluten zu kämpfen. Die Hochwasserkatastrophe von 1775/76 brachte sogar 9 Zoll höheren Wasserstand als 1717, aber: die Deiche hielten, weil jetzt ein gut geordnetes Deichwesen aufgebaut worden war. Allerdings ist ein Schaden von 30 000 Talern an den Einpolderungen entstanden; bei der Flut von 1777, die besonders Emden betraf, war der Schaden sogar höher als 100 000 Taler, wovon der König 20 000 sofort deckte. Trotz dieser Rückschläge hat sich die Auricher Kammer nicht entmutigen lassen. Seit 1752 ist für die Einpolderung („See-Anwüchse“) viel getan worden; der König hat 45 000 Taler dafür hergegeben, drohte aber angesichts der stürmischen Nordsee 1785 zu resignieren: „Ich habe zwar das Geld behufs des neuen Seeanwuchses in Ostfriesland heute akkordiert. Dabei aber muß ich Euch sagen, daß Ich die Seeanwüchse in Ostfriesland ein bißchen müde bin; denn man kann sie nicht verkaufen, und alsdann kommt nichts raus." Tatsächlich hatte der König nicht wenig Anteil an der Entwicklung Frieslands genommen und die Kammer mit immer neuen Einfällen und Anregungen in Atem gehalten. „Nachdem Mir auch die Idee gekommen ist", schrieb er am 12. Oktober 1751 an den Präsidenten Lentz in Aurich, „ob nicht in der Provinz Ostfriesland und insonderheit in den solcher zunächst dem offenbaren Meer vorliegenden Inseln auf den Küsten eben dergleichen Werke zur Fertigung des sogenannten Baysalzes angelegt werden können, als wie solche ganz bekanntermaßen auf den Seeküsten von Frankreich seit geraumer Zeit her mit viel Succeß etabliert worden." Schon am 16. Oktober beschäftigte ihn die Frage nochmals, und am 13. November übersandte der König eine Beschreibung, wie man durch Austrocknung von Seewasser Salz gewinnen könne.

Die größte handelspolitische Bedeutung, die Ostfriesland für die preußische Monarchie eröffnete, ein Staat an zwei Meeren geworden zu sein, erschloß sich dem König erst langsam. Weniger die merkantilistischen Theorien der Zeit als das warnende Beispiel der gescheiterten Ostende-Politik Kaiser Karls VI. haben ihm hierin große Zurückhaltung auferlegt. Gleichwohl hat der historische Überblick über die Geschichte der Entwicklung Brandenburgs, mit der er sich Ende der vierziger Jahre intensiv beschäftigte, ihm die Perspektiven und Entwicklungsmöglichkeiten seines Staates deutlicher vor Augen gestellt. Aber eben darum ist Friedrich Realist geblieben und blieb gegenüber Spekulationen, so oft er sie in kleinem Maßstab einzugehen schien, bei derartigen grundsätzlichen Fragen, die die Struktur Brandenburgs im Rahmen seiner politischen und wirtschaftlichen Möglichkeiten zutiefst berühren mußten, mit wachem Mißtrauen und kühler Raison zurückhaltend. Der sonst so trockene und abwägende Cocceji hatte anläßlich der Huldigungsfahrt 1744 in Ostfriesland an den Minister des auswärtigen Departements, v. Podewils, geschrieben: „Es gibt in diesem Lande zwei beträchtliche Seehäfen, in Emden und in Norden, von denen der erstere, wie man sagt, mehr wert sein soll als der von Amsterdam, und wo Seine Majestät mit der Zeit eine Flotte unterhalten könnte"; und: „Wenn jemals ein König von Preußen einen Seehandel errichten wollte, so könnte er sich einzig durch den Hafen von Emden so gefürchtet zur See machen, wie er es auf dem festen Land ist..." In der Tat: welche Aussichten, gemessen an den vergeblichen Bemühungen des Großen Kurfürsten! Doch auch der zweite preußische Bevollmächtigte in Ostfriesland, der Kammerdirektor Bügel, hatte diese günstige Lage erkannt, und wenn die Emdener dem Bielefelder Leinenhandel durch unzweckmäßigen Stapelzwang Schwierigkeiten machten, so hatte er 1748 von Leer aus zwei Schiffe unter preußischer Flagge mit gutem Gewinn nach Frankreich fahren lassen. Es war die Zeit, als der König, zunächst noch um die Hebung des Handels in Stettin bemüht, die ersten Anregungen zum Seeverkehr mit sechs Schiffen nach Frankreich von einem abgedankten französischen Seeoffizier, dem Chevalier Latouche, empfing. Er verhandelte 1750 mit ihm über die Gründung einer Handelskompanie, die nun in Emden eingerichtet werden sollte, wobei er auf Drängen seiner Berliner Finanzleute dem Schotten Henry Thomas Stuart den Vorzug gab. Die „Asiatische Kompanie", durch die Kammer in Aurich eifrig gefördert, sollte jährlich ein- bis zweimal preußische Schiffe nach Kanton senden. Im Februar 1752 verließ das erste Schiff „König von Preußen" mit 36 Kanonen Ostfriesland; ihm folgte, ebenfalls in England gekauft, im Oktober die „Burg von Emden", Anfang 1753 der „Prinz von Preußen" und 1755 „Prinz Ferdinand", beide in Amsterdam erworben. Als der „König von Preußen" im Juli 1753 mit Tee, Porzellan und Seide in Emden einlief, erhielt die Handelsgesellschaft das alleinige Privileg für den Absatz; unter denen, die die Waren an Ort und Stelle ersteigerten, befand sich Kurfürst Clemens August von Köln. Der Regierungspräsident Derschau verfaßte eine Hymne über der Emdener Handelskompanie großen Tag, da sich „der preußische Staat mit Thetis vermählt". Der reiche Gewinn überstieg alle Erwartungen.

Nicht so glücklich, auch weniger solide, war die Bengalische Kompanie, 1753 in Emden von dem Schotten John Harris ins Leben gerufen; das erste Schiff lief 1754 aus. Die Levante-Kompanie von 1765 schließlich, die ohne die Vermittlung Hamburgs und der Holländer auszukommen glaubte, ist nach wenigen Jahren gescheitert. Der Siebenjährige Krieg erstickte sofort alle Ansätze, denn Flagge und Paß, darauf hatte König Friedrich von Anfang an nachdrücklich hingewiesen, würden im Kriegsfall schutzlos sein. Unter großen Mühen hat dann der Kammerpräsident Colomb im Zusammenwirken mit dem Minister von Schulenburg-Kehnert nach dem Kriege die Wiedererrichtung der Asiatischen Handelskompanie betrieben. Erst 1781 lief „Der Präsident" — eine schöne Huldigung an Colomb — nach Batavia aus, aber der aus Bremen stammende Kapitän veräußerte die wertvolle Ladung in seiner Heimatstadt. Das in Amsterdam gekaufte Schiff „Asia" lief 1782 aus, obwohl der König Bedenken hatte: „Ich bemerke, daß sie sich alle immer in das große Commerce nach Indien einlassen wollen. Das ist aber eine gefährliche Sache. Unsere Schiffe sind nicht, um sie nach Indien zu schicken, sondern nur dazu da, um die Waren nach Polen und dem Osten zu verfahren ... Wollen sie indessen den Versuch machen mit einem Schiffe und es hasardieren, so mögen sie das tun. Ich muß aber dabei sagen, daß, wenn es verloren geht, Ich ihnen dafür nichts wiedergeben kann." Planmäßig im Jahresabstand wurde im Dezember 1783 „Prinz Friedrich Wilhelm" nach Batavia geschickt. Ein weiteres Schiff, die „Prinzessin von Preußen“, segelte nach Suriname in Niederländisch Guyana und brachte reichen Gewinn. Aber dann gerieten die Fernfahrten in die Kapitalkrise und das Schiffstonnage-Überangebot nach den großen Spekulationen des französisch-englischen Seekrieges in Amerika, währenddessen die Emdener Küstenschiffahrt schnell und viel verdient hatte. König Friedrich wollte sogar eine regelmäßige Paketschiffahrt nach England einrichten, hat sich aber überzeugen lassen müssen, daß Emden dafür zu ungünstig lag. In der Tat fehlte bei der Abschließung von Münster und Hannover das natürliche Hinterland. So blieben trotz guter Anfänge aus Mangel an Kapital und damit mangelndem Durchhaltevermögen in Krisenzeiten die Emdener Kompanien für den überseeischen Handel ohne größere Bedeutung, zumal Preußen, mit seinem geringen Ausfuhrvolumen kein Partner von Interesse, auch zur See schutzlos war. Aus gleichen Gründen blieben auch die preußischen Handelsverträge mit den Seemächten ohne Belang.

Gleichwohl hatte Preußen unter Friedrich dem Großen seine Küsten wiederentdeckt. Schon im Oktober 1749 regte der König an: „Man könnte den Holzhandel erweitern, wenn Großunternehmer in Stettin und Königsberg Schiffe bauen ließen und sie den Fremden verkauften.“ Die Schiffahrt Preußens nahm am Ende der Regierungszeit Friedrichs des Großen erheblich zu; 1783 passierten 2059 preußische Schiffe den Sund (gegenüber 2840 englischen und 2470 schwedischen); Preußen stand demnach an dritter Stelle des Ostsee-Nordsee-Verkehrs. Die ostfriesische Kammer suchte das Schiffahrtswesen allgemein auf alle mögliche Weise zu fördern, so durch Errichtung einer Seefahrerschule, Regelung des Lotsenwesens, Einrichtung der Seeversicherungen, Handlungsgerichten, Bau von Leuchttürmen und Seezeichen. Ein besonderer Erwerbszweig war der Heringsfang, den König Friedrich zunächst von Pommern aus zu betreiben und zu fördern gedachte, wozu er den Bau von kleinen Heringsfangbooten (Buysen) in Kolberg anregte. Erst nachdem er sich davon überzeugen ließ, daß Emden dafür günstiger lag, ging an die dortigen Kaufleute die Aufforderung, eine Heringsfanggesellschaft zu gründen. Krieg und Kapitalmangel verzögerten das bis 1769; dann machte die Ausrüstung der Fangboote, auch der Gebrauch derselben, Schwierigkeiten und die Unternehmung litt von Anfang an unter den für den Auftrag viel zu kleinen Verhältnissen. Erst 1774 konnten 10 Boote 5 000 Tonnen Hering fangen. Der König drängte auf den Bau von mindestens 84 Booten. Das war auch personell nicht zu erreichen, so daß Holland als pünktlicher Heringslieferant mit ausgesuchter Ware stets im Vorteil blieb. Die üblichen Mittel, Einfuhrzölle auf holländischen Import und verstärkter eigener Schiffbau halfen nicht, solange die Emdener Erträge der Fischerei so wenig bedeutend blieben. Das ganze Verfahren war unwirtschaftlich und nur zustandegekommen, um den Abstrom des eigenen Geldes in das Ausland einzudämmen. Noch in seinem Todesjahr beschäftigte den König die Frage, ob er nicht auf eigene Kosten 20 Buysen bauen und damit am Fanggeschäft beteiligt werden sollte; schließlich wies er auf den Walfang hin: „Warum sollen meine Untertanen daran nicht teilnehmen können? — Ich kann das Vorurteil, daß wir den Walfang ebensogut wie Fremde betreiben könnten, nicht aufgeben. Fett, Tran, Fischbein wird so allgemein gebraucht, daß ein guter Handel damit gemacht werden kann.“ Doch ließ sich der von Borkum aus betriebene ostfriesische Walfang nach dem Untergang von drei Schiffen und der Beschlagnahme weiterer, für Holland arbeitender Fahrzeuge durch englische Kaperschiffe nicht mehr neu beleben.

Ein neuer Anstoß für den Überseehandel kam merkwürdigerweise aus der Ostsee. Die Besitznahme von polnischen Randgebieten im Jahre 1772 hatte dazu geführt, daß Rußland und Österreich den Handel Polens mit ihren Ländern sperrten, während Friedrich der Große darauf bedacht war, mit Polen jetzt einen verstärkten Warenaustausch zu betreiben, um das begehrte Salz einzuführen und Wachs, Holz und Getreide aus Polen nach Spanien und Südamerika zu verfrachten. Die Abwicklung sollte durch eine staatlich kontrollierte Gesellschaft erfolgen, die „See-Handlungs-Gesellschaft“, die als Aktiengesellschaft am 14. Oktober 1772 gegründet wurde. Zugleich sollte für die schlesische Leinenindustrie der Absatz erweitert werden, wofür seit 1768 eine Kompanie und ein Haus in Cadix bestanden, die nun von der Seehandlung übernommen wurden. Als Stapelplatz für die aus Polen zu kaufenden Waren sollte die Zollstätte bei Fordon an der Weichsel in Westpreußen dienen. Die Generaldirektion der Seehandlungs-Societät unterstand dem König unmittelbar. Der gewünschte zustimmende Widerhall bei der Kaufmannschaft blieb aus, da sie eine kapitalkräftige staatliche Konkurrenz witterte. Auch waren die ersten Präsidenten, Minister von der Horst und von Goerne, der Aufgabe nicht gewachsen und beeinträchtigten den Ruf der Gesellschaft durch unseriöses Verhalten. Erst von 1782 ab ist mit dem Geheimen Finanzrat Karl August von Struensee, einem erfahrenen und wissenschaftlich gebildeten Kameralisten, ein vorzüglicher Organisator an die Spitze der Unternehmung getreten, die nach Struensees Tod für kurze Zeit der Freiherr vom Stein übernahm. Die General-Tabak-Administration und die Zoll-Administration erhielten durch die Seehandlung den zum Inlandgebrauch bestimmten Tabak und Kaffee zugeschickt, wodurch u. a. der Kaffeepreis auf gleicher Höhe gehalten werden konnte. Die ursprüngliche Aufgabe freilich, mit eigenen oder gecharterten Schiffen den Warenaustausch in Übersee unter preußischer Flagge durchzuführen, hat sich in dieser Form nie verwirklichen lassen und blieb auf den Namen der staatlich gelenkten Gesellschaft beschränkt, die nach ihrer Reorganisation hauptsächlich zwei Zweige ausbildete: die Salz-Administration und die Preußische Staatsbank.

3. *Staatssiedlungen*

Friedrich der Große hatte eine Provinz im Kriege erobert (Schlesien), eine durch Erbschaft erhalten (Ostfriesland), eine durch Vertrag erworben (Westpreußen); er hat eine weitere nach seinen Worten „im Frieden erobert“. Dabei wuchs ihm kein territorialer Gewinn über die vorhandenen Staatsgrenzen hinaus zu, aber innerhalb dieser Grenzen galt es bisher unbewohnte oder unbewohnbare Gebiete zu besiedeln. Dies geschah nach staatlicher Planung und mit den Mitteln des Gesamtstaats; es ist kein Zweifel, daß auch hier wieder der König die antreibende Kraft gewesen ist und mit unermüdlichem Interesse bis an das Ende seines Lebens das Siedlungswerk in Gang gebracht und verfolgt hat, unterstützt von einer Reihe hervorragender Mitarbeiter, unter denen Franz Balthasar Schönberg von Brenkenhoff (1723—1780), seit 1762 darin tätig, bis zur Aufopferung der Kräfte und des eigenen Vermögens an erster Stelle zu nennen ist. Aber schon vorher ist seit 1746 im Oderbruch die erste große staatliche Meliorationsarbeit durchgeführt worden, die dem König, der 1763 damit beschäftigt ist, den zweiten großen Akt des Siedlungswerkes nach den Schäden des Siebenjährigen Krieges zu beginnen, im gleichen Jahre eindrücklich vor Augen steht, als er diesen Anfang in seiner „Geschichte des Siebenjährigen Krieges“ knapp und eindrücklich beschreibt: „Längs des Oderlaufes von Swinemünde bis Küstrin dehnten sich öde Sümpfe, die vielleicht schon von alters her brachlagen. Nun wurde ein Plan zur Urbarmachung dieser Landstriche ausgearbeitet. Von Küstrin bis Wriezen wurde ein Kanal gegraben, der das Sumpfgebiet entwässerte, und zweitausend Familien wurden dort angesiedelt. Die Entsumpfung wurde von Schwedt bis über Stettin hinaus fortgesetzt. Auf dem gewonnenen Boden fanden zwölfhundert Familien ein angenehmes, einträgliches Dasein. So entstand eine neue kleine Provinz durch den Sieg des Fleißes über Unwissenheit und Trägheit.“

Die Arbeit am Oderbruch war schon von Friedrich Wilhelm I. 1736 geplant, aber infolge zu großer technischer Schwierigkeiten aufgegeben worden. Zehn Jahre später fand der holländische Ingenieur Simon Leonhard von Haerlem, den schon Friedrich Wilhelm I. als Wasserbaumeister in seine Dienste gezogen hatte und der bei der kurmärkischen Kammer als Kriegsrat und Oberdeichinspektor tätig war, in Verbindung mit dem berühmten Schweizer Mathematiker Leonhard Euler die Lösung in der Anlegung eines Oder-Kanals zwischen Güstebiese und Hohensaathen, wodurch der Strom ein stärkeres Gefälle erhielt, der Grundwasserspiegel fiel und durch Eindeichungen mindestens 44 200 Morgen fruchtbares Land gewonnen werden konnten. Zur Verstärkung der 800 Arbeitskräfte wurden ebenso viele Soldaten unter Leitung von Ingenieuroffizieren herangezogen; schon 1753 konnte das Land zur Besiedlung von 1 252 Familien freigegeben werden. Noch im gleichen Jahre wurden die ersten Siedler angesetzt; es folgten bis 1761 — denn die Ansiedlungsarbeit ging auch während des Krieges weiter — noch 703 Familien, die in den inzwischen errichteten 15 neuen Dörfern angesetzt wurden; darunter befanden sich Spitzenklöppler aus dem Erzgebirge, gothaische Nagelschmiede, Pfälzer, Württemberger, Deutsche aus Polen und Glaubensvertriebene aus Österreich. Ziegeleien, Geflügelhöfe, Kirchen und Schulen wurden neu gebaut und die alten Ortschaften vergrößert. Die organisatorische Arbeit als staatlicher Lokator hatte der Generalleutnant Wolf Friedrich von Retzow bis zu seinem Tode 1759 geleistet. Nicht ganz so zügig erfolgte die Siedlung auf den 20 000 Morgen adligen Besitztums, von denen über die Hälfte dem Markgrafen Karl von Schwedt gehörten. Doch sind auch hier bis zum Jahre 1763 in 21 Ortschaften 2 251 Bewohner angesiedelt worden, meist aus Mecklenburg, Thüringen und Polen. Die Siedlung ist danach, wenn auch nur in geringem Ausmaß, fortgesetzt worden und hat bis zum Regierungsende König Friedrichs die vorgesehene Siedlerzahl nach Gründung von drei weiteren Orten noch überschritten. Die Siedler auf Adelsland erhielten sechs bis acht Freijahre und Bauholz, hatten aber für den Bau ihrer Häuser und die Rodung selbst zu sorgen, während die königlichen Ansiedler nur ein Freijahr und Steuererleichterung für weitere drei Jahre zugestanden bekamen, jedoch Hausbau und Rodung bereits fertig waren, sie von Scharwerkspflicht ledig und ebenso von der Aushebung zum Militär frei blieben, Land und Gebäude in Erbpacht besaßen und ihre Habe zollfrei einführen durften. Die Kosten der Anlage und Erhaltung des niederen Oderbruchs hatte der Staat zu tragen; mit Einschluß der Beseitigung der Hochwasserschäden sind es bis 1763 etwa eine Million Taler gewesen, eine Summe die sich bei den geringen Abgaben zu Lebzeiten des Königs nicht mehr verzinste.

Auch für die Provinz Pommern war bereits unter Friedrich Wilhelm I. eine Binnensiedlung größeren Umfangs vorgeschlagen worden. Aber erst 1747 kam das Unternehmen recht in Gang. Prinz Moritz von Anhalt-Dessau (1712—1760), der Sohn des „alten Dessauer", damals Generalleutnant in Stargard, wurde hier zum Siedlungsbeauftragten des Königs. In Zusammenarbeit mit dem Stettiner Kammerpräsidenten Georg Wilhelm von Aschersleben und dem Kammerdirektor Ernst Wilhelm von Schlabrendorff, dem späteren Staatsminister für Schlesien, wurde durch Waldrodung Siedlungsland gewonnen, da von dem Adelsbesitz trotz wüst liegender Hufen zum Verdruß des Königs nichts zu erhalten war. Da auch Arbeitskräfte und Gelder für die Rodung nur beschränkt zur Verfügung standen, wurde zumeist nur ein Drittel des Neulandes für den Ackerbau hergerichtet; entsprechend der Dreifelderwirtschaft mußten die Siedler die restlichen Flächen in den folgenden zwei Jahren selbst bearbeiten. Am besten gelang das Werk auf den Domänen. Die Ämter Friedrichswalde mit 15, Königsholland und Kolbatz mit je 11 seit 1747 neu gegründeten Dörfern standen an der Spitze, weitere folgten in den Ämtern Lauenburg und Bütow und in den städtischen Ländereien Stettins an der Krampe. Charakteristisch für die pommerschen Neusiedlungen dieser Zeit sind die Ortsnamen, in denen sich das Generaldirektorium widerspiegelt wie in Bodenhagen oder gar Cocceji-Neudorf, Aschersleben und zahlreichen anderen; Moritzfelde erinnert an den Dessauer, Schwerinsthal und Möllendorf an Generale, Amalienhof an des Königs Schwester und Constantinopel an die pommersche Gräfin Constantia von Blumenthal. Bis zum Siebenjährigen Krieg waren 1 500 Familien, hauptsächlich aus Mecklenburg, Thüringen und Polen, davon 830 in 55 Neusiedlungen, angesetzt. Der Krieg brachte gerade in Pommern arge Verwüstungen und einen Menschenverlust von über 70 000 Einwohnern; über 1 200 Gebäude waren verbrannt. Den Wiederaufbau leitete Brenkenhoff seit 1763 mit freien Bauern-, Kossäten und Büdnerstellen zu 60 oder 30 Morgen Land (charakteristisch ist die letzte diesbezügliche Kabinettsorder vom 29. 7. 1774) mit solchem Erfolg, daß 1775 die Einwohnerzahl der Provinz um 30 000 gegenüber der Vorkriegszeit gestiegen war. Darunter befanden sich in mehr als 200 Neusiedlungen über 5 300 Siedlerfamilien mit etwa 26 500 Menschen.

Ebenfalls an der Oder-Regulierung und ihrer östlichen Zuflüsse beteiligt war die neumärkische Kammer in Küstrin. Besonders hier hat Brenkenhoff als Vorsitzender einer Immediatkommission für die Neumark sein Organisationstalent entfaltet. Die Neumark hatte ein Viertel ihrer Bevölkerung, über 57 000 Menschen, durch den Krieg verloren, fast 2 000 Häuser lagen in Schutt, die Regierungsstadt war völlig zerstört. Die Siedler konnten aus den angrenzenden polnischen Gebieten verhältnismäßig leicht gewonnen werden; es waren fast ausschließlich Deutsche, die vor den immer unsicherer werdenden Zuständen in der Republik zurückwanderten; andere kamen aus der Lausitz, Mecklenburg, Erfurt und dem Eichsfeld. Das Netze- und Warthebruch von Driesen über Landsberg bis Sonnenburg ist gleichzeitig urbar gemacht und völlig neu erschlossen worden mit dem Auftrag, für 150 000 Taler 800 Familien anzusetzen, was bis 1775 durch Brenkenhoff erreicht worden war. Er hatte das Risiko zahlreicher Fehlschläge auf sich genommen und vielfach mit eigenen Mitteln die stockenden Arbeiten wieder flott gemacht. Fachliche Unterstützung erhielt er durch den Ingenieuroberstleutnant Isaac

Jacob Petri, der bei der Oder-Regulierung seine Erfahrungen gesammelt hatte. Unter den 15 000 Ansiedlern überwogen die Deutschen aus Polen vor den Sachsen; es folgten Mecklenburger, Pfälzer, Württemberger und andere aus weiteren 41 Herkunftsländern. Vollbauern wurden zu 30 Morgen, Vorwerkskossäten zu 10 Morgen angesetzt zu den üblichen Bedingungen. Inzwischen gingen die Wiederaufbau- und Ansiedlungsarbeiten in den übrigen Teilen der Neumark weiter. Die Vorarbeiten erforderten viel Zeit und auch die Durchführung wurde sehr gewissenhaft und unter ständiger Aufsicht des Königs vollzogen, der die Kassenanweisungen genau prüfte. Obwohl die nächste Melioration von 1776 erst 1782 abgeschlossen wurde, betraute Friedrich schon 1780 nach Brenkenhoffs Tod den Kammerdirektor Johann Friedrich Schütz mit der Durchführung eines umfassenden neuen Siedlungswerkes. Um den außerhalb des Domänenlandes liegenden adligen Grundbesitz zu der Ansiedlungsarbeit heranzuziehen, hat der König erhebliche Summen in Form von „Gnadengeschenken" investieren müssen. Bis zum Jahre 1780 sind fast 4 000 Familien (rund 14 000 Personen) von Wohngebieten außerhalb Preußens in die Neumark gekommen und haben 500 000 Taler Barvermögen, 1 300 Pferde, 4 660 Stück Rindvieh, 16 000 Schafe und 2 000 Schweine mitgebracht. Im Jahre 1777 waren nochmals 200 000 Taler zur Ansetzung von 238 Familien auf adligen Gütern vom Staat zur Verfügung gestellt. Zu diesem Zeitpunkt war der Vorkriegsstand um 29 000 Einwohner überschritten worden, die Kriegsverluste konnten als überwunden gelten; 152 Ansiedlungen waren neu entstanden.

Nicht nur die — damals auch wegen ihrer technischen Leistung — aufsehenerregenden Flußregulierungen und Meliorationen bildeten den Inhalt der staatlichen Ansiedlungsarbeit. Auch die anderen Provinzen haben daran teilgehabt, und es gab keine, in der nicht mindestens tausend Familien zu Lebzeiten Friedrichs II. ihre neue Heim- und Wirkungsstätte fanden. Allerdings mußten Schwerpunkte gesetzt werden, um Kräfte und Mittel wirkungsvoll einzusetzen. Es galt zunächst, die ohnehin dünn besiedelten Räume der mittleren Provinzen und Pommerns aufzufüllen — die Provinz Preußen hatte durch das Retablissement Friedrich Wilhelms I. bereits einen Vorsprung —, wo durch den Dreißigjährigen Krieg die Bevölkerungszahl so abgesunken war, daß sie hunderzwanzig Jahre danach noch nicht wieder den Stand von 1620 erreicht hatte; nun waren durch den Siebenjährigen Krieg neue Lücken entstanden. Durch Erleichterung der Eheschließung, Beihilfen zur Familiengründung, Schaffung von Arbeitsplätzen im agrarischen Bereich und, nur mittelbar als Siedlung anzusprechen, die Vermehrung der Gewerbe und Manufakturen in den bestehenden Städten konnte die „Peuplierung" des Landes gefördert werden. Es galt zunächst möglichst „Ausländer" nach Preußen zu holen, denn es kam darauf an, die Bevölkerung zu vermehren, und nicht, sie nur anders zu verteilen. Kriege (so in Polen), Glaubensbedrückung (so in Österreich), Überbevölkerung (so in Süddeutschland), wirtschaftliche Einengung (so in Mecklenburg), Münzverschlechterungen und Hungersnöte (so in Böhmen und Sachsen), aber auch die Hoffnung auf Verbesserung der Lebensbedingungen waren vielfältige Ursachen dieser seit dem Anfang des 17. Jahrhunderts, als der Krieg die Bodenverwurzelung gelockert hatte, nicht mehr zur Ruhe gekommene Wanderungsbewegung innerhalb Deutschlands. Sicher fanden sich auch Abenteurer und manche liederlichen Leute unter denen, die als Kolonisten Handgeld genommen hatten; aber im allgemeinen ist die Ansiedlung geglückt, und der Wegzug war die verschwindende Ausnahme. Nicht wenige brachten ihr lebendes Inventar und ansehnliche Geldmittel mit. Gewiß war die Eingliederung der Neuankömmlinge, von den Eingesessenen meist mißtrauisch betrachtet, in ungewohnter Umgebung und Landschaft, in anderem Klima und Dialekt, nicht einfach. Aber die Ansiedlung als freie Leute unter starkem Rechtsschutz auf Erbpachthöfen mit Befreiung von der Kantonpflicht war verlockend. Über 50 Millionen Taler dürften schätzungsweise in der Regierungszeit Friedrichs des Großen für Staatssiedlungen ausgegeben worden sein. Friedrich wollte nicht als König über Heide und Sumpf herrschen, sondern über ein blühendes, kultiviertes, ertragreiches und menschenvolles Land, „dergestalt", wie er vier Monate vor seinem Tode am 23. April 1786 an den kurmärkischen Provinzialminister Hans Ernst Dietrich von Werder schrieb, „daß auch nicht eine Handbreit Landes, was nicht anders genutzt werden kann, leer bleiben möge".

Die Kurmark ist die am stärksten unter Friedrich dem Großen aufgesiedelte preußische Provinz gewesen. Schon in der ersten Regierungshälfte bis zum Siebenjährigen Krieg sind rund 50 000 Menschen dorthin gekommen, die sich allerdings zum größeren Teil in den Städten niedergelassen haben. Aber nahezu die gleiche Anzahl ist durch den Krieg verloren gegangen, so daß das Aufbauwerk völlig von vorn beginnen mußte. Es war dem Eifer des kurmärkischen Provinzialministers Friedrich Wilhelm von Derschau zu verdanken, daß noch einmal dieselbe Kolonistenzahl in der Mark Aufnahme finden konnte, allerdings wiederum weniger in Neusiedlungen als in den städtischen Manufakturen. Aber in den während der Jahre 1775 bis 1778 urbar gemachten Brüchen an Rhin und Dosse entstanden 66 000 Morgen Weideland für 17 000 Kühe. Die ideale Form der Ansiedlung wünschte der König, wie er am 12. April 1763 der kurmärkischen Kammer schrieb, in zahlreichen kleineren Bauernstellen zu sehen, mit „guten Wirten von ausländischen evangelischen Leuten besetzt auf Erbzins". Im Kreise Cottbus sind 6 neue Dörfer angelegt worden, auch nahmen die Güter über 100 Familien auf, und in den Städten Cottbus und Peitz sind Gewerbebetriebe, meist Wollwebereien, von auswärts zugezogen. 3 600 Menschen sind unter Friedrich II. nach Cottbus gekommen, darunter allerdings nur 850 ländliche Ansiedler.

Die wohlhabendste Provinz, Magdeburg-Halberstadt, war dichter als die anderen bevölkert und besaß wenig unbebautes Land, litt aber unter ständigem Landarbeitermangel. Dem sollte die Ansetzung von Büdnern abhelfen. Daneben entstanden aber doch 12 neue Bauerndörfer. Insgesamt sind 20 000 Menschen in der friderizianischen Epoche im Magdeburgischen neu angesiedelt worden, davon etwa 2 800, meist aus Thüringen, bis zum Jahre 1753. Nach 1763 nahm die Besiedlung bedeutend zu. Als Besonderheit für Magdeburg ist hervorzuheben, daß nach dem friderizianischen Edikt von 1772 jeder Ausländer, der nach Magdeburg ziehen wollte, sich unter die französische oder Pfälzer Gerichtsbarkeit begeben durfte, deren Privilegien 1743 in Magdeburg ausdrücklich bestätigt waren. Die französische und Pfälzer Kolonien wuchsen daraufhin stark an. 5 königliche Kolonistendörfer waren bis 1756 fertiggestellt. Als im Jahre 1769 zahlreiche Einwanderungswillige aus dem Oberrheinischen Kreis nach Preußen zogen, machte der Minister von Hagen den Vorschlag, durch Teilung von Bauerngütern kleinere, aber ausreichende Höfe zu schaffen. Das ist im Magdeburgischen erfolglos geblieben, weil Land fehlte, aber auch Holz für die Bauten, und weil die Neusiedler meist unvermögend waren. Es blieb nur die Ansiedlung auf dem Ödland der Domänen mit 3 bis 4 Jahren Steuernachlaß. Unter diesen Bedingungen waren die mittellosen Familien aus Schwaben und Bayern nicht auf dem Lande zu halten. Sie fielen der Kammer-Kasse zur Last. Im Jahre 1770 waren 164 Familien angesetzt, weitere 1 000 sollten im Laufe der nächsten 5 Jahre folgen, da traf die große Hungersnot die soeben Eingetroffenen, bevor sie sich recht hatten einrichten können Die Überschwemmung mit Ansiedlungsgesuchen mußte vom preußischen Staat zunächst einmal abgewehrt werden. Erst zwischen 1772 und 1777 wurden weitere 690 Familien aufgenommen. Es sind darunter Vertriebene aus Anhalt-Bernburg gewesen. Auch wurde die Siedlung durch die reich dotierten Magdeburger Klöster mit getragen, ebenso durch Domänenpächter und einige Privatleute. Seit 1777 begannen die Meliorationen des Finow-Bruches, der Stremme, des Trübenbruches und der Tanger. Dort konnten die Ländereien der bisherigen Dörfer erheblich erweitert und verbessert werden, zudem sind 55 Familien als Büdner neu untergebracht worden, wobei invalide Soldaten bevorzugt wurden. Die Arbeiten zogen sich bis 1784 hin. Holländereien (die nach holländischer Art Milchwirtschaft betrieben) sind in Königshorst angelegt worden; eine Musteranstalt mit einem Stall für 100 Kühe entstand in Falkenstein bei Parchen. Insgesamt hat Magdeburg fast 4 500 Familien ansetzen können, die meisten davon auf bestem Börde-Boden; etwa die Hälfte wurde von „Ausländern" gestellt.

In Schlesien herrschten grundlegend andere Verhältnisse als in den alten preußischen Provinzen, was sich auch auf die ländlichen Siedlungen auswirkte. Die frühesten Ansiedlungspatente von 1746 und 1749 wandten sich in erster Linie an Fabrikanten und Manufakturhandwerker, besonders Weber. In die Städte sind bis zum Siebenjährigen Krieg etwa 6 500 Personen zugewandert. Die ländliche Siedlung beruhte auf den nur schwach entwickelten Domänen, während der Adel sich zurückhielt Nach dem Kriege ergab eine Erhebung, daß im Jahre 1763 es an Bauern, Gärtnern und Häuslern noch fehlte; 3751 Stellen waren unbesetzt, was einer Zahl von 18 000 Menschen gleichkommt. Das in demselben Jahre erlassene Ausländer-Patent erbrachte für die Bauernsiedlung wenig. Während der Provinzialminister von Meliorationen dringend abriet, waren in Oberschlesien 1768 wenigstens 29 Dörfer mit 700 Familien neu gegründet worden. Zwei Jahre später gab der König dem Minister Hoym die Anweisung, „es wäre besonders in Oberschlesien, so zwischen Oppeln und Ratibor, die Bevölkerung meistens so dünn, daß noch ganze Dörfer angesetzt werden könnten, und es müsse das gemeine Volk dort aus seiner bisherigen Dummheit und Wildheit gerissen werden, dazu solle man noch mehr fremde, vernünftige und gesittete Kolonisten heranziehen“. So sind bis 1776, hauptsächlich in Oberschlesien, 174 Dörfer mit 2 537 Stellen neu entstanden. Allerdings ist zwischen den Flüssen Stober und Malapane in Oberschlesien von dem allzu gefälligen Hoym in den Jahren 1770 bis 1773 sehr mäßiges Land als Gärtnersiedlung von 8 bis 20 Morgen ausgegeben worden, die bald als Hungerstellen verrufen waren. Besser gestellt waren die sogenannten Hussitendörfer (Hussinetz, Podiebrad, Groß-Tabor, Friedrichsgrätz) und die Bauernsiedlungen im Amt Herrnstadt. In der Deklaration vom 28. August 1773 über die Ansiedlung in Schlesien wurde die Scheidung nach Nationalitäten abgelehnt: „Wir wollen dabei aber ausdrücklich, daß in den Gegenden, wo bis jetzt noch alles polnisch ist, nur deutsche Leute gewählt werden sollen, so wie im Gegenteil in den deutschen Gegenden wiederum polnische Leute angesetzt werden können.“ Im Jahre 1785 zählte man in ganz Schlesien rund 47 500 städtische und 30 000 ländliche Siedler, eine Zahl, die bereits die damalige optimale Siedlungsdichte andeutet. Sollte es nicht zu hoch gegriffen sein, wenn von sächsischer Seite behauptet wurde, daß 12 000 junge Männer aus Schlesien nach Sachsen übergetreten seien, um sich dem Kantonszwang zu entziehen, dann bleibt eine Peuplierung von 65 000 Menschen in Schlesien während der friderizianischen Zeit, was bei 1,3 Millionen Einwohnern der Provinz insgesamt kaum ins Gewicht fällt.

Anders in Ostpreußen. Diese in zwei Kammerämter geteilte große Provinz war seit dem Retablissement gut mit Neusiedlern aufgefüllt worden und war mit über 700 000 Einwohnern nach Schlesien die volkreichste Provinz des preußischen Staates. Dennoch war Platz genug für dörfliche Siedlungen wie auch für Meliorationen. Die Bauernstellen waren mit zwei, teilweise vier Hufen überreich ausgestattet, so daß Übermaß-Land vorhanden war, das zur Nach-Siedlung einlud. Auch konnten Vorwerke in Dörfer umgewandelt werden. Doch ist auch hier der ausgedehnte Domänenbesitz einträglicher und übersichtlicher von der Kammerverwaltung zu Siedlungszwecken heranzuziehen gewesen als der adlige Grundbesitz. Schon in den fünfziger Jahren sind 2000 Siedlerfamilien angesetzt. Das steigerte sich noch nach 1763. Insgesamt wurden 73 Vorwerke (davon 67 auf adligen Gütern) neu angelegt, 94 Dörfer (davon 13 adlig) aus ehemaligen Vorwerken gebildet, 293 (davon 2 adlig) auf neu urbar gemachten Ländereien. Darin wurden 2366 Familien (davon 374 auf adligen Ländereien) angesetzt, weitere 2588 Familien (davon 162 auf adligen Hufen) auf bis 1740 wüst gewordenen Hufen angesetzt, weitere 4549 Familien auf den abgebauten „zweiten Hufen" (davon 30 auf adligen Hufen) und nochmals 5383 Familien (davon 54 durch Adlige) einzeln in Dörfern angesetzt. Die Gesamtzahl ergibt nicht weniger als 14 866 Familien (ohne den statistisch nicht erfaßten Kreis Rastenburg) mit mindestens 70 000 ländlichen Neusiedlern. Damit steht Ostpreußen an der Spitze des gesamten preußischen ländlichen Siedlungswerkes nicht nur in der Zeit Friedrich Wilhelms I., sondern auch in der friderizianischen Zeit. Es ist keine Rede davon, daß diese Provinz unter Friedrich II. schlechter behandelt worden sei als andere. Bis in seine letzten Lebenstage hat der König sich mit Ostpreußen beschäftigt. An den Kammerpräsidenten von der Goltz in Königsberg schrieb er zu dem Projekt der Kultivierung des Großen Moosbruches westlich von Tilsit: „Die Bauern, welche da angesetzt werden, müssen ihre Güter alle eigentümlich haben, weil sie keine Sklaven sein sollen. Es ist ferner die Frage, ob nicht alle Bauern in Meinen Ämtern aus der Leibeigenschaft gesetzt und als Eigentümer auf ihren Gütern angesetzt werden können? Ich erwarte darüber Eure Anzeige, was das für Difficultäten haben könnte."

In Westpreußen ist die Ansetzung von ländlichen Siedlern, weil sie erst nach 1772 erfolgte, zu Lebzeiten Friedrichs II. hinter allen anderen Provinzen zurückgeblieben; sie zählte etwa 12 000 Menschen besonders aus Württemberg, der Pfalz und Sachsen sowie Deutsche aus Polen. Der König hatte zunächst die Vorstellung, in die Dörfer, die in der Mehrzahl kaschubisch oder polnisch bewohnt waren, einzelne deutsche Familien zu setzen, um ihnen „bessere Begriffe und Sitten beizubringen"; dann aber entschied er sich zur geschlossenen Neusiedlung: „Es müssen gleich ganze Dörfer und Kolonien mitten unter dem groben und butten Zeug angelegt werden, die ganz allein wohnen und ihre Nahrung und Gewerbe vor sich treiben, damit das hiesige Volk um so besser sieht und gewahr wird, wie jene sich einrichten und wirtschaften." Am 2. Mai 1781 teilte der König dem Etatsminister v. Gaudi seine „Idee" mit, „künftig jährlich etwa 1000 neue Familien in Westpreußen anzusetzen, denn es können daselbst noch an vierzehntausend dergleichen kleine Familien untergebracht werden." Dazu ist es zu seinen Lebzeiten nicht mehr gekommen.

Die westlichen Provinzen Preußens mußten bei dem Siedlungswerk zurücktreten; staatliche Mittel wurden dafür nicht eingesetzt. Der König äußerte sich am 30. Januar 1772 zu dem Minister von der Schulenburg, ihm sei ein Kolonist diesseits der Weser lieber als ein Dutzend jenseits. Das ist wieder typisch pointiert gesprochen, hat aber nichts mit Wertungen zu tun, sondern hat seinen sachlichen Grund. Weit stärker als bei der noch ziemlich schollengebundenen Bevölkerung der mittleren und östlichen Provinzen war die Einwohnerschaft im Westen in Bewegung geraten. Die Seßhaftigkeit war wenig anziehend; die jungen Leute gingen nicht zu Meliorationen ins Moor, sondern in die Webereien, um dann auch woanders ihr Glück zu versuchen. Für Meliorationen sollten deshalb die Provinzen des Westens eigene Mittel aufwenden. In Minden-Ravensberg hatte das Amt Limberg seit 1740 ganze 15 Neubauernstellen neu schaffen und besetzen können; als die Kolonisationswelle nach dem Siebenjährigen Kriege auch nach Westen schlug, meldete jedoch am 14. Juni 1769 das Amt Sparenberg der Kammer in Minden, daß alles besetzt sei und den Untertanen nicht durch Fortnahme der Gemeinheiten die Weideplätze verloren gehen dürfen; in Schildesche befinde sich „zur Zeit kein Fuß breit Landes zur Ansiedlung von Kolonisten". Im Bezirk Vlotho waren in Seebruch und anderswo wenige Siedlerstellen geschaffen. 1771 wurden in Minden-Ravensberg 80 Kolonisten-Familien angesetzt; danach sank die Zahl auf ein Zehntel jährlich. Bedeutender war die ländliche Siedlung am Niederrhein in Cleve und Moers. Dort und in der Grafschaft Mark ist in der ersten Regierungsperiode König Friedrichs ein Zuzug hauptsächlich in die Städte erfolgt; 1753—1754 sind 57 holländische Familien eingewandert, auf dem Lande hatten sich 1752—1753 insgesamt 111 Familien mit 511 Personen (allerdings 464 Einheimische!) niedergelassen. Durch den Siebenjährigen Krieg war auch hier die Einwohnerzahl sehr abgesunken, sie wurde erst 1776 wieder voll erreicht; viele junge Leute wanderten aus; allein 1766 waren 141 Familien und 54 Einzelpersonen weggegangen; 56 Bauern und 113 Handwerker fehlten, 234 Häuser und Höfe standen leer. Nach ersten Rückschlägen mit Pfälzer Einwanderern ist nach 1770 eine gewisse Ansiedlung auf dem Lande und auch in den Städten erfolgt, insgesamt von 2500 Personen, mithin einem Zehntel der 4940 in den Westprovinzen neu ansässig gemachten Familien. In den Jahren 1771 bis 1776 sind es in Cleve 106, in der Grafschaft Mark 169 ausländische Familien gewesen, die freilich meist mittellos ankamen, was die Seßhaftmachung um so mehr erschwerte, als die Provinz dafür keine Baufonds hatte, demnach auch die an sich erwünschte und wohl auch mögliche Ansiedlung von Invaliden unter solchen Umständen nicht durchführbar erschien. Günstiger lagen die Ansiedlungszahlen in Tecklenburg-Lingen, Ravensberg und Geldern. In Ostfriesland schließlich konnten in den gleichen Jahren 571 Familien seßhaft gemacht werden.

Die Gesamtzahl der ländlichen Ansiedlungen in Preußen während der Regierungszeit Friedrichs des Großen ergibt sich aus folgender Übersicht:

Provinz	Neue Dörfer und Vorwerke	Darin angesiedelte Familien
Kurmark	217	10 740
Neumark	152	3 643
Pommern	100	5 312
Magdeburg-Halberstadt	20	2 805
Cleve-Mark, Tecklenburg-Lingen Ostfriesland	—	4 940
Ostpreußen	460 [unvollständig]	14 886 [unvollständig]
Westpreußen	50	1 119
Schlesien	?	14 050
	999 (?) [ohne Schlesien]	57 475 Familien
	mindestens 1 500 [mit Schlesien]	ca. 250 000 Menschen

Damit ist von den 4,75 Millionen Einwohnern des preußischen Staates am Lebensabend Friedrichs des Großen eine Viertel Million Menschen der ländlichen Besiedlung von außerhalb zugeführt worden; jeder 20. Preuße war um 1780 landbewohnender Ausländer. Dafür sind allerdings enorme Gelder ausgegeben worden. Das ist — nachträglich — getadelt worden. Doch die Unterstellung, es wäre dem König allein auf Soldaten und Steuerzahler angekommen, ist zu primitiv. Ein volk- und gewerbereiches Land mit hohem Lebensstandard war auch als Verbraucher, nicht nur als Produzent, wichtig und gab Absatzmöglichkeiten für die angehende Industrie. Zudem kamen mit jedem neu gegründeten Dorf auch Gewerbe und Handwerk auf das platte Land. Gewiß ist die Zahl der Ansiedler ganz offenbar hinter den Erwartungen Friedrichs zurückgeblieben. Man wird aber nicht gut als Maßstab Österreich oder gar Rußland als Staaten der großen Binnensiedlungen nennen können; auch unter Friedrich II. hatte Preußen gegenüber diesen Riesenreichen keine auch nur entfernt vergleichbaren Ausmaße nach Raum und Bevölkerung. Aber wenn ein solcher Vergleich überhaupt gezogen wird, dann ist bereits zugestanden, daß das Prinzip im Sinne der Zeit lag und berechtigt war. Der große Philosoph Leibniz hatte festgestellt: „Vera regni potestas in hominum numero consistit“, und Friedrich hat dieses in der französischen Aufklärungsliteratur bestätigt gefunden, so daß er in seinem Antimachiavell den Gedanken wiederholt: „Darüber gibt es nur eine Meinung, daß die Stärke eines Staates nicht in der Ausdehnung seiner Grenzen, sondern in seiner Bewohnerzahl beruht.“ Und fast wörtlich schreibt er es nochmals in sein Politisches Testament von 1768: „Der erste Grundsatz, der allgemeinste und wahrste ist der, daß die wahre Kraft eines Staates in seiner hohen Volkszahl liegt.“ Doch liegt der Binnensiedlung nicht allein eine wirtschaftliche und rechnerische Überlegung zugrunde. Friedrich hatte es als Kronprinz eindrücklich erlebt und bei seinen Revuereisen als König jedesmal tief empfunden: „Er hat weder Mühe noch Sorge, noch ungeheure Geldmittel, noch Versprechungen oder Belohnungen gespart, um einer halben Million denkender Wesen das Glück und das Leben zu sichern. Ihm allein verdanken sie ihr Wohlergehen und ihre Ansiedlung . . .“ So erscheint in dem kronprinzlichen Wort nicht allein die Aussage über das Werk des Vaters, sondern auch über die eigene Tätigkeit. Auch hierin steht Friedrich in der Nachfolge Friedrich Wilhelms.

IV.
UM PREUSSENS EXISTENZ

1. Staatsverwaltung im Kriege

Es soll der Bürger nicht merken, wenn der Soldat sich schlägt — dieser Grundsatz König Friedrichs, in den ersten beiden Schlesischen Kriegen noch bis zu einem gewissen Grade verwirklicht, hatte angesichts der erdrückenden Übermacht der Gegner Preußens im Siebenjährigen Kriege sehr bald jede Bedeutung eingebüßt. Gewiß waren Wehrstand und Nährstand durchaus noch getrennt, und zu letzterem gehörte auch der gewerbefleißige Bürger. Die an sich schon geringe Produktion von Gebrauchswaren für den einheimischen Bedarf und von wenigen Exportgütern mußte während des Krieges möglichst ungestört weitergeführt werden, und von der Idee eines „Volkes in Waffen“ war jene Zeit noch weit entfernt. Das Erwerbsleben hatte dem Staat die nötigen Einnahmen zu verschaffen, und sogar Luxus-Manufakturen bestanden weiter, um diese mühsam aufgebauten Gewerbezweige nicht wieder eingehen zu lassen. Doch blieb zuletzt keine Provinz von den Kriegsfolgen verschont, und die Bevölkerungsverluste stiegen erschreckend durch Totschlag, Deportation, Seuchen; von den Übriggebliebenen sind viele davongelaufen und nicht wieder zurückgekehrt. Peuplierung und Aufbauleistung der ersten Jahrhunderthälfte waren wieder aufs Spiel gesetzt.

Der sicheren Vernichtung seines Staates konnte König Friedrich im Sommer 1756 schon nicht mehr durch Vertrag oder Resignation entgehen, sondern nur noch durch die „ultima ratio regis“, durch eine Kriegskunst, mit der er sich aus der inneren Linie in Teilschlägen der Koalition erwehrte, bis diese nach Abnutzung und Ermüdung auseinanderfallen würde. Zähigkeit und Durchhaltewillen waren dafür nicht nur vom Souverän gefordert, sondern mußten zu kennzeichnenden Eigenschaften aller Staatsbewohner werden. Der Staatsverwaltung im Kriege erwuchsen dadurch ungewöhnliche Aufgaben unter erschwerten Umständen. Vor allem mußte sie der gewohnten Leitung entbehren. Das war zwar schon in den vorangegangenen Kriegen so gewesen, aber der König weilte doch öfters in seiner Residenz. Diesmal zog er am 28. August 1756 abends aus Potsdam aus, kam nur einmal vom 4. bis 13. Januar 1757 zusammen mit seinem Bruder Heinrich nach Berlin und Potsdam, um dann erst wieder nach Beendigung des Krieges am 30. März 1763 nach Berlin zurückzukehren. In langen und schweren Kriegsjahren befand sich das tatsächliche Haupt des Staates fern von seinen Ministerien und bildete während sieben

Jahren einen zwischen Strategie und Fourage, Verschanzung und Ausfall zu Notbehelfen greifenden, von Marschstrapazen, Witterung und Feindbeschuß mitgenommenen, zwischen Böhmen, Sachsen, Schlesien und Lausitz wandernden Heerstaat. Doch durfte es der Staat nicht merken, wenn der König zum Feldherrn wurde.

Die Ministerien haben erst allmählich gelernt, selbständig, vorausschauend und sich neuen Lagen beweglich anpassend das Notwendige schnell und nachdrücklich zu vollziehen. Der Geschäftsgang wurde nach Möglichkeit vereinfacht, die Zeitungsberichte der Regierungen setzten für die Dauer des Krieges aus; die Landtage in den westlichen Provinzen und die ständischen Beschwerden über die Beeinträchtigungen ihrer Rechte hatten zu unterbleiben. Erledigte oder überflüssig erscheinende Akten wurden in großer Menge kassiert, um die Behörden beweglicher und für rasche Verlegungen geeigneter zu machen; auf königliche Anordnung kamen „alte Scharteken" der Regierung Cleve im Dezember 1756 nach der Festung Wesel, um dort als Patronenpapier zu dienen. Allerdings fiel bei den oft überstürzten Verlagerungen und Auflösungen von Dienststellen anfallendes Aktenmaterial in die Hände von Hökern, so daß es wieder eingesammelt werden mußte. Das General-Direktorium mahnte die Kriegs- und Domänenkammern im März 1757 zur Sparsamkeit, zur Einschränkung von Bauten, Reparaturen, Vermessungen und Anlage von Gräben; lediglich Straßenbrücken waren zu unterhalten. Für die Potsdamer Bauten hatte der König bereits im Januar 1757 die Stillegung bis zum Kriegsende angeordnet.

Die Tätigkeit des im Feldquartier unter einfachsten Bedingungen arbeitenden königlichen Kabinetts mußte auf das nötigste eingeschränkt werden. So unterfertigte der König seit Anfang 1759 nur noch die Patente der Offiziere vom Kapitän und Stabsoffizier aufwärts; die Ernennung der Fähnriche und Leutnants hatte die Kriegskanzlei in Berlin auszustellen. Als Friedrich II. im September 1757 drei Vorschläge zur Besetzung der vakanten Generalsuperintendentur in Stettin unterbreitet wurden, zeichnete er lediglich mit „guht, Fch." ab, überließ aber die Auswahl dem verblüfften Ober-Konsistorium. Schon vorher hatte die Kurmärkische Kammer Vollmacht erhalten, die Verpachtung der Ämter selbst vorzunehmen, da der König „bei seinen jetzigen weit importanteren Beschäftigungen sich mit dergleichen Sachen nicht abgeben könne", und der geschäftige Chefpräsident der schlesischen Kammern v. Schlabrendorff wurde veranlaßt, den Monarchen mit Berichten bis auf ruhigere Zeiten zu verschonen, falls die Sachen nicht von der höchsten Importance seien, da „meine jetzigen Occupations nicht zugeben, daß ich durch dergleichen distrahieret werde." Schärfer lautete der Verweis an das Generaldirektorium im Juni 1759, den König nicht „mit dergleichen Bericht und Anfrage bei jetzigen Kriegszeiten und überall verworrenen Umständen zu behelligen, von welcher dasselbe wohl billig erachten sollte, daß dergleichen nur vor ruhige und vor Friedenszeiten gehörten." Immediat-Berichte sollten möglichst kurz und ohne überflüssige Anlagen eingereicht werden. In mehreren Fällen verwies seit 1757 das Generaldirektorium an den Kabinettssekretär des Königs, Geheimen Kriegsrat August Friedrich Eichel, um die Meinung des Königs zu Verwaltungsfragen auf diesem Umwege zu erfahren.

Friedrich II. hatte geglaubt, durch das strikte Verbot einer Änderung in Handelssachen das Generaldirektorium veranlassen zu können, die Manufakturen auf dem bisherigen Stand zu halten. Tatsächlich hat das V. Departement während des gesamten Krieges nur vier königliche Ordres erhalten; in die Handelspolitik ist demnach nicht eingegriffen worden. Doch auch sonst hat der König die oberste Verwaltungsbehörde lediglich als ein ausführendes Organ betrachtet, vor allem zur Erfüllung der für die Armee notwendigen Lieferungen. Als sich im Frühjahr 1758 Getreidetransporte nach Schlesien verzögerten, erhielt das Generaldirektorium den strikten Befehl zur sofortigen Ausführung „sonder das geringste weitere Räsonnieren noch Einwenden . . . oder aber zu gewärtigen, daß ich meinen positiven Ordres den gehörigen Nachdruck zu geben wissen werde." Zugleich wurde dem Kommandanten von Berlin, Generalleutnant v. Rochow, befohlen, die Getreideschiffe mit Militär in Fahrt zu setzen, sofern nicht das Generaldirektorium dieses binnen drei Tagen getan hätte. Daß der Behördengang nicht reibungslos lief, zeigte das Zirkular des Generaldirektoriums an die unteren Instanzen, die Eingaben ordentlich an die Adresse desjenigen Departements zu richten, zu dessen Ressort die Sachen gehörten, um Irrläufer und Verzögerungen zu vermeiden; die Verfügung mußte im Juni 1763 erneut ins Gedächtnis gerufen werden.

Als am 13. August 1759 in Berlin die Nachricht von der schweren Niederlage des Königs bei Kunersdorf (ostwärts Frankfurt/Oder) eintraf, stoben die Behörden auseinander. Friedrich II. hatte Magdeburg als Sammelplatz angegeben, wohin sich die Minister Happe und Boden begaben, während der Vizepräsident des Generaldirektoriums und Direktor der Kurmärkischen Landschaft, Graf Heinrich IX. Reuß, sehr umsichtig in Berlin die Beamten sammelte und dort die Geschäfte des Generaldirektoriums weiterführte, entgegen den Protesten der Magdeburger Minister, denen der König am 4. September 1759 die Rückkehr nach Berlin befahl. Die fortgesetzte Überanstrengung der Behörden hatte Routinebetrieb, Ermüdungserscheinungen und Reizbarkeit der Bediensteten zur Folge. Zahlreiche Stellen blieben unbesetzt, was im März 1760 für das III. Departement damit begründet wurde, daß die meisten der von dort zu verwaltenden Provinzen sich in Feindeshand befänden. Eine Kabinettsorder vom April 1760 tadelte scharf das Generaldirektorium und seine „Lethargie", wiederum aus Anlaß verzögerter Transporte: infolge dieser „criminellen Trägheit", „nie erhörter Faulenzerei" und „niederträchtiger Zänkereien" seien die dringenden Salzlieferungen nach Schlesien ausgeblieben; der Magdeburger Kammerpräsident wurde beauftragt, in Zusammenarbeit mit dem Kommandanten von Berlin den Salztransport in die Wege zu leiten. Endlich verfügte der König im Oktober 1761, seinen Kabinetts-Sekretär ad interim dem Generaldirektorium zur Unterstützung abzustellen.

Die nachgeordneten Behörden, mit besonderem Eifer die schlesischen Kammern ebenso wie die Justizkollegien, bemühten sich auch ohne königliche Einwirkung in strengem Instanzenzug und straffer Dienstaufsicht ihre Pflicht zu tun. Bisweilen schuf man sich unnötige Probleme; so kam unvermutet die Konfessionsfrage zur Entscheidung, als im September 1756 Steuer-Einnehmer katholischen Bekenntnisses aus den schlesischen Grenzgebieten ins Binnenland versetzt wurden, weil ihnen eine Zusammenarbeit mit Österreich unterstellt wurde. Als zwei Jahre später eine Überprüfung der Zusammensetzung der Magistrate in den schlesischen Mediat-Städten ergab, daß das katholische Element begünstigt war und die Kammer vorschlug, in jeder städtischen Verwaltung mindestens zwei evangelische Mitglieder zu haben, in evangelischen Städten entsprechend dem Proporz, hatte der König Bedenken, während des Krieges solche Vorschläge zu verwirklichen; allenfalls könnten „unvermerkt" evangelische Mitglieder in den Magistrat eingeschleust werden. Die seit Jahren schwelenden Konflikte zwischen der Stiftsabtei Quedlinburg, die der Schwester des Königs, Prinzessin Amalie von Preußen als Äbtissin unterstand, und dem die Rechte des Fiskus wahrnehmenden königlichen Stiftshauptmann sind hingegen nur mühsam, sogar unter Mitbeteiligung des Auswärtigen Departements, allerdings ohne dem König zur Kenntnis gebracht zu werden, beigelegt worden.

Kammer- und Kreisbehörden sorgten für die Durchführung allgemeiner Anordnungen, so den Vollzug der Verfügungen gegen unerlaubte Auswanderungen und gegen Ausfuhr von Getreide; die Höchstpreise für Brot, das Verbot von Korn-Brennen und zahlreiche regional und zeitlich beschränkte Maßnahmen waren ebenso zu überwachen wie die für Militärtransporte zu stellenden Vorspanndienste. Daß die — meist prompt bezahlten — Fuhrleistungen auch hinsichtlich der sofortigen Rückführung der Gespanne überprüft werden mußten, zeigte die in einigen Gegenden eingerissene üble Gewohnheit, so lange mit dem Heimweg zu verziehen, bis Futter, Brot und Geld verzehrt, verkauft und durchgebracht waren, wobei noch für Tage die Gespanngestellung ausfiel. Eine Kabinettsorder von 1762 mußte einschärfen, das Postwesen in Gang zu halten und die Postillons sowie die pflichtmäßig zu stellenden bäuerlichen Ersatzpferde nicht zu Kriegsfuhren und Mehllieferungen heranzuziehen; dafür wurden die Landräte als Marschkommissare verantwortlich gemacht.

Die Kammerpräsidenten griffen im allgemeinen bei Versäumnissen im Amt, Schuldenmachen und Dienstvergehen scharf durch und stellten unvermindert hohe Anforderungen an das Personal, wie die Conduitenlisten ausweisen. Gefordert wurden häusliche Präparationen für den Dienst, gerügt wurden Gepflogenheiten, die Akten erst während der Sitzungen „oculo fugitivo“ zur Kenntnis zu nehmen. In Glogau wurden drei (zudem nicht gut beurteilte) Kriegsgerichtsräte zur Kostenerstattung und Verantwortung gezogen, als sie im Sommer 1761 mit dem Dienstwagen und Amtsvorspann unter dem Vorwand einer Eisenhammer-Besichtigung eine Spazierfahrt unternommen hatten. Größte Sparsamkeit bei der Anordnung von Botenlohn- und Vorspann-Diensten sowie bei der Expreß-Beförderung von Briefen wurde allen leitenden Beamten aufgetragen.

Die Geschäftsverteilung der im Jahre 1761 neu organisierten Kriegs- und Domänenkammer Glogau mag als Beispiel dafür stehen, welchen Arbeitsanfall eine Regierungsbehörde mit 3 höheren und 7 mittleren Beamten bewältigen mußte. Dem Ersten Kammerdirektor oblag die Direktion des Kollegiums, Kanzlei, Registratur, Anordnung des Vortrags, Revision der Konzepte und Expedition. Dem Zweiten Kammerdirektor unterstand die Obersteuerkassen-Aufsicht, Anfertigung des Jahres-Haushalts und des Haupt-Kassen-Auszugs, Aufsicht über die Termine, Direktion des 1. Justiz-Senats. Der General-Fiscal bearbeitete die Sachen des 1. Justiz-Senats, des Collegium medicum, Steuer-Sachen, Landes-Visitation, Gesinde-Ordnung, Hospital- und Armen-Sachen. Von den Kriegsräten bearbeitete der Erste: Marsch-Sachen, Artillerie-Knechte- und -Pferdesachen, Vorspanne, Salzsachen, Invalidenangelegenheiten; der Zweite: Kasse und Rentei, Fourage-, Proviant- und Magazinsachen, Forst und Jagd, Steuer-Veranlagung, Revision der Kreiskassen, Feuer-Sozietät auf dem Lande, 3 Landkreise und 6 Ämter, 8 Städte; der Dritte: Braugefälle, Juden-Toleranz, Stempelpapier, Chargenkasse, 4 Landkreise, 9 Städte; der Vierte: Bau-Sachen und Bau-Rechnungen, Vermessungen, Revision der Ämter-Rechnungen, Kolonisten(Siedlungs-)-Sachen, Feuer-Sozietät in den Städten, 3 Kreise, 2 Ämter, 10 Städte; der Fünfte: Zoll-Sachen und deren Revision nebst Rechnungen und -strafen, Getreideeinfuhr, Post- und Straßensachen, Servis, Enrollierung und Werbung, 3 Kreise, 5 Ämter, 5 Städte; der Sechste: Akzise und Revision nebst Rechnung und -strafen, Journale der Polizei-Ausreiter, Commercien-Sachen, Fabriken-, Woll- und Seidenmanufaktur-Sachen, Bergwerkssachen, Münz-Sachen, 3 Kreise, 12 Städte; der Siebente: Landes-Hoheits-Sachen, 2. Justiz-Senat, Inquisition, Sporteln, Kirchen- und Schulsachen, Handwerks- und Innungssachen, Pest- und Viehsterbesachen, Revision der alten Registratur, Publikation der Kgl.

Edikte. Durch Korreferate konnten sich die Kriegsräte gegenseitig vertreten und entlasten.

Der ruhige Gang der Behördenarbeit wurde sehr bald und zunehmend stärker gestört durch feindliche Einfälle in das preußische Staatsgebiet. Für diesen Fall sollte sinngemäß die Anweisung vom 20. Mai 1748 gelten, doch zeigte sich bald, daß sie unzureichend war und neue Erfahrungen gesammelt werden mußten. Schon im Spätsommer 1756 wurden die preußischen Behörden in Oberschlesien von Oppeln nach Brieg zurückverlegt. Unterdessen war es bereits in den westlichen Provinzen Preußens zu einer Panik gekommen, so daß am 2. Oktober 1756 an die Beamten strenger Befehl gegeben werden mußte, bei Strafe der Entlassung auf dem Posten zu bleiben. Jedoch wurden Vorbereitungen getroffen, um die Regierung von Cleve bei einem feindlichen Einfall nach der Festung Wesel in Sicherheit zu bringen. Als dann im Frühjahr 1757 französische und österreichische Truppen an die Weser vorrückten, wurden, als die Bevölkerung zum Teil schon geflüchtet war, Akten und Kassen der Kriegs- und Domänenkammer Minden nach Bremen gebracht, das eine Neutralitätszusicherung seitens Österreichs und Frankreichs erhalten hatte. Der Kammerpräsident von Minden hatte Ende Juli 1757 eine Instruktion zur Verwaltung in den französisch besetzten Gebieten erlassen mit dem Ziel, die westlichen preußischen Besitzungen Cleve-Mark, Tecklenburg-Lingen, Minden-Ravensberg weiterhin als gemeinsames Verwaltungsgebiet zu belassen, weil sonst nur Verwirrung entstehen müsse; die Pflicht der Verwaltung sei auch unter feindlichem Druck auszuüben. Eine entsprechende Auffassung entwickelte die Kammer in Magdeburg, als im August 1757 französische Truppen in den Saalkreis und nach Halberstadt vordrangen; Akten und Kassen waren nach der Festung Magdeburg in Sicherheit gebracht worden.

In Ostfriesland war das Besitzergreifungspatent der österreichischen Kaiserin im Sommer 1757 publiziert worden; die Behörden von Cleve-Mark kehrten im August nach Unterzeichnung eines Revers zurück und wurden für die österreichische Verwaltung verpflichtet. Als die Mitglieder der Breslauer Oberamtsregierung dieses gleichfalls, aber ohne Vorbehalt im Jahr darauf taten, wurde ihr Verhalten vom preußischen Staat mit Festungsstrafen geahndet. Alle preußischen Untertanen wurden gewarnt, bei vorübergehender feindlicher Besetzung in irgendeiner Weise dem Gegner Vorschub zu leisten oder die Heimat zu verlassen. Allerdings gab im März 1759 das Kabinetts-Ministerium dem Generaldirektorium zu bedenken, ob die bisherige Weisung, wonach die Landräte sich bei feindlicher Annäherung mit Akten, Kassen und Katastern in der nächsten Festung einzufinden hätten, zweckmäßig sei; besser würde jeder Landrat bei seinem Kreis bleiben und dort unter der Besatzungsmacht für Ordnung sorgen.

Eine solche Order erließ der König im Mai 1761. Dagegen wurden wiederum Bedenken geltend gemacht, da mehrfach (so in Schlesien 1758, in Quedlinburg 1759) Beamte als Geiseln verschleppt und erst nach jahrelangen Verhandlungen wieder freigelassen wurden. Die Überlegungen der ostfriesischen Regierung, bei feindlicher Besetzung eine Landes-Deputation zu errichten, setzten den ganz unwahrscheinlichen Fall voraus, daß der Feind gleichzeitig die Regierung, die Kammer und das Administrationskollegium auflösen würde; die Kollegien wurden daher vollzählig gehalten. Damit hatte sich die Praxis, die Verwaltung unter der Besatzung weiterzuführen, durchgesetzt, wenn auch das Ober-Tribunal in Berlin Ende August 1759 (nach der preußischen Niederlage bei Kunersdorf) der Ansicht war, „bei feindlicher Okkupation dürfte anfangs die Justizpflege wohl gänzlich aufhören"; man hielt ebenso wie das Kammergericht eine Huldigung an den Landesfeind für unzumutbar, so daß dann nur der Rücktritt bliebe. Im Jahre darauf schärfte die Kurmärkische Kammer nochmals die Vorschriften für das Verhalten bei feindlicher Invasion ein: der Gegner dürfe nicht durch Ausschreibung der Kreisorgane zur Fourage und weiter, langdauernder Fuhrengestellung unterstützt werden; auch das Gouvernement Stettin ermahnte zur Treue gegenüber dem Landesherrn.

Eine Sonderstellung hatte die Provinz Preußen inne. Hier übte Feldmarschall v. Lehwaldt, der mit 24 000 Mann nur eine unvollkommene Deckung gegen die starke russische Armee darstellen konnte, die vollziehende Gewalt aus, so daß die Provinz seit Kriegsbeginn wegen der gefährdeten Verbindungen nicht mehr vom Generaldirektorium kontrolliert wurde. Die Königsberger Regierung hatte Bedenken gegen die Evakuierung von Grenzstreifen bei der russischen Annäherung im Frühjahr 1757, da die Ortschaften entleert würden, die Ernte nicht bestellt und die Menschen nicht ernährt werden könnten. Doch wurde die Gumbinner Kammer bis auf den dort verbleibenden Kammerdirektor Domhardt nach Königsberg verlegt. Bald wurden die Leute aus den Grenzkreisen, wie die Behörde berichtete, „herdenweise von den Kosaken fortgeschleppt". Im Juli war Memel eingenommen. Der Aufforderung des russischen Gouverneurs an die Beamten der Litthauischen Kammer, sich nach Memel zurückzubegeben, kamen diese nur zögernd nach, da es an Weisungen der Behörden für diesen Fall fehlte. Wenigstens hatte der Gouverneur Lehwaldt auf die russische Auswanderungsaufforderung mit einem Gegenmanifest geantwortet. Die Königsberger Regierung hatte sich nach Lehwaldts Rückzug bei Groß Jägersdorf vorzeitig nach Danzig abgesetzt; da die Russen ihrerseits die Provinz wieder räumten, kamen die Beamten Ende September nach Königsberg zurück. Fast gleichzeitig waren sämtliche preußische Truppen nach Pommern abgezogen worden. Teile der Regierungs- und Kammer-Akten waren über Pommern nach Küstrin geschafft worden und kehrten erst im Juli 1763 zurück. Als im Januar 1758 die Russen wieder in das nun wehrlose Land einrückten, war entgegen König Friedrichs Weisungen Königsberg nicht durch Landmilizen verteidigt worden und wurde am 22. Januar besetzt. Kassen und Bernstein-Sammlung waren rechtzeitig von den Etatsministern nach Stettin, Pupillen- und Depositengelder nach Danzig gebracht worden. Der König gab von Breslau aus die Order, das Land zu konservieren, so viel es nur immer möglich sein wird. Doch bereits am 24., Friedrichs Geburtstag, hatte die Zarin Elisabeth, wie schon in den Grenzstreifen im Jahre zuvor, den Huldigungseid von den Behörden, bald vom ganzen Land, abverlangt. Dabei wurde jedoch, obwohl im Amtseidformular enthalten, der Ausdruck „treuer und gehorsamer Untertan“ geflissentlich vermieden.

Übrigens hat Friedrich der Große die Provinz Preußen die Huldigung ebenso wenig entgelten lassen wie Ostfriesland, Cleve und Schlesien, wo sich Ähnliches ereignete. Am Ende des unglücklichen Jahres 1758 wies der König den Vizepräsidenten des Generaldirektoriums Adam Ludwig v. Blumenthal an, über den Zustand Ostpreußens nur insoweit zu berichten, als die Bewegung der feindlichen Streitkräfte damit in Zusammenhang stünden, weil alles andere „mir jetzt nur viel Mühe und Mitleiden verursachen würde, da die große Menge meiner Feinde mir noch nicht die Gelegenheit lassen will, meinen dasigen getreuen Untertanen darunter zu soulagieren und ihnen mit reeller Assistance zu Hilfe zu eilen.“ Und nach dem Friedensschluß mit Rußland heißt es in einer Kabinettsorder an die preußischen Etatsminister vom 27. Mai 1762 ausdrücklich, sie mögen sich „gegen alle diejenigen Personen, so vorhin im Namen und auf Befehl des Hofes zu Petersburg die dasigen Sachen administrieret haben, sehr bescheiden und gütlich betragen, auch mit denselben alle Sujets von Disputen oder Chicanes evitieren.“ An die Spitze der Provinz wurde durch besonderes königliches Vertrauen der Präsident der Kammer in Gumbinnen, Johann Friedrich Domhardt, gestellt, der am 27. Mai 1762 — ein in der Verwaltungsgeschichte Preußens ganz ungewöhnlicher Fall — zugleich zum Präsidenten der Königsberger Kammer ernannt wurde, wodurch sein treues Ausharren unter der Fremdherrschaft vom König belohnt wurde.

Wie in den früheren Kriegen waren auch 1756 Feldkriegskommissariate aufgestellt worden, je eines für Schlesien, Sachsen und Pommern, zusammengefaßt unter einem Feldkriegs-Direktorium, dem Friedrich Wilhelm von Borcke, dirigierender Minister beim Generaldirektorium, an die Spitze gestellt wurde. Weder mit der Leitung, noch mit den sonstigen für diesen Stab herbeigeholten Bedienten scheint man eine glückliche Hand gehabt zu haben. Durch die fast gleichzeitige Beauftragung des sächsischen Akziserates Schimmelmann, als Entrepreneur für Preußen die Armeelieferungen aus Sachsen zusammenzubringen, durch manche Unterschleife,

Defraudantentum bei der schlecht zu beaufsichtigenden Behörde, schließlich infolge der vielen Kontributionen, Fouragierungen, Brandschatzungen und der Hin- und Herzüge von Truppen aller Parteien durch das zum Kampfgebiet gewordene Sachsen hat das Feld-Kriegs-Direktorium wenig systematische Arbeit geleistet und wurde im Herbst 1759 unter gleichzeitiger Abberufung von Borcke mit dem Feldkommissariat in Sachsen unter dem Finanzrat Zinnow zusammengelegt, der jedoch im Jahre darauf starb. Als die preußische Finanzverwaltung in Sachsen am 10. Februar 1763 endete, hatte der König über 48 Millionen Reichstaler aus dem unglücklichen Land gezogen. Dazu kam, daß staatliches und privates Eigentum in Sachsen als Druck- und Vergeltungsmittel für österreichische und russische Repressalien rücksichtslos ausgenutzt wurde. War man 1757 in Schlesien noch zurückhaltend und wollte die Güter österreichischer Untertanen erst dann in Sequester nehmen, wenn der Wiener Hof damit beginnen würde, dasselbe an preußischen Gütern zu tun, so sollten 1760 bereits die preußischen Etatsminister durch Anweisung auf die Güter des sächsischen Staatsministers Graf Heinrich von Brühl entschädigt werden, wogegen sie sich freilich mit guten Gründen verwahren konnten. Jedoch hat man sich auf andere Weise an Brühl gerächt, und auch ohne besondere Absicht ist durch Einquartierungen und Gleichgültigkeit vieles beschädigt und zerstört worden, so im Jagdschloß Hubertusburg 1761 durch preußische Freischaren.

So hart die besetzten Gebiete zu Leistungen herangezogen wurden, so schonend sollte mit den eigenen Mitteln und Kräften verfahren werden. Überforderungen von Scharwerk mußte notwendig den Landbauertrag verringern; gänzliche Freistellung von Fuhrleistungen der Bauern würde für die Armee-Magazine bei dem Mangel an Vorspann bald katastrophale Auswirkungen haben. Das Generaldirektorium fand im März 1758 die richtige Formel, wenn es die kurmärkische und die magdeburgische Kammer anwies, zur Schonung der kriegsgeschädigten Untertanen nicht mehr zu fordern, „als was dieselben nach ihrer jetzigen Situation zu prästieren imstande sind". Zum Schutz der Untertanen gegen unrechtmäßige Bedrückung stellte das schlesische Etatsministerium einen ganzen Katalog von Beschwerden auf, gegen die eingeschritten werden mußte: übermäßige Lieferungen und Vorspanndienste zu verlangen, Wüstungen künstlich herbeizuführen, um verlassenes Bauernland einzuziehen, Leutemangel befördern, Heiraten verhindern mit gleichen Absichten. Daß die Behörden unnachsichtig einschritten, zeigt die gründliche Untersuchung gegen den Generalpächter von Lebus, der kriegsgeschädigte Ackerbürger zu fünf Tagen Spanndiensten wöchentlich heranzog, was das Kabinettsministerium auf zwei Tage reduzierte. Die Erledigung dieses Falles durch den Kabinettssekretär des Königs im Frühjahr 1760 zeigt im übrigen die Begrenztzeit der Registratur-Hilfsmittel in der königlichen Feld-Kanzlei: der Sekretär Eichel entschuldigte sich, den Minister v. Blumenthal bemühen zu müssen, „da man hier nicht eigentlich gewußt hat, unter was für einem Departement bei dem Kgl. Generaldirectorio die Stadt und Amt Lebus und dazu gehörigen Dorfschaften gehören". Eine Kabinettsorder vom November 1760 forderte auch in den kriegsgeschädigten schlesischen Gebieten Nachsicht bei den Steuererhebungen. Die ersten Wiederaufbaumaßnahmen in Küstrin, der Neumark und Pommern erfolgten bereits im Herbst 1758. Eine Schadenfeststellung im Bereich der Kammer Magdeburg ergab schon 1758 über 70 000 Reichstaler; die Schäden der russischen Invasion in der Kurmark mit der Fortführung von Geld, Vieh und Getreide sowie die Zahl der zerstörten Gehöfte waren im Oktober 1760 noch nicht zu schätzen. Im folgenden Jahre wurden für die Linderung der größten Not in der Neumark 50 000 Rtlr. ausgegeben. Doch allein die ostfriesischen Kriegsschäden (einschließlich der Schulden) beliefen sich auf 650 000 Reichstaler. Um den Grad der Verwüstung genau festzustellen und die Aufbaumaßnahmen zu planen, wurde eine Kommission unter dem Anhalt-Dessauischen Kammerdirektor Franz Balthasar Schönberg von Brenkenhoff im April 1762 nach Pommern und in die Neumark gesandt. Ein erstes Aufbauprogramm sah für Pommern und die Neumark 6 000, für Schlesien 3 100 neue Häuser anstelle der abgebrannten vor.

Die Bereitstellung der dafür erforderlichen Extraordinariengelder blieb von der allgemeinen Finanzlage des Staates abhängig, von der im anderen Zusammenhang noch zu sprechen sein wird. Hier soll nur auf die besonderen Belastungen und Probleme hingewiesen werden, denen die Verwaltung in den Kassenangelegenheiten infolge der Kriegsverhältnisse zusätzlich Rechnung tragen mußte. Bereits im Januar 1757 war dem König klar geworden, daß eine lange Kriegsdauer zu erwarten sei. Trotz des bedeutenden Staatsschatzes, der aus Sachsen gezogenen Kontributionen und der englischen Subsidien wurden die Mittel im eigenen Lande auf das äußerste angespannt. Bei den Ständen und Provinzen wurden Anleihen von insgesamt 4 Millionen Talern aufgenommen, im Jahr darauf das Tafel-Silber aus den königlichen Schlössern zur Münze gebracht. Eine ganz einschneidende Maßnahme wurde im September 1757 als Folge der Niederlage von Kolin verfügt: alle Zivilgehälter und Pensionen durften nicht mehr ausgezahlt werden, sondern wurden an die General-Kriegskasse abgeführt. Statt der Gehälter wurden Kassenscheine ausgegeben, die zu einem späteren Zeitpunkt eingelöst werden sollten. Dadurch wurden vornehmlich die unteren Ränge der Zivilbediensteten, die keine anderen Einkünfte hatten und auch nicht haben durften, in bitterste Not gestürzt. Auf alle Einwände und Hinweise auf die Gefahren der Abgänge, Ausfälle, Nebenverdienste und Unredlichkeiten hatte der König nur die lakonische Antwort: „Ich weiß das alles selbst, aber ich habe kein Geld." Zeitweise und meist für die unteren Chargen konnten durch Umdispositionen geringfügige Mittel verfügbar gemacht werden. Erst zum 1. Juni 1759 wurden die Gehalts- und Pensionszahlungen wieder voll aufgenommen, aber Gehälter über 400 Rtlr. zu einem Viertel in Kassenscheinen gezahlt. Ab Juni 1762 sollte es wiederum auf ein Jahr keine Zivilbesoldungen geben, doch wirkte sich der Friedensschluß mit Rußland sofort entspannend aus, so daß wenigstens die Hälfte der Gehälter zur Auszahlung freigegeben wurde. Zum 15. Februar 1762, bereits ein Jahr vor dem Hubertusburger Frieden, ist die Einlösung der Kassenscheine und die Wiederauszahlung der Besoldungen verfügt worden und auch erfolgt. Bis dahin war es auch unmöglich gewesen, den aus den besetzten Gebieten (meist in dienstlichem Auftrag!) herausgekommenen preußischen Beamten irgendeine Entschädigung zukommen zu lassen, da die Besoldung nicht einmal für die dem Staat noch verbliebenen Provinzen reichte. Auch die Stände wurden dahin beschieden, daß sie während der Kriegsdauer nicht mit allen Vergütungen für Fourage-Lieferungen rechnen könnten, und als eine geringe Abschlagssumme im Frühjahr 1760 angewiesen wurde, hat es noch über ein Jahr bis zu deren Auszahlung gedauert. Daß die jahrelange Unterbrechung der sonst für Preußen sprichwörtlich pünktlichen Traktaments-Zahlungen ohne Zusammenbruch und andauernden schweren inneren Schaden für den Verwaltungsapparat überstanden werden konnte, zeigt Opfermut, Entsagung, Pflichtgefühl und Standesauffassung der preußischen Beamtenfamilien in einem hellen Licht; das „travailler pour le Roi de Prusse“ war zu einem Ehrenstandpunkt geworden und hatte in Notzeiten die Bewährungsprobe bestanden.

Die vom Gegner besetzten Teile Preußens wurden unter schwierigen Bedingungen von der dort verbliebenen preußischen Beamtenschaft weiter verwaltet, und auch das Generaldirektorium hielt sich darüber auf dem laufenden, freilich ohne viel Einwirkungsmöglichkeit. Dem Kriegsbrauch der Zeit entsprechend ließ sich der französische Armeebefehlshaber Duc de Richelieu im Oktober 1757 von der Provinz Magdeburg 33 333 Rtlr. Sauvegarde-Gelder gegen Freistellungen für Leistungen bis zum 1. Mai 1758 bezahlen; die Provinzen Altmark, Priegnitz und Uckermark brachten zusammen noch einmal so viel auf, Mansfeld selbst hatte 10 000 Rtlr. geleistet. Auch sonst gab es noch allerlei Aufschläge, Gratifikationen und „Douceurs“. Die Neutralisierung der Grafschaft Mark im Januar 1759 kostete 21 000 Rtlr. zugunsten der französischen Armee, und im Februar 1760 mußten in Cleve und Mark Zwangsanleihen ausgeschrieben werden, um die Sauvegarde-Gelder für Frankreich aufzubringen. Ein Lichtblick war es, wenn die Kammer in Minden im Januar 1759 trotz Erschöpfung durch Krieg und Besatzung noch einen geringen Überschuß in die Staatskasse einliefern konnte.

Der König hielt übrigens streng darauf, daß die ohnehin strapazierten Zivilkassen von militärischen Eingriffen frei blieben. Der Festungskommandant von Schweidnitz erfuhr im Januar 1761 einen scharfen Verweis, weil er einen Rendanten veranlaßt hatte, zugunsten des Generals über eine königliche Kasse zu disponieren. Ein besonderes Problem trat schließlich mit der Verschlechterung der Münzen gegen Kriegsende auf, so daß die Breslauer Kammer ihren Kassen-Rendanten untersagen mußte, die Geldsorten gegenseitig auszutauschen. Solchen Ressort-Schwierigkeiten und zusätzlichen Belastungen machte erst der Eintritt des Friedenszustandes ein Ende, doch zogen sich die Abwicklungen bei den strengen Verbuchungsvorschriften und Revisionen noch jahrelang hin, und neue große Aufgaben entstanden mit dem Einsetzen des Wiederaufbauwerkes.

König Friedrich, in allen Zweigen seines Staates sonst die fast allein treibende Kraft, hatte nur noch gelegentlich mit der ihm eigenen Schärfe in den Verwaltungsgang eingreifen können. Er durfte die Armee schon seiner eigenen Sicherheit wegen nicht verlassen, dort lag zudem der Schwerpunkt während des Krieges. Nach dem Pyrrhussieg von Prag hatte die unbedacht heraufbeschworene Niederlage von Kolin ein baldiges Kriegsende vereitelt, wenn auch die unmittelbaren Gefahren durch die Siege bei Roßbach und Leuthen behoben werden konnten. Doch die hohen Verluste bei der Abwehr der Russen vor Zorndorf und die Unachtsamkeit bei Hochkirch haben das innere Gefüge der preußischen Armee schwer erschüttert, was sich angesichts der vor und bei Kunersdorf 1759 miserablen strategischen und taktischen Führung des Königs zeigen sollte. Hier lag der absolute Tiefpunkt während des Siebenjährigen Krieges für Preußen. „Unser Verlust ist sehr beträchtlich", schrieb Friedrich am Abend von Kunersdorf an den Minister der Auswärtigen Angelegenheiten, Graf Finck von Finckenstein. „Von einem Heere von 48 000 Mann habe ich jetzt, wo ich dies schreibe, keine 3 000. Alles flieht, und ich bin nicht mehr Herr meiner Leute. Man wird in Berlin gut tun, an seine Sicherheit zu denken. Das ist ein grausames Mißgeschick, ich werde es nicht überleben. Die Folgen davon werden schlimmer sein als die Sache selbst. Ich habe keine Hilfsmittel mehr, und um nicht zu lügen, ich halte alles für verloren." Das ist kein Ausdruck eines Nervenzusammenbruchs, wie man später aus Abstand und besserem Wissen geurteilt hat, sondern die glasklare Darlegung eines unbezweifelbaren Tatbestandes. Gewiß ist es das Verdienst des Königs, daß er sehr zähe und sehr systematisch gewissermaßen nochmals von Grund auf seine Armee errichtet und die Hilfsquellen neu erschlossen hat; Politik und Kriegführung der nächsten Jahre zeigen eine seltene Reife: die Siege von Liegnitz, Torgau und Burkersdorf sind Friedrichs gedankenscharfer, energischer und standhafter Führung zu verdanken. Aber daß ihm das Durchhalten glücken konnte, war nicht allein sein Verdienst. Die Uneinigkeit seiner Gegner, der Tod der Zarin Elisabeth im Januar 1762, die Bindung Frankreichs durch England in einem weltweiten, kräfteverzehrenden See- und Kolonialkrieg

— das alles zusammen mit den enormen Leistungen von Heer, Verwaltung und Einwohnerschaft macht das „Miracle de la Maison de Brandebourg“ aus.

Dazu gehörte, daß Friedrich überlebte. Häufige Krankheiten begleiteten ihn sein Leben lang. Koliken, Magenkrämpfe, Ausschlag, Gicht an den Füßen und Händen, Krämpfe, Erstickungsanfälle, Brustschmerzen, Fieber und Hämorrhoiden schüttelten den schwächlichen Körper abwechselnd oder auch gleichzeitig. Er war abgemagert und bleich, die Zähne waren ausgefallen, er trug einen viel zu weiten blauen durchschossenen, mit weißem Zwirn notdürftig geflickten Rock. Der sonst so beherrschte König erschien zu Zeiten reizbar, nervös, vergoß Tränenströme und zeigte sich teils elegisch, teils von schroffem Sarkasmus. Manche seiner sonst unverständlich harten Ausdrücke und Maßnahmen, auch manche Unterlassungen und Fehler erklären sich daraus. Seinem Bruder und Thronfolger August Wilhelm hatte der König — nicht ohne Bedenken — nach dem Rückzug aus Böhmen 1757 die Führung einer Armeegruppe anvertraut. Als der Prinz sich der schwierigen Aufgabe nicht gewachsen zeigte, enthob ihn der König tief enttäuscht unter heftigem, öffentlich ausgesprochenen Tadel der Kommandoführung. Weitere seelische Belastungen folgten. Nach der Niederlage von Kolin erfuhr der König von dem Tod seiner Mutter. In der Nacht der Katastrophe von Hochkirch (fast hätte ihn dort der Tod ereilt) starb seine „angebetete“ Schwester Wilhelmine, Markgräfin von Bayreuth, ihm im Leben und Sterben auf das innigste verbunden. Wenige Wochen vorher war der Bruder August Wilhelm, Prinz von Preußen, designierter Thronfolger, verstorben, ohne daß Friedrich sich mit ihm wieder hätte versöhnen können; an dessen Sohn Friedrich Wilhelm trat nun die Nachfolge im Hohenzollernstaat heran, und Friedrich hatte schon nach Kunersdorf daran gedacht, dem Fünfzehnjährigen huldigen zu lassen. Sein Bruder Prinz Heinrich war dem König als erfahrener, vielleicht etwas zu bedachtsamer Stratege unentbehrlich; der Prinz war 1759 voll berechtigter, bitterster Kritik an dem militärischen Dilettantentum Friedrichs, aber er blieb absolut loyal und verläßlich — eine charakterlich integre, bedeutende Persönlichkeit, durchdrungen vom Dienstgedanken und von der Notwendigkeit, sich den Staatsinteressen unterzuordnen. Da König Friedrich so vielfältig sich mit Angelegenheiten seiner Dynastie beschäftigte, konnte es nicht ausbleiben, daß er in jenen Jahren oft und sehr heftig an seinen Vater erinnert wurde. Dreimal, im April und Mai 1758 und im Juli 1760 erzählte der König seinem Vorleser de Catt von Träumen, in denen ihm sein Vater erschien, und lange wirkten diese Vorstellungen nach und gaben Gelegenheit zu zahlreichen Betrachtungen. Zweimal begegnete ihm der Geist Friedrich Wilhelms I. in Ungnade, „weil er den Vater nicht lieb genug gehabt habe“; das dritte Mal sah sich Friedrich in Charlottenburg vor dem Vater und dem Alten

Dessauer: „Habe ichs gut gemacht? sagte ich zu diesem. — Sehr gut. — Das freut mich; Ihr Beifall und der meines Vaters schmeicheln mir mehr als der der ganzen Welt.“ Und im Nachdenken über seinen Vater gestand Friedrich ihm zu: „Nur durch seine Sorgen, seine unermüdliche Arbeit, seine von peinlichster Gerechtigkeit erfüllte Politik, seine große und bewunderungswürdige Sparsamkeit und die strenge Manneszucht, die er in dem von ihm geschaffenen Heer einführte, nur dadurch sind meine bisherigen Leistungen ermöglicht worden.“

König Friedrich wurde inmitten des Trubels eines Feldlagers das bedrückende Gefühl einer großen Einsamkeit nicht los. Er tat das, was ihm zugemessen wurde, aus Pflicht, nicht aus Neigung. Seine Selbstanalyse dürfte der Wirklichkeit ziemlich nahegekommen sein, wenn er im Dezember 1758 in einem Brief an den Marquis d'Argens solche Feststellungen aneinanderreihte: „Obwohl ich und die Truppe ungeheure Strapazen ausgestanden haben, verdienen wir kein Lob. Ich habe dies Leben herzlich satt. Habe ich doch alles verloren, was ich auf Erden liebte und achtete; ich bin umgeben von Unglücklichen, denen ich in der Not der Zeit nicht beistehen kann. Noch bin ich ganz niedergeschmettert von der Verwüstung unserer schönsten Provinzen. Ich bin mit Geschäften und Verdruß überladen — ein armer, gottverfluchter Mann, der verdammt ist, sich bis ans Ende der Zeiten herumzuschlagen und unter der Bürde der Arbeit zu erliegen.“ In der Schlacht von Prag war Feldmarschall Kurt Christoph von Schwerin gefallen, bei den Rückzugsgefechten nach Kolin auch der Generaladjutant Hans Karl v. Winterfeldt; bei Hochkirch starb Feldmarschall Jacob Keith — drei sehr fähige Offiziere in hohen Stellungen, die dem König besonders nahegestanden haben und die auch auf fachlichem Gebiet nicht mehr ersetzt werden konnten. Im Sommer 1759 vor der verhängnisvollen Schlacht von Kunersdorf zeichnete sein Vorleser, Heinrich de Catt, von Friedrichs Tätigkeit im Feldlager folgendes auf: „Der König las viel. Er nahm Tacitus, Sallust und Cornelius Nepos vor und sprach an den Nachmittagen mit mir darüber. Er verbesserte auch einige poetische Stücke. — Sie sehen mich sehr mit Lesen und Schreiben beschäftigt, sagte er oft. Ich brauche diese Ablenkung von den trüben Gedanken, die mich bewegen. Ich sehe, daß die Wolken sich häufen, und ein starkes Unwetter wird bald losbrechen, Gott weiß, wo es Verwüstungen anrichten wird! Ich wäre nicht ganz so sehr besorgt, wenn man wenigstens die Befehle ausführte, die ich erteile oder erteilen lasse... Man kann in keiner Lebenslage jemals glücklich sein, wenn man mit so vielen Leuten zu tun hat, und um wie viel weniger kann man es auf einem Platz wie dem meinigen sein!“ Flöte spielen, Reime schmieden, Briefe schreiben und dann und wann eine Stunde Unterhaltung am Abend mit dem Vorleser — das waren die kargen Mußestunden im Feldquartier, keine Flucht, sondern eine zweite Wirklichkeit. „Andere besaufen sich“, äußerte Friedrich einmal, „ich drechsele zu meiner Entspannung Verse“. Nicht wenige Episteln und Oden sind in den Jahren von 1757 bis 1762 entstanden. Friedrichs heller, klarer und scharfer Verstand blieb stets wach und gegenwärtig; bevor er es von anderen verlangen konnte, hat er sich selbst rationalisiert.

Sicherlich war es kein Zufall, wenn in der schlimmsten Notzeit nach Kunersdorf wieder das Bild Karls XII. von Schweden bei Friedrich heraufstieg. Jetzt erst glaubte er ihn richtig zu verstehen und Voltaires dilettantisches Bild korrigieren zu müssen. Aus der Situation von 1759 heraus erwächst die Sympathie: „Seine Standhaftigkeit, die ihn über sein Geschick erhob, seine wunderbare Tatkraft und sein Heldenmut waren unzweifelhaft seine hervorragendsten Eigenschaften.“ Dann aber folgen unüberhörbare Töne der Selbstkritik: „Unser Held hätte sparsamer mit Menschenblut sein können ... Feldherren, die eine Schlacht liefern wollen, weil sie sich nicht anders zu helfen wissen“ — da sind die schrecklichen Erfahrungen von Prag und Kunersdorf mit Händen zu greifen. Friedrich im Spiegel Karls XII. an dieser und an zahlreichen anderen Stellen: „Hast du, großer Kritiker, denn selbst die Lehren befolgt, die du so freigebig erteilst? Ach nein! Ich kann hierauf nur antworten: Fremde Fehler fallen uns in die Augen, aber die eigenen übersehen wir.“ An Standhaftigkeit hat es König Karl nicht gefehlt, aber Friedrich war glücklicher. Rußlands Ausscheiden aus dem Kriege am 5. Mai 1762 gab das Signal: Schon am 22. Mai 1762 wurde auch mit Schweden der Frieden zu Hamburg geschlossen, Österreich ging am 24. November 1762 einen Waffenstillstand für Ober- und Niederschlesien ein, nachdem am 3. November 1762 Frankreich von Großbritannien zum Präliminarfrieden von Fontainbleau veranlaßt worden war. Nach der Unterzeichnung des Friedens von Paris zwischen diesen Mächten am 10. Februar 1763 gingen nun auch Österreich und Sachsen am 15. Februar 1763 in Hubertusburg den Frieden mit Preußen ein. Die Friedensschlüsse von Berlin und Dresden wurden wiederholt, der Westfälische Friede bestätigt und das Deutsche Reich mit eingeschlossen, nachdem im Winter 1762/63 zu Regensburg von Kurbayern, Kurpfalz, Kurköln und Württemberg Neutralitätsabkommen mit Preußen geschlossen worden waren. Der Staat Preußen blieb danach für 44 Jahre, bis zum Friedensschluß von Tilsit im Jahre 1807, von außenpolitischen Gefahren verschont. Nachdem von 1756 bis 1763 eine siebenjährige Belastung ohne Erholungspausen durchgestanden war, ist Preußen recht eigentlich seit dieser Zeit zu einem wirklichen Gesamtstaat innerlich zusammengewachsen.

2. *Heeresverwaltung*

Ebensowenig wie die allgemeine Staatsverwaltung Preußens im 18. Jahrhundert bürokratisiert war, kann man auch der Heeresverwaltung eine klare Ressortgliederung zusprechen. Selbst im Zeitalter des Rationalismus ist vieles Überkommene noch lebendig geblieben und hat neben manchen Neuerungen unverbunden seinen Platz behauptet. Die gesamte Verwaltung Friedrichs des Großen ist noch stark personalistisch bestimmt, beginnend bei dem König und seinem jederzeit möglichen Eingriffsrecht in die Staatsgeschäfte. Er hat zur Erfüllung seiner Aufgaben zahlreiche Mitarbeiter benötigt; deren Funktionen haben oft gewechselt, und die Aufgaben hat der König jeweils an die von ihm ausgewählten Personen nach den Notwendigkeiten und entsprechend den bei dem Beauftragten vorausgesetzten Fähigkeiten vergeben.

Trotz einiger moderner Bezeichnungen gab es im friderizianischen Preußen keinen eigentlichen Kriegsminister und keinen Generalstab im heutigen Sinne. Die Befehle des Monarchen für die Militärverwaltung wurden durch seinen zivilen Kabinettssekretär ausgefertigt. Die Geheime Kriegskanzlei war mit ihren acht Beamten, über die der Generalauditeur die Dienstaufsicht führte, zu ministeriellen Aufgaben gar nicht in der Lage. Ihre Haupttätigkeit bestand in der Erstellung der geschriebenen monatlichen Ranglisten der Armee. Seit dem Jahre 1758 war die Zahl der Generaladjutanten von ursprünglich sieben auf einen herabgesetzt, der als ein höherer Adjutant bezeichnet werden kann, doch nahm er zeitweise wichtigen Anteil an den Operationsplänen, war demnach zugleich eine Art Chef des Generalstabes, allerdings stets interimistisch. Eine schon ressortmäßig klar umrissene Tätigkeit übte der Generalquartiermeister aus, dem die Festlegung der Lager und Marschrouten oblag.

Die eigentliche Heeresverwaltung blieb wie zu Zeiten Friedrich Wilhelms I. beim Generaldirektorium, dessen II. Abteilung unter anderem für Verpflegung und Ausrüstung der Armee, für die Kosten bei Märschen und Einquartierungen und für Servisgelder (als Abgeltung von Quartierlasten) zuständig war. Nach den Erfahrungen der ersten beiden Schlesischen Kriege wurde am 25. Februar 1746 im Generaldirektorium das VI. Departement gegründet, dem 1749 auch noch das Militär-Waisenhaus in Potsdam unterstellt wurde. Die Leitung hatte ein Zivilbeamter, der ehemalige Magdeburger Kammerpräsident Heinrich Christoph von Katte. Als es sich im Siebenjährigen Kriege zunehmend herausstellte, daß nach Ausbildung und Einsicht in die Zusammenhänge das oft fiskalisch beschränkte Generaldirektorium der notwendig beweglichen Kampfesweise des Königs mit schnellen, vorausschauenden Anordnungen nicht Schritt halten konnte und bei dem reduzierten und überanstrengten Zivilpersonal dem auch gar nicht gewachsen war, ernannte der König am 27. Januar 1761 den Generalleutnant Karl Heinrich v. Wedell zum Kriegsminister. Doch im Generaldirektorium bearbeiteten nach wie vor das II. Departement die General-Kriegskassen-Sachen und das III. Departement die Invalidensachen; Kantonierungs-Angelegenheiten blieben den Provinzialdepartements vorbehalten. Immer deutlicher bildete sich ein Gegensatz zwischen Kommando und Verwaltung heraus. Immediatstellungen besaßen auch der Generalinspekteur der Artillerie und der Chef des Ingenieur-Korps und der Festungen sowie der Generalintendant und der Generalquartiermeister. Die Befehlshaber in Ostpreußen standen im Feldmarschallsrang und waren mit Regionalbefugnissen über sämtliche dortigen Truppen und Festungen ausgestattet; dasselbe galt für Schlesien.

Die wichtigste Aufgabe dieser so vielen verschiedenen und auf Zusammenarbeit angewiesenen Stellen der Heeresverwaltung war die Organisation, Formation und Versorgung der stehenden Armee. Das preußische Heer bestand am 1. Juni 1740 aus 32 Infanterie-Regimentern mit 66 Bataillonen (bei jedem Bataillon eine Grenadier-Kompanie), 12 Regimentern Kürassiere mit 60 Schwadronen, 6 Regimentern Dragoner mit 45 Schwadronen, 2 Regimentern Husaren mit 9 Schwadronen, 1 Bataillon Feldartillerie und 1 Bataillon Garnison-Artillerie, 4 Garnison-Bataillonen und 4 Regimentern Landmiliz (Berlin, Königsberg, Magdeburg, Stettin). Unter den rund 80 000 Soldaten befanden sich etwa 26 000 Ausländer. Die Hauptgattung der Infanterie war die der Musketiere, ihnen an Bewaffnung und Ausrüstung glichen (vom 28. Regiment an) die Füsiliere, unterschieden lediglich durch eine Mütze mit hohem Blechschild anstelle des Hutes; die Grenadiere (ursprünglich mit Handgranaten ausgerüstet) waren Elite-Einheiten mit steilen Blechmützen, von Friedrich II. zu Bataillonen zusammengefaßt.

Die Armee des „Soldatenkönigs“ Friedrich Wilhelm I. galt in Europa als ungewöhnlich groß, gemessen an der geringen Bevölkerungszahl Preußens. Trotzdem wurde sie sofort bei Regierungsantritt Friedrichs II. noch um 16 Bataillone und 23 Schwadrone vermehrt, während die Potsdamer Riesengarde bis auf ein Bataillon aufgelöst wurde. Einige Truppenteile stellten davon der Herzog Karl von Braunschweig, der Herzog Wilhelm Heinrich von Sachsen-Eisenach sowie der Markgraf Karl von Ansbach, der Herzog Friedrich von Sachsen-Gotha und Prinz Friedrich August von Holstein-Gottorp. Die Neuformationen waren bei Ausbruch des Ersten Schlesischen Krieges teilweise noch nicht abgeschlossen. Im Winter 1741/42 hatte Braunschweig-Bevern ein neues Regiment aufzustellen, ein weiteres wurde für den Markgrafen von Brandenburg-Schwedt errichtet, zwei weitere Regimenter stellte der König in Breslau und Wesel auf. Ein Dragonerregiment wurde von der Herzogin Maria Auguste von

Württemberg übernommen und behielt zunächst seine württembergischen roten Uniformen. Die Anwerbung eines Ulanen-Regiments in Polen wurde jedoch durch Sachsen untersagt. Aus österreichischen Kriegsgefangenen und aus schlesischen Freiwilligen wurde je ein schwarzes und braunes Husaren-Regiment aufgestellt. 7 Garnison-Regimenter dienten in den Festungen zu Besatzungszwecken. Die Feldartillerie wurde aus schlesischen Freiwilligen verdoppelt, außerdem ein Pionier-Regiment mit Mineuren und Pontonnieren in Oberschlesien aufgestellt. Kurz vor dem Zweiten Schlesischen Kriege sind 4 weitere Infanterie-Regimenter (darunter je eines aus Württembergern und Holsteinern) sowie 1 Dragoner- und 2 Husaren-Regimenter unter ungarischen Kommandeuren aufgestellt und die Garnisonbataillone vermehrt worden. Jetzt kam es endlich auch zur Formierung von Lanzenreitern, preußischen „Bosniaken" in abenteuerlichen Kostümen, die aber die hohen Erwartungen des Königs enttäuschten: „Die Hullanen sind das Brot nicht wert." Die Armee war mit allen Neuformationen auf 132 000 Mann angewachsen. Ihre sehr unterschiedliche Herkunft bedingte bis ins einzelne ausgearbeitete Reglements, die in Revuen und Truppenübungen in großer Strenge eingeübt wurden. Durch gemeinsames Erlebnis im Kriege bildete sich bei den einzelnen Regimentern ein gewisser Korpsgeist, der es erklärlich macht, daß selbst in den Notzeiten des Siebenjährigen Krieges das Heer einen erstaunlichen inneren Zusammenhalt bewahrte. Dazu trugen der pünktlich gezahlte Sold und die gute, regelmäßige Verpflegung zu einem nicht geringen Teile bei.

Die Verpflegung des Heeres war durch die Magazinverwaltung gewährleistet, die der König aus der Erfahrung der ersten Kriege im Januar 1746 geschaffen hatte. In den Festungen und Landmagazinen lagerten 44 000 Wispel Roggen, davon zwei Drittel zu Mehl ausgemahlen. Dazu kamen für sofortigen Bedarf Fouragemagazine. Für die Auffüllung und Vorratshaltung war das Generalproviantamt zuständig, die Beschaffung der Vorräte selbst erfolgte durch die Feldkriegskommissariate. Proviantämter verteilten den Verpflegungsbedarf an die Truppen, das Mehl wurde den Feldbäckereien zugeführt. Proviantfuhrparks und Bäckereikolonnen mit fahrbaren Feldbacköfen folgten der Armee dichtauf. Für Notfälle waren die Bataillone mit Handmühlen ausgestattet, um vorgefundenes Getreide verwerten zu können. „Niemals", so erzählt der Feldzugsteilnehmer Hauptmann Johann Wilhelm v. Archenholtz in seiner zeitgenössischen Geschichte des Siebenjährigen Krieges, „fehlte es dem preußischen Heer an Sold, nie an Brot, nie an Fourage, sehr selten an Gemüse und noch seltener an Fleisch." Das war keineswegs selbstverständlich und zeigt unter den sorgfältigen Dispositionen Friedrichs II. eine Umsicht und einen hohen Grad von Beweglichkeit der Heeresverwaltung, wie sie später in den Koalitionskriegen am Jahrhundertende nicht wieder erreicht worden sind. In ähnlicher Weise war die Versorgung der Kavallerie-Regimenter mit Pferdefutter organisiert.

Der Heeresbedarf an Uniformen, Ausrüstung, Munition sowie der Ersatz an Waffen und Pferden ist unter dem Armee-Intendanten General von Massow stets rechtzeitig zur Verfügung gestellt worden, was nach den großen Verlusten bei Hochkirch und Kunersdorf nur unter außergewöhnlichen Anstrengungen möglich war. Die Gewehrfabriken in Potsdam und Spandau konnten monatlich nur 1 200 Gewehre herstellen, auch die Geschützfabrikation reichte nicht aus, so daß Ankäufe im Ausland helfen mußten. Die aufwendigen Uniformen wurden beibehalten, auch für die Kriegsformationen, obwohl sie in Kürze abgenutzt waren. „Meine Kerls sehen aus wie die Grasteufel, aber sie beißen", glossierte König Friedrich die in herbstlichem Dauerregen auf aufgeweichten Landstraßen dahinziehende Armee. Sie marschierte unter Fahnen, die im Laufe des Siebenjährigen Krieges fast alle erneuert werden mußten und die statt des Fahnenspruchs Friedrich Wilhelms I. „Non Soli cedit" nunmehr die Devise „Pro Gloria et Patria" und den Namenszug „FR" trugen.

Nach weiteren geringfügigen Neuaufstellungen zählte die preußische Armee zu Beginn des Siebenjährigen Krieges 95 Bataillone, 211 Schwadrone und 23 Garnisonbataillone; bei der Mobilmachung wurden 29 Grenadier- und 12 Garnisonbataillone sowie die 4 Landregimenter neu gebildet. Die Gesamtstärke betrug 158 000 Mann, davon 127 000 Mann Feldtruppen. Darin war auch bereits das schlesische Kontingent inbegriffen, das in einer Anzahl von 35 000 Mann ständig in dieser Provinz unterhalten werden sollte. Hatte der König, der in Schlesien behutsam vorgehen wollte, sich anfangs mit dem Servisgeld begnügt, so wurden durch die Edikte vom 15. August 1742 und 16. August 1743 für 13 Regimenter Rekrutierungskantone in Schlesien geschaffen. Breslau wurde davon ebenso befreit wie die sechs Gebirgskreise wegen ihrer Industrie. Diese stellten jährlich 60 Rekruten und kamen für Montierung, Verpflegung, Transportkosten und Handgeld auf; sie hatten sich dabei völlig verausgabt und wurden von 1764 bis 1770 von der Rekrutengestellung befreit. Trotz aller Abneigung in Schlesien gegen die Militärlasten haben die schlesischen Kontingente ruhmvollen Anteil an Friedrichs Feldzügen gehabt; unter ihnen gab es so berühmte Regimenter wie die Seydlitz-Kürassiere, die Jung-Platen-Dragoner, das weiße und das braune Husaren-Regiment, die Füsilier-Regimenter Markgraf v. Schwedt und Jung-Zieten.

Zur Regional-Verteidigung waren die 4 Land-Regimenter in den alten Provinzen bestimmt, die sich aus altgedienten, verabschiedeten Soldaten zusammensetzten und im Falle des Aufgebots unter Waffen treten sollten. Seitdem im Siebenjährigen Kriege die Provinzen von feindlichen Invasionen bedroht wurden, ergingen 1757 vom König Cabinetsordres an das

Generaldirektorium, „bei den jetzigen mißlichen Konjunkturen" in der Kur- und Neumark, Magdeburg, Halberstadt, Pommern und Ostpreußen Landmilizen aufzustellen; dazu sollte „alle junge Mannschaft, so das Gewehr tragen kann, es seien Enrollierte, Ausrangierte oder was es wolle, eingezogen werden", auch die Städte sollten sich beteiligen, „auf daß nicht alles dem platten Lande allein zur Last falle". In Ostpreußen hatte die Regierung den Königsberger Stadtmagistrat aufgefordert, zu den Verteidigungsvorbereitungen auch die Eximierten heranzuziehen. Auf diese Weise wurden in Pommern 5 500 einheimische Landsoldaten, in der Uckermark 823, in der Neumark 1 700, in Magdeburg-Halberstadt 3 300, in der Kurmark 3 000 und in Ostpreußen 2 200 Mann aufgebracht. Die Unterhaltung mußten die Provinzen zumeist selbst übernehmen, sahen sich aber bei längerer Kriegsdauer dazu außerstande; so wurde 1761 Pommern nebst der Uckermark von der Weiterzahlung entbunden und der jährliche Betrag von 306 000 Rtlr. der Generalkriegskasse zur Zahlung angewiesen. Insgesamt sind im Herbst 1757 21 Land-Bataillone und 6 Land-Husaren-Schwadronen mit 16 500 Mann aufgestellt worden. Durch Kampfhandlungen und Ersatzgestellung verringerte sich ihre Zahl bis zum Kriegsende auf etwa 9 000. Die schlesische Gebirgs-Landmiliz in den eximierten Industriekreisen, auf 20 Kompanien veranschlagt, war schon sehr viel früher nach ähnlichen Gesichtspunkten aufgestellt worden, jedoch mit dem entscheidenden Fehler, Besoldung und Verpflegung nicht veranschlagt und die Bestätigung der Offiziere in der Schwebe gelassen zu haben; so fanden sich keine „Freiwilligen", da die Leute zudem fürchteten, auf Lebenszeit in die Armee gesteckt zu werden. Nur einzelne Kompanien traten zusammen, und im Zweiten Schlesischen Kriege führten Bauern aus dem Kreise Hirschberg einen Kleinkrieg gegen österreichische Streifkorps; eine geplante Umbildung erübrigte sich infolge des baldigen Friedensschlusses, und im Siebenjährigen Kriege sind weder in den Westprovinzen noch in Schlesien Landmilizen aufgestellt worden. Dagegen kam es seit 1756 mit Genehmigung des Königs zur Errichtung von Frei-Regimentern und Frei-Bataillonen, von meist ausländischen Offizieren angeworben, für Kriegsdauer zusammengeholte leichte Infanterie- oder Kavallerie-Einheiten, insgesamt 23 Formationen, die, disziplinarisch ziemlich ungebunden, bei Freund und Feind gefürchtet waren und das Ansehen der preußischen Armee oft belastet haben. Nur wenige Freikorps-Offiziere sind in die preußische Armee übernommen worden, so der spätere Feldmarschall Guillaume L'Homme de Courbière, der Verteidiger von Graudenz 1807. Ein einzigartiger Versuch, die preußische Heeresstärke schlagartig beträchtlich zu vermehren, wurde im Winter 1756/57 unternommen, als 10 sächsische Infanterie-Regimenter auf preußischem Fuß neu errichtet wurden. Obwohl sie sämtlich an Kampfhandlungen der preußischen Armee teilgenommen haben, bewährten sie sich nicht; nur 2 von ihnen blieben bis zum Kriegsende bestehen, ein weiteres war bereits 1760 aufgelöst, die restlichen 7 jedoch schon 1757, nachdem sie durch Meuterei und Desertionen nicht mehr einsatztauglich geworden waren.

Die Ausländerwerbung, bei der brutale Methoden nicht selten waren, hat gewiß manche wilden Gesellen und asoziale Elemente in die friderizianische Armee gebracht, sie damit aber zugleich einer strengen, unbefristeten Dienstpflicht zugeführt. Mindestens ein Viertel des preußischen Heeres bestand nach dem Siebenjährigen Kriege aus „Ausländern"; dazu gehörten nicht nur die nichtdeutschen Nationalitäten, sondern auch alle nichtpreußischen Deutschen einschließlich Kurländer, Elsässer und Siebenbürger, schließlich sogar alle überzähligen oder aus fremden Bezirken stammenden preußischen Kantonisten: Das „Ausland" begann für ein Regiment jenseits der Grenze seines Kantons (A. Skalweit). Auch blieben die Söhne der ausländischen verheirateten Soldaten dienstpflichtig auf Lebenszeit; die Zahl der ausländischen Soldatenfamilien in Preußen wird im Jahre 1777 knapp 20 000 umfaßt haben. Der inländische Heeresersatz war in der Regel durch die Rekrutierungsbezirke der Kantone, nicht durch Werbung bestimmt. Bei der „Enrollierung" hatten neben dem Regiments-Chef der Landrat und der Steuerrat mitzuwirken. Von der Kantonspflicht befreit waren der Adel, die Beamten und ihre Söhne und Inhaber von Bauerngütern und deren erste Söhne, alle Kolonisten und deren Söhne, Handwerker und bestimmte Berufssparten, Kaufleute, Fabrikanten, Seeleute; ganze Gebiete waren freigestellt, so in Ostfriesland, in den rheinisch-westfälischen Provinzen und in den schlesischen Gebirgskreisen; auch einzelne Städte wie Berlin und Breslau. Damit blieb der Soldatendienst wesentlich bei der Landbevölkerung. Doch selbst von den tauglichen Kantonisten konnte in Friedenszeiten nur einer von 200 wirklich eingestellt werden, wobei als Auswahlprinzip die Körpergröße galt — auch noch am Anfang des 19. Jahrhunderts. Der Offizier-Ersatz kam aus dem Kadettenkorps, andere traten als Fahnenjunker bei den Regimentern ein. Das Offizierkorps war nicht durchweg adlig; es gab dabei eine Reihe verdienter Unteroffiziere oder Bürgerliche, die teilweise später nobilitiert wurden. Doch hatte der Adel durchaus Vorrang. Der König wünschte einen geschlossenen Offizierstand von gleicher Pflicht- und Ehrauffassung; ein gehobenes Bürgertum gab es damals fast nur bei den Beamten, und diese sollten dem Staatsdienst vorbehalten bleiben, denn auch Familientradition hatte ihren Wert. Allerdings genügte das nicht; im Juni 1786 beschied der König einen Bittsteller: „Der Sohn des Generalmajors Grafen von Lottum muß erst ein Jahr als Freikorporal gedient haben, ehe er Offizier werden kann. Ihr müßt Euch erinnern, daß der gräfliche Vater bei der Sache nichts tut, und sogar in England muß der Sohn des Königs bei der Flotte von unten auf dienen".

Während des Siebenjährigen Krieges sind Neuformationen der Armee kaum vorgenommen worden; nur mit Mühe hat der König durch Wechsel mit Garnisoneinheiten, Zusammenlegungen und Gefangenenaustausch seine Heeresstärke um 100 000 halten können, bis er am Kriegsende wieder über die Zahl von 219 000 Soldaten einschließlich der Festungsbesatzungen und Ersatzformationen verfügte. Davon wurden nach Friedensschluß 42 000 Inländer und 37 000 Pferde entlassen, was dem Wiederaufbauwerk sehr zugute kam. War die preußische Armee im Jahr 1763 auf 151 000 Mann verringert worden, so stieg sie bis zum Tode Friedrichs des Großen wieder auf 195 000 Mann an. Sie stand damit hinter Österreich (297 000) und Rußland (224 000) an dritter Stelle Europas, dichtauf gefolgt von Frankreich (182 000). Preußens Heer zählte im Jahre 1786: 55 Infanterie-Regimenter mit 110 Bataillonen, 25 Grenadier-Bataillone, 20 Garnison-Bataillone, 7 Garnison-Grenadier-Bataillone, 4 Land-Regimenter, Feldjägerkorps, 13 Kürassier-, 12 Dragoner-, 10 Husaren-Regimenter mit 234 Schwadronen, 4 Feld-Artillerie-Regimenter, ferner Garnison-Artillerie, Mineurs, Pontonniers und Ingenieurkorps.

Die Versorgung dienstuntauglich gewordener oder in Ehren verabschiedeter Soldaten war bereits unter König Friedrich Wilhelm I. in der Instruktion an das Generaldirektorium vom 20. Dezember 1722 geregelt, im gleichen Jahre war das Potsdamer Militär-Waisenhaus gegründet worden. Friedrich der Große hat diese Einrichtungen fortgeführt und ergänzt. Die dienstuntauglichen alten Soldaten sollten ursprünglich bei den Regimentern gehalten werden und in besonderen Invaliden-Kompanien Innendienst machen, doch wurden sie 1742 in den 12 Kompanien des Neuen Garnison-Regiments als Besatzung auf die kleinen Festungen Regenstein, Peitz, Küstrin, Greetsiel, Moers, Stettin, Tempelburg, Spandau sowie Charlottenburg verteilt. Für die erwerbsunfähigen verabschiedeten Soldaten trat die Invalidenkasse ein, der Disziplinar-Strafgelder (für unerlaubte Entfernung, Wachvergehen, Schuldenmachen) aber auch freiwillige Zuwendungen bei Standeserhöhungen zugewiesen wurden. Daraus sind z. B. am 1. Juni 1748 an bedürftigen und hilflosen ehemaligen Soldaten 4685 Mann verpflegt und montiert worden.

Für die dienstuntauglichen Soldaten der Garde hatte Friedrich Wilhelm I. zu Werder bei Potsdam 1730 eine Invalidenanstalt gestiftet. Nach Beendigung des Zweiten Schlesischen Krieges baute Friedrich der Große vor dem Oranienburger Tor in Berlin ein großes, 1748 begonnenes Invalidenhaus, in dem 600 hilflose Soldaten Aufnahme fanden; sie waren in 3 Kompanien gegliedert und erhielten freie Wohnung, Holz, Licht, Uniformen sowie die übliche Heeresbesoldung entsprechend ihren Rängen. Den noch einigermaßen erwerbsfähigen Invaliden wurde durch staatliche Zivil-Versorgung geholfen, bei Offizieren auch durch Verleihung von

Gnadengehältern, Amtshauptmannschaften, Pfründen, Landrats- und Postmeisterstellen; auch wurden sie als Kommandeure von Garnison- und Landregimentern, Festungskommandanten und Platzmajore, im Verpflegungswesen und beim Kriegskommissariat beschäftigt. Dabei hat der König in jedem einzelnen Fall nach Verdienst und Bedürftigkeit die Zuwendungen bewilligt, wobei Grundsatz war, daß nicht langjährige, sondern gute Dienste belohnt wurden; die Zahlungen erfolgten für Offiziere aus der Generalkriegskasse. Bevor Offiziere als Land-, Kriegs-, Steuer- und Domänenräte eingestellt wurden, mußten sie sich allerdings vor der Königlichen Ober-Examinations-Kommission des Generaldirektoriums einer Prüfung unterziehen. Offiziere der Frei- und Garnison-Regimenter blieben hingegen nach ihrer Abdankung in der Regel ohne Versorgung.

Bereits 1746 hatte der König die Kriegs- und Domänenkammern getadelt, daß sie nicht hinreichend Invalide in den Zivildienst einstellten und am 13. März 1747 ein Zirkular-Reskript an die Kammern ausgehen lassen; daraufhin wurden ihm Listen von 391 Militäranwärtern zugesandt, die lesen, schreiben und rechnen konnten und als Polizeireiter, Kanzleiboten sowie im Post- und Salzwesen Verwendung finden sollten. Die Umfrage wurde 1758 wiederholt. Die Einstellung invalider Unteroffiziere als Dorfschulmeister hat Aufsehen erregt, doch waren es insgesamt nicht mehr als 79, die vor dem Generaldirektorium die Prüfung bestanden hatten. 1763 wurde Oberst v. Billerbeck zum Inspekteur des Invalidenwesens ernannt. Er sonderte aus dem Invalidenhause diejenigen Insassen aus, die sich selbst helfen konnten; auch wurden die Empfänger der Gnadentaler darauf überprüft, und allein die Neumärkische Kammer stellte fest, daß 268 von den 431 Zuschußempfängern die Beihilfe entbehren konnten. Die Versorgung invalider Feldjäger im Forstdienst wurde 1758 angeordnet und 1762 eine Anzahl der Provinz Preußen zugesandt, die während des Krieges keine Invaliden hatte einstellen können. Die Magdeburger Kammer hatte sich 1761 zur Einstellung von „fremden“ (!) Invaliden nur dann bereiterklärt, wenn für diese zugleich neue Planstellen geschaffen würden. Bei der Errichtung der neuen Steuerverwaltung der „Regie“ wurden 1775 Steuerempfänger, Kassenkontrolleure, Wiegemeister, Torschreiber, Brükkenwächter hauptsächlich mit ausgedienten Unteroffizieren besetzt; allein die Kaffee-Regie beschäftigte 200 Invaliden zur Überwachung, die sogenannten „Kaffee-Riecher“. Weitere Invaliden wurden als Büdner, Holzwärter, Nachtwächter, Hirten, Feld-, Wald- und Wiesenhüter angesetzt. Als Militärkolonisten konten allein in der Kurmark 3000 Invaliden untergebracht werden, weitere vor allem in Pommern, aber auch in der Neumark und in Preußen. Von fast 200 000 durch den Siebenjährigen Krieg invalide gewordenen Offizieren und Soldaten konnten so etwa 10 000 Mann staatlich versorgt werden. Im Jahre 1785 waren 5900 Invaliden noch unversorgt, im Jahre darauf fast 6 500. Die Soldaten aller Chargen dienten bis an die Altersgrenze; im Jahre 1787 zählte das Dragoner-Regiment v. Borcke noch 134 Mann, die den Siebenjährigen, zum Teil sogar noch den Zweiten Schlesischen Krieg mitgemacht hatten, mithin zwischen 50 und 60 Jahre alt waren.

Witwen und Waisen hatten keinen Anspruch auf Versorgung, sondern blieben auf Fürsorge angewiesen. 1769 wurde in Breslau ein landschaftlicher Pensionsfonds für arme adlige Witwen und Waisen begründet; zur Schlesischen Landschaftskreditbank gab der König 100 000 Taler, aus deren Zinsen den Waisenkindern von Offizieren Beihilfen gewährt wurden. Ähnliche Einrichtungen gab es bei der Pommerschen und Neumärkischen Ritterschaft. 1775 wurde eine allen Ständen zugängliche „Witwen-Verpflegungsanstalt" eingerichtet, die jedoch nur für Friedenszeiten galt. Insgesamt gesehen war die Versorgung von Invaliden und mittellosen Heeresangehörigen nicht viel über die von Friedrich Wilhelm I. gelegten Fundamente hinaus gediehen. Angesichts der großen Zahl der Kriegsopfer muß die staatliche Hilfe, die Friedrich II. in bescheidenen Grenzen hielt, gering erscheinen. Abgesehen von den überall dringlichen Aufgaben und den dafür nur knappen Mitteln war die Idee des Wohlfahrts- und Versorgungsstaates noch nicht so weit ausgebildet, daß nicht an erster Stelle die Selbsthilfe zu stehen hatte. Angesichts fehlender Normen für einen Sozialstatus sind dabei zweifellos Ungerechtigkeiten aufgetreten, die als solche nicht beabsichtigt waren. Das Heer selbst hat in Kameradenhilfe manches auszugleichen gesucht. Im allgemeinen herrschte der Eindruck, daß der alte, ausgediente und kranke Soldat nicht seinem Elend überlassen blieb, sondern daß bei guter Führung für ihn gesorgt wurde; galt doch weiterhin aus Friedrich Wilhelms I. Zeiten die kostenlose Arznei-Verabfolgung aus der Feldapotheke. Die ärztliche Versorgung war aus unzureichenden Anfängen so weit entwickelt worden, daß fahrbare Feldlazarette und Apotheken zur Verfügung standen. Der Generalstabsmedicus Dr. Cothenius konnte immerhin darauf hinweisen, daß während des Siebenjährigen Krieges 220 000 Mann in den Lazaretten hatten geheilt werden können. Die Versuche allerdings, die der Generalchirurg Schmucker anstellte, um den Soldaten mit konzentriertem Ernährungspulver über zwei Wochen hinweg einsatzfähig zu halten, mußten bei dem damaligen Stand der Nahrungsmittelchemie scheitern. Schließlich sei noch erwähnt, daß zur geistigen Betreuung der Soldaten außer der in anderem Zusammenhang zu behandelnden Feldgeistlichkeit auch das Institut der Feldpost wesentlich beigetragen hat und daß in der friderizianischen Armee bereits Anfänge von mobilen Regiments-Bibliotheken festzustellen sind.

In der Zeit vom Hubertusburger Frieden bis zum Tode Friedrichs des Großen sind in der Heeresverwaltung einschneidende Änderungen kaum mehr erfolgt. Um die Kompanie- und Schwadrons-Chefs auf ihre eigentliche militärische Aufgabe zu konzentrieren, wurde ihnen die Ausländerwerbung gänzlich und das Beurlaubungs- und Freistellungssystem zum großen Teil abgenommen. Die Werbung erfolgte jetzt zentral für die ganze Armee vom Kriegsdepartement, ebenso die Beschaffung von Monturen und Fourage. Das war das praktische Ende der seit dem Dreißigjährigen Kriege in allen Heeren blühenden „Kompaniewirtschaft"; der Offizier als Unternehmer gehörte in Preußen von nun an der Vergangenheit an. Zur besseren Überwachung und zugleich Vereinheitlichung in Ausrüstung und Ausbildung wurden, nach Provinzen eingeteilt, 6 Infanterie- und 5 Kavallerie-Inspektionen gebildet und mit erfahrenen und zuverlässigen Generalen besetzt. Am meisten kümmerte sich aber der König selbst um seine Armee, um Aufbringung, Einteilung, Fechtweise und Versorgung. Für die Ausbildung zu späterer höherer Verwendung in diplomatischen oder militärischen Diensten wurde am 1. März 1765 in Berlin die Kriegsakademie (Académie des Nobles) für etwa 20 Zöglinge gegründet. Die „Generalprinzipien des Krieges", die „Grundsätze der Lagerkunst und der Taktik", die zahlreichen Instruktionen für alle Waffengattungen faßten Erfahrung und Zielsetzung des Königs zusammen. Die Revuereisen wurden auch nach dem Siebenjährigen Kriege wieder aufgenommen; die westlichen Provinzen besuchte Friedrich in den Jahren 1763 und 1768. Die für 1764 vorgesehene Reise nach Königsberg mußte wegen der Thronwirren und allgemeinen Unruhen in Polen abgesagt werden, und nach dem Erwerb Westpreußens hielt der König fast jährlich in Mockrau bei Graudenz Truppenschau. Ebenso wurden die gewohnten Reisen nach Schlesien fortgesetzt und mit Inspektionen der Zivilverwaltung bis zu den Kreisen herab verbunden. Die letzte große Revue nahm der 73jährige König im Herbst 1785 in Schlesien ab. Am Ende seines Lebens beschäftigten ihn die Formation der leichten Infanterie-Bataillone, die Vermehrung der reitenden Artillerie und die Vergrößerung und Verbesserung des großenteils aus Schweden bezogenen Geschützparks. Nach wie vor verlangte er von der Truppe höchste Beweglichkeit, genaueste Disziplin und die geistige Fähigkeit seiner Generale, dem Gegner das Gesetz des Handelns vorzuschreiben. Daß es daran noch fehlte und die Taktik meist schematisch, formal und „schulgerecht" blieb, die Bewegungen präzise, aber langsam und schwerfällig ausgeführt wurden, brachte im Bayerischen Erbfolgekrieg 1778/79 bei Mobilmachung, Aufmarsch und strategischer Ausnutzung der Anfangserfolge unliebsame Überraschungen und Einsichten. Sie ließen die Truppe an Friedrichs Strategie zweifeln und beendeten die militärische Tätigkeit des Prinzen Heinrich. Es hätte der militärischen Demonstration nicht bedurft, um zu gleichen diplomatischen Ergebnissen zu gelangen. Allerdings war dafür eine starke und schlagfertige Armee im Hintergrund unerläßlich. Preußen bedurfte ihrer als Garant des europäischen und deutschen Gleichgewichts.

Der Unterhalt eines stehenden Heeres von 190 000 Mann belastete die Wirtschaft Preußens in hohem Maße. Obwohl Österreichs Heer um ein Drittel stärker war, mußte Preußen gemessen an der Volkszahl doppelt so viel Soldaten stellen. Um die eigene Volks- und Arbeitskraft zu schonen, entnahm Preußen die Hälfte seiner Soldaten dem Ausland. Abgesehen von großzügiger Freistellung der industriell tätigen Bevölkerung wurde auch die Arbeitskraft der im Dienst stehenden in- und ausländischen Soldaten durch Beurlaubungen für gewerbliche Tätigkeiten genutzt. Für 10 Monate im Jahr waren in der Regel 60 Mann pro Kompanie beurlaubt, hauptsächlich in die Landwirtschaft. Außerhalb der Exerziermonate waren demnach mindestens 70 000 Mann beurlaubt, dazu 13 000 ausländische „Freiwächter", die vom Wachdienst freigestellten, als Gelegenheitshandwerker in den Garnisonen tätigen Soldaten. Daß darunter Disziplin und Einsatzbereitschaft leiden mußten, wurde bewußt in Kauf genommen. Nur auf diesem Wege war es möglich, über ein großes stehendes Heer zu verfügen und trotz geringer Bevölkerungszahl die eigene Wirtschaftsentwicklung erheblich steigern zu können.

3. *Finanzen*

Den „Nervus rerum gerendarum" hatte mit einem gängigen kameralistischen Schlagwort König Friedrich Wilhelm I. den Staatsschatz genannt und hat dabei die völlige, souveräne Verfügbarkeit darüber vorausgesetzt. Die Aktionsfähigkeit des Fürsten stand und fiel mit einem geregelten Finanzhaushalt, und die bekannte Rechenhaftigkeit des Hauses Hohenzollern hat in generationslanger Tradition Sparsamkeit und gezielte, wirkungsvolle Geldanlage zur Meisterschaft ausreifen lassen. Einen Staatsschatz zur eigenen Disposition, einen „Tresor", der getrennt von der übrigen Staatsfinanzverwaltung für besondere, außerordentliche Fälle gedacht war, hat erst Friedrich Wilhelm I. angelegt. Ausgemünzt in Gold in Fässern im Kellergewölbe des Berliner Schlosses waren im Jahre 1740 10 Millionen Reichstaler vorhanden. Doch schon der Erste Schlesische Krieg hatte davon zwei Drittel verbraucht. Durch Auffüllung aus dem Gesamthaushalt, aus schlesischen Geldern und einer Anleihe der kurmärkischen Landschaft ist der Tresor bis 1745 auf nahezu 6 Millionen Reichstaler wieder aufgefüllt worden. Der Zweite Schlesische Krieg hat dann diese Mittel und noch weitere in Höhe von rund 12 Millionen Reichstaler völlig aufgezehrt. Den Grundstock für die Neubildung des Schatzes gaben die Kriegsentschädigungen, zu denen Überschüsse aus der laufenden Verwaltung kamen, so daß bei Ausbruch des Siebenjährigen Krieges nahezu 20 Millionen Reichstaler verfügbar waren.

Der Wert dieses Geldes wurde nach seiner Kaufkraft bestimmt, und diese schwankte stark. Das im deutschen Reichsgebiet umlaufende Kleingeld war minderwertig, weshalb Preußen mit dem Ausmünzen von Silber — immer noch der eigentlichen Weltwährung — allzu lange gezögert hatte, zumal die lahmen Bemühungen um eine reichseinheitliche Währung nicht vom Fleck kamen. Französische Louisdors und holländische Dukaten bestimmten daher den deutschen Geldverkehr. Friedrich II. hatte in der Zeit der ersten Schlesischen Kriege preußisches silbernes Kleingeld (Doppel- und Halbgroschen) in Berlin in großer Zahl münzen lassen, schritt jedoch bald zu einer selbständigen Lösung. Im Januar 1750 berief er den herzoglich braunschweigischen Handels- und Münzmeister, Johann Philipp Graumann, der mit aufsehenerregenden Münztheorien hervorgetreten war, zum preußischen Generalmünzdirektor. Er blieb unter Aufsicht des Generaldirektoriums, war also kein selbständiger Unternehmer. Das Münzgesetz vom 14. Juli 1750 schuf als hochwertige Münze den Friedrichsdor von 5 Talern mit einem Goldgehalt von 6 Gramm; aus einer Mark Silber wurden 14 Taler geprägt. Aber die begehrten Münzen waren bald aus Preußen abgeflossen, und da dieses Land noch keinen Welthandel besaß, kehrten sie in den seltensten Fällen zurück, so daß die erhofften Einnahmen aus dem Münzschlag ausblieben. Von den Münzstätten in Aurich, Berlin, Breslau, Cleve, Königsberg, Magdeburg und Stettin mußten mehrere schließen, zuletzt arbeiteten nur noch Breslau und Königsberg rentabel. 1754 wurde Graumann beurlaubt, behielt aber bis zu seinem Tode 1762 den Titel eines General-Münzdirektors. Gleichwohl war seit Jahrhunderten die wichtigste Münzreform in Deutschland vollzogen, und der Nennwert der Münzen stimmte mit dem Rechnungswert überein. Diesem Grundsatz und der Prägung von $^1/_{14}$ Feinsilber enthaltenden Talern haben sich nach und nach alle deutschen Staaten angeschlossen. Der Friedrichsdor wurde erst 1764 auf Veranlassung des Ministers von Schlabrendorff um 5 % angehoben und damit sein Wert normalisiert; er galt nun 5 Reichstaler 8 Groschen. Bereits 1750 wurden die Münzmeister ihrer Verantwortlichkeit entsprechend besoldet, sie erhielten 1 000 statt bisher 300 Taler, bezogen demnach halbes Ministergehalt, doch war ihnen jeder Nebenerwerb strengstens untersagt, was erst durch mehrfach eingeschärfte Ordres erreicht wurde. Ihnen zur Seite wurden als Mitdirektoren ehemalige Offiziere gesetzt, die für den ordnungsmäßigen Geschäftsgang mitverantwortlich waren. Das galt erst recht, als nach dem Abgang Graumanns 1754 die Münzstätten an jüdische Handelsgesellschaften, zunächst Herz Moses Gumperts und Moses Fränckel, seit 1758 an Veitel Ephraim verpachtet wurden. Der König wurde von dem Direktor der Alten Münze zu Berlin, Peter Lorenz Knöffel, beraten; an Graumanns Stelle trat der Generalkriegskommissar und Generalintendant Generalleutnant Wolf Friedrich von Retzow. Er konnte aber infolge mangelnder fachlicher Einsicht nicht übersehen und verhindern, daß in der Cleveschen Münze ein Übermaß schlechter Scheidemünzen geprägt wurde, wodurch der Clevische Stüber um ein Viertel seines Wertes einbüßte. Schon im Sommer 1756 war aber auch mit der Ausmünzung von 6-Kreuzer-Silberstücken in großer Menge in Cleve begonnen worden, mit der Absicht, diese Sorte, die 18 (statt 14) Taler pro Feinmark Silber wert war, im Reich und in Polen in Umlauf zu setzen. Die Abweichung vom bisherigen Münzfuß, also die Geldentwertung, hatte bereits begonnen, als der Siebenjährige Krieg ausbrach.

Der preußische Staatsschatz war 1758 nach zwei Jahren Kriegführung restlos verbraucht. Die preußischen Münzstätten, dazu die Dresdener und Leipziger Münze hatten je eine Million im Jahre 1758 an Schlagschatz geliefert. Im Dezember 1758 wurde Ephraim gestattet, Friedrichsdor auf 19³/4 Reichstaler Fuß („Mittelfriedrichsdor" mit Kupferzusatz) in Berlin zu prägen, nachdem schon seit April 1758 in Dresden und Magdeburg preußische 8-Groschen-Stücke auf demselben Fuß geschlagen worden waren. Danach wurde jetzt auch mit sämtlichen anderen Silbermünzsorten verfahren. Der Gehalt der Silberprägungen ging aber in den nächsten Jahren rapide bergab und betrug bald 30, 35, zuletzt (1761) 40 Rtlr. auf eine Feinmark Silber, demnach nur etwa ein Drittel an Metallwert gegenüber dem Graumannschen Friedensstand. Außerdem wurde eine Unzahl von „leichten" Kleinmünzen, hauptsächlich für Polen bestimmt, geprägt. Wenig Wert hatten auch die in der sächsischen Münze hergestellten Drittelttaler, nach dem Münzunternehmer „Ephraimiten" genannt, und die „Tympfe" (18-Groschen-Stücke) *. Im Juli 1758 hatte die Zahlung englischer Subsidien in Gold begonnen, wovon Anfang des Jahres 1761 2 Millionen Reichstaler vorhanden waren. Davon wurde die Hälfte zu Mittelfriedrichsdor, die andere Hälfte in sächsischen Münzwerkstätten in 2 Millionen stark kupferversetzter Augustdor geprägt, die häßlichste Goldmünze neuerer Zeit, von der an die 3 Millionen Stück insgesamt bis 1762 hergestellt worden sind.

Die Geldbeschaffung in der Existenzkrise Preußens erfolgte mit allen Mitteln. Nachfolger Retzows in der Münzdirektion war hinsichtlich der Breslauer Münze und der Personalien der Generalleutnant Friedrich Bogislaw v. Tauentzien († 1764), tatsächlich übte die Dienstgeschäfte der Rendant der Generalkriegskasse, Geheimrat Friedrich Gotthold Köppen, aus. Die Entscheidungen für die manchmal recht bedenklichen Maßnahmen verantwortete allein der König. Die oft kritisierte Münzverschlechterung war die einzige Möglichkeit, nach Abschöpfung der geringen inneren Kredite den Staat überleben zu lassen. Daß aber auch fremde Währungen

* Andreas Tympf, polnischer Generalmünzmeister im 17. Jahrhdt. Der polnische Taler hatte 90 Groschen, der preußische (hochwertige) 24.

unter gleichzeitiger Verschlechterung nachgeahmt wurden, muß als staatliche Falschmünzerei bezeichnet werden. In Preußen galten diese leichten Münzsorten nicht, sondern wurden in den Ländern von Friedrichs Gegnern verbreitet. Da Österreich durch starke Anleihen finanziell bald erschöpft war und 1762 als erster deutscher Staat Papiergeld ausgeben mußte, waren die österreichischen Kupfermünzen so geringwertig, daß das preußische Silber-Kriegsgeld in der ganzen österreichischen Armee als begehrtes Zahlungsmittel galt. Zudem hatte es König Friedrich verstanden, seinen Staatsschatz im Kriege wieder aufzufüllen und vor allem nicht nur seine Gegner, sondern auch seine eigenen Behörden über die Geldbestände durchaus im unklaren zu lassen. Über die zahlreichen, sehr unterschiedlichen Fonds und Kassen, die dem König zur Verfügung standen, wußten außer ihm nur der Geheime Kabinettssekretär Eichel und der Kriegszahlmeister Köppen im Generaldirektorium Bescheid. Im einzelnen bestanden, großenteils unabhängig voneinander: der Staatsschatz mit Nebenkassen (für Mobilmachung, Pferde, Monturen nebst „eisernen" Beständen); die Generaldomänenkasse; die Generalkriegskasse; die Breslauer Militärkasse der schlesischen Provinzialverwaltung; die Feldkriegskassen der Feldkriegskommissariate in Schlesien, Pommern und Sachsen; die königliche Dispositionskasse; der Zentral-Dispositionsfonds („große Köppensche Kasse") einschließlich der Kontributionsgelder und der Erträge aus der Münze sowie der Subsidien aus England. Diese betrugen in den Jahren 1758—1761 etwa 27,5 Mill. Rtlr., blieben somit weit hinter dem zurück, was Sachsen für Preußen aufzubringen gezwungen war. Am Ende des Jahres 1763 befanden sich im königlichen Tresor wieder rund 14,5 Mill. Rtlr., die aus den Überschüssen der verschiedenen Kassen, aus Kontributionen, Subsidienresten und Münzgewinnen zusammengebracht worden waren, eine beachtliche Ersparnis angesichts der Gesamtkosten des Krieges, die sich auf preußischer Seite auf rund 140 Millionen Rtlr. beliefen. Während Österreich auf Jahrzehnte hinaus mit Staatsschulden belastet war, ging Preußen mit einem erheblichen Dispositionsfonds aus dem Krieg; gesiegt hatte, wer den letzten Taler in der Tasche behielt. Jedenfalls war genügend Edelmetall vorhanden gewesen, um Schaumünzen unmittelbar nach Friedrichs Siegen bei Lobositz, Prag, Roßbach, Leuthen (als Replik mit kopierter Rückseite der österreichischen Medaille auf Kolin), Liegnitz und Torgau und der Umschrift „Fridericus Magnus" prägen zu lassen.

Sofort nach Kriegsende begann in Preußen die Münzreform. 1763 war der 19¾-Taler-Fuß wiederhergestellt, 1764 bereits der gute Graumannsche 14-Taler-Fuß erreicht. Das von dem seit Ende 1763 im Amt befindlichen Generalmünzdirektor Martin Kröncke ausgearbeitete Edikt vom 29. März 1764 sah die Reduktion der Münzen und deren Einwechslung vor. Durch Umtausch und Einschmelzung sowie die notwendige neue

Schulden-Regulierung erlitten Staat und Privatpersonen sehr hohe Verluste, so daß die ersten Nachkriegsjahre wirtschaftlich zu den schwersten in Friedrichs Regierungszeit geworden sind. Das jähe Ende der Kriegsspekulationen führte zum Zusammenbruch zahlreicher Amsterdamer und Hamburger Bankhäuser, die Berliner Kaufmannschaft wurde stark in Mitleidenschaft gezogen. Aber der König wollte die Last nicht auf die Zukunft abwälzen, sondern so rasch wie möglich einen auch finanziell funktions- und leistungsfähigen Staat schaffen. Das ist ihm gelungen, und seit der Überwindung der letzten Mißwachs-Katastrophe zu Beginn der Siebziger Jahre erreichte Preußen dank seiner stabilen Währung wieder eine aktive Handelsbilanz.

Bei der Neuprägung vollwertiger Gold- und Silbermünzen hat es Schwierigkeiten beim Erwerb von Edelmetallen gegeben, so daß 1783/84 für 4 Millionen Taler englische Guineen angekauft und umgemünzt wurden. Bei der Goldbeschaffung über Amsterdam wurde ein Institut unentbehrlich, das Friedrich II. bereits im Winter 1762/63 geplant hatte: die preußische Staatsbank. Wegen seiner Kenntnisse im Finanz- und Lotteriewesen hatte sich ihm dafür der Italiener Anton Maria Calzabigi im Dezember 1762 in Leipzig empfohlen, doch ist erst zwischen Herbst 1764 und Frühjahr 1765 der Plan einer Aktienbank nach englischem Muster mit dem für Preußen riesenhaften Grundkapital von 25 Millionen Rtlr. näher ausgearbeitet worden. Der König war sich von vornherein darüber klar, daß die englischen Voraussetzungen in Preußen nicht bestanden; in der wirtschaftlich ungünstigsten Lage des Staates war denn auch mit Aktienzeichnung nicht zu rechnen. Nur mit größter Mühe und starker Beteiligung der Beamtenschaft kamen 622 500 Taler zusammen. Die Preußische Staatsbank ist dann doch am 20. Juli 1765, allerdings mit anderer Zielsetzung und unter Heranziehung des mit seinem Projekt der Emdener Levante-Kompanie gescheiterten holländischen Finanzmannes Philipp Clement als Mitdirektor gegründet worden. Ihr wurden nur 321 000 Taler zugewiesen, die Aktienanteile entfielen. Die Aufsicht führte das Generaldirektorium, wobei der vielbeschäftigte Minister Ludwig Philipp v. Hagen richtungweisend tätig wurde. Die Anfangsschwierigkeiten, auf Unerfahrenheit, personelle Fehlgriffe und unkorrektes Verhalten zurückzuführen, wurden allmählich überwunden, und die Bank mit ihren den preußischen Kaufleuten ungewohnten Geschäften gewann zunehmend Vertrauen. Entscheidende Förderung erhielt sie durch die königliche Verfügung von 1768 an die Gerichte, alle Mündelgelder gegen 2 bis 3 % bei der Bank anzulegen. Von den zahlreichen, ihr durch Calzabigi ursprünglich zugedachten Aufgaben blieben die Aufrechterhaltung des Wechselkurses durch Wechseldiskontierung und Lombardgeschäfte und zunehmend entwickelte sie sich zur Depositenbank. Der Giroverkehr hörte schon 1768 wieder auf.

Der an sich bedenkliche Mangel an eigenem Kapital war deshalb weniger gefährlich, weil die Deckung jederzeit durch den Staatsschatz gegeben war; doch setzte das ruhige Zeiten voraus, in denen dieser nicht selbst vom Staat beansprucht wurde. Um Schlesien entgegenzukommen, wurde in Breslau eine eigene staatliche Bank gegründet, die jedoch bald mit der Berliner Hauptstelle verschmolzen wurde. Weitere Filialen entstanden in Königsberg, Stettin, Kolberg, Frankfurt/Oder, Magdeburg, Minden, Emden und Cleve. Kolberg wurde aufgegeben, dagegen 1774 ein Bankkontor in Memel und 1777 ein weiteres in Elbing gegründet. Die Geldvermehrung wuchs so rasch an, daß die Depositen der Hauptbank im Jahre 1786 bereits 8,6 Millionen betrugen. Die Bank erfüllte dadurch ihren gemeinnützigen Zweck. Von Hypothekengeschäften, die ihm zu unsicher waren, wollte allerdings der König nicht viel wissen. Dagegen ist der Handel mit Edelmetallen im Verein mit der Seehandlung, um die staatliche Münze zu versorgen, fast ausschließlich über die Bank abgewickelt worden. Die jährlichen Gewinne der Bank beliefen sich in der Größenordnung um 100 000 Rtlr., seit 1784 war allerdings diese Summe auf das Doppelte gestiegen. Damit konnte der König wohl zufrieden sein; auch auf diesem Gebiet hatte Preußen den Schritt zum Gewerbe- und Handelsstaat erfolgversprechend vollzogen.

Die regelmäßigen Staatseinkünfte fußten seit den Zeiten Friedrich Wilhelms I. auf der ländlichen Kontribution und der städtischen Akzise. Ebenso wie in Schlesien ist 1772 auch in Westpreußen der Generalhufenschoß den Abgaben des platten Landes zugrundegelegt worden, allerdings in einem etwas günstigeren Verhältnis bei Bauern und Freien (Kölmern) *, die dort den niedrigsten Steuersatz in ganz Europa aufzubringen hatten ($33^1/_3$ % vom genau ermittelten Reinertrag). An der Art und dem Ausmaß der direkten Besteuerung des Landes wurde während der Regierungsjahre Friedrichs II. nichts mehr geändert; das Steueraufkommen überstieg sogar geringfügig die Erwartungen. Anders bei der indirekten städtischen Steuer der Akzise. Diese unter Friedrich Wilhelm I. durchaus fortschrittliche Einrichtung bedurfte dringend der Reform. Vier verschiedene Steuersysteme, die auf die Ziesen des 16. und die Licenten des 17. Jahrhunderts zurückgingen und außer der Akzise auch die neuen Transitzölle umfaßten, galt es aufeinander abzustimmen und vor allem in den Gesamtrahmen der Staatswirtschaft zu stellen, denn die Städte wirtschafteten steuerlich selbständig und ohne Berücksichtigung übergeordneter Gesichtspunkte. Diese konnten nicht einmal vom Generaldirektorium geltend gemacht werden, da vier Departements neben den Domänenkammern an der Steuerverwaltung beteiligt waren. Dazu kam, daß die Erträge der

* Kölmer: Freibauer nach kulmischem Recht (seit 1233) im Bereich des ehemaligen Deutschordensstaates Preußen, mit größerem Grundbesitz als Eigentum. Die Privilegien galten bis in das 19. Jahrhundert.

Akzise in den Jahren 1763/64 auf 1764/65 von 17,3 auf 11,8 Millionen Taler abgesunken waren. Wenn dafür auch die finanziellen Kriegsfolgen und die Geldverknappung auf Grund der Münzreformen ursächlich gewesen sind, so erforderte diese Entwicklung doch rasche Gegenmaßnahmen. Von allen europäischen Ländern hatte Frankreich die fiskalische Steuertechnik am weitesten entwickelt; so beschloß König Friedrich, sich dieser Erfahrungen zu bedienen. Weit entfernt, das für Preußen gar nicht passende französische System zu kopieren, beschloß der König 1766, fünf französische Steuerfachleute in seinen Dienst zu nehmen, um eine wirksame Steuerverwaltung aufzubauen, Unterschlagungen und Schmuggel auf das äußerste einzuschränken, die Formalitäten zu vereinheitlichen und zu vereinfachen, die Tarifsätze zu normalisieren. Das für die Büros und Grenzkontrollen erforderliche Personal wurde auf 2000 Bedienstete erhöht, davon sind etwa 200 aus Frankreich angeworben worden.

Die neue „Administration générale des accises et des péages", gewöhnlich „Regie" genannt, wurde durch Edikt vom 9. April 1766 und durch den im gleichen Jahre mit den fünf Generalregisseuren auf sechs Jahre geschlossenen Kontrakt in Tätigkeit gesetzt. An die Spitze der neuen, dem Generaldirektorium nominell unterstellten zentralen Finanzbehörde trat der bisherige Kammerpräsident der Kurmark, Freiherr Julius August Friedrich v. d. Horst im Range eines Staatsministers. Mit ihm und dem Departementschef, Ludwig Philipp v. Hagen, setzte der König die Grundzüge der Handels- und Steuerpolitik fest; verantwortlich Ausführender war dabei der Franzose De la Haye de Launay, ein erfahrener, zuverlässiger integrer Steuerspezialist von bedeutenden Kenntnissen. Das galt zumindest auch für einige der übrigen vier Generalregisseure, die ebenso wie die Provinzial-Steuerdirektoren Franzosen waren wie auch die meisten anderen der 200 Regiebeamten in den leitenden Stellen. Die Kassenverwaltung blieb ganz in der Hand der preußischen Behörden, die durch die Einrichtung der Regie keineswegs zur Seite gedrängt werden sollten: vielmehr wurden junge preußische Beamte auch in den hohen Chargen der Regie angelernt, und vollends die subalternen Bereiche waren ganz überwiegend mit preußischen Bedienten besetzt.

Als im Jahre 1772 der Kontrakt mit den Regisseuren ablief, vollzog der König auf de Launays Vorschlag entsprechend den bisherigen Erfahrungen eine Änderung der Organisation. Anstelle des bisher nicht verantwortlichen Kollegiums trat eine zentrale Aufgabenstellung. Bis auf de Launay wurden die Generalregisseure entlassen, dieser stand nun verantwortlich an der Spitze der Regie und hatte als Mitarbeiter je zwei deutsche und französische Unterregisseure, von denen jeder einen größeren Steuerbezirk bearbeitete: 1. Kur- und Neumark; 2. Preußen, Litthauen und Pommern; 3. Schlesien; 4. Magdeburg, Halberstadt und die westfälischen Zölle; für Westpreußen wurde 1774 ein weiterer (französischer) Unterregisseur bestimmt. Die Generalkasse der Regie wurde von dem Generaleinnehmer der Kurmark mit verwaltet. Eine besondere Rechnungsdirektion prüfte die Rechnungen auf Richtigkeit und Etatsmäßigkeit. In der Provinzial- und Lokalverwaltung gab es aber weiterhin eine große Anzahl von Kontrolleuren, Aufsehern, Einnehmern, Visitatoren und Revisoren; ein umständlicher bürokratischer Apparat, der eigentlich dazu geschaffen war, um Handel und Wandel zu beschleunigen und zu erleichtern. Bezeichnend ist, daß nach wie vor wie seit Jahrhunderten der städtische Torschreiber die kleinen Gefälle sofort kassierte, weil eine Abfertigung des Warenverkehrs über die Akzisebüros sich als unmöglich erwies. Da die Regie, bei der es an Erpressungen und Veruntreuungen nicht gefehlt hatte, kein eigenständiger Rechtsbezirk bleiben durfte, ist die Akzisegerichtsbarkeit ab 1772 dahingehend geändert worden, daß in der oberen Instanz anstelle des Einzelrichters ein unabhängiges Richterkollegium zu befinden hatte. Ein wirklicher Fortschritt war durch die nunmehr zuverlässige Grenzkontrolle erreicht. In jeder Provinz sorgten Zollwächter zu Fuß und zu Pferde, sogenannte „Brigaden“, für die Überwachung des Grenz- und Transitverkehrs. Erst dadurch ist Preußen in allen seinen Landesteilen ein einheitliches Zollgebiet, mit der Verlagerung der Binnen- auf die Außenzölle, geworden.

Es ist freilich nicht zu übersehen, daß der Regie-Betrieb bei der Öffentlichkeit in Preußen auf scharfe Ablehnung stieß und daß wohl keine Maßnahme Friedrichs seit dem Siebenjährigen Kriege sein Vertrauensverhältnis zur Bevölkerung mehr belastet hat als diese als französisch empfundene Steuerverwaltung. Auf die Höhe der Akzise an sich hatte die Regie, die lediglich eintreiben und verwalten sollte, keinen Einfluß; aber eben die Art der Eintreibung, die dabei geschehenen Übergriffe und Unregelmäßigkeiten, der abstrakte Fiskalismus sind es gewesen, die diese Verwaltung so verhaßt gemacht haben. Zudem war der Verwaltungsstil der Regie mit zahlreichen bedenklichen Kompetenzüberschreitungen ein so ungewohnter, daß bei den Domänenkammern und im Generaldirektorium erhebliche Vorbehalte und Warnungen laut wurden. Eine Eingabe der Minister im Herbst 1766 hat der König scharf abgewiesen, und der Konzipient, Geheimer Finanzrat Erhard Ursinus, hat seinen kühnen Freimut und die vorwurfsvolle Tonart mit einjähriger Festungshaft büßen müssen. Indessen hatte doch auch Heinitz schonungslos darauf hingewiesen, daß die Regie unrentabel wirtschafte und auch sonst die Ergebnisse hinter den Erwartungen zurückblieben. König Friedrich, keineswegs blind gegenüber den Schwächen dieser Verwaltung, kürzte 1783 drastisch deren Personaletat, wodurch die unliebsamen Aufseher der mittleren und unteren Instanzen großenteils verschwanden. Die Regie hat bis zum Ende von Friedrichs Regierungszeit einen Überschuß von 23 Millionen Talern eingebracht bei hohen eigenen Verwaltungskosten.

Die neuen Akziseerhebungen haben König Friedrich in den Jahren 1766 bis 1768 sofort mit einem Land in Konflikt gebracht, das als Nebenbesitz Preußens seit 1707 ein von den großen Ereignissen der Politik ziemlich unberührtes Randdasein geführt hat: mit Neuchâtel (Neuenburg). Dieses am Ausläufer des Schweizer Jura gelegene, meist französisch besiedelte Gebiet hatte seit seiner Zugehörigkeit zu Preußen als Kolonistenreservoir immer eine gewisse Rolle gespielt und hatte sich sonst einer ungestörten Freizügigkeit erfreut. Die Schutz- und Gerichtsherrschaft war Bern übertragen worden, und eben dieses entschied in dem Streit über die Erhöhung der Neuenburger Gefälle zuungunsten Preußens. Als es zu Zusammenrottungen und sogar zur Ermordung des Generaladvokaten Gaudot am 24. April 1768 gekommen war, sandte der König den Generalleutnant Joseph Cäsar Freiherrn von Lentulus, einen gebürtigen Berner, der 1757 aus österreichischen in preußische Dienste getreten war, als Gouverneur nach Neuchâtel. Diesem und nicht minder dem Präsidenten der Kammer von Geldern-Moers, Friedrich Wilhelm v. Derschau als Sonderbeauftragten, gelang es, die Ordnung wiederherzustellen, nachdem die alten Rechte zugesichert worden waren. Der König hat sich schließlich damit abgefunden, nicht ohne Resignation, da ihm in Neuenburg ein anderer Plan, der ihm wichtiger erschien, auch nicht gelungen war, nämlich dort Jean Jacques Rousseau einen freien Aufenthalt zu gewähren.

Daß auch sonst das Regiewesen nicht überall beibehalten werden konnte, erfuhr de Launay in Westfalen, wo es 1772 abgeschafft wurde; so hatten dort die von der Regie arg drangsalierten Bauern vielfach die städtischen Märkte nicht besucht oder waren in freie Nachbargebiete ausgewichen. Aber auch das wichtige Staatsregal der Post wurde der Regie schon nach drei Jahren wieder abgenommen und einem preußischen Generalpostmeister unterstellt. Wenn der König jedoch so zähe an der zentralen Finanzverwaltung festhielt, verfolgte er damit vor allem ein soziales Ziel: nicht nur die Steigerung der Steuererträge, sondern zugleich die Verlagerung der Steuerlasten. Neben der scharfen Schutzzollpolitik, die dem eigenen Handel zugutekommen sollte, wurde die Schonung der wenig bemittelten Bevölkerungsschichten angestrebt. Die Akzise auf Mehl und Malz wurde ganz aufgehoben, was sich vor allem auf den Brotpreis günstig auswirkte, auch blieb die Abgabe auf Schweinefleisch unverändert, und nur die wertvollen Fleischsorten sind stärker besteuert worden. Hohe Importzölle wurden jedoch auf die Genußmittel gelegt, vor allem auf Tabak und Kaffee, „eine dem Vorteil des Staates sehr nachteilige Delikatesse, indem dafür viel bares Geld außerhalb des Landes geht". Da die unter Calzabigis unseliger Leitung stehende General-Tabaks-Pachtungs-Gesellschaft von 1765 schon im Jahre darauf ihr Aktienkapital eingebüßt hatte, wurde nach zeitweiliger Unterstellung unter die Regie eine staatliche General-Tabaks-Administration zugunsten der königlichen Dispositionskasse errichtet, die zuletzt 1,2 Millionen Taler Einnahme brachte. Im Jahre 1781 schließlich wurde auch der Kaffee zu einem Monopol, das in Nebenverwaltung von der Regie übernommen wurde, die das alleinige Recht hatte, gemahlenen und gebrannten Kaffee zu verkaufen. Die 200, später 400 invaliden „Kaffeeriecher" als staatliche Kontrolleure sollten für die strikte Einhaltung des Regie-Privilegs sorgen, doch wurde ihr Eindringen in die Privathaushalte als lästig empfunden. Trotz Verbilligung des Kaffeepreises und erhöhten Verbrauchs hat die Regie niemals mehr als 96 000 Taler Überschuß aus den Abgaben erzielen können.

Hätte das Generaldirektorium nicht doch besser und billiger wirtschaften können als die Regie? Diese Frage hat sich König Friedrich oft vorgelegt. Richtig ist doch wohl, daß erst eine umfassende Finanzreform hätte erfolgen müssen, bevor sich die „Alten Perücken" in den Departements und Kammern an die vollkommene Steuertechnik gewöhnt haben würden. Hier hat zweifellos die Regie, trotz vieler unschöner Seiten, dem Staatszentralismus in Preußen Vorschub geleistet. Der schwierigste Teil der Verwaltungsarbeit, die Finanz, ist von den alten Behörden weiter getragen und mit Erfolg entwickelt worden. Hierfür ist die bereits im 17. Jahrhundert nach holländischem Vorbild errichtete Ober-Rechnungskammer beispielhaft geworden. König Friedrich hatte sie 1745 aus dem Schloß in den Marstall geholt, wo unter den Augen des Herrschers das Dienstgeheimnis immer wieder eingeschärft wurde. Hatte der König noch 1750 unverantwortliche Nachlässigkeit bei Abnahme der halleschen Salzkassenrechnung festgestellt, so fand er Ende 1768 die Behörde in guter Ordnung. Entgegen den Absichten des Generaldirektoriums hat Friedrich den Oberrechnungshof als „das Auge des Regenten" erheblich verstärkt und ihn nicht zur Pfründe altersschwacher Räte werden lassen. Dennoch war die Behörde sehr klein: unter einem Präsidenten arbeiteten nur vier geheime Finanzräte bei knapper Besoldung aber in hohem Ansehen. Die Dienstgeschäfte blieben über fünf Departements verteilt, und im Jahre 1784 beteiligte sich die Oberrechenkammer an der Revision der Berliner öffentlichen Kassen. Bemerkenswert ist, daß von den sieben Chefpräsidenten zur Regierungszeit König Friedrichs II. sechs bürgerlich waren, die bis auf einen nobilitiert worden sind.

Am Ende seiner Regierungszeit hatte Friedrich der Große über 51 Millionen Rtlr. im Staatsschatz und seinen Nebenkassen. Das hätte ihm ermöglicht, sechs Feldzüge ohne Steuererhöhung und Schulden durchzuhalten. Öffentliche Schulden hat der preußische Staat zum ersten Mal bei der Übernahme Schlesiens in Höhe von 11,3 Millionen rheinischen Gulden übernehmen müssen, sie aber unter teilweiser Verrechnung mit den englischen Subsidien bald abgezahlt. Im Innern ist neben der Kriegsanleihe von 1745 nur zweimal je eine Zwangsanleihe während des Siebenjährigen Krieges durchgeführt worden, sonst hat sich Friedrich geradezu ängstlich schuldenfrei gehalten. Er hatte damit aber auch eine unbeschränkte Verfügungsmöglichkeit über seine Finanzmittel und -quellen. Wenn sein Schatz auch nie die ihm oft unterstellte Höhe von 100 Millionen erreicht hat, so ist die Finanzleistung des von Natur aus armen Preußen eine erstaunliche Tatsache, die der Arbeitskraft der Bevölkerung und der Dispositionsfähigkeit des Herrschers ein hervorragendes Zeugnis ausstellt. „Die Regierung", schreibt König Friedrich in seinen Denkwürdigkeiten, „darf sich nicht auf einen einzigen Gegenstand beschränken. Der Vorteil darf nicht der einzige Beweggrund ihres Handelns sein. Das Gemeinwohl, das so viele Zweige umfaßt, bietet ihr eine Fülle von Aufgaben, denen sie sich zu widmen hat. — Derart vermag ein stets vervollkommnetes und vom Vater auf den Sohn befolgtes Finanzsystem die Lage der Regierung zu verändern und sie aus ursprünglicher Armut heraus so reich zu machen, daß sie ihr Gran in die Waagschale der europäischen Großmächte werfen kann."

V.
DAS ZWEITE RETABLISSEMENT

1. Verwaltungsreform

Für Friedrich den Großen ist das Verwaltungswerk seines Vaters zeitlebens vorbildlich gewesen, und nur schwer hat er sich entschließen können, an den bestehenden Einrichtungen etwas zu ändern. Das große Retablissement hatte seinerzeit nicht nur die Wiederherstellung der Provinz Preußen bewirkt, sondern den Gesamtstaat von Grund auf umorganisiert. Es war nun aber doch nicht zu übersehen, daß 40 Jahre später der Staat sich verändert hatte; sein Gebietsumfang war erweitert, die Bevölkerungszahl und damit notwendig der Ackerertrag, die Domänen, Manufakturen, Städte, Handel waren gewachsen; dazu trat als dringendes Erfordernis nach den langen und verlustreichen Kriegen der Wiederaufbau. Gerade diesem sollte die Modernisierung der Verwaltung zugute kommen. Das aber war mit einzelnen Verfügungen schon nicht mehr getan; viele aufeinander abgestimmte Maßnahmen wuchsen zusammen zu einem zweiten großen Retablissement des Staates.

Der durch den Siebenjährigen Krieg eingetretene Bevölkerungsverlust in Preußen hat sich auf fast 400 000 Menschen belaufen. Das waren nahezu 20 % der Einwohnerschaft nach dem Stande von 1740 und mehr als 10 % nach dem Stande von 1756, demnach für die damaligen Verhältnisse und das ohnehin nicht dicht besiedelte Preußen eine hohe Zahl. Dabei stand Ostpreußen mit 90 410 Umgekommenen oder Verschleppten weit an der Spitze, es folgten Pommern (72 216), Neumark (57 028), Kurmark (56 993), Schlesien (46 088) und Magdeburg mit Mansfeld (7 186); der Rest (zusammen etwa 65 000) entfiel auf die statistisch schwer erkennbaren, in ihrer Bevölkerungsbewegung stark fluktuierenden Westprovinzen. Mit der listenmäßigen Erfassung der Bevölkerung bei den Kriegs- und Domänenkammern wurde der Anfang zu statistischen Erhebungen und Auswertungen gemacht, wenn auch die methodische Unsicherheit der Berechnungsgrundlagen zunächst vergleichbare Ergebnisse nicht erzielen konnte.

Ergänzend zur mathematisch-statistischen Feststellung der Bevölkerungsbewegung trat die Landesaufnahme durch exakte Feldvermessung, um ein Kataster herzustellen und danach die Leistungsfähigkeit der bäuerlichen Betriebe genauer bestimmen zu können, auch die Domänen und Landesgrenzen kartographisch festzulegen, Stadt- und Festungspläne anzufertigen sowie Landesmeliorationen und Siedlungen vorzubereiten. Hierbei sind in der friderizianischen Zeit zahlreiche grundlegende Neuerungen und Vereinfachungen durchgeführt worden, auch hier mit dem Ziel der Vereinheitlichung der mannigfaltig überkommenen provinzialen Besonderheiten. So gab es allein beim Längenmaß nicht weniger als 12 verschiedene Bezeichnungen mit zum Teil stark abweichenden Meßwerten; zwischen der Alten Oletzkoschen Rute von 4,172 m und der Großen Neumärkischen Landrute von 5,021 m lag die Rheinländische, die als „Preußische" Rute mit Zirkular vom 28. Oktober 1773 verbindlich eingeführt wurde, mit 4,766 m Länge. Die Brandenburgische Meile betrug nach den Meßwerten des 18. Jahrhunderts 7 407,41 m. Daneben bestand aber die Schlesische Meile von 6 479,024 m weiter, ebenso die Breslauer Rute von 4,319 m. Eine erste Instruktion für die Landmesser, ausgearbeitet von den Kriegs- und Domänenkammern Königsberg und Gumbinnen, wurde am 20. November 1755 erlassen und zum Muster für alle anderen preußischen Gebietsteile. An Instrumenten kam 1766 in Preußen der von dem Augsburger Mechaniker Brander verbesserte Meßtisch mit Fernrohr und Wasserwaage zur Einführung. Die Ausbildung des Ingenieurkorps erfolgte nach kursächsischen, dort erarbeiteten Prinzipien; die aus Kostengründen vielfach durch Militärs ausgeübte Landesaufnahme wurde nach und nach durch Zivilbedienstete ergänzt, so bei den Kammern und im Forstdepartement, so daß auf Veranlassung des Generaldirektoriums und des Justizministers v. Zedlitz schließlich 1776 im Berliner Schloß eine kartographisch-topographische Ausbildungsanstalt unter dem französischen Professor Marsson eingerichtet wurde. Da der König selbst topographische Skizzen entwarf und Anregungen dazu gab, ist in Preußen eine rege kartographische Tätigkeit in allen Landesteilen mit zum Teil sehr beachtlichen Leistungen entfaltet worden.

Von den zentralen Behörden hatte König Friedrich, mit Ausnahme der Angliederung des V. Departements, das Generaldirektorium zunächst unverändert gelassen. Die noch von seinem Vater überkommene Generation der Dirigierenden Minister, Friedrich v. Görne im I., Franz Wilhelm von Happe im II., August Friedrich von Boden im III. und Adam Otto v. Viereck im IV. Departement, haben das Ende des Siebenjährigen Krieges nicht mehr erlebt; Görne war 1745 als 75jähriger verstorben, Viereck 1758 mit 74 Jahren, Happe 1760 mit 76 und Boden 1762 mit 79 Jahren. Obwohl Friedrich mit ihren Leistungen zuletzt, besonders unter der Anspannung des Krieges, nicht mehr recht zufrieden war, hat er sie doch in ihren Ämtern belassen, in einer fast ängstlichen Scheu, der Verwaltungsinstitution durch Personalveränderungen schaden zu können. An die Stelle des verstorbenen Görne wurde der Präsident der Kriegs- und Domänenkammer in Gumbinnen, Adam Ludwig v. Blumenthal berufen, ein bewährter Mitarbeiter Friedrich Wilhelms I., der aber auch schon 1761 im 70. Lebensjahr starb. Um die Aufgaben der Minister besser entsprechend ihren Befähigungen zu verteilen, versetzte der König 1747 den schwächsten der dirigierenden Minister, den aus dem Auswärtigen Dienst herangezogenen v. Happe, in das IV. Departement, gab Viereck das III. und Boden das wichtigste II. Departement. Als Friedrich diesem seinem zweifellos befähigsten und erfahrensten Beamten im März des Krisenjahres 1759 wegen einer ungeschickten Vorlage eines Untergebenen eine grobe und verletzende Rüge erteilte, antwortete ihm Boden: „Ich habe nun über fünfzig Jahre dem königlichen Hause als ein ehrlicher Mann gedient und werde nicht aufhören, dergestalt aller Verfolgung ungeachtet die noch übrige Lebenszeit bei meinem sechsundsiebzigsten Alter zu kontinuieren . . . So lange mein Kopf noch in brauchbarem Stande und es Ew. Kgl. Majestät gefällig ist, werde ich nicht aufhören, mit aller Treue und Sorgfalt ohne alle Nebenabsichten zu arbeiten." Die würdige Antwort beschämte den König, der allerdings gegenüber jeder Art von Routine und Schlendrian — gegenüber Boden freilich am wenigsten gerechtfertigt — mißtrauisch blieb.

Seine Kriegserfahrungen und der Tod der alten Verwaltungsgeneration haben Friedrich nach dem Siebenjährigen Kriege veranlaßt, nicht nur die leitenden Beamten zu verjüngen, sondern auch das Generaldirektorium erheblich umzugestalten. Schon die Instruktion von 1748 hatte zum Ziel gehabt, den Geschäftsgang zu beschleunigen, wozu nach Meinung des Königs drei Stunden am Vormittag zur Erledigung der laufenden Geschäfte ausreichen mußten: „Wenn sie sich aber Historien erzählen, Zeitungen lesen, so ist der ganze Tag nicht lang genug." Auch der gegenseitigen Ressort-Abstimmung galt das Augenmerk. Eben diese wurde aber mit der Vielzahl neuer Aufgaben unübersichtlicher und fast nur von Fall zu Fall zu entscheiden. Drei Minister-Kollegien bestanden nebeneinander: Das Justizdepartement tagte im Staatsrat, das Auswärtige Departement bildete unter der Direktive des Königs eine Behörde für sich und das Generaldirektorium hatte als ursprüngliche Hauptaufgabe die Verwaltung der Finanzen. Indem diese 1766 als Zoll- und Akzise-Verwaltung (Regie) verselbständigt und als IV. Departement nur dem Namen nach von dem Generaldirektorium beaufsichtigt wurde, mußte dieses (IV.) Zoll- und Akzise-Departement zugleich von allen anderen Aufgaben, insbesondere solchen territorialer Erstreckung, freigestellt werden. Dementsprechend traten die Regionalbefugnisse über Halberstadt mit Hohenstein, Minden, Ravensberg, Tecklenburg und Lingen sowie die Verwaltung des Münzwesens, ab 1771 auch noch Magdeburg mit Mansfeld, zum III. Departement, dem nunmehr alle westlichen Provinzen Preußens unterstanden und das zudem noch die Stempelsachen und die Invalidenangelegenheiten zu bearbeiten hatte. Dagegen gab das III. an das II. Departement 1747/69 das Salz- und das Postwesen ab, das ohnehin unter dem Generalpostminister eine größere Selbständigkeit erhielt, ebenso wie später die General-Salzadministration. Die Proviantangelegenheiten waren schon vorher dem VI. Departement übertragen worden. Beim I. Departement wurde schließlich das „Preußisch-Litthauische-Departement" 1769 verselbständigt, dem die Kammern von Königsberg und Gumbinnen unterstanden sowie 1774 auch die Provinz Westpreußen und die Kassensachen als Realverwaltung, während dem I. Departement die Provinzen Pommern, Neumark, der Tresor und das Münzwesen (ursprünglich beim III. Departement) verblieben. Ähnlich wie im Heerwesen bei den Regimentern sollten von April 1769 an die Departements nicht mehr mit Ziffern und Sachbetreffen, sondern mit dem Namen des jeweiligen Etats-Ministers bezeichnet werden, eine Verfügung, die sich jedoch in der Praxis nicht durchgesetzt hat.

Schon mit der Aufstellung des V. und VI. Departements des Generaldirektoriums war eine Entwicklung eingeleitet worden, die sich immer rascher von den Verwaltungsgesichtspunkten Friedrich Wilhelms I. entfernte; sie wurde folgerichtig mit der Herauslösung des Zoll- und Akzise-Departements aus der übrigen Verwaltung fortgesetzt und lief aus in den neu errichteten Departements für Bergwerk- und Hüttenwesen von 1768 und für Forsten im Jahre 1770. Nimmt man noch die Verwaltung der Justiz, des Auswärtigen Dienstes, des Ober-Bau-Departements, der Kirchen- und Schulverwaltungen sowie die selbständige Ober-Rechnungskammer hinzu, so ist darin eine fortgesetzte Entwicklung vom alten, noch regional gegliederten Generaldirektorium zu vereinzelten Fach-Ressorts zu erblicken. Dieser Umbau war nicht ganz unbedenklich und ist in dieser Form überhaupt nur deshalb möglich und durchführbar gewesen, weil der König selbst sich zu einem virtuosen Routinier der Verwaltungskunst entwickelt hatte und in großem Selbstvertrauen sich Arbeitslasten aufbürdete, die sich von einer organischen Staatsstruktur normaler Beanspruchung weit entfernten. Gewiß war die höchst bewegliche, weil erstaunlich kleine Staatsmaschine ein Wunderwerk, aber dieses blieb sofort stehen, wenn die einzige motorische Kraft erlahmte oder gar ausfiel. Da über den vereinzelten Sach-Departements kein behördlicher Überbau geschaffen wurde, blieb nur noch die ganz auf die Person Friedrichs zugeschnittene Arbeitsweise aus dem Kabinett, die den Altersstil seiner Regierung so charakteristisch bestimmen sollte.

Im Jahre 1748 freilich war der König davon noch weit entfernt gewesen, als er ein in der Verwaltungsgeschichte einzigartiges Dokument unterzeichnete: Die neue Instruktion für das Generaldirektorium vom 20. Mai 1748. Hier wurde der Versuch unternommen, eine umfangreiche Behördenverfassung zu schaffen, deren Funktionieren freilich weniger von der buchstabengetreuen Befolgung der Vorschrift als von der auf ein gleiches Ziel zu richtende innere Übereinstimmung der Minister abhängen mußte. Der König hatte sich zum Präsidenten des Generaldirektoriums erklärt, war demnach fortgesetzt beansprucht, die unausbleiblichen Ressortstreitigkeiten und Kompetenzüberschreitungen zu schlichten. Daß Verwaltung nicht durch Drill und Befehl möglich war, ist auch in Preußen nicht verborgen geblieben. Die noch hausbackene, nüchterne Strenge der Grundsatzanordnungen Friedrich Wilhelms I. bedurfte tatsächlich der Modifizierung, und König Friedrich, von dem seine vertrauten Kabinettssekretäre annahmen, er würde gegen den väterlichen Buchstaben nicht anzugehen wagen, hat doch im Sommer 1748 in angestrengter Arbeit die alte Fassung von 1722 Zug um Zug neu- und umgestaltet. Vorangegangen waren jahrelange, zum Teil heftige ironische und sarkastische Bemerkungen Friedrichs II. über die Arbeitsweise des Generaldirektoriums, dem er Saumseligkeit und mangelnde Kassenaufsicht vorwarf. Tatsächlich sind manche Dienstunregelmäßigkeiten vorgefallen, unter denen die Unterschlagung von 40 000 Talern seit 1746 durch den pommerschen Kriegsrat Liebeherr die hervorstechendste gewesen ist; gerade hier hatte aber das Generaldirektorium rechtzeitig gewarnt und der König den Rendanten zunächst in Schutz genommen. Noch in der Einleitung zur Instruktion von 1748 wird als Begründung zur Neufassung der Dienstanweisung angegeben, „das Generaldirektorium, welches durch die Länge der Zeit in vielen Stücken in eine nicht geringe Nachlässigkeit verfallen ist, aus seinem Schlafe aufzuwecken, demselben seine Pflichten von neuem vorzuhalten und es dadurch zu animieren, dieselben inskünftige durch fleißige und redliche Arbeit besser als zeithero öfters geschehen ist, wahrzunehmen. Es ist dieses Collegium eines der größten und ersten im Lande, auf dessen Fleiß, Sorgfalt und Aktivität die Wohlfahrt des Staates und Landes und Leute hauptsächlich mit beruht. Je wichtiger nun dessen Amt ist, je mehr erfordert solches eine beständige Vigilance, unermüdete Arbeitsamkeit und eine incorruptible Ehrlichkeit.“ In 37 Hauptartikeln werden die Geschäftsverteilung und Verantwortlichkeiten festgelegt; die Minister durften ihre Mitarbeiter vorschlagen. Eingeschärft werden größte Eile, ständige Bereisung der Städte, Ämter und Dörfer, regelmäßige und pünktliche Sitzungen, bessere Führung der Statistiken und Aufsicht über Kassen und Kanzleipersonal. Für die Bearbeitung eingegangener Schriftstücke, für Stellvertretung bei Abwesenheit oder Krankheit werden ins einzelne gehende Anordnungen erlassen; aus der Erfahrung resultiert eine von den 84 eigenhändigen Änderungen und Zusätzen des Königs zu der Instruktion von 1722, wenn er zu Artikel 2 § 5 den Ministern befiehlt, „sie sollen nicht durch Particularia ihre Zeit mit wunderlichen Disputen zubringen, und wenn sie sich nicht in 6 Minuten vergleichen können, so soll sofort Relatio ad Regem gemacht werden.“ Der Ressortstreit wird also nicht von der grundsätzlichen oder theoretischen, sondern von der ausschließlich praxisbezogenen Seite gesehen und zur Lösung zu bringen gesucht. Die Instruktion ist voll davon und zeigt den König auf dem Gebiet der Verwaltung als Empiriker, nicht als Staatstheoretiker. Nicht eine idealtypische Verfassung, sondern die Gestaltung der Staatswirklichkeit mit allen ihren Unebenheiten, Rauheiten und Friktionen war Ziel und Inhalt seiner Tätigkeit.

Während die Kompetenzen des Generaldirektoriums, seine Gliederung und Verantwortlichkeit später noch oft wechselten, sind die Vorschriften für den inneren Dienst noch lange nach Friedrichs Tod gültig geblieben. Das galt noch mehr für die Provinzialverwaltungen, für die die Potsdamer „Erneuerte Instruktion für das General-Oberfinanz-Kriegs- und Domänen-Direktorium" vom 20. Mai 1748 eine fest umrissene und bleibende Verwaltungsgrundlage und Richtlinie geschaffen hatte. Diese königliche Weisung ging bereits am nächsten Tage, was höchst charakteristisch für die absolutistische Verwaltungspraxis in Preußen war, den Ministern des Generaldirektoriums als streng geheime Instruktion zu; diese galt als Rahmen-Weisung für die Ausarbeitung besonderer Kammer- (Provinzial-) Instruktionen, die von dem Generaldirektorium innerhalb von vier Wochen ausgearbeitet wurden und in denen sich noch zahlreiche regionale Besonderheiten spiegelten. Lediglich Preußen, Litthauen, Pommern und die Neumark hatten im allgemeinen übereinstimmenden Wortlaut; die übrigen, besonders die westlichen Provinzen, kennzeichneten mehr oder weniger große Abweichungen, meist Ergänzungen oder Spezialvorschriften; Schlesien, das dem Generaldirektorium nicht unterstand, war überhaupt ausgenommen. Der König hatte die Gegenentwürfe der Minister außer wenigen Änderungen gebilligt. In jedem einzelnen Falle waren also die Verwaltungsfachleute nicht nur gefragt, sondern auch gehört worden. Das Ganze war eine Art verbesserte Geschäftsordnung, zu der in den nächsten Jahren noch zahlreiche Ergänzungen traten; sie alle gaben aufschlußreiche Einblicke in das tägliche Verwaltungsgetriebe, aber eine grundsätzliche Änderung gegenüber Friedrich Wilhelm I. brachten sie doch nicht.

Der Neubau erfolgte eben erst nach dem Siebenjährigen Kriege, nachdem ungeduldige Instruktionen und Ermahnungen nicht die gewünschten raschen Erfolge zu garantieren schienen, und auch jetzt noch geschah die Neuordnung (außer der Regie) mit äußerster Behutsamkeit und so bedächtig, daß man eher halbe Maßnahmen als durchgreifende Reformen erblicken kann. Insbesondere hat der König nach wie vor einen Wechsel der Minister vermieden. Die Entlassung des Sonderbeauftragten v. Eckart 1740 war ein Einzelfall, noch dazu eine sehr populäre Maßnahme. Die größte Veränderung trat ein, als Friedrich Christoph von Görne, der Sohn des alten Ministers, nach einer rasanten Karriere, seit 1774, anstelle des krankheitshalber ausgeschiedenen v. d. Horst, Chef des IV. und V. Departements, zugleich Direktor der See- und Salzhandlung, im Januar 1782 wegen hoher Veruntreuungen verhaftet und auf die Festung Spandau gebracht worden war. Er wurde durch den 32jährigen Gesandten in Kopenhagen, August Wilhelm von Bismarck, in beiden Departements ersetzt, der jedoch Anfang 1783 starb. Nun bekam Heinitz zu seinem (VII.) Berg- und Hüttendepartement zusätzlich noch das IV. und V., schied jedoch wegen sachlicher Differenzen aus diesen beiden, während er im Bergwerksdepartement verblieb und diesen Verwaltungszweig in Preußen zu höchster Blüte brachte. Heinitz' scharfer Angriff gegen die Regie am 17. Juni 1783 hat sicher dazu beigetragen, die Wendung des Königs von dem französischen System noch zu beschleunigen; daß Friedrich vollständig mit de Launay brechen sollte, konnte auch Heinitz nicht erwarten. Mit Gelassenheit und Gottvertrauen hat Heinitz die Zeiten der Ungnade durchgestanden; er blieb dem König bei aller Wahrung der Form keine Antwort schuldig, wenn es um begründete Rechtfertigung seiner Maßnahmen ging, und er hat sich bei dem Monarchen durchgesetzt. Schließlich konnte Heinitz für sein Departement nicht geringe Summen erlangen, und diese von einem Mann wie Friedrich, von dem der Minister halb bewundernd, halb verständnislos im Januar 1783 in sein Tagebuch eintrug, daß er „die Staatseinkünfte so besorgt, als ob er täglich Rechenschaft ablegen müßte."

Heinitz hatte von der Sache her recht, wenn er auf die fast unlösbaren Zusammenhänge zwischen den Zoll-, Akzise-, Manufaktur-, Kommerzien- und Fabrikensachen hinwies und es ablehnte, im Generaldirektorium lediglich Kontrollfunktionen auszuüben, während die Regie selbständig und ohne Rücksicht auf die Staatswirtschaft schaltete und waltete. Die Messe in Frankfurt/Oder war durch die uneinsichtigen Maßnahmen der Regiebeamten schwer bedrückt worden und konnte nicht florieren; wenigstens die Besteuerung inländischer Fabrikate (gegen Steuernachlaß beim Export) vermochte Heinitz zu verhindern. Allerdings gelang es ihm nicht, den günstigen Zollvertrag mit Polen durchzusetzen, da die Regie seinen Tarifentwurf zu hintergehen wußte. Auch konnte er den König nicht bewegen, die strengen Schutzzollbestimmungen zu lockern, und für eine organische Volkswirtschaft fehlten in Preußen eben doch noch die Voraussetzungen. Gerade an diesem Punkte wird deutlich, wie sehr die Verschränkung von regionalen und realen Aufgaben des alten Generaldirektoriums vom Ursprung her begründet gewesen war, und daß die zunehmende Ressort-Tendenz eher zu Absonderungen und Störungen führen mußte. Der verdiente Schweizer Kaufmann Emanuel Fäsch, seit 1750 der eigentliche Direktor des V. Departements, wenn auch ohne Ministertitel, hatte bereits im Januar 1766, in wachem Mißtrauen gegen den sich schon abzeichnenden besonderen Zweig einer fast souveränen Finanz- und Steuerverwaltung, einen Aufgabenkatalog des davon zunächst betroffenen V. Departements zusammengestellt. Die Verbesserung des Handels allgemein, die Einrichtung noch fehlender Gewerbezweige und die Vervollkommnung der bestehenden, die Fabrikation von Luxuswaren wie Samt und Seide, aber auch verfeinerter und Qualitätserzeugnisse wie Schriftlettern, Kattundruck, Messer- und Scherenherstellung gehörten ebenso dazu wie die Anwerbung geeigneter Arbeitskräfte. Es ist das zeitgemäß fortgeführte Programm von 1740, das der König seinerzeit selbst aufgestellt hatte. Von besonderem Interesse ist dabei die Verbindung zu den Messen von Leipzig, Braunschweig und Frankfurt/Oder sowie die „Extraordinarien": Bank- und Versicherungswesen, die überseeischen Handelskompanien, die Holzhandlung und die Tabakregie-Angelegenheiten, die dem Generaldirektorium ziemlich bald mehr oder weniger entzogen worden sind. Es blieb nur der schwerfällige und wenig erfolgversprechende Ausweg, den anderen Departements oder auch dem Königlichen Kabinett von diesen „extraordinairen Sachen" Kenntnis zu geben, um deren Stellungnahme und Mithilfe anzusuchen. Aber Direktiven konnten von einer solchen Geschäftsführung kaum erwartet werden, zumal in demselben Frühjahr 1766 den Ministern durch königliches Marginal klar gemacht wurde: „Die Herren sind bestellt, meine Arbeit zu exekutieren, aber nicht zu intervertieren ... sie müssen gehorsam sich regieren lassen und nicht regieren." Hatte schon Ende 1766 das IV. Departement (Minister v. d. Horst) sich einen Vorrang bei der Bearbeitung der Eingänge des V. Departements gesichert — tatsächlich erhielt Horst bald darauf die offizielle Mitbeteiligung an der Erledigung der Kommerzien- und Fabriksachen — so wurde ein Jahr später verfügt, daß die Sachen des V. Departements nicht mehr vor dem Plenum des Generaldirektoriums zu behandeln seien, sondern „ohne weitere An- und Rückfrage" durch den Minister v. d. Horst dem König zugeleitet werden sollten. Bis zu Friedrichs des Großen Tode blieben nunmehr das IV. und V. Departement in einer Hand. Das V. Departement wurde ausgebaut durch eine 1767 eingerichtete Manufaktur-Kommission, die zweimal wöchentlich die Seidenfabriken inspizierte und auf die vertragliche Menge und Qualität der Ware zu achten hatte. Dem Minister des V. Departements beigeordnet wurde seit 1765 als „Commissaire général de Commerce" der frühere preußische Gesandte in London, Dodo Freiherr von Knyphausen, der sich durch zahlreiche statistische Arbeiten und die Wiederaufnahme einer regelmäßigen Berichterstattung der Kammern über die Wirtschaftsentwicklung sehr verdient gemacht hat. Als v. d. Horst 1774 wegen Kränklichkeit aus dem Dienst schied, dem König aber weiterhin ein treuer und fachkundiger Berater blieb, folgte der junge Görne als Minister im IV. und V. Departement. Dessen hochfahrendes Auftreten veranlaßte Knyphausen, Anfang 1775 um seinen Abschied zu bitten. Sein Nachfolger kam ebenfalls aus dem auswärtigen Dienst: der preußische Gesandte am Dresdner Hof, Adrian Heinrich von Borcke. Im März 1777 erhielt dann auch Emanuel Fäsch seinen Abschied, nachdem er 27 Jahre lang vergeblich auf eine leitende Stelle gewartet hatte. Nach Görnes unrühmlichem Abgang hatte Heinitz, wie erwähnt, ein Jahr lang das IV. und V. Departement verwaltet, deren Leitung Anfang 1784 Hans Ernst Dietrich Frhr. v. Werder erhielt, ein ehemaliger Offizier, dann Landrat von Ziesar; er wurde außerdem Chef des Salzdepartements und Generalpostmeister, ein Amt, das bisher mit dem II. Departement verbunden gewesen war.

Auch das 1746 begründete VI. Departement (Kriegswesen) war auf die Zusammenarbeit mit den anderen Abteilungen des Generaldirektoriums angewiesen, wofür sich praktische Verfahrensarten ausgebildet hatten, ohne daß es besonderer Reglements dafür bedurfte. Die faktische Immediatstellung hob aber auch dieses Departement aus dem Generaldirektorium heraus, dem es ferner stand als dem königlichen Kabinett und dem Generaladjutanten. Durch den Generalauditeur schließlich war es mit dem Justizdepartement verbunden. Nicht weniger Selbständigkeit genoß das (VII.) Bergwerks- und Hüttendepartement, das, 1768 gegründet, sich sogleich das Privileg besorgte, die täglichen Eingänge prompt (d. h. selbständig) zu bearbeiten, ohne den wöchentlichen Vortrag beim Generaldirektorium abzuwarten. Diese bereits von Minister v. Hagen erreichte Stellung mußte der langen und erfolgreichen Wirksamkeit v. Heinitz (seit 1777) sehr zustatten kommen. Schließlich ist das jüngste (VIII.), das Forst-Departement zu erwähnen, gleichfalls von Hagen eingerichtet und von Schulenburg 1772 (zusätzlich zum III. Departement und Bankwesen) übernommen, der den Landjägermeister v. Lüderitz in das Forstwesen einwies, ihn 1775 jedoch aus der Verantwortung drängte mit der Begründung, es sei nachteilig, wenn die Generaldirektion des Forstwesens von allen übrigen Teilen der Finanzverwaltung so getrennt sei, daß das Forstwesen ohne alle Verbindung mit dieser sei. Die sachliche Richtigkeit konnte insofern nicht bestritten werden, als sich hier Nachteile und Gefahren der Verwaltungszerteilung deutlich zeigten. Während das Hüttenwesen erst noch in den Anfängen steckte und eine ruhige Entwicklungszeit benötigte, war Holz der wichtigste Rohstoff Preußens und damit ein immanenter Bestandteil seiner Volkswirtschaft. Die grundlegenden Forstordnungen für Ost- und Westpreußen sowie Pommern sind unter Lüderitz' tätiger und entsagungsvoller Arbeitsleistung geschaffen worden. Schließlich ist im Jahre 1770 von dem unermüdlichen Hagen auch noch das Ober-Bau-Departement als kollegialische Behörde des Generaldirektoriums unter Leitung des Direktors Gottfried Konrad Wilhelm Struve eingerichtet worden. Die Instruktion wies den Sachbearbeitern als Aufgaben zu: Zivilbauten und Revision der Kostenvoranschläge, Deputatholzanforderungen, Eindeichungen, Hafen- und Schleusenbauten, Beurteilung von Maschinen, höhere Mathematik, Materialprüfung und chemische Laboratorien. Damit waren die Anfänge aus der Zeit Knobelsdorffs dreißig Jahre später zu einer wissenschaftlich fundierten Behörde entwickelt worden, der noch eine bedeutende Tätigkeit beschieden sein sollte.

Dem Generaldirektorium war die unmittelbare Dienstaufsicht über die Verwaltungsarbeit der Kriegs- und Domänenkammern, den eigentlichen Provinzialregierungen, aufgetragen. Der König hat sie als die wirklichen Exekutionsbehörden des Landes keineswegs aus den Augen gelassen und sich durch eingehende Berichte über die entfernten Provinzen ebenso Kenntnis verschafft wie durch seine Inspektionsreisen in die Kurmark, die Neumark und nach Schlesien. Aus den neun Kammern der großen Verwaltungsinstruktion von 1722 waren fünfzig Jahre später zwölf geworden: Kurmark, Neumark, Pommern, Preußen (Königsberg), Litthauen (Gumbinnen), Westpreußen (Marienwerder), Magdeburg (mit Halberstadt-Hohenstein), Minden, Cleve-Mark (mit Moers und Geldern), Ostfriesland, Breslau und Glogau. Von ihnen waren die früher selbständigen Kammern Moers und Geldern am 13. April 1770 zu einer Kammerdeputation in Moers zusammengezogen und der Kriegs- und Domänenkammer in Cleve unterstellt worden. Eine bessere Untergliederung besonders in den zerstückelten und in ihrer Struktur recht unterschiedlichen, auch durch räumliche Entfernungen auseinanderliegenden Westprovinzen hatte 1769 zur Einrichtung einer besonderen Tecklenburg-Lingenschen Kammerdeputation in Lingen geführt; sie unterstand der Kriegs- und Domänenkammer in Minden. Ursprünglich hatte König Friedrich die Absicht, eine besondere Märkische Kammer in Hamm einzurichten und hatte am 6. November 1766 eine entsprechende Kabinettsorder unterzeichnet. Aber im Jahre darauf, wohl mitbedingt durch Personalschwierigkeiten, wurde die Einrichtung lediglich einer Märkischen Kammerdeputation in Hamm verfügt, die der Kriegs- und Domänenkammer in Cleve unterstand. Doch auch die anderen Provinzen wurden stärker durchgegliedert. Bereits am 10. November 1763 war die Einrichtung einer Kammerdeputation in Köslin angeordnet worden, die der Stettiner Kriegs- und Domänenkammer unterstand; sie hatte die Verwaltung von der hinterpommerschen Ostgrenze bis zur Persante wahrzunehmen, da diese Kreise von Stettin zu weit entfernt lagen und nicht genügend beaufsichtigt werden konnten. Als auch der Etatsminister des Departements v. Derschau 1769 berichtete, daß wegen der Weitläufigkeit der Kurmark und der Geschäftsanhäufung eine eigene Kammer in der Altmark errichtet werden mußte, ging der König insofern darauf ein, als er am 8. Februar 1770 genehmigte, eine Altmärkisch-Prignitzsche Kammerdeputation in Stendal unter der Kriegs- und Domänenkammer der Kurmark (Amtssitz Berlin) einzurichten. Im Zusammenhang damit stand die Veränderung, die die Kammer Halberstadt-Hohenstein betraf. Am 13. Februar 1770 wurde diese Kammer aufgelöst, je eine Kammerdeputation für Halberstadt und für Hohenstein (Amtssitz in Ellrich) eingerichtet und beide der Kriegs- und Domänenkammer in Magdeburg unterstellt. Damit hatte diese Kammer, zu der bereits die älteste preußische Kammerdeputation des Saalkreises (Halle) gehörte, nicht weniger als drei, zudem recht verschiedenartige Nebenabteilungen zu verwalten. Der 1772 eingerichteten Westpreußischen Kriegs- und Domänenkammer in Marienwerder war die Kammerdeputation in Bromberg für den Netzekreis unterstellt. Schließlich war der Plan Friedrich Wilhelms I., eine Oberländische Kammerdeputation in Neidenburg zu errichten, noch zweimal von Friedrich II. aufgegriffen worden; beide Male scheiterte er aber an den Kosten und an dem beharrlichen Widerstand der Königsberger Kammer, die nach der Verselbständigung der Gumbinner Deputation nun auch eine solche in Masuren fürchtete. So hat der Etatsminister von Blumenthal, der die Verhältnisse an Ort und Stelle prüfte, auch nur halbe Maßnahmen mit der Neuverteilung der Kreise auf die beiden ostpreußischen Kammern getroffen. Domhardt, der erste wirkliche Oberpräsident der Provinz, dem beide Verwaltungsbezirke gleich wert waren, hätte mit einem gut begründeten Vorschlag zur Zeit des großen Umbaues der Kammerverwaltungen um 1770 sicherlich Erfolg haben können; er war jedoch mit seinem teuren Projekt des Johannisburger Holzflößkanals in unverhoffte Finanzierungsschwierigkeiten geraten und konnte sich weder selbst neue Lasten aufbürden noch dem Generaldirektorium solche zumuten. So ist bei aller sonstigen Straffung und besseren Durchgliederung der Provinzialverwaltungen hier eine Lücke geblieben, die sich noch im ganzen folgenden Jahrhundert nachteilig bemerkbar machen sollte. Seit dem Jahre 1779 bis zum Ende der Regierungszeit Friedrichs des Großen bestanden 12 Kriegs- und Domänenkammern mit 9 unterstellten Kammer-Deputationen.

Durch die Neubildung zahlreicher Kammerdeputationen war eine Entlastung der Kriegs- und Domänenkammern nicht eingetreten. Das Generaldirektorium befürchtete Zeitverluste und Vervielfältigung der Arbeit, da die Deputationen nicht selbständig entscheiden könnten, auch sei die Deputation keine den ständischen Körperschaften gleichrangige Behörde von jener Autorität, wie sie ein Kammerpräsident besitze. König Friedrich machte demgegenüber geltend, daß die an sich schon hohe Zahl der Kriegs- und Domänenkammern nicht vermehrt werden dürfe; gäbe es doch in Österreich sehr viel größere Gebiete, die von einem Kammerkollegium wahrgenommen werden könnten. Verwaltungsangelegenheiten geringeren Umfangs vermöchten die Deputationen an Ort und Stelle besser und schneller zu erledigen; deshalb sollten kleine Kriegs- und Domänenkammern aufgelöst und allenfalls durch Kammerdeputationen ersetzt werden. Entsprechend wurde verfahren. Tatsächlich erwiesen sich die kleineren Behörden als geeigneter, die immer noch bestehenden erheblichen Unterschiede in den einzelnen Landesteilen zu berücksichtigen als dies durch schematisierende große Verwaltungskörper möglich sein konnte. Denn

Preußen war weit davon entfernt, ein zentralistisch verwalteter Staat zu sein. Beispielhaft dafür ist die Entwicklung in dem Fürstentum Moers und dem Herzogtum (Oberquartier) Geldern gewesen. Diese unzureichend beaufsichtigten und finanziell verwahrlosten westlichen Gebietsteile Preußens wurden erst 1763 zu einer gemeinsamen Kriegs- und Domänenkammer mit dem Sitz in Moers zusammengeschlossen, nachdem die dortige Kammerdeputation 1756 eingegangen war. Als im Zuge der Auflösung der kleinen Kammern 1770 die Kammerdeputation Moers wiederhergestellt wurde und unter die Aufsicht von Cleve trat, haben die Stände in Geldern durch zähe Verhandlungen mit dem Generaldirektorium und gegen den Einspruch der Regie erreicht, daß ihnen eine halbständische Verwaltung eingeräumt wurde: das „Geldrische Landes-Administrations-Collegium" in Geldern, am 13. März 1770 vom König genehmigt, ein Unicum in der friderizianischen Verwaltung, da es immediat dem Generaldirektorium (III. Departement) unterstand, verwaltungstechnisch den Kriegs- und Domänenkammern gleichgestellt wurde und unter dem Vorsitz eines königlichen Rates zu gleichen Teilen (je 3) königliche und ständische Mitglieder umfaßte. In Moers wurde seit 1779 nur noch ein Deputatus der clevischen Kammer unterhalten.

Was aber in Geldern möglich war, wurde in Pommern den Ständen schon von den Unterbehörden versagt. Ritterschaft und Stände von Lauenburg-Bütow hatten bereits 1752 dagegen protestiert, daß der ständische Oberhauptmann von der Kriegs- und Domänenkammer in Stettin Befehle entgegenzunehmen habe. Der König hatte damals schon den ständischen Einspruch verworfen und die alte ständische Verfassung, die „alles in Verwirrung gesetzt", nicht wiederhergestellt wissen wollen. Als nach dem Siebenjährigen Kriege die Annahme der Oberhauptmannsstelle von ähnlichen Bedingungen abhängig gemacht wurde, sperrte die Stettiner Kammer kurzerhand die Besoldung. Kaum hatte der Großkanzler v. Fürst diese zudem mit Gerichtszuständigkeiten verknüpfte Angelegenheit beigelegt — nicht ohne den Stoßseufzer: „Lauenburg und Bütow machen mehr Mühe als manche große Provinz" — da lebte der ständische Vorbehalt im Sommer 1771 wieder auf. Oberhauptmann war der frühere Kriegs- und Domänenrat v. Woedtke geworden, der ganz im ständischen Sinne forderte, die Stettiner Kammer solle an ihn „per modum litterarum" schreiben und nicht „in stylo curiae" verfügen. Ritterschaft und Stände behaupteten, nur vom Generaldirektorium Weisungen entgegennehmen zu brauchen und nicht von der Kammer, „mit welcher das Land immediate nichts zu schaffen habe." Zornig beschwerte sich die Kammer, daß „die Stände es abermals erwogen, sich in der Person ihres Oberhauptmanns ein Kammer-Collegium zu fingieren"; der Oberhauptmann sei nicht einem Kammerkollegium, sondern einem Landrat gleichzustellen. Schließlich dämpfte die Kammer die Lauenburger Selbsttätigkeitsgelüste dadurch, daß sie durch das Generaldirektorium die Anweisung erwirkte, die Landtage höchstens halbjährlich abzuhalten. Damit war durch die Behörden selbst, ohne den König zu bemühen, gewissen separatistischen Strömungen jede Entfaltung verwehrt. Gewiß mußte der Großkanzler von Fürst einräumen, „daß diese Distrikte ihrer Verfassung und Vorrechten nach nicht füglich mit anderen Provinzen gleich traktiert werden könnten"; doch war man zu diesem Zeitpunkt in Preußen nicht mehr geneigt, den Bestimmungen des Bromberger Vertrages von 1657 betreffend das Rückfallrecht dieser Gebiete an Polen im Falle des Aussterbens des Hohenzollernhauses und der Verpflichtung, Lauenburg und Bütow bei jedes neuen Polenkönigs Krönung durch Abgesandte als rechte Mannlehen wieder in Empfang zu nehmen, noch großes Gewicht beizulegen. Am 18. September 1773 verzichtete Polen auf diesen Vorbehalt.

Schlesien blieb unter behutsamer Schonung ständischer Überlieferungen weiterhin in einer gewissen Selbständigkeit und von der Verwaltung durch das Generaldirektorium ausgenommen. Eine ähnliche Ausnahmestellung wurde zunächst auch Westpreußen zuteil, doch trat diese Provinz bereits im dritten Jahre nach ihrer Begründung unter das Generaldirektorium. Einen gewissen Sonderrang hat die Kurmark als erste aller preußischen Provinzen angestrebt, wenn auch nicht eigentlich erreicht; doch lagen dort die Hauptresidenzen und Zentralbehörden, und alle Entscheidungen und Neuerungen hat diese Provinz stets unter den Augen des Königs immer auch als erste betreffen müssen. Während aber die Kriegs- und Domänenkammer in unmittelbarer Nachbarschaft zum übergeordneten Generaldirektorium sich als allein zuständige Verwaltungsbehörde der Kurmark durchzusetzen vermochte, behauptete sich in der mit dem altertümlichen Titel „Residenzstadt des Königreichs Preußen" gezierten ostpreußischen Provinzialmetropole die aus der Herzogszeit stammende „Regierung". Trotz der Reform von 1751 wurden dort noch in Konkurrenz zu den beiden Kriegs- und Domänenkammern in Königsberg und Gumbinnen das Lehns- und Kassenwesen, die Seuchenbekämpfung, die Oberaufsicht über die geistlichen Sachen, Grenzfragen, Vasallentabellen, Akademie- und Bibliotheksangelegenheiten, Revision der Hospital- und Kirchenrechnungen, Pupillenkollegium, Publikation von Edikten neben zahlreichen unbedeutenden Arbeiten zu erledigen gesucht. Die Justizverwaltung wurde aber der „Regierung" jetzt endgültig genommen. Es ist bezeichnend, daß diese Reform drei Jahre nach der Instruktion für die Preußische Kammer erforderlich wurde, um dieser zum Durchbruch zu verhelfen, und daß es nach der Klärung der Justizverhältnisse noch einer weiteren Verfügung von 1752 bedurft hat, um die Kanzlei mit einer eigenen Instruktion zu versehen. Praktisch hat erst mit der Übernahme durch Domhardt 1762 die Vereinheitlichung der ostpreußischen Provinzialverwaltung eingesetzt; die sehr umfangreiche „Erneuerte Instruktion für die königlich Preußische Regierung" vom 30. Juli 1774 trug dem bereits Rechnung. Bis dahin war noch vieles an alten Gewohnheiten belassen oder erst allmählich aufeinander bezogen worden. Jedenfalls hat der friderizianische Absolutismus in der inneren Verwaltung nirgends „mit einem Federstrich" regiert.

Die Scheu König Friedrichs vor der Neubildung großer Verwaltungskörper hat er seinen Etatsministern v. Hagen und v. Derschau gegenüber in der Unterredung am 24. Dezember 1769 ganz offen damit begründet, „es fehle gar zu sehr an capablen Leuten, und wüßte man keine Präsidenten und andere zu finden". Während die Ministerwechsel höchst selten und nur in ganz dringenden Fällen vorgenommen wurden, war die Entlassung eines Kammerpräsidenten keine Ausnahme. Frühzeitig kam der König auf die Idee, eine Pflanzstätte für den höheren Verwaltungsdienst, eine „Pepinière" einzurichten, da eine Verwaltungsakademie für die geringe Zahl der Beamten zu aufwendig war. Auch kam es nicht auf Theorie, sondern alles auf anschauliche Praxis an, weshalb die musterhaften schlesischen Kammern sich vorzüglich als „Pepinières" eigneten. Seit 1769 arbeiteten künftige Kammerdirektoren und -präsidenten einige Monate lang im Generaldirektorium, bevor sie in leitende Stellungen berufen wurden. In solche sollten als Präsidenten ausschließlich „qualifizierte Edelleute", als Kammerdirektoren jedoch auch „Leute von Genie bürgerlichen Standes" nach ausdrücklichem Willen des Königs berufen werden. Nach dem Vorschlag des unermüdlichen Hagen wurden für das erste Ausbildungssemester von Ostern bis Michaelis 1770 acht bereits bewährte Beamte als Anwärter dem Generaldirektorium überwiesen, von denen drei schon innerhalb eines Jahres zu Präsidenten und Direktoren ernannt worden sind. Der nächste Kursus fand 1771 statt. Übrigens wurde erwartet, daß die leitenden Beamten sich selbst fortbildeten und über die Verwaltungsgrundsätze unterrichtet zeigten; das Generaldirektorium wies darauf hin, daß die von der Preußischen Akademie herausgegebene Ediktensammlung von Mylius („Novum Corpus Constitutionum") auf eigene Kosten anzuschaffen sei; eine Beihilfe dazu wurde in Aussicht gestellt.

Angesichts der hohen Anforderungen, die das Amt stellte, war die Auswahl der geeigneten Anwärter, die dem König meist vom Generaldirektorium vorgeschlagen wurden, schwer. Nur wenige unter den begabteren jungen Adligen waren geneigt, sich in die Bindungen eines strengen, aufreibenden und wenig einträglichen Beamtendienstes zu begeben. Universitätsausbildung war im allgemeinen (zumal bei den jüngeren) die Voraussetzung, wenngleich der König es lieber gesehen hätte, Männer der Praxis zu Kammerpräsidenten zu machen. So sind zunehmend nicht mehr die Beamten der Kameralkarriere aufgerückt, sondern Landräte, die selbständig zu handeln gewohnt waren, zu Präsidenten ernannt worden. Das Indigenat sollte freilich so weit wie möglich ausgeschaltet sein; wenn gleichwohl Beförderungen am Orte erfolgten, wofür die bessere Vertrautheit mit den regionalen Verhältnissen sich anbot, so waren diese Beamten doch nicht ursprünglich dort ansässig gewesen. Nur 4 der 41 Präsidenten hat Friedrich der Große aus dem Offiziersstand geholt, was demnach Ausnahme blieb. Aber nicht weniger als ein Viertel dieser Persönlichkeiten erfüllten auf die Dauer die in sie gesetzten Erwartungen nicht. Gewiß sind es nicht immer sachliche und gerecht abwägende Motive gewesen, die zu ihren vorzeitigen Dienstentlassungen geführt hatten. Mißfallensäußerungen des Königs erhielten zudem nur dann Gewicht, wenn sie sich häuften und über längere Zeiträume hinweg zunahmen. Altersschwäche und Verfall der Arbeitskraft war im allgemeinen kein Grund und wurde dem Präsidenten der Königsberger Kammer, dem einst so verdienten v. Lesgewang, allzu lange nachgesehen, so daß die Behörde in arge „Bredouille" geraten war. Wenn Herr v. Rochow in Minden seinen Dienst so lässig versah, daß ihm die Entlassung als Erlösung erschien und er sich endlich seinen Gütern widmen konnte, so hatte Grumbkow in Stettin die Zügel völlig verloren und sich mit seinen Beamten gänzlich zerstritten. Der Untätigkeit v. Werders in Moers wurde durch die Auflösung der dortigen Kammer ein Ende gesetzt. Dem „dicken Bredow" in Königsberg war die von ihm selbst widerratende Beförderung zum Unheil ausgeschlagen, und Aschersleben hatte in Pommern ebenso wie v. d. Groeben in der Kurmark während des Siebenjährigen Krieges versagt. In Halberstadt entzog sich v. Ribbeck nur durch ein rechtzeitiges Abschiedsgesuch der drohenden Ungnade. Dacheröden konnte ebenso wenig Minden angemessen verwalten wie Wegnern Ostfriesland und Below Westpreußen, so daß in allen Fällen schleunig Ersatz geschaffen werden mußte. Der Landrat v. Luck, dem der König wohlgesinnt war, verfiel angesichts der Arbeitslast der Cleveschen Kammer, die ihm anvertraut wurde, in tiefe Depression und mußte abgelöst werden. Winckel in Magdeburg wurde wegen Untätigkeit und Hilflosigkeit entlassen. Keine der Provinzialverwaltungen ist von solchen Personalveränderungen verschont worden. Sicher hat der Marginalbescheid des Königs auf die Berichte und Eingaben der Kammern nicht wenig dazu beigetragen, schwache Persönlichkeiten in Angst und Zittern zu setzen oder zur Resignation zu bringen. Das besonders drastische eigenhändige Postscriptum zu dem Schreiben an die Westpreußische Kriegs- und Domänenkammer vom 26. April 1780 ist beispielhaft dafür, wie eine Behörde in der „Furcht des Herrn" gehalten werden sollte: „Ihr seid Erz-Schäker, die ihr das Brot nicht wert seid, das man euch gibt und verdient alle weggejagt zu werden. Wartet nur, daß ich nach Preußen komme!" Ähnliche Ausbrüche sind noch in den mildernden Fassungen der Reskripte des Generaldirektoriums zu erblicken, wenn es heißt: „Es fehlt nur an der Anstalt, und keiner denkt daran, sondern läßt alles so hingehen." Der üble „Dienstmechanismus", gegen den später der Freiherr vom Stein immer wieder angehen wird, ist durchaus nicht „friderizianisch“, sondern von Friedrich selbst fortwährend und scharf gerügt worden.

Dennoch besteht kein Zweifel, daß in der Mehrzahl die Präsidenten ihr Amt voll ausgefüllt haben. Unter ihnen gab es ganz hervorragende Verwaltungsbegabungen wie Caspar Wichard v. Platen in Magdeburg, Domhardt in Ost- und Westpreußen als „Oberpräsident“ über drei Kriegs- und Domänenkammern und einer Kammer-Deputation; nicht weniger haben Lentz und Colomb in Aurich, Breitenbauch in Minden, Buggenhagen in Cleve und Schöning in Stettin ihre Provinzen so ausgezeichnet in Flor gebracht, daß sie dort — zu ihrem persönlichen Nachteil — schlechterdings unentbehrlich waren und nicht ersetzt werden konnten. Elf der friderizianischen Kammerpräsidenten sind zu Finanzministern aufgestiegen, und v. d. Horst, v. Derschau und v. d. Schulenburg-Kehnert — dieser, ein ehemaliger Offizier, schon mit 28 Jahren Minister — müssen zu den bedeutendsten Verwaltungsfachleuten im Deutschland des 18. Jahrhunderts gezählt werden. Dank sorgfältiger Ausbildung und strenger personeller Auswahl hatte die Dienststellung eines preußischen Kammerpräsidenten einen ausgezeichneten Ruf erworben und eine Tradition geschaffen; von den friderizianischen Beamten sind später Breitenbauch, Buggenhagen und Stein Oberpräsidenten geworden. Erst allmählich konnten sich Aufgabenkreis und Routine verfeinern und auf das Wesentliche in der Amtsführung hinlenken; unermüdlich, meist drastisch und sarkastisch, drängte der König auf eine klare, sachliche, übersichtliche und konstruktive Berichterstattung, auf regelmäßige und steigende Steuereinnahmen, auf Verbesserung des Erwerbslebens der Provinzen. Das System hierbei war den Kammerpräsidenten durch ausführliche Dienst-Instruktion und mündliche Erläuterungen des Königs vorgeschrieben, ihrer Initiative enge Grenzen gesetzt; und doch waren nur bewegliche und tätige Charaktere, die Überblick und Weitsicht mit Detailkenntnissen verbanden, an solchen Stellen zu gebrauchen. Es blieb ihrem Geschick und Einfühlungsvermögen überlassen, die Absichten des Königs zu ermitteln und mit den Notwendigkeiten ihres Amtsbereiches in Übereinstimmung zu bringen. Zwischen strenger Bindung an die königlichen Weisungen und den Möglichkeiten moderner Kameralistik nebst ihren Erfahrungen hatten sie sich einen Ermessensspielraum zu schaffen und sachlich zu vertreten. So wie Hagen, v. d. Horst, Derschau und Schulenburg als Minister es verstanden haben, dem König ihre Verwaltungsanordnungen als notwendig hinzustellen, so haben auch die Kammerpräsidenten, durch das Generaldirektorium gedeckt, sich oft die Zustimmung Friedrichs des Großen versichern können, sofern sie ihre Ansichten überzeugend darzulegen verstanden. Sie durften aber nicht als kleine Landesfürsten auftreten, sondern sich stets als Gehilfen des Königs fühlen; Friedrich verlangte von ihnen nicht nur, daß sie „treue, geschickte, erfahrene Leute seien", sondern daß sie „alle Familien- und übrige Considerationes auf die Seite legen und nichts als meinen Dienst und die Wohlfahrt des Landes beständig vor Augen haben". Solche Definitionen des Beamtentums werden dann bezeichnenderweise wieder zu Beginn des 19. Jahrhunderts von den Staatsreformern aufgegriffen werden, jetzt allerdings abstrakt auf den Staat, nicht mehr auf die Person des Königs bezogen (was übrigens auch Friedrich so nicht verstanden wissen wollte): „Der Staatsdiener hat seine Zeit und Kraft dem Staate hingegeben und vermag es nicht vorauszusehen, ob ihm ein Überschuß von beiden frei bleiben werde zu anderen Zwecken, aber auch selbst diesen muß er darauf verwenden, um sich durch fortschreitendes Studium vollkommener zu machen für den Dienst", schrieb 1808 der Städtereformer Johann Gottfried Frey in Königsberg, der noch zu Lebzeiten Friedrichs des Großen seine akademische juristische Ausbildung abgeschlossen hatte.

Da die Kriegs- und Domänenräte als Sekretäre anzufangen hatten, die Auskultatoren-Ausbildung im praktischen Dienst durchgeführt wurde und ihre Beschäftigung nach der Prüfung zunächst in der Kanzlei erfolgte, gab es noch keine nach Stufen gegliederte Beamtenlaufbahn in Preußen. Prüfung und Ausbildung der Beamten hatte der König 1743 und 1745 verfügt, und die Instruktion für die Kurmärkische Kammer von 1748 stellte fest, „weil auch gemeinhin die besten Leute werden, die von unten dienen, so sind Se. Kgl. Majestät nicht abgeneigt, auch Secretäre zu Kriegs- und Steuerräten zu avancieren." Dagegen ist mit Erlaß von 1746 scharf verboten worden, Lakaien im Staatsdienst unterzubringen und so Patronage-Bedienstete und von oberen Beamten Abhängige zu beschäftigen; jedoch waren Beamtensöhne von guter Erziehung bevorzugt willkommen. Mit den Verwaltungsreformen von 1770 wurde auch das staatliche Prüfungswesen durch Errichtung der von Hagen vorgeschlagenen Ober-Examinationskommissionen auf eine wissenschaftliche Grundlage gestellt; auch Justiziare, Aktuare und gewählte Landräte hatten sich prüfen zu lassen. Nicht weniger wichtig war aber daneben die ständige Dienstaufsicht und die Einwirkung der Kammerpräsidenten und -Direktoren auf ihre Mitarbeiter und Untergegebenen; damit hatte Schlabrendorff, u. a. durch rücksichtsloses Einschreiten gegen das Schuldenmachen, bereits den Anfang gemacht und den guten Ruf der schlesischen Kammern als vorbildliche Verwaltungskörper begründet.

Im Zuge der Verwaltungsreformen wurde nun endlich auch die Stellung des Landrates in den preußischen Provinzen zu vereinheitlichen gesucht. In der Kurmark hatte sich das Amt des Landrates als eines halb ständischen, halb fiskalischen Bediensteten, mit den Aufgaben eines Marschkommissars verbunden, zuerst herausgebildet. Noch unter Friedrich Wilhelm I. war auf dieser Grundlage die Kreisverwaltung auch in Magdeburg,

Halberstadt, Minden und Ravensberg eingerichtet worden; in Vorpommern mit der Abweichung, daß die Landräte sich durch Kooptation, nicht wie sonst durch ständische Wahl, ergänzten. Unter Friedrich dem Großen wurde ohne Schwierigkeit einer der drei von den Kreis-Ständen der Kammer vorgeschlagenen Landräte bestätigt; er war das Exekutiv- und Kontrollorgan der Kriegs- und Domänenkammer auf dem platten Land innerhalb des für ihn zuständigen Kreises, zugleich Marschkommissar und Polizei im weitesten Sinne, allerdings ohne jede Gerichtsbefugnis. Auf dieser Grundlage sind auch Kreiseinteilung und Landratsamt in Schlesien 1741 eingeführt worden, allerdings mit der baldigen Änderung, daß in Oberschlesien die Kreisstände, die als unzuverlässig galten, nicht zusammentraten und daher der König, obwohl das ständische Wahlrecht nicht aufgehoben wurde, von sich aus den Landrat ernannte. Die Grafschaft Glatz, seit 1747 mit einem von Breslau abhängigen Kammerdeputatus als „Justizkommission" besetzt, bildete insofern eine Besonderheit, als der dortige Landrat zugleich Gerichtsbefugnisse von der Oberamtsregierung besaß und als Kriegs- und Domänenrat der Breslauer Kammer unterstand. Da diese Tätigkeiten nicht nebenamtlich wahrgenommen werden konnten, ist zum Glatzer Landrat jeweils ein nicht indigener, ausgebildeter Beamter seitens der Kammer ernannt worden. Die Gerichtsbarkeit wurde ihm allerdings 1751 wieder abgenommen. Sonst gab es in Schlesien bereits in jedem Kreis zwei Deputierte, die von den Ständen gewählt und dem Landrat beigegeben wurden, eine Einrichtung, die 1753 auch für die Mittelprovinzen, zunächst in der Kurmark, eingeführt wurde. Das Jus praestandi ist dann 1756 den Ständen in einigen Provinzen neu verliehen oder bestätigt worden. Schon in der Instruktion von 1748 hatte das Landratsamt einen festen Platz im Organisationsgefüge erhalten, doch am 30. April 1766 gab der König Richtlinien für die Abfassung neuer Instruktionen für die Landräte und Steuerräte. Diese wurden gesondert ausgearbeitet für Cleve-Mark, Neumark, Preußen, die Kurmark, Magdeburg, Minden-Ravensberg und Tecklenburg-Lingen; die Pommersche Kammer kam erst 1779 nach! In Geldern und Moers hatte es keine Land- und Steuerräte gegeben, deren Aufgabe vielmehr durch Beamte der Kammer wahrgenommen wurden, wobei es bleiben sollte. Das Generaldirektorium hatte in enger Fühlungnahme mit den Kammern die mehr zufälligen Beobachtungen und Inspektionserfahrungen des Königs in ein geschlossenes System gebracht, das gleichwohl den Besonderheiten der Provinzen gerecht wurde. In die neuen Instruktionen für die Land- und Steuerräte von 1766 war alles das eingearbeitet worden, was dem König bisher aufgefallen war und was er in bunter Reihenfolge zur Berücksichtigung aufgegeben hatte: der Landrat habe Bericht zu erstatten über die Dörfer seines Kreises mit Einwohnerzahl, Bodenerträgnissen nach mittleren Erntejahren; er habe Maßnahmen gegen das Bauernlegen und die Ausbreitung von Seuchen rechtzeitig zu ergreifen, die Bauern zu Obstbaumpflanzungen und Bienenzucht sowie zur Instandhaltung und zum Wiederaufbau von Gebäuden anzuhalten, auch auf ordnungsgemäße Schulverhältnisse zu achten. Den Steuerräten war die Beaufsichtigung der Stadtwirtschaft aufgetragen, die Prüfung von Maßen und Gewichten, die Gesundheitspolizei und die Ordnung des baulichen Zustandes, die Anlegung und Vermehrung von Maulbeerplantagen und die Verhinderung des Wuchers in Gaststätten und Herbergen. Wenigstens dieser Katalog ist verbindlich für den gesamten Staat und für die staatlichen Aufgaben des Landrates in Kraft gesetzt worden. Im allgemeinen wurde die neumärkische Fassung als die brauchbarste angesehen und die übrigen Instruktionen dieser angeglichen, so weit es die provinziellen Besonderheiten zuließen. In seiner großen Denkschrift zur Verbesserung der Beamtenausbildung vom 31. Oktober 1769 bemerkte der Minister v. Hagen zum Institut des Landrates, daß dieser alle Verordnungen und geographischen Bedingungen seines Kreises beherrschen muß, wenn er den Landesherrn und den Ständen gleichermaßen hilfreich sein will; er habe die Einwohner zu emsiger Beschäftigung anzuhalten, „da diese Leute alle Landes-, Amts- und obrigkeitlichen Abgaben sauer verdienen und die Bedürfnisse des Staates aufbringen müssen"; Lasten und Vergütungen sind deshalb genau zu erheben und auszuzahlen. Auf eine gute Stellenbesetzung im Kreis ist größte Sorgfalt zu verwenden, „indem das platte Land niemand anders zur Aufsicht und zum Schutz hat, auch die Kammer selbst in allen Landessachen sich auf niemanden als auf die Landräte verlassen kann . . ." Von dem schon unter Friedrich Wilhelm I. eingeräumten, durch Kabinettsorder Friedrichs II. vom 2. November 1743 wiederholten und erweiterten Recht der Landräte, sich mit Sitz und Stimme an den Arbeiten der Kriegs- und Domänenkammer zu beteiligen, machten nur wenige in der Kurmark Gebrauch, da die wenigsten sich im Jahr für vier bis sechs Wochen von ihrem Kreis und ihrer Wirtschaft entfernen konnten, auch Diäten und Reisekosten nicht zur Verfügung standen. So war es also in der Praxis bei den Ansätzen zur Selbstverwaltung bestellt. Auch von den 1770 eingerichteten Prüfungen wurde wenig Gebrauch gemacht; ein Beispeil für viele, daß mancher friderizianische Reformansatz aus Mangel an Zeit, Mitteln und Interesse damals noch nicht zu verwirklichen war.

Die Landratsinstruktionen vom Jahre 1766 haben auf diesem Gebiet die Entwicklung in der Regierungszeit Friedrichs des Großen zu einem gewissen Abschluß gebracht. Jetzt waren auch die letzten beiden Provinzen, in denen sich noch ältere ständische Formen gehalten hatten, Ostpreußen und Cleve-Mark, zu dem Landratstyp kurmärkischer Prägung übergegangen. Im Herzogtum Preußen hatte der Landtagsrezeß von 1612 ein Kollegium von vier Amtshauptleuten und acht vom Landesherrn auf Lebenszeit bestellten und besoldeten Landtagsdeputierten festgesetzt, die

„Landräte", denen zusammen mit den Oberräten die Landesgesetzgebung zufiel. Als 1704 die ostpreußischen Landtage aufhörten, blieben für den Huldigungslandtag von 1713 nur noch wenige Landräte übrig. Für die Huldigung 1740 mußten deshalb 12 Landräte „ad interim" ernannt werden, aber ohne Aufgaben, Bestätigung und Gehalt; auf ihre Eingabe antwortete Friedrich II., die Provinzialräte sollten nach kurmärkischem Muster eingerichtet werden. Indessen bestanden seit 1722 in Preußen drei besoldete „Kreisräte" (für Oberland, Natangen und Samland) als Kontrolleure der lokalen Steuerkassen, die ihre Ämter zu bereisen und monatliche Berichte sowie Jahresabrechnungen der Regierung vorzulegen hatten. Die Instruktion von 1748 erwähnte ausdrücklich diese Aufgaben und übertrug ihnen noch die Aufsicht über die im Kriegsfall zu musternden Artilleriepferde. Alle sonstigen fiskalischen Tätigkeiten auf unterer Ebene oblagen den Amtshauptmannschaften, die zunehmend als Pfründen mißbraucht wurden. Deshalb ist für die Provinz Preußen am 22. August 1752 die Landratsverfassung nach kurmärkischem Vorbild eingeführt worden, nachdem der Königsberger Kammerpräsident v. Massow durch Zusammenlegung mehrerer Amtshauptmannschaften 10 große Kreise gebildet hatte (Schaaken, Tapiau, Brandenburg, Rastenburg, Mohrungen, Neidenburg, Marienwerder, Insterburg, Seehesten, Oletzko). Zu den drei bisherigen Kreisräten, die je zwei Kreise verwalteten, traten vier neue Landräte, von denen einer aus dem Justizdienst kam, drei verabschiedete Offiziere waren. Abweichend von der Kurmark war der Landrat mit dem Kreissteuereinnehmer und dem Kreisausreiter eindeutig ein Kreisbeamter, da es in Ostpreußen keine Landtage und Kreiszusammenkünfte gab; so fielen auch die Kreisdeputierten fort. Aber das ständische Vorschlagsprivileg wurde eingeräumt.

Ein Jahr später war unter fast gleichen Zuständigkeiten das moderne Amt des Landrats auch in der letzten noch ständisch beeinflußten Provinz Preußens, in Cleve-Mark, eingeführt worden. Dort waren schon im Jahre 1724 die Drosten-Ämter beseitigt und den mit ihnen konkurrierenden Richtern die Justiz und Verwaltung übertragen worden. Doch blieben auch jetzt die Ämter gemischte staatliche und kommunale Verwaltungsbezirke. Die Steuern wurden jährlich auf den Amts- und Erbentagen festgestellt und von 107 Einnehmern erhoben. Da über deren Höhe verhandelt wurde, gab es zahllose Durchstechereien und Steuerhinterziehungen, zumal die Jurisdiktion weithin in den Händen des Adels lag. Eben die höchst nötige Justizrevision des Jahres 1749 hatte die Unhaltbarkeit der dortigen Zustände aufgedeckt und Friedrich II. veranlaßt, nunmehr die Kreisverwaltung nach kurmärkischem Muster einführen zu lassen. Wie stets im friderizianischen Staat geschah dies nicht einfach durch Dekret. Vielmehr wurde das zuständige III. Departement des Generaldirektoriums angewiesen, sich entsprechende Vorschläge von der Clevisch-Märkischen

Kammer geben zu lassen. Bezeichnenderweise stieß die beabsichtigte Neuerung selbst bei der königlichen Behörde, die an Ort und Stelle die Verhältnisse kannte, auf Bedenken. Man scheute sich, die Landesprivilegien mit den ständischen Vorbehalten anzutasten und die adlige Jurisdiktion einzuschränken. Der Etatsminister von Viereck teilte dem Großkanzler v. Cocceji am 24. August 1749 seine Bedenken mit: „Daß bei der Bestallung der Landräte sich anfänglich allerhand Schwierigkeiten hervortun und insbesondere viele der Herren Clevener, welche insgemein alle neue Einrichtungen bei dieser Provinz für inapplicable ansehen, alles auch lieber in den Händen des Nepotismi und der Gerichtsschreiber gelassen wissen wollen, vielfältige Difficultäten hervorbringen möchten, daran ist wohl kein Zweifel." Sein Lösungsvorschlag ging dahin, eingesessene Adlige zur Wahrnehmung von Landratsstellen zu veranlassen. Inzwischen wurden drei neue Kreise in Cleve (Cleve, Emmerich, Wesel) und vier in der Grafschaft Mark (Hamm mit der selbständigen Stadt Soest, Hörde, Altena und Wetter) eingerichtet und am 6. Februar 1753 die Einführung des Landratsamtes in Cleve-Mark durch Kabinettsorder mit nachfolgender Verfügung des Generaldirektoriums angeordnet. Die cleveschen Stände hielten sich mißtrauisch zurück. Als sich der Etatsminister v. Hagen im Februar 1764 mit der Reform des cleveschen Landratsamtes beschäftigte, kam er wieder zu der Forderung, daß Landräte die Landesverfassung, die Landwirtschaft und das Steuerwesen kennen sollten, daß aber auch von dem Kammerdirektor alle zwei bis drei Monate die Landräte zu Konferenzen zu versammeln wären. Vor allem dürften die Kreisschreiber den Landräten nicht über den Kopf wachsen und nicht „kleine Landesregenten über den mühseligen Bauern spielen". Diese Vorschläge und eine genaue Dienstanweisung für Büroarbeit und Bereisung sind in die Instruktion für die Landräte von Cleve-Mark vom 23. September 1764 hineingenommen worden, weshalb die erneuerte Instruktion von 1766 im wesentlichen darauf fußen konnte. Die Stände blieben aber in einer unfruchtbaren Opposition, nahmen ihr Vorschlagsrecht nur lässig wahr und schalteten sich damit selbst aus. Daß die Ritterschaft hier nicht nach Kreisen, sondern nur als Landschaft insgesamt gegliedert war, diente lediglich als Vorwand, sich den lästigen Anforderungen eines unbequemen Amtes zu entziehen. Andererseits mußte eine streng fiskalisch geregelte Provinzialverwaltung auf gerechter Steuerverteilung und pünktlichem Aufkommen der Gelder bestehen und die Verschleuderung von Landesmitteln sowie die persönliche Bereicherung strikt unterbinden. Dabei zeigt sich keine „mechanische Staatsauffassung"; vielmehr war gerade bei den amtlichen Aufgaben des Landrates ein weiter Spielraum für die bestmögliche Berücksichtigung berechtigter örtlicher Besonderheiten eingeräumt, so weit sie den allgemeinen Staatsinteressen nicht entgegenstanden. Im Gegensatz zu den Verwaltungsbehörden, die die Provinzialstände und

Kreisdeputierten abgeschafft wissen wollten, hat Friedrich der Große an diesen Einrichtungen festgehalten und in ihnen eine Art Gegengewicht gegen die Bürokratie gesehen; bis zu einem gewissen Grade haben daher die ständischen Elemente in seinem Regierungssystem ihren Platz behauptet. Die großen, bisher wenig bekannten Verwaltungsreformen nach dem Hubertusburger Frieden zeigen das deutlich genug.

2. *Domänen- und Agrarreform*

Wenn es nach der Meinung Friedrichs des Großen das Wesen einer guten Staatsverwaltung ausmacht, nicht um ihrer selbst willen da zu sein, sondern die Erträgnisse für den allgemeinen Haushalt zu steigern, so erwartete er eine kräftige und anhaltende Vermehrung seiner Einkünfte eher durch die Industrie als durch den Ackerbau: „Das wahre Plus kömmt durch die Industrie . . .“ Dennoch war auch die Agrarpolitik im weitesten Sinne Gegenstand seiner Verwaltungstätigkeit und Reformen, besonders nach den Verwüstungen weiter Länder durch den Siebenjährigen Krieg. Nicht nur dem steigenden Bedarf der Manufakturarbeiter nach preiswertem Brot und Kleid war im Lande selbst nachzukommen; preußisches Getreide, Holz und schlesische Wolle gehörten zu den wenigen Hauptausfuhrprodukten. Dazu kam, daß gerade um die Mitte des 18. Jahrhunderts neue Methoden für Steigerung und Verbesserung agrarischer Erzeugnisse, besonders in England, entwickelt worden waren, die den stets für Neuerungen empfänglichen König geradezu zu landwirtschaftlichen Reformen aufforderten. Träger dieser Reformen wurden die Kriegs- und Domänenkammern, die gleichermaßen auf die königlichen Ämter wie auf die Landräte einzuwirken vermochten.

Die Intensivierung der Ertragssteigerung, in erster Linie des Getreideanbaues, konnte bis zu einem gewissen Grade durch Meliorationen, insbesondere Trockenlegung von Brüchen und Bewässerungen von Ödländereien erreicht werden, war also durch entsprechende Organisation ländlicher Arbeitskräfte zu erzielen. Dafür waren erhebliche finanzielle Mittel erforderlich. Der König setzte voraus, daß die privaten Grundbesitzer einen Teil ihrer Erträgnisse hierfür einsetzten, ebenso wie die Domänenämter es zu tun hatten; schließlich standen in bestimmten Grenzen auch den Kammern aus ihren Überschüssen dafür Gelder zur Verfügung. Für die meisten größeren Projekte mußten zentrale Fonds einspringen. Beispielhaft ist der Meliorationsplan der Kurmark für das Etatsjahr 1782/83, der die Nutzbarmachung von 36 000 Morgen vorsah, wofür 142 000 Rtlr. aufgewandt werden mußten. Außer dem Neuansatz von 77 Familien wurden die Bedingungen zur zusätzlichen Haltung von 2 500 Kühen und

500 Schafen geschaffen. Eine vermehrte Großviehhaltung war unerläßlich für die Ertragssteigerung des Getreidebaues, der auf regelmäßige und ausreichende Düngung angewiesen war. Um den Hauptviehbestand mit Stallfütterung in den Wintermonaten versehen zu können, war die Futtervermehrung die wichtigste Voraussetzung. Diese konnte am besten durch die neue englische Wirtschaftsart erreicht werden, durch Anbau von Lupinen, Esparsetten und anderen hochwertigen Futterkräutern. Versuche damit wurden mit gutem Erfolg von englischen Landwirten auf der Domäne Mühlenbeck in der Kurmark gemacht, allerdings das entsprechende System der Fruchtwechselwirtschaft noch nicht eingeführt, wohl auch nicht erkannt, obwohl mit Kabinettsorder vom 29. März 1782 dem Minister v. Werder befohlen wurde, „ein mit Futterkräutern bestelltes Feld so lange Jahre zu nutzen, wie das darauf wächst, und es hernach mit Getreide zu besäen." Erst auf dieser Grundlage konnte die Rindviehhaltung, die bisher an die großen Weideflächen der Flußniederungen von Tilsit bis Wesel gebunden war, nicht nur vermehrt, sondern auch in der Qualität bedeutend verbessert werden. Zur Überprüfung und zu weiterem Ausbau dieser Fortschritte sollten bei jeder Kammer Landwirte beratend eingesetzt werden, die Erfahrung in der Viehzucht besaßen. Auch konnten allmählich, schon durch Verbesserung der Hygiene, die verheerenden Viehseuchen eingedämmt werden. Im Jahre 1773 zählte Preußen 2,5 Millionen Stück Rindvieh, davon mehr als ein Fünftel in den Kammerbereichen Ostpreußen und Litthauen, nur noch von Schlesien übertroffen, während die 350 000 Pferde in Ostpreußen und Litthauen über ein Drittel des Gesamtbestandes in Preußen ausmachten und nach Zahl und Qualität von keiner anderen Provinz erreicht wurden. In der Schafzucht standen dagegen Schlesien, die Kurmark und Pommern an der Spitze, in der Schweinehaltung wieder Ostpreußen. Ähnliche Verhältniszahlen galten für den Kartoffel-Anbau, wobei wiederum Ostpreußen mit Litthauen an erster Stelle stand, vor Schlesien und der Kurmark, während Pommern danach folgte, obwohl dort zuerst die Kartoffel als Volksnahrungsmittel angepflanzt worden war. Für die Kurmark hatte der König 1763 dem Kammerpräsidenten v. d. Horst Anweisung gegeben, den geeigneten Boden dafür ausfindig zu machen, und schon im nächsten Jahre wurde er wieder ermahnt, „nachdrücklich darauf zu halten, damit die Untertanen auf dem Lande fleißig Erdäpfel oder sogenannte Tartoufflen bestellen." Doch hat erst die Kornknappheit während der Hungersnot 1771 den Wert der Kartoffel schätzen gelehrt und ihre allgemeine Einführung durchgesetzt. Daß der Anbau auch anderer Hackfrüchte sowie die Pflanzung von Obstbäumen — neben den berühmten Maulbeerbäumen — in sehr zahlreichen Edikten und Instruktionen immer wieder angestoßen und eingeschärft worden ist, kann nicht nur für die Kurmark bezeugt werden, wo auf Veranlassung des Etatsministers v. Derschau im Jahre

1770 40 Gärtner angesetzt wurden, um den Einwohnern Anweisung zur rechten Obstbaukultur zu erteilen. Hinsichtlich der Zahl der Obstbäume stand die große Provinz Schlesien naturgemäß an der Spitze, doch konnte Magdeburg die sonst nirgend erreichte Menge von 12 743 Obstbäumen auf jeder Quadratmeile melden (in Schlesien 4 800, im Durchschnitt des Gesamtstaates 2 700). Gewiß hatte die Obstbaumpflanzung sehr zugenommen, doch hätte seitens der Einwohnerschaft bedeutend mehr geschehen können. „Wie auf anderen Gebieten der Landeskultur, so scheiterten auch des Königs Veranstaltungen zur Einführung eines geregelten Obstbaubetriebes auf die Dauer an der Stumpfheit und Widerwilligkeit der Massen, welche eine Arbeit zu beginnen sich scheuten, von der sie erst in Jahren einen Nutzen erwarten durften“ (O. Behre, S. 242).

Mit einer bedeutenden Agrar-Reform, die erst um die Mitte des 19. Jahrhunderts ihren Abschluß finden sollte, hat Friedrich der Große aus eigenem Antrieb begonnen, nachdem er in Berichten aus England darauf aufmerksam geworden war. Es ist der Vorgang der „Gemeinheitsteilung“, der den Anfang zur „Separation“, zur Zusammenlegung des zersplitterten Streubesitzes der Landwirte machte, deren Zeit und Arbeitskraft durch unrentable Bestellung weit auseinanderliegender Ländereien vergeudet wurde. Zunächst galt es, die „Allmende“, die gemeinsam zu bewirtschaftende Dorfflur mit Anger, Weiden, Hütungen, für die niemand verantwortlich war und die sich meist in verwahrlostem Zustand befanden, an die benachbarten Besitzer zwecks intensiver Nutzung aufzuteilen. Der Gedanke ist vom König am 11. Juni 1765 anläßlich einer Besprechung mit den leitenden Departementschefs, der jährlichen „Minister-Revue“, zum ersten Mal zur Sprache gebracht worden. Der Anfang sollte in der Kurmark gemacht und die Mithilfe des Justizministeriums vom Generaldirektorium erbeten werden. Aber eben die Gerichtssachverständigen zögerten, erwogen die „Rationes pro et contra“ sehr weitläufig, befürchteten endlose Prozesse und Rechtsbeugungen. Der in England erzielte Nutzen wurde zugegeben; man möge aber auf den Domänen beginnen. Strittig war lange der Umfang der Teilungsobjekte, auch sei ein Publikandum nötig, und Kommissare zur Begutachtung der Rechtslage und Schlichtung müßten in den Kreisen eingesetzt werden. Da das Generaldirektorium erst im Dezember die Stellungnahme erhielt, machte der Minister v. Hagen selbst Entwürfe für das Justizministerium, das nach einigen Vorbehalten und Änderungen endlich das „Circular wegen Auseinandersetzungen und Aufhebung der Gemeinheiten und gemeinen Hütungen“ am 22. April 1766 zur Unterfertigung vorlegte. Es war an sämtliche Justizkollegien und Kriegs- und Domänenkammern, am 15. Mai 1766 auch in Schlesien, gerichtet und eines der ersten wirklich für den gesamten Staatsbereich gleichermaßen gültigen Gesetze. Ausgenommen von der Aufteilung wurden gemeinsame Jagd-, Fischerei- und Holzgerechtigkeit, ebenso Hütungen in Holzungen und Heiden, da es auf Verbesserung von Feldern und Wiesen ankam; auch Erbgemeinschaften blieben unberührt. Ausdrücklich wurde betont, daß keine Vermehrung von Steuern und Abgaben damit verbunden sei. Laßbauern sollten von der Gemeinheitsteilung nicht ausgeschlossen werden. Die Zusammensetzung der die Teilung an Ort und Stelle zu überwachenden Kommission wurde angeordnet und Bericht in vier Wochen erwartet. Da zeigte es sich, daß die Bedenken der Justizkollegien so zunahmen, daß selbst der König zurückhaltender wurde, obwohl gerade jetzt auch aus der Schweiz mit der Allmende-Aufteilung gute Erfahrungen bekannt wurden. Als noch im Oktober 1769 kein Fortgang erzielt war, hat sich Minister v. Hagen mit dem vormaligen Präsidenten des Kammergerichts, Ernst Friedemann Frhr. v. Münchhausen, jetzt Chef des Geistlichen Departements, rasch über eine Instruktion für die Kommissare verständigt und auf eine Beschleunigung der Einteilung bei dem Justizkollegium gedrängt. Der Anfang wurde mit dem Amt Nauen gemacht, wo am wenigsten Schwierigkeiten zu erwarten waren, mit dem Ziel, durch Verbesserung des Wiesenwuchses die Vergrößerung des Viehbestandes zu erreichen. Eine entsprechende Verordnung konnte der König endlich am 24. Oktober 1769, nach mehr als vierjähriger juristischer Vorbereitung, vollziehen; er legte großen Wert darauf, daß Gewalt und Unrecht nicht verübt werden dürften, scheute einen persönlichen Machtspruch, war aber über die sehr lange Verzögerung teils ungehalten, teils resigniert. Im Frühjahr 1770 kamen dann die ersten Erfolgsmeldungen: 105 Gemeinheitsteilungen waren vollzogen, weitere 31 Gemarkenteilungen in der Grafschaft Mark und 14 Verkäufe in Geldern und Moers durchgeführt, mithin in allen Provinzen; bis Ende 1770 kamen weitere 124 hinzu und im Jahre 1771 waren es sogar 382 (davon allein 98 im Herzogtum Magdeburg). Nur der Mangel an Landmessern hatte ihre Zahl nicht noch steigen lassen. Für Schlesien wurde am 14. April 1771 ein besonderes „Reglement“ für die weitere Aufhebung der Gemeinhütungen erlassen. So war die erste große Agrar-Reform in Deutschland in Gang gekommen.

Der Adel hatte in allen Landesteilen Preußens schon zur Zeit Friedrich Wilhelms I. — nicht ohne Druck des Königs — einen festen Platz im Staatsgefüge eingenommen. Diesen hatte er unter Friedrich II. behauptet, aber die Zeit der Konflikte war vorüber, die Privilegien und ständischen Vorbehalte traten gegenüber neuen Aufgaben zurück. Friedrich verbürgte dem Adel sein Fundament, den Grundbesitz, wenngleich er ihn noch mehr als sein Vater zu Abgaben heranzog; er garantierte ihm die Beamtenkarriere auf der Ebene der Kabinettsminister und Kammerpräsidenten und behielt ihm schließlich die Offizierslaufbahn vor, die wie in keinem anderen Beruf in Preußen so typenbildend bis in das 20. Jahrhundert hinein von adligen Anschauungen des 18. Jahrhunderts her bestimmt worden ist. Der Adel hat diese Aufgaben zu den seinigen gemacht und in bemerkenswerter ständischer Geschlossenheit sich dem Dienstgedanken verpflichtet. Eine Adelsfronde hat es in Preußen im 18. Jahrhundert nicht gegeben, und die Bravour, mit der dieser Stand auf den böhmischen Schlachtfeldern für König und Ehre in den Tod gegangen ist, besiegelte die beiderseitige Übereinkunft. Den schlesischen Adel für Preußen zu gewinnen, hat sich Friedrich zeitlebens bemüht. Zum Wiederaufbau des Landes stellte der König im Jahre 1768 ein „Gnadengeschenk" von 300 000 Rtlr. zur Verfügung. 83 Familien, bevorzugt solche, deren Söhne im Militärdienst standen, erhielten Beihilfen, die von dem damaligen Präsidenten der Breslauer Oberamtsregierung v. Carmer geschickt mit entsprechenden Nachweisen verteilt worden sind. Solche dem privaten Grundbesitz unmittelbar zugute kommenden Wiederaufbau-Gelder sind auch den Ritterschaften einiger anderer Provinzen zugesprochen worden. Im Jahr 1770 ist als weitere Stiftung das landschaftliche Kreditinstitut des schlesischen Landadels begründet worden; entsprechende Bodenkreditanstalten folgten, allerdings mehr oder weniger aus Eigenmitteln, in der Kurmark, in Pommern, dann in Ost- und Westpreußen. Zu dem schlesischen Adel als Korporation in ein engeres persönliches Verhältnis zu treten, wie es zum kur- und neumärkischen Adel bestand, gelang freilich Friedrich dem Großen nicht; kennzeichnend dafür war die Einladung schlesischer Vasallen zur Hochzeit des Prinzen und Thronfolgers Friedrich Wilhelm von Preußen. Der König erhielt fast allgemein Absagen. Es zeigte sich, daß es ihm noch nicht gelungen war, den schlesischen Adel, trotz reichlich vergebener Kammerherrenwürden und sonstiger Gunstbezeugungen, nach Berlin zu orientieren. Jedenfalls hatte sich die Erwartung, der schlesische Adel würde sich um ihn drängen, nicht erfüllt. Dabei mögen Gleichgültigkeit, vielfach auch gewollte Distanz mitgesprochen haben, ebenso der als unbequem empfundene Königsdienst; in erster Linie doch wohl die Beschwerlichkeit und auch der Geldmangel; vor allem war es ungewohnt: denn der König kam ja bisher selbst nach Schlesien! Eben in jenen Jahren hatte der Chefpräsident der schlesischen Kammer, Provinzialminister v. Schlabrendorff, das gutsherrliche Adelsprivileg mit einer Deutlichkeit formuliert, wie es Friedrich gar nicht anders hätte tun können: „Diejenigen, so adlige Güter besitzen und nicht vom Adel sind, sollen bei dem ersten Vorfall, wo sie mit den Untertanen rüde umgehen oder ihnen neue Onera obtrudieren, angehalten werden, sogleich ihre Güter an Edelleute zu verkaufen, weil daraus konstiert, daß sie nicht Vernunft noch Qualitäten besitzen, die Untertanen raisonnable zu gouvernieren." In dieser bemerkenswerten Sentenz steckt aber nicht nur ein richtungweisender point d'honneur für den Bürgerlichen, dem quasi Adelseigenschaften zugeschrieben werden, wenn er das gouvernement raisonnable zu tractieren verstehe, sondern eine unüberhörbare Warnung an den adligen Gutsbesitzer, sich nicht so weit zu vergessen, daß er seine Adelsqualitäten einbüße. In der hier schon möglichen, erst in dem Oktoberedikt von 1807 gesetzlich verbürgten Freizügigkeit bei Erwerb adliger Güter stehen zwei Stände sich gegenseitig messend gegenüber. Auch diesen später vollzogenen Schritt der grundsätzlichen Gleichstellung hat der friderizianische Staat schon begonnen. Wenn bereits Friedrich Wilhelm I. den Generalhufenschoß als eine gleichmäßige Grundsteuer für Adel, Kölmer und erbuntertänige Bauern auf Grund des Katasters und der Ertragsfähigkeit des Bodens in Ostpreußen eingeführt hatte, so tat Friedrich dasselbe mit Schlesien 1740 und mit Westpreußen 1772; die geldliche Ablösung des adligen Roßdienstes bei den steuerfreien Hufen des kurmärkischen und Magdeburger Adels blieb ebenfalls. Denn die Auffassung vom Besteuerungsrecht hatte sich inzwischen gewandelt; es leitete sich nicht mehr aus dem Obereigentum des Regenten an dem Vermögen der Untertanen ab, sondern aus dem Staatsbürgervertrag: zu besteuern sind, wie es das Allgemeine Landrecht formulieren sollte, diejenigen, „die für ihre Person, Vermögen oder Gewerbe den Schutz des Staates genießen“ (II 14 § 2).

Um das Jahr 1770, zur Zeit der Verwaltungs- und Agrarreform, wurden im Bereich der Kriegs- und Domänenkammer Minden-Ravensberg 13 132 Bauerngüter gezählt, von denen 3 843 adlig oder Stiften zugehörig waren; ferner gab es dort 5 035 königliche Kolonate, wovon 3 828 eigenbehörig gewesen sind. Trotz ihrer geringen Zahl waren die königlichen Domänenämter zu den Trägern des agrikulturellen Fortschritts geworden. Bei schärfster Rechenhaftigkeit des Fiskus konnten dort die Kammern eher experimentieren als dies dem durchweg kapitalschwachen Gutsadel oder gar den Einzelbauern möglich war. Bezeichnend für die Führungsrolle in ländlichen Bezirken ist die Schrift des Domänenamtmannes Johann Ernst Tiemann aus Brackwede im Ravensberger Land, eine „Wirtschaftspredigt“, die dieser in Bielefeld 1785 erscheinen ließ, und die in tausenden von Exemplaren auch in anderen, nicht nur preußischen Gebieten Verbreitung fand. Sie trägt den bezeichnenden Programmtitel „Versuch, den Eingesessenen des königlich preußischen Amtes Brackwede in der Grafschaft Ravensberg eine einträglichere Landeskultur beliebt zu machen, oder Vorschläge, wie die brackwedischen Amts-Eingesessenen in wenig Jahren reich werden können; in müßigen Weihnachtsfeiertagen entworfen.“ Die Domänenpächter hatten sich in der zweiten Hälfte des 18. Jahrhunderts als eigener, im allgemeinen vermögender, recht selbstbewußter Stand herausgebildet, erfahren in Meliorationen und Siedlungen, dennoch mit kurzen Pachtverträgen ständig auf Abruf, von einer Konkurrenz bedroht, die nicht allein finanzkräftig, sondern mit den neuen Erkenntnissen einer sich rasch entfaltenden Agrarwissenschaft auftrat. Die Kammern freilich, so scharf sie ihre Dienstaufsicht ausübten, haben die Pächter im allgemeinen gehalten, da sie wohl vertraut waren mit Wirtschaft, Personal, Bodengüte und Gelegenheiten; jeder Wechsel mußte zunächst Unsicherheit und wohl auch Ertragsminderung bis zur Eingewöhnung bringen. So hielten die alten Pächterfamilien sich gegenseitig im Amt, die eigentlichen „Beamten“, die einzige Kategorie von Staatsbediensteten, die damals diese Bezeichnung schon führte. Sie sind nicht nur vom König mißtrauisch beobachtet und kritisiert worden, sicherlich zu Unrecht; nicht nur Domhardt und Schön sind als Domänenpächtersöhne zu hohen Staatsstellen aufgestiegen, sondern Redlichkeit und Tüchtigkeit, die Verbindung von wissenschaftlicher Erkenntnis und praktischer Begabung haben zahlreiche Amtmänner fachlich und menschlich zu Vorbildern ihrer ländlichen Umgebung, zu verläßlichen Mitarbeitern der Kammern gemacht.

Die große Zeit der Domänenentfaltung war jedoch unter Friedrich II. vorbei. In den alten Provinzen sind sie nach Zahl und Umfang nicht vermehrt, sondern eingeschränkt, viele Vorwerke zu Bauernstellen „abgebaut“ worden. Der König sollte nach Friedrichs Meinung nicht mit dem adligen Eigenbesitz konkurrieren. Der domaniale Umfang, der dem Staat nach 1740 zugewachsen war, erwies sich in Schlesien und Ostfriesland als recht gering; in Westpreußen wurden die früheren Kron- und Kirchenländer teils als Bauerngüter ausgegeben, teils in Erbpacht, vielfach aber, wie bei den bischöflichen Ämtern des Ermlandes, lediglich in Nutzung zugunsten der Staatskasse übernommen, ohne in königlichen Eigenbesitz überzugehen. Im Sinne einer Agrarreform ergab sich daher auf dem Gebiet des Domänenwesens höchstens eine Intensivierung und Rationalisierung. Hatte Preußen um die Jahrhundertmitte noch die Hälfte seiner Einnahmen aus den Staatsgütern gezogen, so belief sich der Ertrag aus den Domänen am Ende der Regierungszeit Friedrichs trotz der Vermehrung um drei Provinzen nur auf ein Drittel der gesamten Einkünfte. Dennoch war dieser Betrag erheblich höher als im Jahre 1740. Das „Extraordinarium“ der Kammern für domaniale Zwecke konnte vermindert, die Pachtsumme nicht unbeträchtlich erhöht werden; nicht durch ein Plusmachen um jeden Preis „durch anderer Leute Unglück“, sondern durch die kameralistische Fähigkeit, das „reale, solide Plus“ herauszuwirtschaften, wie es die Instruktion für das Generaldirektorium von 1748 in Artikel 18 klar herausgestellt hat. In dieser Hinsicht boten die Domänen um das Jahr 1770 einen befriedigenden Zustand. In Magdeburg gab es wöchentlich nicht mehr als 1 bis 2 Tage Spanndienste, die vielfach durch „Dienstgelder“ abgelöst waren; alle Höfe befanden sich in bäuerlichem Eigentum. Die Kurmark hatte bald nachgezogen, während in Pommern die ungemessenen Dienste am längsten auf den Untertanen lasteten. In Ostpreußen war die Scharwerksleistung für die Ämter auf 60 Tage im Jahr festgelegt worden, die nach bestimmten Sätzen vergütet wurden. Die Domäne Balga führte als erste den Versuch durch, nicht bestimmte Arbeitszeiten, sondern Arbeitsaufgaben mit festgesetzten Leistungen für die Scharwerkspflichtigen anzusetzen. Der schon im Jahre 1755 vom König ausgesprochene Gedanke, die Domänendienste vollständig und überall durch Dienstgeld ablösen zu lassen, hat sich bei der unvorstellbaren Geldknappheit in den agrarischen Lebensbereichen nicht durchführen lassen. Gleichwohl stellte die erfolgreiche Intensivierung der Domänenwirtschaft eine bedeutende Entlastung der Staatskasse dar.

Durch zwei Maßnahmen der Zentralbehörden ist eine teilweise Reform des schon absinkenden Domänenwesens bewirkt worden: durch Neufestsetzung der Pachthöhe (1768) und durch gezielte örtliche Feststellungen über stillschweigende Domänenvergrößerungen (1777). Im Juni 1768 regte Etatsminister v. Hagen beim König an, die wirklichen Domänenerträge mit den dafür gezahlten Pachtgeldern in Vergleich zu setzen. Die Untersuchung sollte sich auf Preußen, Pommern, die Neumark und später Schlesien erstrecken. Da das zuständige I. Departement übergangen war, gab es unerfreuliche Verzögerungen, doch hat Blumenthal schließlich zustimmen müssen. Die rasch und genau arbeitende Kommission hat Anfang 1769 allein in den beiden ostpreußischen Kammern eine Mehreinnahme von fast 50 000 Talern feststellen können, wozu noch 3 400 Taler an erhöhter Mühlenpacht kamen. Daß die Pächter diese Mehrsummen ohne größere finanzielle Schwierigkeiten aufbringen konnten, zeigt, wie sehr bereits zu diesem Zeitpunkt wieder eine agrarische Wirtschaftsstabilisierung erreicht worden war. Die zweite Veränderung im Domänenwesen wurde durch die Amtsübernahme des dirigierenden Ministers im Generaldirektorium, Leopold Otto v. Gaudi, ausgelöst, der seit 1775 die Verwaltung der Ostpreußischen, Litthauischen und Westpreußischen Kammer zu besorgen hatte, nach Einarbeitung zwei Jahre darauf eine Kommission in seinen Amtsbereich entsandte und sich selbst auf eine eingehende vierteljährige Inspektionsreise dorthin begab. Die Nachprüfung stellte fest, daß entgegen den bestehenden Verordnungen die Domänenämter mit Wissen und Duldung der Kammern eine nicht unbeträchtliche Arrondierungspolitik getrieben hatten. Da nicht dagegen geklagt worden war, offenbar anderweitiges Interesse nicht verletzt wurde und bei dem in Preußen immer noch vorhandenen reichlichen Übermaß- und Gemeinheitsland oft auch ein sachliches Erfordernis vorlag, unbebauten Boden nutzbar zu machen, sah das Generaldirektorium, selbst nach dem scharfen Bericht Gaudis, keinen Anlaß zum Einschreiten. Vielmehr wurde die Untersuchung zum Anlaß genommen, das vielfach nicht mehr als dringend empfundene Verbot der Grundstückserwerbung aufzuheben. Gleichzeitig wurde im Zuge der Entlastung der Amtsbauern die Scharwerksleistung umgestellt. Das Generaldirektorium beschied daher am 3. Dezember 1778 die Königsberger Kammer: „Nachdem nunmehr das Plan-Scharwerk in unserer dortigen Provinz überall eingeführt wird, die Dispositions-Tage cessieren und die Bitte-Dienste bei Strafe verboten, auch die Burg-Dienste, Holz- und Getreidefuhren per Rescripta festgesetzt, solchergestalt aber dem Mißbrauch der Dienste Maß und Ziel gesetzt worden, so haben wir allergnädigst resolviert, den Beamten zu gestatten, daß sie in den ihnen verpachteten Ämtern nicht nur Güter ankaufen und sich auf unurbaren Ländereien etablieren, sondern auch die zur Erbverpachtung qualifizierenden, zur öffentlichen Licitation gestellten Amtsvorwerke als Meistbietende erb- und eigentümlich acquirieren können." Einen merkbaren Aufschwung hat freilich auch diese Reform dem Domänenwesen nicht mehr gebracht; die Entwicklung lief in jener Zeit bereits dahin, den Eigenbesitz zu vermehren und zu stärken, mittlere freie Bauerngüter zu schaffen, wozu Domänenländereien in zunehmendem Maße ausgeteilt worden sind.

Das vornehmste Ziel der Agrarreformen Friedrichs des Großen ist es gewesen, den Bauernstand zu schützen, seine Leistungsfähigkeit zu verbessern und ihn von unzumutbaren Lasten freizustellen. Wenn diese Zielsetzung nicht in vollem Umfang erreicht werden konnte, so war das mitbedingt durch die damalige Struktur des Staates, die nicht ohne höchste Gefährdung zu ändern war, und durch die nur bedingt mögliche Durchsetzung der staatlichen Autorität, schließlich durch ökonomische und rechtliche Rücksichtnahmen. Es kennzeichnet Friedrichs Reformen, daß er, vorsichtiger als Joseph II. und Struensee, sich stets auf das Erreichbare beschränkt hat, daß er mit den Gegebenheiten rechnete und angesichts der begrenzten Mittel schon ein Höchstmaß an Energie entfalten mußte, um kleine und nachhaltige Erfolge zu erzielen. In der grundlegenden Instruktion für das Generaldirektorium von 1748 ist der 7. Artikel der Lage der Bauern gewidmet. Die Anweisung geht dahin, nicht nur die Amts- und Domänenbauern so weit wie möglich freizustellen, sondern auch die städtischen und adligen „Untertanen", worunter damals die erbuntertänigen Bauern zu verstehen sind, höchstens drei bis vier Tage und nicht wie bisher die ganze Woche über zu Hand- und Spanndiensten verpflichten zu lassen, um sie von dem gegenwärtigen „ruineusen Umstand" zu befreien. „Es wird dieses zwar anfangs etwas Geschrei geben, allein... es muß einmal durchgegriffen werden, und werden alle vernünftigen Gutsherren sich hoffentlich wohl accomodieren . . ." 1749 hatte der König bei einer Bereisung der Kurmark festgestellt, daß Domänenbeamte die Bauern mit Stöcken schlugen. Ein solcher Domänenpächter, und sei er noch so tüchtig, solle sofort zu sechs Jahren Festungshaft verurteilt werden. Der kurmärkischen Kammer wurde wiederholt eingeschärft, die Bauern vor der Willkür der Domänenbeamten zu schützen. Das Reglement für die Landräte von 1766 machte es ihnen zur Pflicht, jede in ihrem Kreise vorkommende Bauernschinderei sofort der Kammer zu melden; hatten doch bezeichnenderweise noch 1750 die hinterpommerschen Stände sich über den Codex Fridericianus beschwert und verlangt, sie sollten weiterhin über ungemessene Dienste ihrer Bauern verfügen können — und dies zwei Jahre nach der großen Verwaltungsinstruktion, die auch für Pommern eine Herabsetzung der Scharwerksleistungen zur Pflicht machte! Eine einheitliche Bauerngesetzgebung für den preußischen Staat war aber nicht nur wegen der bestehenden und zu beachtenden Privilegien schwierig, sondern auch wegen der sehr unterschiedlichen Rechtsstellung in den einzelnen Landesteilen. So gab es in Preußen die Gruppe der Kölmer als Freibauern, in anderen östlichen Provinzen die Lassiten, die persönlich frei, rechtlich beschränkt, bedingt erblich und mit ihrem Eigentum schollengebunden waren. Die Kolonisten wurden von vornherein zu besserem Recht als freie Leute gegen Zinspflicht angesetzt. Anders in den westlichen Provinzen. In Minden gab es nach Feststellung der Kammer von 1753 die Gruppen der „Leibfreien" (freie Zinsbauern ohne Scharwerkspflicht), die „Erbmeierstättschen" erbuntertänigen Bauern und die Leibeigenen. In Cleve-Mark hingegen war der Unterschied von Amts- und Immediatuntertanen unbekannt, da Domänenämter nicht bestanden und domanialer Besitz sich nur auf einzelne Höfe, nirgends auf ganze Dörfer erstreckte.

Dank der Dienstaufsicht der Behörden sind ernstere Zwischenfälle, die sich an den Scharwerksleistungen zu entzünden pflegten, vermieden worden. Bezeichnenderweise beschränkten sich Zusammenrottungen und Bauernunruhen auf die Randgebiete in Preußisch-Litthauen, in der Johannisburger Heide und in Oberschlesien. In der Erntezeit 1749 widersetzten sich die Amtsbauern von Prökuls und Heydekrug ihren Dienstpflichten, wobei beurlaubte Soldaten gemeinsame Sache mit ihnen machten. Durch eine Husareneskadron konnte der Auflauf rasch gedämpft werden, doch beschwerte sich die Kammer, daß der Chef des in Ragnit garnisonierenden Dragonerregimentes, Generalmajor Friedrich von Stosch, mit den Bauern in Unterhandlungen eingetreten und damit dem ordentlichen Gerichtsverfahren vorgegriffen hatte. In Oberschlesien hatte Schlabrendorff 1766 einen berüchtigten adligen Leuteschinder festgesetzt und seine Güter zwangsweise verkaufen lassen.

Im Frühjahr 1766 widersetzten sich im oberschlesischen Kreise Ratibor die Gutsbauern den überhöhten Robotforderungen des Grafen August Wilhelm Leopold Gesler zu Odersch. Der schlesische Provinzialminister v. Schlabendorff hatte den aufgebrachten oberschlesischen Adel zunächst zur Ruhe ermahnt. Dann aber hatte die Arbeitsverweigerung auch auf den Kreis Leobschütz übergegriffen und drohte sich auf die Kreise Beuthen, Tost und Pless auszubreiten. Auf gutes Zureden der Oberamtsregierung und der Landräte sowie die Versicherung, daß ihre Beschwerden gründlich geprüft und jedem sein Recht verschafft werden sollte, hörten die Leute nicht mehr, sondern zogen in die Wälder, so daß in Kürze viele Dörfer leer standen. Die Erregung wurde durch land- und berufsfremde Aufwiegler geschürt, so durch einen Schneidergesellen, der erzählte, er käme aus Potsdam und habe vom König selbst die Instruktion, daß nunmehr alle Fronarbeit aufhören solle. Die Breslauer Kammer mußte befürchten, daß die Feldbestellung zum Schaden des Landes und der Leute selbst unterbleiben würde; da die Verwaltungen über keinerlei Exekutiv- oder Polizeiorgane verfügten, erbat der Provinzialminister vom König Militär zur Wiederherstellung der Ordnung. Der Inspekteur der Kavallerie in Schlesien, Generalleutnant Friedrich Wilhelm v. Seydlitz, der berühmte Reiterführer aus dem Siebenjährigen Kriege, hat sich dieses heiklen Auftrags mit bemerkenswerter Sachlichkeit und Zurückhaltung entledigt. Er gab seinen kleinen Kommandos genaue Instruktionen, wodurch es überall gelang, ohne Gewaltanwendung durch gütliches Zureden die Landarbeiter wieder an die Arbeitsplätze zurückzuführen, bis auf wenige in Haft genommene Haupträdelsführer. Doch auch für diese setzte sich der Provinzialminister in einem Schreiben an den Großkanzler ein, „damit nicht ohne Not eine allzu große Menge Wirte von ihren Wirtschaften entfernt werden". So war innerhalb von zwei Wochen die Ruhe wiederhergestellt worden. Es war ein regelrechter Ausstand gewesen, keine Revolte. Niemand hatte sich gegen die Verwaltung oder gar den König empört. Die Provinzialregierung, die ohnehin auf einem gespannten Fuß mit den oberschlesischen Ständen stand, drohte den Gutsbesitzern scharfe gerichtliche Maßnahmen an, falls sie in ihren Untertanen Vergeltung übten. Daß die Arbeitsniederlegung soziale und nicht politische Motive hatte, zeigten die gleichzeitigen Zusammenrottungen bewaffneter Bauernscharen im benachbarten österreichischen Fürstentum Teschen. Diese extremen Äußerungen von Unzufriedenheit blieben jedoch nicht nur selten, sie hatten auch nicht den geringsten Einfluß auf die schon lange geplanten Absichten des Königs, den Bauernschutz durch eine Bauernbefreiung zu ergänzen.

Mit Kabinettsorder vom 16. April 1754 war dem Justizminister v. Cocceji mitgeteilt worden, daß „die Sklaverei der in Pommern noch üblichen Leibeigenschaft mir so hart und von so üblem Effect auf das ganze Land zu sein scheint, daß ich wohl wünschte, daß solche gänzlich aufgehoben werden könnte". Beharrlich kam der König nach dem Siebenjährigen Kriege darauf zurück. In der Instruktion für die Pommersche Kammer vom 22. Mai 1763 heißt es: „Erstens sollen absolut und ohne das geringste Räsonnieren alle Leibeigenschaften, sowohl in königlichen, adligen als Stadteigentums-Dörfern von Stunde an gänzlich abgeschafft werden"; entsprechend einige Tage später auch in der Instruktion für die Kurmärkische Kammer, hier allerdings beschränkt auf die Amtsuntertanen. Zunächst ließ sich alles gut an. Brenckenhoff konnte im Dezember desselben Jahres in Stettin von den Pommerschen Ständen grundsätzlich die Zustimmung erlangen. Die Instruktion für Hoym bei dessen Dienstantritt als schlesischer Provinzialminister 1770 machte die Auflage, die Beseitigung der Leibeigenschaft in Oberschlesien mehr und mehr zu vollziehen. Hoym versicherte, das sei insoweit schon geschehen, als kein Untertan verkauft werden könne. Es sei jedoch noch zu erreichen, „daß sie ihre Güter und Stellen eigentümlich besitzen, damit die Grundherrschaften nicht willkürlich damit schalten können". Hoym war freilich nicht der Mann, um die Politik des „Bauernprotektors" Schlabrendorff, der deswegen wie sein Vorgänger von bestimmten Kreisen des schlesischen Adels angeschwärzt und verfolgt worden war, durchzustehen. So sind in Schlesien zahlreiche weiterführende Ansätze wieder abgestorben. Eine letzte Kabinettsorder vom 3. Mai 1786, die dort, wo keine Einigung über die Scharwerkspflicht herbeigeführt werden konnte, eine Leistung von mindestens zwei Tagen in der Woche festsetzte, ist von dem schlesischen Justizminister v. Danckelmann im Einverständnis mit Hoym schon nicht mehr veröffentlicht worden.

Wohl auf keinem anderen Gebiet der friderizianischen Verwaltungsgeschichte ist der Weg von der Initiative des Königs durch die Kabinettsorder über die Instruktion an Generaldirektorium und Kammern bis hin zur Befolgung der königlichen Befehle durch Landräte und Domänenbeamte so weit, lang, mühselig und voller Abweichungen gewesen wie auf dem Gebiet der Agrarreformen. Daß eine schriftlich festgelegte Verordnung noch nicht die vollendete Ausführung bedeutet, ist eine alte Erfahrung jeder Verwaltung; die Metarmorphosen bringen die wunderlichsten Ergebnisse zutage, je länger der Instanzenweg ist. Bei der Bauernbefreiung sprachen nicht allein ständischer Egoismus mit, sondern wohlerwogene rechtliche Überlegungen auch im Interesse der Betroffenen. Übereifer, Ungeduld, unzeitgemäße und unzweckmäßige Reaktionen, persönliche Rücksichten und Veränderungen haben das Reformwerk mehr aufgehalten als befördert.

Was schließlich erreicht wurde, waren: die Beschränkung der Dienste, ausgedrückt in dem Zirkular an die schlesischen Landräte vom 15. Mai 1763, und die Verordnung vom 12. Juli 1764 über den Schutz des Bauernlandes im ganzen Staat; sodann die Verfügung vom 14. September 1769, daß in Schlesien bis zum Beginn des kommenden Jahres alle Bauernstellen erblich sein sollten. Die „Leibeigenschaft" im Sinne der freien Verfügung über Person und Eigentum war in Erbuntertänigkeit verwandelt und wenigstens in Schlesien mit dem Edikt vom 10. Dezember 1748 noch ein weiterer Schritt vollzogen: Die Entlassung aus der Schollengebundenheit, die vom Grundherrn nicht verweigert werden konnte, sofern nicht ganz bestimmte, genau bezeichnete Gründe vorlagen. Die Bauernverordnung für Pommern vom 30. Dezember 1764 bestätigte zwar wieder die Schollengebundenheit und damit die feste Zuweisung ländlicher Arbeitskräfte, ohne die ein rentabler agrarischer Großbetrieb nicht mehr existieren konnte; jedoch erfolgte der nächste Schritt mit dem Notifikationspatent vom 28. September 1773 und der darauffolgenden Verordnung vom 8. November desselben Jahres, als für Ost- und Westpreußen die Leibeigenschaft für aufgehoben erklärt wurde: es gebe jetzt keine leibeigenen „Sklaven", die verschenkt oder veräußert werden könnten; zugleich ist nach schlesischem Vorgang die Lösung aus dem Untertänigkeitsverhältnis bestimmt worden. Bei der rechtlichen Formulierung dieses Gesetzes ist ebenso wie bei der im gleichen Jahre erfolgten Festsetzung des fünfjährigen Gesindedienstes vom Generaldirektorium die Sonderstellung der Bauern in Ost- und Westpreußen übersehen worden. Denn dort gab es den Freibauernstand der Kölmer, der unter keinerlei Gutsuntertänigkeit stand, und auch der Gesindedienstzwang war für die ostpreußischen Domänenbauern bereits 1763 aufgehoben worden; sie waren zudem schon unter Friedrich Wilhelm I. von der Bindung an die Güter gelöst und hatten sich lediglich durch ein persönliches Versprechen zum Bleiben verpflichtet, waren mithin bereits freie, der Erbuntertänigkeit ledige Leute. Das Allgemeine Landrecht für die Preußischen Staaten gab den letzten Ausdruck von einem langen Entwicklungsprozeß in dem Abschnitt über die persönlichen Pflichten und Rechte der Untertanen (II 7 §§ 147 ff., 520 ff., 547 ff.); dort war nur noch, zum Teil in wörtlicher Anlehnung an die Kabinettsordres, zusammengefaßt, was während der Regierungszeit Friedrichs des Großen an Einzelverordnungen zur Bauernreform erlassen worden war, jetzt aber auf alle Provinzen gleichmäßig bezogen, unbeschadet späterer regionaler Abänderungen. Hier ist die optimale Stufe erreicht worden, die sich im friderizianischen Staat überhaupt anbot. Die Eigenbehörigen in Westfalen sind nach persönlicher Stellung, Dienst- und Kontributionsverpflichtung damals noch schlechter gestellt geblieben. Ein später Versuch König Friedrichs, durch das Edikt vom 11. September 1784 die Umwandlung der noch bestehenden ungemessenen Dienste in gemessene zu verwandeln, ist nur zum Teil noch verwirklicht worden. Seiner im Sinne der Aufklärung optimistischen Erwartung, der Bauer werde durch Verminderung der Frondienste interessierter, rationeller und fleißiger arbeiten, stand die skeptische Erfahrung einiger Gutsbesitzer gegenüber, daß er bei nachlassender Beanspruchung fauler und liederlicher werde.

Die Agrarpolitik Friedrichs des Großen hat ihn unzählige Verordnungen gekostet, die den Menschen selbständiger und tätiger werden lassen sollte, aber Selbsthilfe und bereitwillige Mitwirkung hat er kaum verspürt. Die Landwirtschaft hat er als „die erste der Künste" bezeichnet, „ohne die es keine Kaufleute, Könige, Poeten und Philosophen geben würde". Doch die Grenzen staatlicher Agrarreformen zeigen sich allzu rasch, wenn man sie auf dem Verwaltungswege durchzuführen versucht. Friedrich der Große legte seine Erfahrungen hiermit in seinem Aufsatz über Regierungsformen und Herrscherpflichten im Jahre 1777 nieder, wenn er über die bäuerliche Schollengebundenheit sagt: „Von allen Lagen ist dies die unglücklichste und muß das menschliche Gefühl am tiefsten empören. Sicherlich ist kein Mensch dazu geboren, der Sklave von seinesgleichen zu sein. Mit Recht verabscheut man diesen Mißbrauch und meint, man brauche nur zu wollen, um die barbarische Unsitte abzuschaffen. Dem ist aber nicht so; sie stützt sich auf alte Verträge zwischen dem Grundherrn und den Ansiedlern. Der Ackerbau ist auf der Bauern Frondienste zugeschnitten. Wollte man diese widerwärtige Einrichtung mit einem Schlage abschaffen, so würde man die ganze Landwirtschaft über den Haufen werfen. Der Adel müßte dann für einen Teil der Verluste, die er an seinen Einkünften erleidet, Entschädigungen erhalten."

3. *Westpreußen*

Der im Jahre 1772 für den preußischen Staat erworbenen Provinz Westpreußen kam die Summe der bisherigen Verwaltungserfahrungen und Reformen zugute. In kurzer Zeit wurde sie den übrigen Provinzen gleichgestellt. Mit einem der Provinz Ostpreußen annähernd gleichen Flächeninhalt und mit einer etwas geringeren Einwohnerzahl von etwa 520 000 Menschen mit Einschluß des Ermlandes und des Netzedistrikts konnte das neue Gebiet zu den größeren Teiles des preußischen Gesamtstaates gerechnet werden.

Das westliche Preußen, seit dem Jahre 1309 im Besitz des Deutschen Ordens, von diesem besiedelt und kultiviert, war 1466 an die Krone Polen abgetreten worden, die dem „Preußen königlichen Anteils" Autonomie gewährte. Im Jahre 1698 war Elbing an Preußen verpfändet und 1703 das Territorium (ohne die Stadt) von diesem Staat endgültig in Besitz genommen worden; auf den Grenzpfählen des Elbingischen Landgebietes standen die schwarzen preußischen Wappenadler. Es wurde als Dominium verwaltet, an der Spitze stand ein Intendant. Als 1768 die preußischen Domänen höher veranlagt wurden, hat auch das Elbingische Territorium 6 000 Taler jährlich mehr leisten müssen und offenbar auch aufbringen können. Im Siebenjährigen Kriege dienten die Städte Elbing, Marienburg, Dirschau, Graudenz und Thorn als russische Stützpunkte. Diese gefährliche Unterbrechung seines Staatszusammenhangs, falls Rußland aus dem in Anarchie versinkenden Polen nicht mehr herausgehen würde, die wirtschaftliche Bedeutung des Weichselstroms und die gebietsmäßige Abrundung sowie die Herstellung der Verbindung zwischen den getrennten Teilen seiner Monarchie hatten Friedrich II. schon lange die Erwerbung Westpreußens anstreben lassen. Im politischen Testament von 1752 heißt es jedoch: „Ich halte es nicht für angebracht, diese Provinz mit Waffengewalt zu gewinnen ... Erwerbungen mit der Feder sind solchen mit dem Schwert allemal vorzuziehen."

Der Augenblick dafür kam, als Österreich im polnischen Bürgerkrieg 1769 ein altes ungarisches, an Polen verpfändetes Gebiet besetzte, die 13 Städte der Zips und im Sommer 1770 auch Teile des Karpatenvorlandes als „Terrae recuperatae" dem österreichischen Gesamtstaat endgültig eingliederte. Im Oktober 1770 war durch preußische Truppen eine dünne polizeiliche Absperrlinie gegen die in Polen wütende Pest gezogen worden, ein „cordon sanitaire" von Teschen und der Neumark über Crossen-Tuchel und Marienwerder um Ostpreußen herum, damit die Verkehrs- und Handelsstraße über Danzig gesichert blieb. Immer noch zögerte Friedrich, daraus weitergehende Ansprüche abzuleiten. Es war Prinz Heinrich von Preußen, der bei seinem Besuch in Petersburg im Winter 1770/71 auf eigene Initiative die Erwerbung von Ermland und Pommerellen für Preußen vertrat und im Januar 1771 dafür die grundsätzliche Billigung der anhaltinischen Prinzessin auf dem Zarenthron einholte. Prinz Heinrich hat seinen königlichen Bruder von der günstigen Gelegenheit zu einer Übereinkunft mit Rußland wegen neuer Grenzziehungen überzeugen können.

Am 15. Januar 1772 n. St. erhielt Preußen im Vertrag mit Rußland, dem sich Österreich am 5. August anschloß, zu St. Petersburg das Gebiet von „Polnisch Preußen" zugesprochen. Dieses umfaßte die bisherigen Wojewodschaften Marienburg, Kulm (ohne Stadt und Gebiet Thorn), Pommerellen (ohne Stadt und Gebiet Danzig), den Netzedistrikt, Stadt und Gebiet Elbing sowie die Bistümer Kulm und Ermland, insgesamt rund 36 000 qkm mit 500 000 in der Mehrzahl deutschen, sonst kaschubischen und polnischen Einwohnern. Nach Schlesien kam nun mit Westpreußen eine zweite Provinz in den preußischen Staat, die überwiegend katholische Einwohner hatte. Die Besitzergreifung erfolgte am 13. September 1772, die Huldigung in Marienburg für die Einwohner der Bistümer Ermland und Kulm, der Wojewodschaften Kulm, Marienburg und Pommerellen nebst Netzedistrikt am 27. September 1772 und wurde im Auftrag des Königs von dem Etatsminister und Oberburggrafen von Rohd und dem General von Stutterheim entgegengenommen. Wie von Minister v. Hertzberg bereits im Oktober 1772 vorgeschlagen, wurden durch Kabinettsordre vom 31. Januar 1773 die Provinzbezeichnungen Ostpreußen (in Anlehnung an die ältere Benennung Prussia orientalis) und Westpreußen verfügt; die Kriegs- und Domänenkammer für die neue Provinz wurde in Marienwerder eingerichtet. Das Bistum Ermland kam verwaltungsmäßig an das Kammerdepartement Königsberg, mithin zur Provinz Ostpreußen.

Damit war an dem „Vereinigungstag" der Huldigung, wie Minister von Rohd in seiner Huldigungs-Festrede ausführte, „dasjenige Land, so ehemals dem preußischen Adler entrissen worden, unter seine Flügel wiederum zurückgekehrt". Auch die Huldigungsgedenkmünze zeigt die topographische

Ansicht mit der Umschrift „Regno redintegrato". Das traf für die neue Provinz außerhalb des Netzedistrikts zu, während die Städte Danzig und Thorn mit ihren Gebieten erst 1793 zu Preußen zurückkehrten.

Die im Petersburger Vertrag den Preußen zugestandene Südgrenze des polnischen Preußen ging jedoch über den Bereich des ehemaligen Deutschordensbesitzes hinaus und reichte in altpolnisches Land hinein. Preußen war in sehr allgemeinen Ausdrücken zugestanden worden, den Netzedistrikt mit beiden Ufern dieses Flusses von der Neumark bis zur Weichsel bei Schulitz in Beritz zu nehmen. Damit kamen die Gebiete um die Städte Deutsch Krone, Camin, Bromberg und Inowrazlaw (Hohensalza) an Preußen. Nicht nur diese, sämtlich seit dem 13./14. Jahrhundert mit Magdeburger Recht begabten Städte, sondern auch die Landgebiete, deren westlicher Teil zeitweise zur Neumark gehört hatte, waren bereits von der mittelalterlichen deutschen Ostsiedlungsbewegung stark erfaßt worden. Der mit der Grenzfeststellung und Inbesitznahme beauftragte Geheime Finanzrat Franz Balthasar Schönberg von Brenkenhoff, der sich bei der Melioration des Oderbruchs große Verdienste erworben hatte, glaubte aus hydrographischen Gründen die Überschwemmungszone der Netze in das preußische Gebiet einbeziehen zu müssen; auch bat die Bevölkerung — darunter polnische Magnaten —, möglichst in den Schutz des Territoriums Preußen zu kommen, so daß die Städte Filehne, Czarnikau, Usch und Bartschin preußisch wurden. Die am 13. September 1772 begonnene Inbesitznahme war Ende Oktober abgeschlossen.

Friedrich der Große war trotz allem Zögern von dem Vermessungswerk und seinen eifrigen Beamten doch fortgerissen worden; aber dann bedachte er die Auswirkungen insgesamt. Seine Bedienten hatten Lob erhofft, wo sie nun unerwartet auf die weiterführenden Überlegungen der Staatsraison stießen. Der König hatte Bedenken, die insgesamt erreichte Linie in der ganzen Ausdehnung halten zu können und ist dann sehr bald auf die ursprünglichen und auch von den Polen gebilligten Grenzverläufe zurückgekommen. Ein Angebot, die preußischen Herrschaften Tauroggen und Serrey im Tausch gegen die Netzegebiete an Polen zu geben, wurde von diesen abgelehnt. So räumte Preußen entsprechend dem Grenzvertrag mit Polen vom 22. August 1776 alle Gebiete auf dem linken Ufer der Netze außer denen, die zu den rechts des Flusses gelegenen Besitzungen gehörten und den unmittelbar an das linke Netzeufer anstoßenden Ortschaften. Die innerhalb des preußischen Gebietes liegenden polnischen Enklaven wurden Preußen gelassen. Durch Vermittlung des russischen Bevollmächtigten von Stakkelberg ist dann die Grenzfrage an den wenigen noch unklaren Punkten am 28. Juli 1777 endgültig geregelt worden. Die preußische Südgrenze des Netzedistriktes gegenüber Polen verlief nunmehr mit Einschluß folgender Ortschaften: Filehne, Radolin, Budsin, Margonin, Exin, Znin, Gonsawa, Mogilno, Gembitz, Strelno, Gniewkowo. Zurückgegeben wurden 246 Ortschaften, Güter, Domänen und katholische Kirchenbesitzungen, die alle bereits seit fünf Jahren unter preußischer Herrschaft gestanden hatten. Friedrich der Große wollte keine Einzelgänge ohne Rechtsbegründung; seine Erfahrung zielte auf Balance und Dauerhaftigkeit.

Dem preußischen Erwerb folgte unmittelbar die preußische Verwaltung. Da beide Teile Preußens nunmehr unter einem Zepter vereint waren, ist schon im Besitzergreifungspatent vom 13. September 1772 die neue Titulatur „König von Preußen" gebraucht worden, die fortan die ältere, seit dem 18. Januar 1701 eingeführte Fassung „König in Preußen" abgelöst hat. Zugleich brachte der Titel zum Ausdruck, daß Preußen seinen vollen Rang beanspruchen konnte.

Bereits im Juni 1772 hatte der König angeordnet, in Marienwerder eine neue Kriegs- und Domänenkammer durch den Kammerdirektor Karl Gottlieb Vorhoff einzurichten und dieser dem Oberpräsidenten Johann Friedrich v. Domhardt unterstellten Behörde außer den neuen Gebieten Elbing, Marienburg, Kulmerland und Pommerellen auch die altpreußischen Ämter Marienwerder, Riesenburg und die Erbämter Schönberg und Deutsch Eylau zuzuteilen; als Ausgleich dafür erhielt die Königsberger Kammer das Ermland. Der Netzedistrikt blieb zunächst mit der Bezeichnung „Provinz Klein-Preußen" selbständig unter Brenkenhoffs Leitung. Zur Unterstützung Domhardts wurde 1773 zum Kammerdirektor in Marienwerder Karl Friedrich Ludwig von Gaudi ernannt. Anstelle des erkrankten Brenkenhoff richtete dieser 1774 in Bromberg eine Kammerkommission ein, aus der ab 1. Juni 1775 eine Kammerdeputation entstand, die der Domänenkammer in Marienwerder unterstellt wurde. Sie umfaßte den gesamten Netzedistrikt und ist ihrer Aufgabe nach einer Kriegs- und Domänenkammer vergleichbar gewesen. Es war derselbe Verwaltungsgang, wie er bei der anfänglichen Errichtung der Regierung in Gumbinnen schon sichtbar war. Auch ein anderes Verwaltungsverfahren Friedrichs ist genau dem Retablissementswerk seines Vaters nachgebildet: Schon bei der Besitznahme von Schlesien hatte der König die Provinz unter Umgehung des Generaldirektoriums sich unmittelbar unterstellt gehabt. So hat er auch der westpreußischen Kammer seine Anordnungen zunächst unmittelbar zukommen lassen. Erst am 23. Januar 1774 wurde die westpreußische Kammer dem Generaldirektorium unterstellt; nach einem Jahrfünft der besonderen Fürsorge für ein Notstandsgebiet glaubte der König den Zustand auch des Netzedistrikts auf den gleichen Fuß seiner übrigen Länder gestellt zu haben, so daß nunmehr die Ausnahme aufhören konnte und der Routinebetrieb einsetzte. Im Jahre 1777 war die Kreis- und Domänenämter-Einteilung im Bezirk der Bromberger Kammerdeputation (4 landrätliche Kreise und 18 Domänenämter) abgeschlossen.

Was Friedrich der Große als Kronprinz bei seinem Vater bewundern gelernt hatte, wurde ihm nun selbst als bedeutende Verwaltungsaufgabe gestellt: das Retablissement einer Provinz. Die vielzitierten Berichte der preußischen Übernahmekommission geben eindrücklich Bilder von dem erbarmungswürdigen Zustand der Städte und der geringen Leistungsfähigkeit des Landes: „Einige Städte glichen mehr Trümmerhaufen als menschlichen Ansiedlungen. In den Straßen mußte man einige Fuß tief graben, bis man unter Schutt und Unrat das Straßenpflaster vorfand. Zahlreiche Dörfer waren ganz eingegangen, und fand man deren Spuren hin und wieder mitten in tiefen Wäldern. Das Land war wüst und leer, die Viehrassen sind schlecht und entartet, das Ackergerät höchst unvollkommen, bis auf die Pflugschar ohne Eisen, die Äcker ausgesogen, voller Unkraut und Steine, die Wiesen versumpft, die Wälder, um das Holz zu verkaufen, unordentlich umgehauen und gelichtet. Die alten festen Städte, Schlösser genannt, liegen in Schutt und Trümmern; ebenso die meisten kleineren Städte und Dörfer. Die meisten der vorhandenen Wohnungen scheinen größtenteils kaum geeignet, menschlichen Wesen zum Aufenthalt zu dienen, die roheste Kunst, der ungebildetste Geschmack, die ärmlichsten Mittel haben aus Lehm und Stroh elende Hütten zusammengestellt. Durch unaufhörliche Kriege und Fehden der vergangenen Jahrhunderte, durch Feuersbrünste und Seuchen, durch die mangelhafte Verwaltung ist das Land entvölkert und entsittlicht. Die Justizpflege liegt ebenso im Argen wie die Verwaltung. Der Bauernstand ist ganz verkommen, ein Bürgerstand existiert gar nicht. Wald und Sumpf nehmen die Stätten ein, wo vordem nach den vorhandenen altgermanischen Begräbnisplätzen zu urteilen, eine zahlreiche Bevölkerung Platz gefunden hatte.“ Doch wird man diese Zustände höchstens mittelbar dem damaligen polnischen Staatswesen zur Last legen können. Seit dem schwedisch-polnischen Krieg von der Mitte des 17. Jahrhunderts war das Land in jeder Generation von furchtbaren Kriegs- und Raubzügen, Einquartierungen und Plünderungen heimgesucht worden: im Nordischen Krieg, im Siebenjährigen Krieg, beide Male im Gefolge von verheerenden Seuchen, die den Wohlstand nicht aufkommen ließen, schließlich in den Thronfolgewirren und im konföderierten Bürgerkrieg. Dabei rühmten die preußischen Landesvermessungskommissionen die Bodengüte besonders im Netzedistrikt. Aber im Unterschied zu dem Retablissement in Ostpreußen und dem Meliorationswerk im Oderbruch hat es in Westpreußen zur polnischen Zeit keine staatliche Unterstützung für Siedler, Bauern und Handwerker gegeben; diese selbst waren auf kümmerliche Selbsthilfe ohne Möglichkeit des Kapitalerwerbs angewiesen, ohne Ansporn und Anleitung zu moderner Wirtschaftsführung.

Das Retablissement begann mit einem großartigen Rationalisierungsprozeß, um die Provinz auf den „Fuß“ der Nachbargebiete zu bringen, mit allen Erfahrungen einer gut organisierten, vor allem schnell arbeitenden Verwaltung. Man wird nicht sagen können, daß Friedrich sich dabei übereilt hat; er blieb ein Mann der Überlegung und des Maßes. Ihm zur Seite standen unermüdlich, erfindungsreich und im Dienst ihrer Aufgabe aufgehend Domhardt und Brenkenhoff, ferner der Geheime Finanzrat Franz Rembert Roden, Präsident der Oberrechnungskammer, dem die Katasterarbeit mit Neuvermessung und Grundsteuerveranlagung aufgetragen wurde. Aus den Starosteigütern, deren Inhaber mit Staatsrenten abgefunden wurden, entstanden 79 Domänenämter; auch die großen kirchlichen Liegenschaften wurden in staatliche Verwaltung genommen und die Geistlichen in ähnlicher Weise abgegolten. Noch im Jahre der Besitzergreifung wurde 1772 die Leibeigenschaft aufgehoben, wenngleich die Zuordnung der Bauern zu den Grundherren oder Domänen ("Erbuntertänigkeit") bis zu den Reformedikten von 1803 bzw. 1807 bestehen blieb.

Als Domänenpächter wünschte der König erfahrene deutsche Wirte, wie er auch die aufgelassenen polnischen Güter mit deutschen bürgerlichen Grundeigentümern zu besetzen erlaubte, weil ihm ein deutscher Kaufmann lieber war als ein polnischer Edelmann, der sein Geld nach Polen trug und in Warschau lebte. Die Aufteilung von Rittergütern in Kolonistenstellen ist über Planungen jedoch nicht hinausgekommen; für ein solches langfristiges Unternehmen waren weder genügend Menschen noch Geld aufzubringen. Auch auf dem Lande machte das deutsche Element bereits bei der Besitznahme noch mehr als die Hälfte der Einwohnerschaft in Westpreußen aus. Die übrigen kaschubischen und polnischen Bevölkerungsteile auf den gleichen Leistungsstand zu heben, war die der neuen Provinzialregierung gestellte Aufgabe. Deshalb wurden deutsche Kolonisten als freie Erbzinsbauern über das ganze Land verteilt; denn das sicherste Mittel, so stellte es sich der König anfangs vor, den bisherigen Einwohnern „bessere Begriffe und Sitten beizubringen, wird immer sein, solche mit der Zeit mit Deutschen zu vermischen, und wenn es anfänglich mit zwei oder drei in jedem Dorf geschehen kann". In der Praxis stellte sich jedoch die geschlossene Ansiedlung als zweckmäßiger heraus; vornehmlich im Netzedistrikt entstanden 50 neue Dörfer, besetzt mit Zuwanderern aus Mecklenburg, Lausitz, Pfalz, Thüringen und Sachsen. Fast ein Drittel der Ansiedler aber kamen aus Württemberg, die in eigenen Siedlungen sich lange ihre sprachliche und stammesmäßige Eigenart bewahrt haben. Insgesamt sind in der Regierungszeit Friedrichs des Großen höchstens 12 000 Menschen in Westpreußen angesiedelt worden, kaum mehr als 2 % der Bevölkerung. Um der mangelnden „Peuplierung" abzuhelfen, war der König sogar geneigt, Tataren in das Land zu ziehen und ihnen Moscheen zu bauen. Von einer „Germanisierung" kann deshalb ebensowenig die Rede sein wie von einem selbstbewußten „nationalpolnischen" Element, so daß die willige Mitwirkung aller Stände und Bevölkerungsteile angesichts der unverkennbaren Rechtssicherheit und zunehmenden Wohlstandsmehrung die Durchführung der aufgeklärten Regierungsmaßnahmen sehr erleichtert hat.

Zur Förderung der Städte wurde ein den vorhandenen Mitteln angepaßtes Programm entwickelt. Elbing und Marienburg konnten und mußten sich selbst helfen; der Staat unterstützte dort das Färberei- und Lohgerbergewerbe ebenso wie die Tuchmacher in Kulm, Konitz und Schönlanke. Graudenz wurde zur starken Festung ausgebaut; bevorzugt gefördert wurden Kulm, Graudenz, Mewe und vor allem Bromberg. Rund tausend Handwerkerfamilien zogen jetzt in eigens errichtete Werkstätten und Wohnungen. Das bedeutendste Meliorationsprojekt, das zuerst in Angriff genommen wurde, bestand in der systematischen Erschließung der reichlich vorhandenen Wasserstraßen. Der unermüdliche Brenkenhoff baute mit 6 000 Arbeitern innerhalb von 16 Monaten den Bromberger Kanal als Verbindungsweg zwischen Weichsel und Oder. Die folgenden Flußregulierungen von Netze, Weichsel und Nogat veränderten die Wasserführung der unteren Weichsel so, daß die Nogat zum Hauptstrom wurde. Die erkennbare Absicht war, den Danziger Handel nach Elbing und Bromberg abzulenken, was teilweise gelang. Alles war von Zweckmäßigkeit bestimmt, für Repräsentation war nicht Platz; dem damals schon vorgebrachten Wunsch nach Wiederherstellung des großen Remters in der Marienburg begegnete der König mit dem Hinweis, daß das Gebäude für eine Weberei-Manufaktur, der Rest als Kornkammer und Kaserne dringend benötigt werde.

Die Sicherung der Provinz, vornehmlich im Süden gegen polnische Freischaren und wilde Grenzgänger, durfte entsprechend den Motiven der Erwerbung nicht zurücktreten. Noch 1773 wurden 4 Füsilier-Regimenter neu errichtet mit Standorten in Marienburg, Pr. Holland, Braunsberg, Kulm/Graudenz; 1774 folgte ein 5. Füsilier-Regiment in Mewe/Dirschau / Pr. Stargard und die Verlegung eines Infanterie-Regiments nach Elbing, eines Garnison-Regiments in die Danziger Vorstädte. Je ein Husarenregiment stand in Strasburg/Soldau/Löbau/Neumark beziehungsweise in 10 Städten des Netzedistrikts von Schneidemühl über Nakel bis Usch verteilt; ein Dragoner-Regiment wurde nach Marienwerder und vier andere Städte Pomesaniens gelegt. Wenn die Garnisonen den Städten zweifellos Umsatzsteigerungen brachten, so waren angesichts des anfänglich herrschenden Wohnungsmangels die Einquartierungen in Bürgerhäusern recht unbequem, bis allmählich Kasernen und entsprechende Quartierhäuser gebaut werden konnten. Der König hielt mit Ausnahme der Jahre 1778/79 seit 1773 jährlich in Mockrau bei Graudenz, wo für ihn ein einfaches strohgedecktes Ziegel-Fachwerkhaus erbaut worden war, Truppenbesichtigungen mit Vorträgen der hohen Verwaltungsbeamten. Zahlreiche Kabinetts-Ordres Friedrichs des Großen tragen deshalb die westpreußische Ortsbezeichnung Mockrau. Von nicht geringer Bedeutung für das Aufblühen der Provinz war die Einrichtung eines schnellen, verläßlichen Postwesens. Es hatte bereits zur Zeit des Deutschen Ordens rasch und mit großen Frequenzen gearbeitet und war 1772 vollständig erloschen. Seit dem 1. Oktober 1772 lief nun wieder eine Fernverbindung von Ostpreußen über Pommern in die Kurmark. Ein neues weites Liniennetz wurde durch den Fehrbelliner Postmeister Uhl mit 600 Pferden aufgebaut. Innerhalb von 10 Wochen hatte er als Westpreußischer Oberpostdirektor das nötige Personal und Material zusammen. Im Ermland war die bischöfliche Reit- und Fußpost durch 3 größere Fahrpostkurse und 10 Postanstalten abgelöst worden.

Die bisherigen Herren im Lande, Adel und Geistlichkeit, traten in ihrer Bedeutung jetzt hinter der Verwaltung zurück. Doch wurde die katholische Kirche recht schonend behandelt, die Kirchengüter wurden in staatliche Verwaltung übernommen, jedoch nicht säkularisiert. Auch die Protestanten wurden gehalten, weiterhin ihre Leistungen (ausgenommen die Stolgebühren) an den katholischen Pfarrer zu entrichten, was die Bildung evangelischer Gemeinden und deren Kirchenbau sehr behinderte und manchen Unmut in diesen Kreisen in der Provinz hervorrief, nachdem Friedrich zunächst wie in Schlesien als Befreier von katholischem Glaubenszwang begrüßt worden war. Die Rückgabe der den Protestanten enteigneten Kirchen durch die katholischen Bischöfe lehnte Friedrich ebenfalls ab. Gegenüber den über 560 katholischen Kirchen wurden schließlich 12 evangelische in einfachster Bauart errichtet, wozu noch einige Patronatskirchen traten. Die Sekte der Mennoniten blieb auch hier gegen Zahlung von der Rekrutenaushebung freigestellt, durfte aber ihren Grundstücksbesitz nicht vermehren, um die Kantone nicht zu verkleinern. Zwischen den Konfessionen wurde grundsätzlich kein Unterschied gemacht. Über An- und Verkauf kirchlicher Liegenschaften hatte die Kammer in Marienwerder zu wachen; nur zwei Bistümer — Ermland und Kulm — waren in rein westpreußisch-kirchlicher Verwaltung, vier weitere — Gnesen, Plock, Posen und Kujawien — hatten Anteile an Kirchensprengeln Westpreußens. So mußten (wie es schon früher auch in Schlesien geschehen war) Offiziale zur Wahrnehmung der geistlichen Gerichtsbarkeit und der Pfarrvisitationen in den preußischen Teilen der polnischen Bistümer bestellt werden. Die stets entgegenkommende Haltung der Verwaltungsbehörden den kirchlichen Belangen gegenüber hatte einen günstigen Einfluß auf die Stellung der katholischen Geistlichkeit zum Staat, wofür sich Graf Karl von Hohenzollern, 1777 Koadjutor, 1785 Bischof von Kulm und Abt von Pelplin, später Fürstbischof von Ermland, stets mit Wärme eingesetzt hat.

Im Schulwesen blieb den Geistlichen die Schulaufsicht mit der Verpflichtung zur Erteilung von drei wöchentlichen Muster-Unterrichtsstunden, denen der Schulmeister beizuwohnen hatte, „damit dieser zugleich seinen eigenen Vortrag danach verbessern könne“. Im Jahre 1776 war ein Schulfonds für Westpreußen begründet worden; gleichzeitig wurden

Unterrichtsvorschriften erlassen. Die Zahl der Schulen mußte im Bereich der Kammer Marienwerder verdoppelt werden, zu den 194 vorhandenen traten 187 neue. Weitaus mehr noch mußte im Netzedistrikt geschehen, wo 19 katholische und 13 evangelische Lehrer vorhanden waren und bis 1778 noch weitere 58 katholische und 177 evangelische Schulmeister, vornehmlich auf Initiative der Bevölkerung, angestellt wurden. Die evangelischen Lehrer kamen vielfach aus dem Halleschen Waisenhaus. Die acht westpreußischen und ermländischen Jesuitenkollegien wurden unter Beibehaltung des größten Teils der Lehrkörper in Gymnasien umgewandelt. In Kulm wurde 1776 eine Kadettenanstalt für 60 Zöglinge eröffnet.

Um die Justizeinrichtungen haben sich Carmer und Svarez an Ort und Stelle bekümmert und in Bromberg ein oberstes Landesjustizkollegium als Hofgericht begründet. Das Gerichtswesen ist 1772 sofort auf die Grundlage des Gesamtstaates umgestellt worden; es war die Voraussetzung für eine wirkungsvolle Verwaltungstätigkeit aller übrigen Behörden. In allen Rechts- und Administrationsfragen begegnen deshalb schon bekannte Maßnahmen: die Besteuerung von Adel und Geistlichkeit, Vergabe von Domänen in Erbpacht, Einrichtung von Siedlerstellen auf Domänenvorwerken. Die Provinz hat aus Amtseinnahmen und Zöllen an die Domänenkasse sowie aus Kontributionen und Akzise an die Kriegskasse Überschüsse abführen können, die sich zuletzt auf jährlich 400 000 Taler beliefen, dabei waren die Aufwendungen für das Militär schon bezahlt. Allerdings ist die Westpreußische Kammer mit einem ganzen Jahresetat im Rückstand geblieben, was sie jedoch erst dem Nachfolger des großen Königs zu beichten gewagt hat. Doch waren auch die staatlichen Zuwendungen keineswegs gering. Zur Errichtung neuer Domänenämter und zum Güterkauf wurden 460 000 Taler ausgegeben; vom Ertrag der Güter und Ämter sollte dann die Lehrerbesoldung genommen werden. Für finanzschwache Pächter und Bauern wurden Steuernachlässe gewährt; den Städten wurden zur Förderung des Handwerks und für ihre Entschuldung Zuwendungen als „Kompetenzgelder" in Höhe von zuerst 22 000, später 18 000 Talern jährlich gemacht. Die Zölle blieben stets unterhalb des Anschlags, da die Kaufleute es verstanden, das mit hohen Schutzzollmauern umgebene Preußen zu umgehen. Die ländliche Abgabe der Kontribution begünstigte den Bauern, indem sie ihm den Gewinn über sein Steuersoll hinaus frei beließ, was zunächst nicht verstanden und ausgenutzt wurde. Insgesamt hat der Staat in das Westpreußische Retablissement in den Jahren von 1775 bis 1786 mehr als 6,7 Millionen Taler einfließen lassen, eine für damalige Zeit sehr hohe Summe, von der Städtebau, Meliorationen, Kolonisten, Kanäle, Festungen und Fabriken bezahlt wurden. Denn auch die Industrie sollte entwickelt werden, um das Land möglichst selbst zu versorgen und bestimmte Erzeugnisse, so hochwertige Tuche, in die Nachbarländer zu exportieren.

Gemessen an dem, was der Gesamtstaat ihm abverlangte, hat Friedrich der Große viel Zeit, Kraft, Geld und persönliche Anteilnahme der Provinz Westpreußen zugewandt. Man hat den König, ohne die Verdienste Domhardts und seiner Helfer schmälern zu wollen, schon zu seinen Lebzeiten „den eigentlichen Oberpräsidenten Westpreußens" genannt. Sein Ziel lag darin, die dort lebenden Einwohner zu „Menschen und nützlichen Gliedern des Staates" in der vollen Bedeutung dieser Begriffe der Aufklärungszeit zu machen, damit, wie Friedrich 1772 an Voltaire schrieb, „ein Land, das einen Copernicus hervorgebracht hat, nicht länger in der Barbarei jeglicher Art versumpfe, in welche die Tyrannei der Gewalthaber es versenkt hatte".

VI. DER ALTE KÖNIG

1. *Kirchen- und Schulverwaltung*

Die Regierung Friedrich Wilhelms I. war von der religiösen Richtung des Pietismus mit bestimmt worden. Es war dem König jedoch nicht gelungen, diese auch zur Richtschnur des Handelns seines Nachfolgers zu machen. Friedrich II. war ein religiöser Freigeist, ein Geist, ein Freimaurer, ein „Philosoph" ohne metaphysische Tiefe. Zu beachten ist, daß die französische Literatur jener Zeit nichts Bemerkenswertes über christliche Glaubensinhalte anbieten konnte. Friedrich hat in den Aufklärungsschriften dieser Art nach „vernünftigen" Lösungen gesucht, ohne wirkliche Bindungen zu finden. Für seine Person lehnte er solche ab, jedoch als König hat er die ihm an dem ersten Platz in seinem Staate vorgeschriebene Pflicht niemals vernachlässigt, als Summus Episcopus der evangelischen Kirchen seines Landes aufzutreten. Als Mensch nahm er sich heraus, über Religion zu spotten, als König tat und duldete er es nicht. Die Religion hatte in seinem Staate öffentliche Aufgaben zu erfüllen.

Die frühzeitig ausgesprochene Maxime, daß die Religionen alle toleriert werden könnten, soweit diese das untereinander auch täten, entsprach der überlegenen Gelassenheit, die von einer Gefahr der von außen drohenden Intoleranz nichts mehr wußte. Das Zeitalter der Glaubenskriege war vorüber, und wenn dennoch auf dem politischen Schachbrett Europas nach schwarzen und weißen Spielern unterschieden wurde, so meinte Friedrich den allgemeinen Beifall der aufgeklärten Welt zu erringen, wenn er eben dieses nicht zu einem Prinzip machte. Das war für Friedrich um so leichter, als Preußen bei seinem Regierungsantritt als ein Land mit fast ausschließlich protestantischer Bewohnerschaft gelten konnte. Lediglich in den westlichen Provinzen hatten Katholiken ein Übergewicht, so in Geldern, das völlig katholisch war und neben 49 römisch-katholischen Kirchen noch 16 Klöster besaß; in Lingen mit 14 katholischen Kirchen war die Bevölkerung zu 97 Prozent katholisch, und in Cleve immerhin zu 60 Prozent; dort gab es 83 katholische Kirchen und 40 Klöster. Im Osten blieben die Katholiken in Lauenburg und Bütow unter 10 Prozent, und in sämtlichen anderen Gebieten des preußischen Staates waren weniger als 5, in Brandenburg, Pommern und der Neumark weniger als 1 Prozent der Bevölkerung katholisch. Von den 2,3 Millionen Einwohnern überhaupt bekannten sich 90 Prozent zum Luthertum, 3 Prozent zur reformierten Konfession und 7 Prozent zur römisch-katholischen. Zum ersten Mal wurde jetzt eine Übersicht über die Kirchen- und Schulgebäude angelegt, woraus sich ergab, daß für 1611 evangelische Kirchen königlichen

Patronats bauliche Unterhaltspflichten bestanden; auch wurden Erhebungen über das nicht unbeträchtliche katholische Kirchenvermögen angestellt.

Bevor noch an der überkommenen Kirchenorganisation irgendetwas geändert worden war, brachte der Erste Schlesische Krieg für den Staat Preußen eine ganz neue, bisher ungewohnte Konfessionslage. Zum ersten Male wurde eine große Provinz dem preußischen Staat unmittelbar angrenzend eingegliedert, die über eine beträchtliche katholische Mehrheit in der Bevölkerung verfügte. Die aus der Habsburger Zeit stammende Bevorzugung des katholischen Bevölkerungsteils wurde jedoch keineswegs rückgängig gemacht; Friedrich wollte nicht nur die Protestanten, sondern die ganze Bevölkerung des Landes für sich gewinnen. So wurden grundsätzlich alle bisherigen Rechte der katholischen Kirche in Schlesien im vollen Umfange bestätigt und die katholische Kirchenverwaltung zunächst übernommen. Die evangelische Bevölkerung zahlte weiterhin Zins an den katholischen Pfarrer, und bei dem Bau von sehr bescheidenen und nur zögernd bewilligten evangelischen Kirchen durfte den katholischen Pfarrsprengeln weder finanziell noch sonst Eintrag geschehen — eine Mehrbelastung, die nach anfänglichem Jubel von den evangelischen Schlesiern nur unwillig getragen wurde. Sie haben sich ebenso schwer wie ihre katholischen Landsleute daran gewöhnen können, daß über den Sonderbelangen die gemeinsam übergeordneten Interessen des Staates stets den Vorrang hatten. Die evangelische Kirche Schlesiens wurde 1742 in die Bereiche der beiden Oberkonsistorien am Sitz der Oberamtsregierungen Breslau und Glogau aufgeteilt, wozu 1744 noch ein oberschlesischer kirchlicher Amtsbereich in Oppeln geschaffen wurde. Bis zum Vorabend des Siebenjährigen Krieges waren 212 evangelische Gemeinden in Schlesien entstanden, dazu böhmische und mährische Exkulanten-Gemeinden und solche der Brüder-Unität, schließlich wenige reformierte Parochien. Die 1742 erlassene „Evangelisch-lutherische Inspektions- und Presbyterialordnung für das Herzogtum Schlesien“ gab Vorschriften über Inspektionsbezirke und die äußere Organisation; 1748 folgte eine Visitations-, 1750 eine Stolgebühren-Ordnung. Sehr viel schwieriger gestaltete sich das Verhältnis des neuen Staates zur katholischen Kirche in Schlesien. Zwar hatte Friedrich alle Übergriffe erstickt, zeigte sich freundlich und konservierend, erhielt die Huldigungen des katholischen Klerus ohne Widerrede. Doch blieb das Bistum Breslau der Erzdiözese Gnesen unterstellt, andere Teile dem Erzbistum Olmütz (Hultschin, Katscher, Leobschütz) und dem Erzbistum Prag (Vikariat Glatz). Es lag auf der Hand, daß hierdurch auch andere als kirchliche Verbindungen von Österreich aus nach Schlesien aufrechterhalten werden konnten; zudem widersprach das päpstliche Besetzungsrecht des Breslauer Bistums den Vorstellungen, die Friedrich II. von Souveränität hatte; Erfahrungen im Umgang mit der Kurie mußte er erst noch gewinnen. Nachdem die Kurie den Plan, den Bischof von

Breslau, Kardinal von Sinzendorf, zum katholischen General-Vikar für ganz Preußen zu erheben, vereitelt hatte, wurde für die geistliche Gerichtsbarkeit 2. und 3. Instanz ein Synodalrichter-Kollegium aus dem Breslauer Domkapitel gebildet. Als Sinzendorf 1747 gestorben war, ließ Friedrich II. unter grotesken Umständen den liederlichsten unter den Breslauer Domherren, Graf Philipp Gotthard v. Schaffgotsch, zum Bischof von Breslau wählen und erlangte unter mancherlei Vorspiegelungen dazu auch die Einverständniserklärung des Papstes. Damit sollte der neue Bischof ein vom König abhängiges Werkzeug werden, doch Schaffgotsch ging 1756 zu den Österreichern über und wurde durch den vom Domkapitel gewählten Weihbischof Graf Strachwitz ersetzt. Weitere Differenzen ergaben sich aus dem vom König beanspruchten Nominationsrecht für die geistlichen Ämter. Nach staatlichem und auch in der protestantischen Kirche eingeführtem Brauch beanspruchte Friedrich, von drei ihm vorgeschlagenen Kandidaten einen auszuwählen. Aus grundsätzlichen Erwägungen hat die Kurie dem „protestantischen" Herrscher dieses verweigert, obwohl der König oft genug auf die Pfarrstellenbesetzung durch staatliche Verwaltungsorgane Einfluß nehmen ließ, nicht nur in Schlesien, sondern auch in Lingen und später in Westpreußen. Auch diese Einstellung Friedrichs ist allein vom Staatsinteresse her bestimmt, ebenso wie Katholiken ihm ohnehin als abhängig galten, weshalb er sie vom Staatsdienst fernzuhalten suchte. In Schlesien mißtraute er dem Klerus, den er jeder Verbindung mit Österreich verdächtigte, auch der Begünstigung von Deserteuren, so daß die Bewegungsfreiheit katholischer Pfarrer erheblich eingeschränkt wurde. Da die von Friedrich gewünschte Angleichung der Diözesangrenzen an die staatlichen Einteilungen nicht durchzuführen war, verselbständigte er zunächst in Oberschlesien, später in Westpreußen (so bei dem Kloster Rehwalde) eine Anzahl von Klöstern mit dem Ziel der Trennung von ihren österreichischen Ordensprovinzen. Da zunächst den Franziskanern ihre Verbindung mit Polen belassen blieb, sind dafür nicht Volkstumsfragen bestimmend gewesen, sondern die Verhinderung eines ständigen kirchlichen und politischen Einflusses auf Schlesien durch Österreich. Schon 1742 hatte der Justizminister Cocceji vorgeschlagen, geistliche Stellen grundsätzlich nur mit Landeseingesessenen zu besetzen, was allerdings wegen fehlender Eignung nur in wenigen Fällen sich als durchführbar erwies. Unter solchem Blickpunkt mußte jede Visitation preußischer Parochien durch auswärtige Kirchenfürsten geradezu als fremde Einmischung empfunden werden; deshalb wurden dem Bischof von Olmütz bei seinen schlesischen Visitationen 1756 und 1764 sowie den Bischöfen von Gnesen und Kujawien in Westpreußen 1775 und 1777 preußische staatliche Kommissare beigegeben. Neu war in Schlesien auch die hohe Besteuerung des bisher sehr begünstigten Klerus. Auch wurden eingegangene Klöster zugunsten des Staates eingezogen. Kirchenbesitz durfte nicht vermehrt, aber auch nicht an Private verkauft werden, schon um Bodenspekulationen zu unterbinden. Schließlich ist zur Erreichung besserer Arbeitszeiten die Einschränkung der Zahl evangelischer und katholischer Feiertage angestrebt worden, jedoch stieß der König auf den erbitterten Widerstand beider Konfessionen und hat seine Absicht nur teilweise durchsetzen können. Hatte demnach die nicht nur verkündete, sondern auch nach Möglichkeit durchgeführte religiöse Toleranz in Schlesien praktische Gründe, so war doch oft genug die bisher ungestörte hierarchische Verfassung der katholischen Kirche Schlesiens eingeengt oder entgegen dem Kirchenrecht verändert worden. Der darin sich zeigende Widerspruch kam weniger aus absichtlicher Falschheit, Anmaßung, Gleichgültigkeit oder „protestantischer" Einstellung des Königs, vielmehr aus der sorgfältigen Beobachtung des Staatsinteresses, in deren Dienst er seine eigene Person rücksichtslos stellte.

Wenn die Protestanten in Schlesien und Westpreußen meinten, Friedrich der Große habe wenig für sie getan, so übersahen sie, daß eine tolerante Haltung keine größere Veränderung der Konfessionslage anstreben konnte. Selbst die Rückgabe früher enteigneter Kirchen war deshalb durch Staatszwang unmöglich. So wie der katholischen Bevölkerung klar gemacht werden mußte, daß neben ihr gleichberechtigt evangelische Gemeinden lebten, so waren auch die Protestanten an das Prinzip der Toleranz zu gewöhnen. Das galt nicht weniger für die evangelischen Konfessionen untereinander. Erst seit 1748 gab es in dem reformierten Ostfriesland eine freie Religionsausübung für Lutheraner; ein lutherisches Gotteshaus wurde in Emden nicht vor 1774 errichtet, während den Reformierten in Aurich, die dort in der Minderzahl waren, die frühere Garnisonkirche vom Staat zur Verfügung gestellt wurde. In Leer durfte jetzt erst die lutherische Kirche einen Turm bauen. Auch Sekten wurden geduldet und ihnen Gotteshäuser gebaut, sofern damit keine Sonderstellung im bürgerlichen Bereich beansprucht wurde. Kontroverspredigten und jede Art von Verketzerung wurden im Sinn des Konfessionsfriedens verboten. Der Mannigfaltigkeit in religiösen Äußerungen stand, diese begrenzend und regulierend, immer die Einheitlichkeit des Staates gegenüber, der die oberhoheitliche Stellung über den Kirchen, die jura circa sacra, beanspruchte und ausübte.

Aufsehen erregte im Jahre 1747 in ganz Europa die Grundsteinlegung zur katholischen St. Hedwigs-Kathedrale in Berlin, der Residenz des „Protestantenkönigs", der ein überschwengliches Lob des Papstes dafür erhielt und der beträchtliche direkte und indirekte Mittel dazu beisteuerte. Als dennoch die Summe nicht ausreichte, veranstaltete der König 1754 eine Kirchbaulotterie — natürlich außerhalb Preußens. Durch Kriege unterbrochen, konnte der Bau endlich am 1. November 1773 durch den Bischof von Ermland eingeweiht werden. Ursprünglich war dafür der

15. Oktober vorgesehen gewesen, der Tag der Heiligen Hedwig, doch war der Bischof verhindert, bereits zu diesem Termin zu erscheinen. Nun nahm man in der katholischen Geistlichkeit Anlaß zu der Bemerkung, daß der 1. November der Tag gewesen sei, an dem 1539 Kurfürst Joachim II. in Brandenburg die katholische Religion abgeschafft hätte. König Friedrich aber rechtfertigte sich kurz darauf in einem Brief an Voltaire: „Beschuldigen Sie mich immerhin zu weit getriebener Toleranz. Ich werde stolz sein auf diesen Fehler, und es wäre zu wünschen, daß man den Fürsten keine anderen Fehler vorzuwerfen hätte."

Die Tolerierung verschiedener Konfessionen bedeutete jedoch nicht, daß damals bereits eine Trennung von Kirche und Staat eingetreten sei. Vielmehr ist mit Nachdruck der Amtscharakter der Kirchen zu betonen. Das galt zunächst für die evangelischen Kirchen, deren Stellenbesetzung dem König zustand. In gewissem Sinn ist aber auch der katholischen Kirche in Preußen damals amtlicher Charakter beigelegt worden, so in der Führung von Kirchenbüchern, im Kassenwesen, bei der Verwaltung von Gütern und Dörfern in geistlichen Territorien. Die Staatsaufgaben der Kirche sind allerdings auch von den evangelischen Konfessionen teilweise angefochten worden; die Bekanntmachung der nicht wenig zahlreichen Edikte des Königs, der Kammern und Ämter nahmen erhebliche Zeit in Anspruch, was nicht zu Lasten der Predigt gehen durfte. Aber an dem Promulgationsrecht über die Kirchspiele hat der Staat unverändert festgehalten. Die Prüfung der Kirchenrechnungen, auch in den adligen Patronatskirchen, behielten sich die Kammern oder besondere Ministerialkommissionen vor. Als Kirchenpatron war der Monarch auch mit Stellenbesetzungen und Pfarrbesoldungen befaßt. Über die daraus erwachsenden Pflichten hinsichtlich der äußeren und inneren Instandhaltung der Kirchen, Pfarr- und Schulgebäude ist in der großen Instruktion für das Generaldirektorium vom 20. Mai 1748 in Artikel XIX,5 das Erforderliche gesagt. Bei der Besetzung von vakanten Pfarstellen sollten Geistliche, die vorher als Feldprediger und an Hospitälern und Waisenhäusern Dienst getan hatten, bevorzugt werden. Zur besseren und gleichmäßigen Besoldung der Pfarrstellen war 1775 vom Kirchenvorstand in Ragnit vorgeschlagen worden, die Pfarrhufen und Naturalbezüge durch feste Gehälter abzulösen, was der König als eine „guhte idée" bezeichnete und allgemein zu prüfen anordnete. Im Jahre 1750 wurde eine Generalvisitation in der Kurmark für notwendig gehalten, und zwar nach dem Vorbild von Pommern und Preußen; auch sei eine solche in der sächsischen Konsistorialverfassung enthalten. Diese Überlegungen standen im Zusammenhang mit einer vom König gewünschten Neugliederung der obersten Kirchenbehörden.

Das Ressort-Reglement von 1749 gab dem Justizminister v. Cocceji Anlaß, die Einrichtung des unter Friedrich Wilhelm I. geschaffenen „Geistlichen Departements“ des Geheimen Staatsrates zu überprüfen. Der bisherige Chef dieser Behörde, der Etatsminister Christian v. Brandt, war im März 1749 verstorben. Cocceji beauftragte daher den Propst und Konsistorialrat Johann Peter Süßmilch in Berlin, der sich durch Organisationstalent und statistische Erhebungen bereits einen guten Ruf erworben hatte, mit den Vorarbeiten hierfür, die sich infolge der Übertragung der geistlichen Gerichtsbarkeit auf die weltlichen Gerichte, was bereits am 10. Mai angeordnet worden war, als recht schwierig und langwierig erwiesen; auch traten unliebsame Konkurrenten mit dem zu einem Gegengutachten herangezogenen Prediger an der Friedrichswerder- und Dorotheenstädtischen Kirche in Berlin, Nathanael Baumgarten, sowie mit dem Feldpropst, Potsdamer Hof- und Garnisonprediger Johann Christoph Decker auf, der die Prediger des Waisenhauses zu examinieren und ordinieren hatte. Als erster Schritt auf dem Wege zu einem Kirchenministerium wurde am 4. Oktober 1750 das lutherische Ober-Konsistorium gebildet, bestehend aus 2 Präsidenten und 7 Oberkonsistorialräten. Obwohl allein für die lutherischen Kirchen zuständig, waren doch der Erste Präsident und drei Räte reformierter Konfession. Das Ober-Konsistorium ist oberste Kirchenbehörde über allen bei den Regierungen vorhandenen Provinzial-Konsistorien (mit Ausnahme von Schlesien und Geldern) und nimmt zugleich die Geschäfte eines Provinzial-Konsistoriums der Kurmark wahr (mit einer eigenen kurmärkischen Kanzlei); da die Akten über die Geheime Kanzlei expediert werden, bildet das Ober-Konsistorium einen Teil des Geheimen Staatsrates, dem sein Erster Präsident zugehört. Die Aufgaben bestehen in Anstellung und disziplinarischer Überwachung der Prediger, Prüfung der Theologiekandidaten der Kurmark, Aufsicht über geistliche Stiftungen, sofern diese den Provinzialkonsistorien nicht unterstehen, Gutachten bei Berufungen von Theologen auf Lehrstühle der Universitäten Halle und Königsberg. Daneben blieb das bereits früher begründete Reformierte Kirchen-Direktorium mit ähnlichen Aufgaben für die reformierte Konfession in Preußen bestehen, ebenso das Französische Oberkonsistorium für alle französischen Gemeinden im preußischen Staat, die dort seit der Hugenottenansiedlung in größerer Zahl begründet waren. Die gerichtlichen Befugnisse wurden durch Verfügung vom 16. Mai 1760 den Ober-Konsistorien insofern wieder eingeräumt, als Disziplinarstrafen mit Amtsenthebungen bis zu drei Monaten und Geldstrafen bis zu 30 Talern über Geistliche verhängt werden durften; alle anderen Delikte und Rechtsstreitigkeiten gehörten vor die ordentlichen Gerichte. Am 12. Juli 1751 wurde auf Vorschlag des Justizministers das Pomesanische Konsistorium in Saalfeld, das aus dem Bistum Riesenburg hervorgegangen war und die geistliche Aufsicht über das südliche Preußen führte, aufgelöst. Seine geistlichen Befugnisse gingen auf das nunmehr einzig in Preußen verbliebene Samländische Konsistorium in Königsberg über; drei weltliche Räte wurden dem Hauptamt Marienwerder zugewiesen. Durch den Einspruch Coccejis war verhindert worden, daß der König einen ausgedienten Offizier zum Präsidenten des Pomesanischen Konsistoriums ernannte; Friedrich war einverstanden und sah selbst ein, daß „derselbe gar nicht von der Capacité, daß ihm das Officialat bei dem Pomesanischen Consistorio anvertraut werden kann". Für die preußische Kirchenpolitik hatte die Auflösung des Pomesanischen Konsistoriums indessen schwerwiegende Folgen. Dort waren bisher die Pfarrer des Elbingschen Territoriums ordiniert worden. Als die Elbinger Geistlichkeit das jetzt selbst durchführen wollte, stieß sie auf entschiedenen, rechtlich begründeten Widerspruch des Bischofs von Ermland und der Krone Polen. Es ist bemerkenswert, daß weder Cocceji noch König Friedrich die politischen Möglichkeiten und Gefahren bei Veränderungen in der preußischen Kirchenadministration überblickt haben, und daß das Geistliche Departement offenbar nicht hinzugezogen war, als Cocceji die Auflösung der Saalfelder Behörde vorschlug; niemand hat daran gedacht, daß seitens Preußen auch eine geistliche Versorgungsverpflichtung der Elbinger Pfarrerschaft gegenüber bestand.

Den nächsten Schritt zur Reform der evangelischen Kirchenverwaltung übernahm Friedrich der Große im Herbst 1763, unmittelbar nach dem Hubertusburger Frieden. Der Etatsminister Karl Ludolf Frhr. v. Danckelmann trat aus Altersgründen von der Leitung des Geistlichen Departements zurück. Nunmehr wurde das Geistliche Departement von dem Justizdepartement völlig getrennt und alle Kirchen- und Schulsachen in einem Ressort vereinigt. In diese Versachlichung, die dringend geboten war, kam jedoch sogleich wieder ein unsachliches Moment dadurch, daß die Reformierten ihren dominierenden Einfluß auf diese wichtige Behörde nicht aufgeben wollten. Der jetzige Justizminister Philipp Joseph Pandin de Jariges, selbst reformiert, hatte sich nach einer geeigneten Persönlichkeit im außerpreußischen Deutschland umgesehen, doch gab es nur sehr wenige begüterte Edelleute reformierten Bekenntnisses. Der bisherige hessische Regierungspräsident v. Dörnberg, der an sich geneigt war, stellte derart überhöhte Forderungen, daß der König nie darauf eingegangen wäre. Sonst aber „herrschten auswärts gegen den preußischen Dienst solche Vorurteile, die, obgleich sie unbegründet sind, doch viele abhalten, darin zu treten", wie einer der preußischen Unterhändler klagte. Da Jariges seinen glaubensverwandten Günstling, den Director des Französischen Obergerichts in Preußen, Johann Ludwig v. Dorville, nicht gleich zum Departementschef machen konnte, verfiel er auf den unglücklichen Gedanken, das Departement auf zwei Präsidenten aufzuteilen, die beide Titel und Rang eines Ministers erhielten, jedoch noch bedeutende Nebenaufgaben wahrzunehmen hatten. Der König genehmigte daraufhin am 15. Juni 1764 folgende Arbeitsverteilung im Geistlichen Departement:

Erster Minister wurde der bisherige I. Präsident am Kammergericht, Ernst Friedemann Frhr. v. Münchhausen, der 1750 aus sächsischen in preußische Dienste getreten war. Er behielt das schlesische Justizdepartement und die Bearbeitung aller Kriminalsachen; im geistlichen Departement bearbeitete er die lutherischen Kirchen und Schulen, Stifts- und Klostersachen; er war Präsident des Ober-Konsistoriums und der kurmärkischen Amtskirchen-Revenuen-Direktion, hatte das Kuratorium der Dreifaltigkeitskirche, das Armendirektorium, das Direktorium der Königlichen Bibliothek, Kunstkammer, Medaillenkabinett und Bibliothekskasse. Dorville wurde Minister des Geistlichen Departements, übernahm aber von Münchhausen das Präsidium des Kammergerichts. Er bearbeitete die reformierten Kirchen und Schulen, war Präsident des reformierten Kirchen-Direktoriums, des Französischen Departements und des Französischen Ober-Konsistoriums, hatte das Direktorium der Joachimsthalschen Schule, des Schulstiftungsfonds („Montis Pietatis") und des Witwenhauses zu Potsdam. In dieser personellen und sachlichen Zerplitterung war das Geistliche Departement gar nicht in der Lage, der dringend nötigen und bald einsetzenden Kirchen- und Schulreform gewachsen zu sein. Es ist zu bedauern, daß der König, selbst durch das große Retablissement-Werk in jenen Jahren voll in Anspruch genommen, von einem Minister wie Jariges, dem er voll vertraute, so schlecht beraten worden ist. Als der Minister v. Dorville im Dezember 1770 verstorben war, änderte sich an der Zweiteilung des Departements nichts. Die Reformierten hatten nun einmal dort ihr Ministerium und behielten es auch. Es gelang jetzt, den Freiherrn Wolfgang Ferdinand v. Dörnberg tatsächlich zu gewinnen, der im Mai 1771 die von Dorville hinterlassenen Amtsgeschäfte übernahm, einschließlich des Präsidiums der drei Senate des Kammergerichts. Bereits im Januar war Münchhausen aus dem Geistlichen Departement ausgeschieden; sein Nachfolger wurde der Justizminister Karl Abraham Freiherr v. Zedlitz. Da Münchhausen das Schlesische Justizdepartement behielt und Zedlitz neben den Criminalia nur noch die Pfälzer Kolonie-Sachen zusätzlich zu bearbeiten hatte, konnte er sich seinem eigentlichen Ressort mit großem Schwung und Eifer widmen und gewann rasch das volle Vertrauen des Königs. Allerdings wurde Zedlitz schon 1772 mit der schwierigen Stellung eines Chefs des Ober-Akzise- und Zoll-Gerichtes zusätzlich belastet, „um Autorität und Aktivität dem Gericht zu geben". Auch hier zeigt es sich wieder, daß die wenigen besonders befähigten und hervorragend tüchtigen Beamten mit einem Übermaß an Arbeit überladen wurden. Zu einem reinen Ressortministerium ist das Geistliche Departement erst unter Johann Christoph v. Wöllner 1788 umgebildet worden.

Trotz der gemeinsamen Oberbehörde blieben regionale Unterschiede, die aus früheren Zuständen übrig geblieben waren und die es zu berücksichtigen galt. Von einer zentralen Leitung konnte deshalb keine Rede sein, wenn auch die Immediatstellung der Provinz-Konsistorien aufgehört hatte. Schon der Versuch, in einigen Kirchenprovinzen ein gemeinsames Gesangbuch einzuführen, scheiterte, und der König hat selbst nicht darauf bestanden und erklärt, seinetwegen könnte jeder in derselben Kirche aus dem Gesangbuch singen, das ihm gefiele. In Cleve-Mark blieb deshalb auch die Synodal-Verfassung bestehen, und zwar nicht nur bei den Reformierten, sondern auch bei den Lutherischen. Jede reformierte Kirche wurde von einem Presbyterium geleitet, mehrere Presbyterien bildeten eine „Klasse", die sich jährlich zum „Klassikalkonvent" vereinigte und die Moderatoren als kollegialische Leitung der Kreissynode wählten. Drei Klassen bildeten die Clevesche, vier Klassen die märkische Provinzialsynode; diese beiden Synoden traten alle drei Jahre mit den Provinzialsynoden der benachbarten Herzogtümer Jülich und Berg zu einer General-Synode zusammen. Ähnlich organisiert und ebenfalls nach „Klassen" eingeteilt waren die Lutheraner, doch griff deren Kirchenorganisation nicht auf die Nachbargebiete über. Soest und die Soester Börde hatten eigne „urbane" und „suburbane" Konvente. Bis zur Bildung des Ober-Konsistoriums waren alle diese Kirchen reine Selbstverwaltungsorganisationen ohne Staatsaufsicht; das wurde im Jahre 1752 geändert. Obwohl Cleve-Mark kein Konsistorium hatte, unterstand die dortige Regierung hinsichtlich ihrer konfessionellen Befugnisse dem Berliner Ober-Konsistorium. In Geldern war das im Jahre 1770 als Immediatbehörde errichtete Landes-Administrationskollegium auch für die Erledigung der protestantischen geistlichen Sachen zuständig, nachdem das Geistliche Departement diese am 18. Januar 1771 dem Geldrischen Kollegium ausdrücklich übertragen hatte. Neue Organisationen der Kirchenbehörden ergaben sich in Ost-Pommern, wo 1747 in Köslin, zusammen mit der Kammerdeputation, ein Unterkonsistorium eingerichtet wurde. Eine gleichrangige Verwaltung bestand schon seit 1695 in Lauenburg. Nach der Begründung des westpreußischen Konsistoriums Marienwerder 1772 wurden auch die Kirchenkreise von Bütow und Lauenburg dieser neuen Kirchenprovinz zugeteilt und das Unterkonsistorium Lauenburg aufgehoben. In Westpreußen bestanden bei der Übernahme der Provinz 68 evangelische Gemeinden mit 70 Kirchen. Deren Zahl zu vermehren, war schwierig, da nach Artikel 8 des polnisch-preußischen Vertrages vom 18. September 1773 der katholische Besitzstand von 1772 garantiert werden mußte. So gab es auch in Ost-Pommern katholische Kirchen in Ortschaften, die eine rein evangelische Bewohnerschaft hatten. Allein im Lande Draheim standen 11 Dorfkirchen leer, die von den Katholiken nicht gebraucht, von den Evangelischen nicht genutzt werden konnten.

Eine der größten Überraschungen bereitete der „Philosoph von Sanssouci" seinen Zeitgenossen, als er den Jesuitenorden, der als Ausdruck finsterer Reaktion galt und den 1773 sogar der Papst aufgehoben hatte, weiterhin duldete und sich der verfolgten Priester annahm. Das Aufhebungsgebot der Kurie wurde in Preußen nicht bekanntgemacht; vielmehr ging an den Weihbischof Strachwitz von Breslau die Weisung des Königs, die Jesuiten in allen ihren geistlichen Verrichtungen zu schützen. Der hervorragende wissenschaftliche und methodische Unterricht der Jesuiten-Patres war in Schlesien und Westpreußen nicht zu ersetzen; auch die Ausbildung der katholischen Geistlichkeit hätte bei einer Beschränkung ihrer Tätigkeit leiden müssen. Die zahlreichen von Jesuiten geleiteten Gymnasien sollten nicht geschlossen werden. So verbanden sich Toleranz und Staatsvernunft, als der König im Jahre 1776 die Umwandlung der Gesellschaft Jesu in „Mitglieder des königlichen Schul-Instituts" anordnete und dafür genaue Instruktionen erließ. In Schlesien, Westpreußen und im Ermland wurden seit 1781 die Jesuitenschulen zu akademischen Gymnasien. Das Nebeneinanderleben der Konfessionen war auch bei den zahlreichen ländlichen Siedlungen nicht mehr zu verhindern. Es kam schon vor, daß katholische Kolonisten von dem Rat einer pommerschen Stadt ausgesperrt wurden, aber die Behörden sorgten dafür, daß sie im Lande blieben, und bald folgten ihnen Priester und Kapellen. Im Lauenburgschen gab es Volksaufläufe, als sich 1754 reformierte Siedlergemeinden niedergelassen hatten; gegen Störungen des Gottesdienstes wurde aber streng vorgegangen, und die Erstickung der Unduldsamkeit half ebenso wie die Gewöhnung, die Unterschiede auszugleichen — bis in der Mischehenfrage neuer konfessioneller Zündstoff gefunden wurde, der das ganze folgende Jahrhundert die Kirchen beschäftigen sollte.

Ein Zusammenleben der Bekenntnisse erforderte vor allem das Heer. Doch gab es hier wiederum andere Scheidungen, indem die Soldaten und ihre Angehörigen zu eigenen Militärgemeinden mit eigenen Seelsorgern zusammengefaßt wurden, die mit der zivilen Kirchenorganisation und ihren Amtsträgern in keinerlei Verbindung standen. Den Militärgemeinden übergeordnet war das Kriegskonsistorium, dessen Präsident der höchste militärische Justizbeamte, der General-Auditeur, war. Als Beisitzer gehörten dazu der stellvertretende Generalauditeur, der Feldpropst als höchster geistlicher Vorgesetzter aller Feldprediger, sowie die in Berlin garnisonierenden Kriegsräte und Oberauditeurs, auch der Berliner Garnisonprediger. Bei Truppenangelegenheiten waren noch zwei Staabsoffiziere vom Gouvernement dazu zu kommandieren. Die Militärgeistlichen hatten strikte Anweisung, ihre Befugnisse nicht zu Werbungen für eine Konfession zu mißbrauchen. Als Vorschrift diente das „Renovierte Militär-Konsistorial-Reglement und Kirchenordnung" vom 3. August 1750, zusammengestellt von dem Feldpropst Johann Christoph Decker und vom König genehmigt, nachdem das Kriegskonsistorium mitbeteiligt worden war. Das Reglement blieb mit mancherlei Änderungen bis zum Jahre

1811 gültig. Für jedes Regiment wurde ein Feldprediger durch den Regimentschef ausgesucht und nach Examination und Ordination durch den Feldpropst ernannt. Dieser blieb in geistlichen Angelegenheiten Vorgesetzter; an ihn hatte der Feldprediger jährlich einen Amtsbericht über seine Militärgemeinde und die Garnisonschule sowie eine Predigt einzusenden. Zur Militärgemeinde gehörten sämtliche Soldaten des Regiments mit allen Familienangehörigen und Bedienten, und zwar unbeschadet ihrer Konfession. Auch hier war der übergeordnete Begriff die unlösbare Einheit des Regiments; die Bekenntnisunterschiede hatten demgegenüber zurückzutreten. Es ist keine Frage, daß eine so praktizierte Toleranz allzu leicht die Unterschiede der Glaubensinhalte verwischte; aber die innere Festigkeit der Truppe wuchs umso mehr, je weniger Sonderbestimmungen dem einzelnen eingeräumt wurden. Die Feldprediger waren im Frieden ausnahmslos lutherischer Konfession, nur im Kriegsfall konnten auch reformierte und katholische Geistliche in den Regimentern die Seelsorge ausüben. Die im Frieden vorhandenen katholischen Militärkaplane durften keine Militärgemeinde bilden. Ihre Zahl blieb gering, und im Siebenjährigen Kriege haben bei rund hunderttausend preußischen Soldaten aus aller Herren Länder und den verschiedensten Konfessionen rund 90 lutherische und nur 4 katholische Feldgeistliche mit ihren Helfern Dienst getan. Alle „Ministerialhandlungen“ durften grundsätzlich nur von den fest angestellten lutherischen Feldpredigern ausgeübt werden, also Taufen, Trauungen und Begräbnisse. Als gegen diese Bestimmungen Proteste des Erzbischofs von Köln, der Bischöfe von Roermond und Ermland unter Berufung auf die zugesicherte Religionsfreiheit einliefen, wurden sie sämtlich abgewiesen, wobei der Feldpropst übersehen hatte, daß das Dekret „Tametsi“ des Trienter Konzils zwar nicht in Potsdam, jedoch in Wesel Gültigkeit hatte und demnach durch einen lutherischen Pfarrer vollzogene Taufen und Trauungen nach katholischem Kirchenrecht ungültig waren. Erst 1774 wurde die Zulassung katholischer Priester zu Ministerialhandlungen der Militärgemeinden gestattet, doch war den lutherischen Feldgeistlichen in jedem Fall die Stolgebühr zu zahlen.

Nun sind diese Militärgemeinden durchaus nicht religiös indifferent gewesen, im Gegenteil; niemand war gezwungen, den evangelischen Gottesdienst zu besuchen, und die Teilnahme am evangelischen oder katholischen Kirchgang blieb den Soldaten freigestellt. Auf eine Beschwerde aus der Garnison Stettin, daß katholische Soldatenkinder lutherisch gemacht werden sollten, forderte der König das Regiment zum Bericht auf, warum man dort „so hart mit den katholischen Soldaten verfährt, welches gegen meine Willensmeinung und Billigkeit läuft“. Noch am Anfang von Friedrichs II. Regierung tat der erste katholische Militärgeistliche Dienst, Pater Dominikus Torck, der aus dem Halberstädter Dominikanerkloster kam, das den Nachwuchs für den katholischen Feldpredigerdienst und für die

Feldkapläne im preußischen Heer stellte. Die geistliche Zucht sollte im Felde eher noch zunehmen: zweimal täglich wurden die Regimenter zu Andachten versammelt, jede zweite Woche wurde das Abendmahl ausgeteilt. Auch geistliche Gesänge waren bei der Truppe durchaus bekannt. Berühmt ist der Choral von Leuthen „Nun danket alle Gott", der am Abend des Sieges spontan auf dem Schlachtfeld angestimmt wurde; aber auch sonst ist das Choralsingen im preußischen Heer durch Berichte von Offizieren, Geistlichen und unbeteiligten Zeugen, selbst der Gegner, vielfach bezeugt. Kein Regiment verließ früh seinen Rastplatz ohne einen Morgenchoral, und der preußische Major und Dichter Ewald von Kleist zeichnete als Beobachtung auf: „Früh auf dem Marsch, ehe die Soldaten Lieder vom König von Preußen anstimmen, singen sie geistliche Lieder". Keine der damaligen Armeen kannte die freie Religionsausübung im Felde. Die preußische überkonfessionelle Militärgemeinde mit wenigstens formalen Konzessionen an das andere Bekenntnis ist eine seltsame Frucht praktizierter Toleranz im Zeitalter der Aufklärung. Daß es „auf die Beibehaltung einer durchgehend gleichen Einrichtung bei der königlichen Armee ankommt", hat Friedrich der Große immer wieder zur Erklärung dieses Zustandes angeführt und an die „vernünftige" Begründung geglaubt. Von der „Nutzbarkeit des Predigtamtes" schrieb aber auch im zivilen Bereich 1772 der Prediger der Marien- und Nicolai-Kirche in Berlin, Johann Joachim Spalding. Überall machte die Kirche in der zweiten Hälfte des 18. Jahrhunderts schwere innere Krisen durch und wurde durch Substanzverlust und Verflachung an den Rand des Ruins gebracht. König Friedrich hat die Kirche als Institution niemals in Frage gestellt. Der friderizianische Staat hat sie durch Aufrechterhaltung und Stabilisierung der äußeren Kirchen-Verfassung über die kritische Phase hinweggeführt, bis sie dann selbst in einer anderen Epoche ihre Botschaft besser zu verkünden wußte.

Die friderizianische Kirchenpolitik unter dem Vorzeichen aufgeklärter Toleranz konnte nicht haltmachen vor der auch in Preußen verstreut aber weit verbreiteten, innerlich sehr fest gefügten Glaubensgemeinschaft der Juden. König Friedrichs persönliche Äußerungen hierüber sind ebenso zwiespältig, vieldeutig und wechselnd wie über die anderen Konfessionsgemeinschaften; wichtiger ist ihm stets der einzelne Fall gewesen, der ihm Anlaß gab, seine Auffassungen von Gerechtigkeit und Menschlichkeit zu beweisen. Aber auch hierfür ist das Staatsinteresse stets Richtschnur geblieben. Jeder Jude, der diesem zu dienen imstande war, sollte darin gefördert und geschützt werden; der unternehmende, kapitalkräftige Kaufmann war in dem armen Lande willkommen. Gegen Eigen- und Gruppenvorteile ist jedoch der stets mißtrauische König rücksichtslos vorgegangen. Es ist dabei weniger auf sein teilweise durch üble Erfahrungen und Enttäuschungen genährtes Pauschalurteil und seine manchmal etwas lehrhaften

Meinungen zu sehen als auf die daraus resultierenden praktischen Folgerungen und Taten. Kein Zweifel besteht daran, daß das Generaldirektorium, wie es die Verwaltungsakten zeigen, einem verbesserten Judenschutz wohlwollend gegenüberstand. Es ist nicht ernsthaft daran zu denken, daß sich hierbei eine Oppositionspolitik gegenüber dem König hätte entfalten können. Friedrich würde das nie geduldet haben. Er ist jedoch überzeugend vorgebrachten Argumenten gegenüber in der Regel aufgeschlossen gewesen und hat sachliche Gründe anerkannt. Nicht die gegen ihn, sondern gerade die mit ihm arbeitenden Beamten erwarteten das auch von ihm und bestimmten den König in dieser Richtung, so weit er darin folgen konnte und wollte. Am bekanntesten unter den in preußischen Diensten wirkenden, dem Judentum vorurteilsfrei gegenüberstehenden Zeitgenossen ist der Dichter Gotthold Ephraim Lessing gewesen, der dieser Überzeugung in seinem 1779 vollendeten dramatischen Gedicht „Nathan der Weise" einen überzeitlichen Ausdruck gab. Lessing war von 1760 bis 1765 Sekretär des preußischen Gouverneurs von Breslau, General von Tauentzien, der zugleich das Münzwesen in Schlesien in der schlimmsten Kriegs- und Nachkriegszeit zu beaufsichtigen hatte. Trotz mancher unerfreulicher Begleitumstände hat Lessing sich seinen jüdischen Partnern gegenüber nach dem Urteil seines literarischen Mitstreiters, Friedrich Nicolai, „wie jeder, der von den Sachen weiß, höchst billig, gerade und uneigennützig bei diesem Geschäft betragen". Von völliger Emanzipation und Integration der Juden in die damalige Gesellschaft war man in Preußen ebenso weit entfernt wie auch sonst in Europa vor der französischen Revolution. Immerhin deutete der Zwiespalt in der Öffentlichkeit und im Staatswesen bereits den Umbruch an, den Wandel der Bewertung des Judentums von überkommenen Vorurteilen weg zu einer Haltung zunehmender Duldung. Die preußische Judengesetzgebung, in mancher Beziehung großzügiger als in anderen Territorien jener Zeit, brachte wenigstens verbindliche Regeln, auf die sich die Kontrahenten einstellen konnten. Von einem grundsätzlichen Ausschluß, von Verfolgung und Vertreibung ist keine Rede, vielmehr wurde schon im friderizianischen Preußen die künftige Gleichstellung vorbereitet.

Die Rechtsstellung der jüdischen Gemeinden und die Befugnisse ihrer geistlichen Leitung hatten in den bisherigen Verfahren unterschiedliche Auffassungen ermöglicht. Als die Gerichtsbarkeit der Konsistorien eingeschränkt wurde, drang der Justizminister auf Gleichstellung auch der mosaischen Konfession. Die daraufhin erfolgte grundsätzliche Überprüfung der Judenschutzgesetzgebung führte zur Neufassung und Veröffentlichung eines für alle Landesteile (mit Ausnahme von Schlesien und Ostfriesland) geltenden „Revidierten Generalprivilegium und Reglement für die Judenschaft im Königreich Preußen" vom 17. April 1750. Den Rabbinern wurde darin die geistliche Jurisdiktion bestätigt, auch die Schlichtung innerhalb ihrer Gemeinden selbst bei Erb- und Ehesachen, denn es könnten wie es das Generaldirektorium geltend machte, „die Juden nicht anders als nach den mosaischen Rechten gerichtet werden, solange ihnen die Toleranz in Seiner Königlichen Majestät Landen gestattet werde, und danach ist alles eingerichtet". Auf die Beschwerde des Justizministers, der soeben erst den Konsistorien die Ehegerichtsbarkeit abgenommen hatte, verfügte der König, diese Befugnisse „der Judenschaft gemäß den Privilegien noch zu lassen, in Erwägung, daß dieses Volk sich etwas besonderes daraus macht, niemand aber dadurch geschädigt wird, da es doch eigentlich nur Schiedssprüche sind, wogegen jedermann an die Gerichtsbehörden Berufung einlegen darf". Diese Kabinettsorder vom 25. Mai 1750 hat geradezu zentrale Bedeutung für Friedrichs Auffassung von der Stellung der Juden im Staat. Das Generalprivileg, das bis 1812 Gültigkeit hatte und mit Abwandlungen in Schlesien (wo noch lange die österreichischen Schutzbestimmungen in Kraft blieben), Ostfriesland sowie am 28. Februar 1772 auch in Westpreußen eingeführt wurde, beauftragte die Gemeindeältesten mit der Personenstandsführung, worüber monatlich den Kammern Mitteilung zu machen war. Bedingung für die Anerkenntnis als Schutzjude war ein Vermögen von 1 000 Talern. Die besonders drückende Haftbarkeit der Gesamtgemeinde für kriminelle Vergehen Einzelner wurde erst nach erbitterten Rechtsstreitigkeiten der Behörden im Jahre 1776 gemildert. Über das von Juden auszuübende Gewerbe, über Wahl des Rabbiners, Duldung des Kultus, Bedingungen des Konfessionswechsels handelten die übrigen 32 Paragraphen des Generalprivilegs.

Durch die Abtrennung der Handelsfrage von dem Rechtsstatus ging die Bearbeitung eines großen Teils der Judensachen vom IV. auf das V. Departement des Generaldirektoriums über. In Westpreußen hatte bis 1772 eine rechtsfreie Sphäre ohne Privilegien geherrscht, deshalb waren die Schutzbestimmungen entsprechend dem Generalprivileg nur langsam durchzuführen. Der König hatte die Ausweisung aller unvermögenden und beschäftigungslosen Juden verlangt, was von der Verwaltung als undurchführbar abgelehnt wurde. Die Marienwerdersche Kammer hat innerhalb eines Jahres wenigstens in ihrem Bereich die meisten Juden unterbringen können, doch sind in Westpreußen und im Netzedistrikt nach sehr allgemeiner Schätzung 7 000 Juden umgesiedelt worden. Ein großer Teil wurde vom platten Lande in die Städte abgeschoben, blieb demnach in der Provinz; ausgewiesen wurden die nach 1772 aus Polen illegal Eingewanderten. Nicht wenige fanden Betätigung im Handel in der neuen „Königlichen Immediatstadt Stolzenberg", die die auf preußischem Boden gelegenen Danziger Vorstädte vereinigte, mit einer Messe in Altschottland, Seehandel in Neufahrwasser und in den neuen Manufakturen. Besser gestellt waren die Juden in den Residenzstädten, besonders in Berlin. Wenn sie Geld besaßen und es dort investieren wollten, erhielten sie besondere Privilegien, von denen die höchsten auf Gleichstellung mit christlichen Kaufleuten lauteten. Aber es ging nicht um persönliche Gunst, sondern um die Förderung des Staates. Die Behörden wußten schon, worauf es ankam, wenn die Breslauer Oberamtsregierung auf Klagen der dortigen christlichen Kaufmannschaft im Jahre 1777 erwiderte: „Die Conservation der generalprivilegierten Juden sei nicht allein den Prinzipien des Rechts und der Billigkeit gemäß, sie sei auch zum Besten des Ganzen, besonders zur Erhaltung und Beförderung der Landesfabriken notwendig."

In dem Generalprivileg von 1750 war der Judenschaft der ungestörte Besitz ihrer Synagogen, Schulen und Friedhöfe in Königsberg, Berlin, Halberstadt, Halle und Frankfurt/Oder bestätigt worden. In Westpreußen wurde 1772 eine größere Zahl von Landschulen vorgefunden. Damit war die mosaische Konfession hinsichtlich der Schulaufsicht den christlichen Bekenntnissen gleichgestellt.

Die öffentliche Amtsbefugnis der Geistlichkeit erstreckte sich auch auf die Ausübung der Schulaufsicht. Die Inspektion der Pfarrer wiederum wurde von den staatlichen Behörden des Oberkonsistoriums und des Geistlichen Departements kontrolliert. Hinsichtlich der Aufgaben und des Aufbaues des Schulwesens in Preußen hatte sich bis zum Siebenjährigen Kriege nichts geändert. Immer noch war die „Königlich Preußische Evangelisch-reformierte Inspections-, Presbyterial-Classical-Gymnasien- und Schulordnung" vom 24. Oktober 1713 in Kraft, die für alle Gebiete außer Cleve-Mark und Ravensberg galt. Für die neuen Provinzen Schlesien und Ostfriesland waren ähnliche Bestimmungen, mehr oder weniger mit Übergangscharakter, erlassen worden. An zusätzlichen Bestimmungen hat es freilich nicht gefehlt, so an der sehr nötigen Mahnung vom 29. Oktober 1741 an die Gutsherren, die Schuleinrichtungen instandzuhalten. Es war eine Erleichterung im Instanzenzug, wenn 1750 dem neu begründeten Oberkonsistorium über die Provinzialkonsistorien die Aufsicht auch über das Schulpersonal eingeräumt wurde. Von Einheitlichkeit war bei der Verschiedenartigkeit der örtlichen Bedingungen, den staatlichen oder adligen Schulpatronen, deren Vermögen und der Zahl der Lehrpersonen, der Verfügbarkeit der Schulkinder entsprechend Jahreszeit, der Tätigkeit und Aufsicht, nicht zuletzt bei dem durchgängigen Mangel an Lehrmitteln, keine Rede. Viel war schon geschehen, wenn überhaupt ein mehr oder weniger dichtes Netz von Schulen gehalten und mit einiger Regelmäßigkeit im Winter, weniger im Sommer, für die Mehrzahl der heranwachsenden Jugendlichen ein meist form- und methodenloser Unterricht erteilt werden konnte.

Unterdessen wurde mit einer systematischen Heranbildung der Lehrer ein Anfang gemacht. Bezeichnenderweise ist es auch hier die Initiative Einzelner gewesen, die dann mit ihren Erfolgen die Aufmerksamkeit des Staates erlangten, von ihm herangezogen und dann beauftragt wurden.

Aus pietistischen Antrieben hatte Johann Julius Hecker (1707—1768), ein Schüler von August Herrmann Francke in Halle, nach gut gelungenen Versuchen im Armen-Schulwesen als Prediger an der Dreifaltigkeitskirche in Berlin 1747 eine „Ökonomisch-mathematische Realschule" mit einem Kursus zur Ausbildung von Schullehrern eingerichtet. Heckers Mitarbeiter und Realschulinspektor, Johann Friedrich Hähn, entwickelte hierbei Methoden, die für ihre Zeit als fortschrittlich gelten konnten. Heckers Institut, dessen Zöglinge nach der Verordnung vom 25. September 1752 bevorzugt im Schuldienst Verwendung finden sollten, wurde 1753 als „Kurmärkisches Landschullehrerseminar" verstaatlicht; Hecker selbst vom König als pädagogische Autorität zu Gutachten und Prüfung herangezogen. Die Kriegs- und Domänenkammer in Minden unterbreitete 1753 dem König einen Entwurf für eine allgemeine Schulordnung in 24 Paragraphen, der sogleich Hecker zugeleitet und von diesem im Einvernehmen mit dem Generaldirektorium überarbeitet wurde. Die Zentralbehörde wies hierbei bereits auf grundsätzliche Fragen hin, die allgemeine Bedeutung hatten wie die staatliche Einwirkung auf Patrone und Gutsherren, die Schulausbildung nicht zu behindern, sondern zu fördern und sie bis zu einem bestimmten Ziel abschließen zu lassen: wenigstens das Lesen und die Grundbegriffe des Katechismus den Landschülern (auch den Mädchen) beizubringen, möglichst auch Schreiben und Rechnen, und die Schule (bei regionaler Berücksichtigung der Vieh-Hütung durch Kinder) gegebenenfalls ganzjährig, also auch im Sommer halten zu lassen. Dafür mußte im Lande erst noch das Verständnis geweckt werden. Der Mindener Entwurf wurde mit entsprechenden Ergänzungen im April 1754 bestätigt. Die zu dieser Zeit laufenden Arbeiten für eine mustergültige Schulordnung für die Lateinschule in Minden gelangte indessen vor dem Siebenjährigen Kriege nicht mehr zum Abschluß.

Noch vor dem Friedensschluß, am 8. Februar 1763, erklärte Friedrich der Große, daß jetzt die Kräfte des Staates neben dem materiellen Aufbau auf die sittliche Hebung durch umfassende Schulbildung zu richten seien. Die Kabinettsorder vom 1. April 1763 an den Minister des Geistlichen Departements betont, „daß das Schulwesen auf dem Lande in meinen Provinzen auf einen besseren Fuß als bisher gesetzt und verfaßt werden soll". Die Ausarbeitung eines Reglements wurde befohlen, die jährliche Schulinspektion auch über städtische und adlige Schulanstalten den Superintendenten mit Berichten über Zustand der Lehrer und Schulen an das Oberkonsistorium befohlen. Kein Schulmeister dürfe angestellt werden, der nicht sein Examen bei dem Prediger Hecker bestanden hatte. Die Verfügung war öffentlich von allen Kanzeln bekanntzugeben. Bereits nach wenigen Wochen legte Hecker, auf Grund der Vorarbeiten an dem Erlaß für Minden von 1754, einen umfassenden Entwurf vor, der nach Beratung in den zuständigen Behörden unter dem Datum 12. August 1763 als für alle Provinzen geltendes „General-Landschul-Reglement" veröffentlicht wurde. Unter Zusammenfassung bisheriger Verfügungen, nach pietistischen Grundsätzen auf Gesang, Gebet, Religionslehre und Katechismus ausgerichtet, sind Angaben über Schulstunden, Unterrichtsstoff und Lehrbücher gemacht, darunter ist das von Johann Friedrich Hähn (Generalsuperintendent der Altmark-Prignitz) in 3 Teilen 1758 bis 1761 veröffentlichte „Berlinische neu eingerichtete ABC Buchstabier- und Lesebüchlein" genannt. Jedes Kind sollte ein eigenes Schulbuch haben, das Schulgeld war nach Schuljahren gestaffelt und für die Armen aus dem Klingelbeutel aufzubringen. Für Schulversäumnis wurden die Erziehungsberechtigten mit Strafgeldern belegt. Im Sommer sollte 3 Stunden täglicher Unterricht gehalten werden, die Hütekinder wenigstens dreimal wöchentlich in der Schule erscheinen; die Dorfgemeinden sollten Hirten anstellen, um die Kinder für die Schule freizustellen. Über die Schulmeister waren durch die aufsichtsführende Geistlichkeit jährlich Konduitenlisten einzureichen. Ergänzend zum General-Schulreglement, schon mit diesem vorbereitet, wurde am 1. März 1764 eine ausführliche Instruktion betreffend jährliche Kirchen- und Schulvisitationen durch das Oberkonsistorium erlassen. Darin wird den adligen Patronen, die dem Schulreglement zuwiderhandelten, unverhüllt gedroht: die schulpflichtigen Kinder gehörten mehr dem Staat als den Gutsherren, und Schulversäumnisse würden nachdrücklich bestraft.

Der Erlaß dieser nach langen Kriegsjahren notwendigen Verordnungen bedeutete noch nicht deren exakte Durchführung, obwohl grundlegend Neues nicht geschaffen und nicht gefordert wurde. Gegen die Sommerschule wehrten sich nicht nur die Gutsbesitzer und Bauern, sondern auch die Lehrer, die höhere Besoldungen verlangten. Von einer finanziellen Besserstellung konnte gerade in den Nachkriegsjahren keine Rede sein; jeder Stand, auch der Lehrer, hatte sich so einzurichten, wie er es eben konnte. Demnach blieb die Beschäftigung mit Garten, Vieh und Gewerbe fast die Hauptsache. Andererseits mußte die Schullehrerstelle begehrenswert erscheinen, da sie in einzelnen Fällen gekauft wurde. Das Schulgeld kam aber sehr unregelmäßig ein, auch reichte die Befähigung der Lehrkräfte in vielen Fällen nicht für die einfachsten Ansprüche aus. Trotz Anordnungen des Königs, geeignete Invaliden bevorzugt auf Schulmeisterstellen zu setzen, ist deren Zahl doch verschwindend gering geblieben; die mit Erfolg Geprüften waren zudem nicht die schlechtesten, da in des Königs Armee Leute verschiedenster Berufe gedient hatten. Jedenfalls ist die Vorstellung von dem preußischen Korporal als Schulmeister eine der vielen beliebten, deshalb aber nicht zutreffenden, Legenden. *)

*) Auf Anfrage meldete das Kriegsministerium (VI. Departement, Generalmajor v. d. Schulenburg) am 16. 9. 1779, daß es von 3 443 Invaliden nur 74 (mit Nachmeldungen waren es von 4 258 Invaliden 79) zu Schulmeistern vorschlagen könne. Dem Konsistorium Stettin wurden im September 1779 davon 10 Invaliden zur Prüfung überwiesen, doch

Trotz manchen Widerwillens, Protestes und geheimen Widerstandes kann doch keine Rede sein, daß die Verordnungen des Landschulreglements auf dem Papier blieben. Die Kammern sorgten mit Strenge und Pünktlichkeit für Einhaltung der Bestimmungen. Generalsuperintendent Hähn, Inspektor des Schulwesens im Herzogtum Magdeburg, konnte in seinem Bericht vom 12. Dezember 1764 schon eine merkliche Besserung feststellen: Der Schlendrian, daß die Kinder in den Schulen „müßig saßen, plauderten, lärmten", sei jetzt vorbei. Allerdings waren die Inspektionen mit nicht geringen Zeitverlusten und vor allem Kosten verbunden, von denen die Vorspannpflichten den Gemeinden auferlegt wurden, die sich darüber beschwerten. Deshalb verfiel das rationalistisch-bürokratische Oberkonsistorium 1764 auf den unglücklichen Gedanken, die Schulzustände von den Lehrern selbst in „Schulkatalogen" schildern zu lassen und diese auf 4 Bogen in dreifacher Ausfertigung zweimal jährlich den Inspektionen und Konsistorien einzureichen. Wenn man auch darin einen Anfang der Schulberichterstattung sehen mochte, so konnte dadurch niemals die Aufsicht ersetzt werden. Hähn rechnete der Berliner Behörde vor, daß allein im Magdeburgischen in 3 Jahren 14 400 Exemplare auf 57 600 Bogen geschrieben werden müßten — und Preußen hatte damals etwa 600 000 schulpflichtige Kinder. Erst nachdem die Behörden mit Aktenbogen überschwemmt worden waren, die niemand zur Kenntnis nahm, wurde 1771 ein vereinfachtes Formular einmal jährlich eingereicht.

Außer in Berlin war die Lehrerausbildung in Halle und durch Hähn in Kloster Berge bei Magdeburg durchgeführt worden, reichte aber bei weitem nicht zur Bedarfsdeckung. Auf großzügige staatliche Mittel war nicht zu rechnen. So hat der Besitzer der Güter in Klein Dexen (Kreis Preußisch Eylau), der Kriegsrat Balthasar Philipp Genge, das Vorwerk Loelken zu einem 1772 staatlich privilegierten Schullehrerseminar einrichten lassen, in dem auch Naturkunde und Gesundheitslehre unterrichtet, praktische Landwirtschaft getrieben und ein Waisenhaus unterhalten wurde. Im Jahre 1780 waren dort schon 55 Lehrer ausgebildet worden. Die anderen Provinzen mußten sich ebenfalls mit Eigeninitiative, so gut es ging, in der Lehrerausbildung behelfen. Die letzte Seminargründung erfolgte 1776 in Halberstadt durch den dortigen Konsistorialrat Christian Gottfried Struensee aus Kloster Berge und dem Amtsbereich von Hähn, der damals

war kein Bewerber tauglich. Die Westpreußische Kammer fand 1780 nur einen Bewerber brauchbar. In Königsberg erwiesen sich von 15 Kandidaten 5 brauchbar, 3 wurden angestellt. In der Grafschaft Ravensberg zählte man 1761 insgesamt 9 Invaliden als Schulmeister, die sich bewährten. — Ferdinand Vollmer: Soldaten als Schulmeister. Die preußische Volksschulpolitik unter Friedrich dem Großen. Berlin 1918. S. 218—232. — Hartwig Notbohm: Das evangelische Kirchen- und Schulwesen in Ostpreußen während der Regierung Friedrichs des Großen. (Studien zur Geschichte Preußens, Band 5), Heidelberg 1959. S. 152 ff., 210 f. (Protokoll der Prüfungsergebnisse).

bereits nach Ostfriesland versetzt war, hervorgegangen. Hähn hatte in seinem Inspektionsbereich regelmäßig Lehrer-Versammlungen zur Unterrichtsanleitung durchgeführt. Dasselbe sah das General-Schul-Reglement in den Paragraphen 24 bis 26 vor: ergänzend zu dem wöchentlichen Schulbesuch des Pfarrers habe die monatliche Konferenz über Lehrstoff und Didaktik unter Leitung des Superintendenten an die Seite zu treten; dieser hatte die jährliche Schulvisitation jetzt getrennt von der Kirchenvisitation durchzuführen. Die schriftliche Berichterstattung durch den Schulkatalog konnte umso weniger Ersatz dafür bieten, als trotz allgemeingültiger Erlasse die provinziellen Besonderheiten auch auf schulischem Gebiet noch nicht ausgeräumt werden konnten. In Cleve wurden keine Konduitenlisten geführt, kaum Sommerschule gehalten, und überhaupt war das Schulwesen dort noch ziemlich zurückgeblieben. In Lingen vermochten sich gegen den Widerstand der Reformierten die katholischen Lehrer nicht gleichberechtigt durchzusetzen. Vorbildliches geschah in der Kurmark, wo der Gutsbesitzer Friedrich Eberhard v. Rochow auf Reckahn, Domherr in Halberstadt, nicht nur in theoretischen Schriften die Bildung des Landvolkes zu verbessern suchte, sondern eine dörfliche Musterschule einrichtete. Erst in der letzten seiner Reformperioden zu Beginn der siebziger Jahre hat Friedrich der Große auch für das Volksschulwesen mehr Mittel zur Verfügung gehabt; er förderte dadurch vor allem die mittleren Provinzen Kurmark, Neumark, Pommern und Westpreußen durch Besserstellung der Lehrerbesoldung, durch Einrichtung von neuen „Gnadenschulen" und den Bau von zahlreichen, allerdings bescheidenen Schulhäusern.

Schlesien war dieses Mal ohne Ausnahme dem General-Landschul-Reglement unterworfen worden. Dennoch bildete die Provinz eine Besonderheit durch die katholische Bewohnerschaft. Unter ihr hatte der Abt zu Sagan, Prälat Johann Ignaz v. Felbiger, für seinen Schulbezirk eine vorbildliche Unterrichtsordnung geschaffen. Von Hecker aufmerksam gemacht, regte der schlesische Provinzialminister v. Schlabrendorff an, diese Ordnung für die gesamte Provinz zu erlassen. Es ist ein Beispiel für die im friderizianischen Preußen bereits praktizierte Toleranz, daß Felbiger eingehende Besprechungen mit Hecker in Berlin und Hähn in Kloster Berge hatte, bevor sein fast unverändertes Konzept von Friedrich dem Großen am 3. November 1765 als „Königlich Preußisches General-Landschul-Reglement für die Römisch-Katholischen in Städten und Dörfern des souveränen Herzogtums Schlesien und der Grafschaft Glatz" erlassen wurde. In seinen 73 Abschnitten entsprach dieses Gesetz dem Landschul-Reglement von 1763 in den meisten Stücken: in der Lehrart nahm es die Hähnsche Methode als verbindlich an, den Stoff in Tabellenform und abgekürzt zu bieten. Die Schulaufsicht lag bei der Geistlichkeit. Im November 1765 wurde in Breslau durch Schlabrendorff ein katholisches Haupt-Lehrerseminar eröffnet. Weitere 11 Seminare und 251 Schulen sind in Schlesien in der Regierungszeit Friedrichs des Großen errichtet worden.

Das schlesische Reglement hatte den Vorzug, auch für die städtischen Schulen eine verbindliche Regelung getroffen zu haben. In den alten Provinzen hatten die Magistrate die Schulaufsicht eifersüchtig von den Behörden abgeschirmt. Im allgemeinen gab es — neben wenigen hervorragenden Anstalten in Berlin, Halle und Königsberg — in den preußischen Städten eher zu viel mittelmäßige als zu wenige Schulen. Mit dem Edikt vom 26. November 1764 über die Zustimmung des Oberkonsistoriums zur Anstellung eines jeden Stadtschullehrers hatte der Minister des Geistlichen Departements v. Münchhausen den Anfang zu einer nötigen Reform auf diesem Gebiet gemacht. Aufsicht und Vereinheitlichung wurden grundsätzlich für den Staat beansprucht. Doch neue Inhalte konnten von der reinen Schulverwaltung her nicht erwartet werden, zumal darüber sehr verschiedene Ansichten herrschten und das höhere Schulwesen durchaus nicht das Ziel hatte, auf den Universitätsbesuch vorzubereiten. Auch die Latein- und Gelehrtenschulen hatten fast durchweg mittlere Klassen, die für das Gewerbe und sonstige praktische Berufe tüchtig machen sollten, und nur die Oberstufe war als eigentliche Studienanstalt aufgebaut. Auch die Adels- und Ritterakademien wie die zu Brandenburg an der Havel und zu Liegnitz lehrten, ähnlich wie die Berliner Kadettenanstalt, Logik, deutsche und französische Sprache, alte Geschichte, Geographie und Mathematik; wichtiger war die Gewöhnung an den esprit de corps, waren formale Gewandtheit und Ausdruckweise, auch im Briefstil, sowie Entwicklung des Urteilsvermögens. Mit ähnlicher Zielsetzung ist die Tätigkeit auch der von Friedrich dem Großen gegründeten Pflanzstätte für den höheren Staats- und Militärdienst, die Academie des Nobles in Berlin aufgenommen worden. Daß nebenher zahlreiche unkontrollierte, in ihren Leistungen nicht durchweg minderwertige Winkel- und Armen(Frei-)-Schulen bestanden, daß Garnisonschulen zwischen formalen Drillmeistern, pädagogischen Naturbegabungen, verantwortungsbewußten Geistlichen und blessierten Stabstrompetern jede nur denkbare und rasch wechselnde Leistungsschattierung boten, machte das städtische Schulleben des 18. Jahrhunderts weit buntscheckiger als das gleichförmige Landschulwesen der Zeit.

Zielbestimmte Bildungsinhalte zu formulieren, fiel dem Geist der Aufklärung nicht schwer. Eine auf lange Sicht arbeitende Schulverwaltung, die sich Experimente nicht erlauben durfte, mußte die Realitäten mehr als die Wünsche im Auge behalten. Das oft beneidete sächsische Schulwesen zu kopieren oder gar sächsische Schulmeister nach Preußen zu verpflanzen, erwies sich schon nach kurzer Überprüfung als undurchführbar. Mehr noch als bei der Förderung der Landschulen wären hier erhebliche finanzielle Aufwendungen nötig geworden. Mit dem Vorhandenen streng hauszuhalten, aus dem Wenigen durch Geist, Geschick, Einfallsreichtum, Wendigkeit und nimmermüden Fleiß etwas Neues und Besseres zu machen, das galt wie bei allen anderen Zweigen der friderizianischen Verwaltung hier erst recht. In seinem „Brief über die Erziehung“ vom 15. Dezember 1769 hat Friedrich der Große die als vornehm geltenden Schulen in Preußen genannt und sie doch wegen ihrer verfehlten Methode getadelt: „Es gibt mehrere, wie das Joachimsthalsche Gymnasium, die neue Adelsakademie in Berlin, die Domschule in Brandenburg und die von Kloster Berge zu Magdeburg. Sie sind mit tüchtigen Lehrern versehen. Der einzige Vorwurf, den man ihnen vielleicht machen kann, ist der, daß sie nur darauf ausgehen, das Gedächtnis ihrer Schüler auszufüllen, statt sie an selbständiges Denken zu gewöhnen, daß sie ihr Urteil nicht früh genug bilden und es verabsäumen, ihrer Seele höheren Schwung zu geben und ihnen edle und tugendhafte Gesinnungen einzuflößen.“ Der König sandte die kleine Abhandlung an den Minister des Geistlichen Departements v. Münchhausen, „weil einige Reflectiones darin enthalten sind, von welchen bei den Universitäten Gebrauch zu machen nicht ohne Nutzen sein dürfte“; ein ganzes Erziehungssystem einschließlich der Mädchenausbildung ist hier von dem König als Weisung an die Unterrichtsbehörde gegeben worden. Aufforderung zur Erziehung zur Selbständigkeit — geschrieben von einem absoluten Monarchen, der den Mangel an selbständigen Führungskräften stets empfunden hat; hier spricht die Erfahrung und nicht spektakuläre Philosophie. Den Katalog der bedeutendsten Bildungsanstalten hat der König einige Jahre danach vervollständigt: Das Fridericianum in Königsberg, das Marienstifts-Gymnasium in Stettin, das Pädagogium Unser Lieben Frauen zu Magdeburg und die Elisabeth-Schule zu Breslau. Auch über die Bildungsinhalte äußerte sich Friedrich jetzt genauer: Rhetorik und Logik, Latein („davon gehe ich nicht ab“), Philosophie (nicht von Geistlichen zu lehren), Religion („damit die Leute nicht zur katholischen übergehen“); regelmäßiger Schulbesuch ist nötig, ideal wäre ein Internat. Aber auch die Bildung darf nicht dazu mißbraucht werden, die naturgegebene Ordnung der Stände aufzuheben. Der Unterricht soll deshalb auf den jeweiligen Beruf zugeschnitten sein, so daß die jungen Leute das, „was zu ihrem Wissen notwendig ist, lernen, aber auch in der Art, daß die Leute nicht aus den Dörfern weglaufen“ (etwa um Sekretäre werden zu wollen). Noch deutlicher hatte der schlesische Provinzialminister v. Schlabrendorff schon am 10. Oktober 1765 betont, dem Staat sei mehr gedient mit Leuten, die sich von Handarbeit ernährten „als wenn Viertel-Gelehrte das Land überschwemmten“. König Friedrichs Weisung liegt 14 Jahre später und ist in dem Kabinettserlaß über das Unterrichtswesen vom 5. September 1779 enthalten, steht aber bezüglich der Schulpolitik noch auf demselben

Standpunkt. Der Erlaß ist an den Minister Karl Abraham Freiherr v. Zedlitz-Leipe gerichtet, der seit 1771 im Geistlichen Departement wie kein anderer zuvor sich der Reform des höheren Schulwesens in Preußen angenommen hat.

Unter den gegebenen Verhältnissen ist die moralische Hebung des Lehrerstandes zu Diensttreue und Pflichteifer angestrebt und weithin erreicht worden. Eigene Bildung und Schärfung des Verantwortungsgefühls wurde zur Erziehungsaufgabe des Ministers an einem neuen Stand, der sich erst langsam von der Bevormundung und Überordnung der altangesehenen Geistlichkeit befreien konnte. So gelang es Zedlitz, die Ritterakademie in Liegnitz zu einer Elite-Anstalt zu machen; so wurde er von den Schulbehörden selbst um Reformen an dem Gymnasium in Hamm gebeten, und nach und nach wurden die in dem Katalog des Königs bezeichneten Schulen von Grund auf mit einem neuen tätigen Geist erfüllt. Auch Zedlitz hat sich jedoch außerstande gesehen, ein allgemeines Reglement für alle höheren Schulen zu erlassen; seine bedeutendsten organisatorischen Leistungen, die Begründung der Ober-Schulkollegien bei den Provinzialbehörden und die Einführung des Abiturientenexamens als verpflichtende Richtlinie für die Universitätsreife, hat Zedlitz erst nach des Königs Tod durchführen können; die Vorarbeiten dazu lagen in der Linie der Reformpläne, die er noch vor 1786 hat aufstellen und vortragen können.

An eine Universitätsreform hatte König Friedrich in seinem ersten Regierungsjahr gedacht, als der Propst von Berlin-Cölln, Johann Gustav Reinbeck (1683—1741), den Auftrag erhielt, im Sinne von Christian Wolff die theologische und die philosophische Fakultät der Universität Halle zu erneuern; der vorgelegte umfangreiche Plan dazu wurde nicht ausgeführt, als Reinbeck plötzlich im Sommer 1741 starb. Da die Universitäten ohnehin eine erhebliche Autonomie auch im preußischen Staat genossen, hätte jede Veränderung ihres Status langwierige Auseinandersetzungen nach sich gezogen, die ihnen kaum förderlich gewesen sein dürften; so vertraute man ihrer eigenen Regeneration. War man sich doch nicht einmal über die Zuständigkeit der staatlichen Aufsicht im klaren, und die vom König im Zusammenhang mit der Reinbeckschen Reform eingesetzte Universitätskommission, die 1747 noch gelegentlich erwähnt wurde, blieb ohne Wirkung. Während das Geistliche Departement bei der Aufteilung von 1764 die Universitäten nicht erwähnt, sind sie im Jahre 1771 ausdrücklich als „Universitäts-Departement" Zedlitz unterstellt worden. Eine spürbare Einwirkung auf die ehrwürdige Academia Viadrina in Frankfurt/Oder (1506), die Academia Albertina in Königsberg/Pr. (1544), die Academia Fridericiana in Halle/Saale (1694), die Clevesche Landesuniversität Duisburg (1655) und die Leopoldina in Breslau (1702) ging von den staatlichen Behörden nicht aus. Die Preußische Akademie der Wissenschaften zu Berlin, durch Kurfürst Friedrich III. im Jahre 1700 gestiftet, war durch Friedrich den Großen im Sinne der zeitgenössischen Aufklärung reorganisiert worden und erwarb sich großes Ansehen. Gegenstand staatlicher Kulturpolitik war sie jedoch nicht, wenngleich sie mit der Staatspraxis durch medizinische, pflanzenkundliche und juristische Arbeiten eng verbunden war und der König selbst nicht nur ihren Sitzungen beiwohnte, sondern auch in ihnen vortrug.

Die Kirchen-, Schul- und Bildungspolitik Friedrichs des Großen hatte keine durchgehenden Reformen gebracht. Aber sie hatte, auf gutgegründetem Fundament weiterbauend, mit der Entwicklung des Staates und der Zeit Schritt gehalten. Eine Anzahl von Mitarbeitern von überragender Begabung und Einsatzbereitschaft standen dem König dabei zur Seite. Die Behördenorganisation hat mit ihren sparsamen Mitteln dazu beigetragen, die Anordnungen, oft erst nach wiederholten Bemühungen, annähernd Wirklichkeit werden zu lassen. Gewiß lag hier kein Schwerpunkt des friderizianischen Staates; doch blieb er auf diesem Felde auch nicht gänzlich hinter seinen Nachbarn zurück. Mehr als abstrakte Theologie und Bildung hat jeweils das praktische Exempel gezeigt, wie der Einzelne sich im Drange der Zeit zu bewähren hatte. Diese Erfahrungen sind dann wieder Bildungsgut geworden und konnten auch, in einem recht verstandenen Sinne vertieft, den Kirchen zum Nutzen werden.

2. *Justizreform*

Eine der volkstümlichsten Anekdoten über Friedrich den Großen erzählt die Geschichte von der Windmühle von Sanssouci, deren Klappern den König gestört habe und die er abzubrechen befahl. Da machte ihn der Müller darauf aufmerksam: „Majestät, es gibt noch Richter in Preußen!“ Der König aber beugte sich den von ihm selbst gegebenen Gesetzen, und die Mühle von Sanssouci steht noch heute. Diese Geschichte hat sich so natürlich nicht zugetragen. Aber die Volkserzählungen über den „Alten Fritz“ sind davon erfüllt, daß jedermann in Potsdam „das Recht“ bekomme. Tatsächlich hat wenigstens die Bemühung um die Rechtsverbesserung den größten Teil der Regierungstätigkeit des Königs innerhalb der Verwaltungsgeschäfte ausgemacht, und in zahlreichen Briefen, Edikten, Kabinettsordres und Randbemerkungen sind edle Vorstellungen und humane Sentenzen in schönen Formulierungen über die gerechte Justiz gebraucht worden, so wie es in beiden politischen Testamenten gleich am Anfang mit Erklärung der königlichen Verfahrensart geschah, wie es in Friedrichs Abhandlung über die Gesetze und in seinen zeitgeschichtlichen Werken zutage tritt. Sie gipfelten in der Auffassung, daß nicht Recht zu sprechen, sondern Rechtsschutz zu gewähren die Aufgabe des Königs sei.

König Friedrich hatte die Justizverwaltung beim Regierungsantritt in äußerlich geordnetem Zustand übernommen. Aber neben einer bemerkenswerten Gebundenheit an das schwerfällige Reichsrecht herrschte die Routine mit viel mechanischem Leerlauf und unendlichem Zeitbedarf. Seine motorische Kraft hat der junge König hier zuerst eingesetzt und mit der Abschaffung der Folter, schon unter seinem Vater vorbereitet, viel Zustimmung gesucht und auch gefunden. Für eine eigene preußische Rechtspflege bedeutsam wurde die Erlangung des Privilegiums De non appellando am 31. Mai 1746 für die noch dem Reichsrecht unterworfenen preußischen Provinzen; für Ostfriesland wurde es 1750 ebenfalls erreicht. Damit erst war Preußen rechtlich unabhängig und auch auf diesem Gebiet souverän. Im gleichen Jahre hörte die umständliche und zeitraubende Aktenversendung, um für Beweis oder Gegenbeweis daraus zu gewinnen, außerhalb und innerhalb Preußens auf; die Gerichte mußten jetzt selbständig ihr Urteil finden und vertreten. Jetzt erst konnte an eine umfassende Rechtsreform gedacht werden. Bisher war die Justizverwaltung ein Bestandteil des Geheimen Staatsrates, und trotz formeller weiterer Zugehörigkeit dazu entwickelte sie sich zunehmend zu einem eigenen Ressortministerium.

Träger der mit Kabinettsorder vom 27. August 1746 eingeleiteten Reformen wurde der bisherige Justizminister Samuel Freiherr von Cocceji (1679—1755), aus der ursprünglich bremischen Familie Koch stammend, Sohn des naturrechtlich eingestellten Professors für Staatswissenschaft an der Universität Frankfurt/Oder Heinrich von Cocceji († 1719). Der junge Cocceji wurde 1723 Präsident des Kammergerichtes und 1738 Chef der preußischen Justiz. König Friedrich II. ernannte ihn 1747 unter Verleihung des Schwarzen Adlerordens zum Großkanzler und gab ihm damit den ersten Rang unter allen Justizministern Preußens, die es weiterhin auch für das schlesische Justizdepartement, für das geistliche Departement sowie für die Justizsachen des Auswärtigen Departements und für den Präsidenten des Oberappellationsgerichtes gab. Auch hier ist zu bemerken, daß keine bestimmte Einteilung nach Sachgebieten vorlag, sondern daß bei jedem Wechsel des Ministers nach den Fähigkeiten, Kenntnissen und Erfahrungen, auch nach den für die Besoldung bereitgestellten Fonds über die Tätigkeitsbereiche neu verhandelt wurde. Daß alle Justizbehörden und Gerichte vereinheitlicht und unter staatliche Aufsicht kamen, um ein einziges, allgemein im Staatsgebiet geltendes Recht auszuüben, mußte das Ziel sein. Cocceji trat mit der von ihm zusammengestellten kleinen Reformkommission an die ihm vom König erteilte Aufgabe mit der Leitidee heran, daß das Prozeßverfahren erheblich beschleunigt werden könnte, wenn den Advokaten das Interesse daran entzogen würde. Durch Verstaatlichung des Sportel-Wesens und Herabstufung der zahlreichen unteren Anwälte zu Gehilfen der Richter und Gerichtsschreiber, durch Beschränkung des Prozeßverlaufes auf drei Instanzen, durch zeitliche Begrenzung der Prozeßdauer auf höchstens ein Jahr, durch Vergleiche und beschleunigte, vielfach summarische Aufarbeitung alter Verfahren wurden die Justizbehörden plötzlich entlastet, von längst abgestandenen Sachen zur gegenwärtigen Rechtsexekutive gelenkt und zu beweglichen Amtsfunktionen tauglich gemacht. Vorbedingung war, daß ein wissenschaftlich gut ausgebildeter Richterstand von hochentwickeltem Ehrgefühl für die Aufgaben seines Standes herangezogen wurde, daß die Rechtsprechung unabhängig blieb und daß wenige, gut besoldete Richter besser waren als ein Heer von Sporteljägern. Der bisherige ständische Vorbehalt, daß die Hälfte aller Richterstellen dem Adel eingeräumt bleiben sollte, entfiel jetzt; nur noch die Eignung und Leistung sollten Maßstab sein, und der sonst oft adelsfreundliche König hat dem zugestimmt. Auch die Patrimonialgerichtsbarkeit wurde insofern von der sachlichen Seite her eingeschränkt, als die Gutsbesitzer ebenso wie die Domänenpächter gehalten waren, Rechtssachen nur durch geprüfte Justitiare bearbeiten zu lassen. Später wurden nach halberstädtischem Vorbild mehrere Domänen der Aufsicht eines Justizamtes unterstellt, wie auch Ämterjustizkollegien (Landvogteigerichte) mehrere Hauptämter oder Kreise in Cleve-Mark, Ost- und Westpreußen zu betreuen hatten. In Schlesien war ein Kreisjustizrat mit 3 weiteren Kommissaren zur Kontrolle der Untergerichte eingesetzt. Die Verleihung von Ehrenstellen und Pfründen im Justizbereich hörte auf. Von Pommern im Herbst 1746 ausgehend, wo binnen zwei Monaten 400 Prozesse erledigt werden konnten, reiste Cocceji mit seiner Kommission nach Brandenburg, Magdeburg, Halberstadt, Cleve-Mark, Minden, Schlesien, Preußen und Ostfriesland. In fünf Jahren war das Reorganisationswerk zu Ende gebracht, exakte Dienstanweisungen erlassen, das Personal erheblich verändert. Eine Prozeßtabelle wies nach, daß von 11 500 Prozessen, die in allen Provinzen 1745 noch liefen, nicht weniger als 7 200 binnen Jahresfrist erledigt worden waren; dabei stellte Pommern mit 1 500 noch verbliebenen Prozessen den weitaus größten, die benachbarte Neumark mit 450 unerledigten Verfahren den verhältnismäßig kleinsten Anteil.

Die volle Vereinheitlichung der preußischen Justiz war aber auch Cocceji nicht gelungen. Zwar machte Schlesien dieses Mal keine Ausnahme, auch in Stettin, Cleve-Mark und Ostfriesland wurden, oft ohne viel Aufhebens und Rückfragen, die dortigen Hofgerichte mit der Regierung verbunden, jedoch nicht in der Provinz Preußen. Hier blieben die Hofgerichte in Königsberg und Insterburg bestehen, auch wurde das Oberappellationsgericht (Tribunal) als einziges in der Monarchie neben dem Berliner nicht aufgelöst, worin sich der alte Charakter der Nebenresidenz kundtat. Allerdings erhielten Tribunal und Königsberger Hofgericht einen gemeinsamen Präsidenten, und in der Praxis wurde so verfahren, daß in

Sachen dritter Instanz tatsächlich das Berliner Oberappellationsgericht entschied und sich des Königsberger Tribunals lediglich als einer Verkündungs- und Vollziehungsbehörde bediente. In Ravensberg hörte eine eigene Oberappellation schon 1750 auf und in Geldern waren vier Revisoren bei der Regierung als regionales Oberappellationsgericht tätig. Weit schwieriger aber war es, die Rechtsprechung der Kriegs- und Domänenkammern in den Provinzen vom Berliner Justizdepartement aus zu überwachen und zu beaufsichtigen. Auf Coccejis Veranlassung war an das Ressortreglement von 1748 ein Abschnitt über die Abgrenzung der Justizbereiche angehängt worden, ohne daß dadurch viel erreicht wurde. Die in allen Kammern bestehenden Justiz-Kommissariate waren unter Friedrich Wilhelm I. begründet worden, um das gesamtstaatliche königliche Recht gegenüber den Landesgerichten der provinzialen Stände durchzusetzen. Die Kammergerichtsbarkeit war damit Träger der Staatsjustiz und schwer wieder aufzuheben, ohne nicht die landständischen Sondergerichtsinteressen zu befördern; der unverkennbare Nachteil bestand darin, daß bei Prozessen gegen Ämter und Städte die Kammer zugleich als Advocatus und Judex auftrat. Der bisherige Grundsatz „In dubio pro fisco" hatte in der modernen Rechtsauffassung keinen Platz mehr. Andererseits bezweifelte die Kammer mit Recht, ob die zentrale Gerichtsbarkeit imstande sei, entsprechend den Besonderheiten der Landesverfassungen aus näherer Bekanntschaft zu urteilen. Vergeblich suchte Cocceji in leidenschaftlichen Immediatberichten die Untertanen vor Ungerechtigkeiten der Kammern und der „Tyrannei der Departements- und Steuerräte" zu retten. Der Gerichtsbarkeit bei den Kriegs- und Domänenkammern blieb schließlich die Erledigung folgender Streitsachen: Auseinandersetzungen der Domänenämter mit den Städten oder der Städte untereinander; Differenzen wegen Verpachtung der Domänen; Streit der Domänenpächter mit den Amtsuntertanen wegen Besetzung der Höfe, Besteuerung und dergleichen; Vergleiche zwischen Magistrat und Bürgern; Auslegung von Innungsprivilegien; Ausübung der Braugerechtigkeit; Vergehen gegen Militär-, Polizei- und Steuerverordnungen; Holzfrevel; schließlich Disziplinarverfahren gegen Beamte. In Ostfriesland protestierten die Stände hiergegen, weil die Neuordnung ihre 1744 erneuerten Privilegien beeinträchtigte; als die Kammer mit Gleichgültigkeit unter Berufung auf königliches Recht darüber hinweggehen wollte, griff Friedrich der Große ein und ließ durch Cocceji mit den Ständen eine gütliche Einigung erzielen. Bedingung dafür war, daß nach der allgemein verbindlichen Prozeßordnung vorgegangen würde und jedes Verfahren binnen Jahresfrist zu erledigen war.

Hierfür hatte Cocceji das Projekt Codicis Fridericiani Pomeranici 1747 und im Jahre darauf das Projekt Codicis Fridericiani Marchici als versuchsweise Prozeßordnung kodifiziert. Als Codex Fridericianus wurde die Prozeßordnung in allen Provinzen, zuletzt 1749 in Ostfriesland, veröffentlicht. Damit war ein großer Fortschritt erzielt, und der König ließ 1748 eine goldene Gedenkmedaille prägen mit der Gestalt der Justitia und der Umschrift „Emendato jure". Im gleichen Jahre wurde das Berliner Oberappellationsgericht mit dem (für die Hugenottenkolonien in Preußen zuständigen) Französischen Obergericht und dem Kammergericht zu einem Obersten Gerichtshof vereinigt, von Cocceji „Großes Friedrichs-Kolleg" genannt, doch blieb die alte, auch sachlich gerechtfertigte Bezeichnung des Kammergerichts bestehen. Es war die oberste Berufungsinstanz über den Hofgerichten, von königlichen Räten besetzt, zuständig für die Kurmark, in dem 4. Senat für die ganze Monarchie. Dessen Präsident hatte Stellung und Rang eines Justizministers ebenso wie der Chef der drei anderen Senate; alle unterstanden dem Großkanzler. Ende Dezember 1749 wurde auch der Geheime Justizrat, die Rechtsbehörde für Mitglieder des Königlichen Hauses, mit dem Kammergericht vereinigt, ebenso das Ravensbergische Appellationsgericht. Die Fortführung der Reform erstreckte sich noch auf das Personen- und Sachenrecht, doch gingen weitere Teile der Handschrift beim Versand verloren. Die bisher fertigen Teile — insgesamt ein Torso — wurden 1749 und 1751 publiziert unter dem Titel „Projekt des Corpus Juris Fridericiani, das ist Seiner Königlichen Majestät in Preußen in der Vernunft und Landesverfassung gegründete Landrecht..." Cocceji glaubte am Ziel zu sein, ein ‚Jus certum et universale' geschaffen zu haben. Eine Kommentierung wurde verboten, um das soeben Erreichte nicht wieder unsicher zu machen oder zu gefährden. Aber am 20. April 1754 erging eine Visitationsordnung, wonach sämtliche Justizkollegien alle drei Jahre zu revidieren waren. Die knappe und klare Anweisung enthält neben genauer Aufzählung der zu prüfenden Gegenstände und der dabei zu beachtenden Verfahren folgende allgemein bemerkenswerte Anordnungen: „Referendare werden zur Unterweisung mitgenommen. Kein Kommissar darf während der Revision bei einem Membrum Collegii wohnen oder essen. — Ungeeignete junge Leute sollen beizeiten veranlaßt werden, einen anderen Beruf zu ergreifen. — Der Kommissar muß sich erkundigen, ob die Konsistorien auf Lehre und Wandel der Geistlichen gehörig Acht geben, und ob die Kirchenrechnungen jährlich abgenommen werden. — Die Kollision zwischen Regierung und Kammer muß er sorgfältig verhüten, allenfalls durch gütliche Konferenzen zu heben suchen." Die noch in Arbeit genommene Strafrechtsreform blieb jedoch 1754 stecken, und Cocceji starb im gleichen Jahre, von seinen Kollegen ebenso als ‚Justizdiktator' befehdet wie vom Vertrauen des Königs getragen.

Nachfolger als Großkanzler wurde der Präsident des Kammergerichts, Philipp Joseph Pandin de Jariges, aus der französischen Hugenottenkolonie Berlins stammend, ein enger Mitarbeiter Coccejis. Eine Weiterführung oder Abschluß der Reformen von Cocceji vereitelte nicht nur der Siebenjährige Krieg, sondern auch die geringe Neigung des Großkanzlers hierfür. Lediglich handschriftlich wurde in vier Foliobänden mit Anhängen ein ‚Codex revisus' zusammengestellt, das Ergebnis der 1756 für Kompetenzstreitigkeiten und Weiterentwicklung der Rechtsprechung eingesetzten Jurisdiktionskommission. In begrenztem Rahmen behielten ihre Gerichtsbarkeit die Collegia medica, die Post, Lotterie, Akzise und Zoll, auch Berg- und Handelswesen. Im Zuge des Retablissements nach dem Kriege nahm sich der Minister Hagen vom Generaldirektorium her im Frühjahr 1769 der Verbesserung der Justiz bei den Kriegs- und Domänenkammern an. Das hatte hinsichtlich der Bildung der Justizämter zur Domänenaufsicht Erfolg, doch starb der Großkanzler Jariges Ende 1770. „Er hat Ew. Königlichen Majestät und dem Staat unermüdete Dienste geleistet" meldete sein Vertreter, Etatsminister v. Fürst, „die Familien-Chagrins scheinen die wahre Ursache seines Todes zu sein". Carl Joseph Maximilian von Fürst und Kupferberg, aus schlesischem Hochadel, war ebenfalls Mitarbeiter Coccejis seit der ersten pommerschen Revisionsbereisung gewesen und seit 1763 Justizminister. Er wurde jetzt Großkanzler als Nachfolger Jariges. Hagen starb 1771, und Fürst wich den eingeleiteten Reformen der Kammerjustiz aus; so hat dann wieder das Generaldirektorium die Initiative ergriffen und Hagens Mitarbeiter und Nachfolger Derschau den Entwurf hierfür vorgelegt, den der König am 12. August 1772 unterfertigte und den Derschau gegenzeichnete. Neben einer verschärften Vorschrift über die Prüfung der Kammer-Justitiare wurde eine neue Behörde, das Ober-Revisions-Collegium errichtet, eine Spruchkammer zweiter Instanz für strittige Rechtsfragen bei den Kriegs- und Domänenkammern, zugleich als eine Art Aufsichtsbehörde in Justizsachen. Das Revisions-Collegium war aber kein selbständiges Gericht, sondern konnte nur gutachtlich tätig werden.

Der Großkanzler v. Fürst hatte sich bei der Einrichtung der Justiz in Westpreußen Verdienste erworben und in völliger Übereinstimmung mit der königlichen Ansicht am 28. September 1772 verordnet: „Wir selbst oder unser Etatsministerium geben keine Entscheidungen, so die Kraft einer richterlichen Sentenz haben." Doch genügte dem stets mißtrauischen König die Überwachung der Gerichtsurteile nicht. Aus mancherlei Anlässen ließ er durch das Generaldirektorium 1774 ein Rundschreiben an alle Kammern ergehen, daß der Rechtsschutz der Untertanen gegenüber der Verwaltung unzureichend gewährleistet sei, da die beschwerdeführenden Untertanen „nicht hinlänglich gehört und assistiert, dahingegen aber die Beamten gar sehr protegiert werden". Im Jahre darauf erhielt der Großkanzler den Vorwurf: „Es kommt mir vor, als wenn die Justiz wieder anfängt, einzuschlafen." Weitere Vorwürfe häuften sich bis zum Ende des Jahres 1779 hin. Die sachlichen Anlässe dazu waren meist geringfügig, doch hat König Friedrich schon seit 1776 an einen Wechsel des Chefs de Justice gedacht und mit Interesse die Verwaltungstätigkeit des schlesischen Justizministers v. Carmer, des jüngsten der Cocceji-Gehilfen, beobachtet. Das Unheil brach nicht nur über den Großkanzler, sondern über die Justizbehörden insgesamt herein, als der König sich zu einem Eingreifen in die Rechtsprechung veranlaßt zu sehen glaubte. Friedrich der Große hatte wiederholt betont, daß er Machtsprüche ablehne; als aber der Wassermüller Arnold aus dem Kreise Züllichau dem König persönlich in Potsdam eine Bitte um Rechtsschutz gegen die Neumärkische Kammer unterbreitete, griff er den Fall auf. Der Müller machte geltend, daß der Landrat durch Anlegung eines Karpfenteiches seiner Mühle das Wasser entzogen habe, so daß er die Pacht nicht hätte zahlen können und enteignet worden sei. Der König ließ an Ort und Stelle durch einen Obersten und einen neumärkischen Regierungsrat die Sachlage untersuchen; auch Sachverständige wurden hinzugezogen. Die Ergebnisse lauteten unterschiedlich, aber die Behörden wiesen die Einsprüche des Müllers ab, auch das Kammergericht urteilte so. König Friedrich meinte, einen klaren Fall von Rechtsbeugung durch Beamte zu Lasten der Untertanen erkannt zu haben. Am 11. Dezember 1779 wurde nach persönlicher Befragung zu dem Urteil der Großkanzler v. Fürst entlassen, er behielt jedoch Sitz und Stimme als Minister im Geheimen Staatsrat, wo er freilich nicht mehr erschien. Entlassen wurde auch der Präsident der Küstriner Kammer, und ein neuer Landrat unter Mißachtung des Vorschlagsrechts der Ritterschaft ernannt. Schließlich wurden gegen den Einspruch des Justizministers v. Zedlitz sechs Räte des Kammergerichts und der neumärkischen Regierung zu neun Monaten Festungshaft verurteilt. Da die damalige Zeit kein Beamtenrecht kannte, war die Entlassung zulässig, ebenso die Abänderung eines Urteils durch den Souverän, freilich nur als „Machtspruch". Keineswegs zu rechtfertigen war dagegen die Verurteilung der Richter. Indem der König Recht schaffen wollte, praktizierte er Unrecht. Das Urteil ist dann auch nach dem Tode des Königs sofort aufgehoben und die Verurteilten entschädigt worden. Es war nicht das erste, wohl aber das letzte Mal, daß König Friedrich Urteile angeordnet oder in Prozesse eingegriffen hat, auch übereifrigen Richtern, die in seinem Sinne zu handeln glaubten, nicht in den Arm gefallen ist. Erinnert sei nur an die sicher nicht gerechtfertigte Gefangensetzung von Justi, an die Fehler beim Prozeß gegen Goerne, an den wegen Landesverrat und angeblich anstößiger Beziehungen zur Prinzessin Amalie ohne Kriegsgerichtsurteil auf den Festungen Glatz und Magdeburg in harter Haft gehaltenen Garde-du-Corps-Offizier Friedrich von der Trenck. Andererseits gibt es so vielfältige Zeugnisse in den Schriften, Gesetzen, Kabinettsordres und Marginalnotizen des Königs für eine ordentliche Rechtspflege, daß an seinem ernsthaften Willen, in seinem Staat darin mustergültig zu verfahren, nicht gezweifelt werden kann. Charakteristisch auch die Zurückweisung eines Antrages des Generaldirektoriums, eine Verfehlung mit vier Wochen Festungshaft zu ahnden: „Auf acht Tage. Minister, die nicht wissen, was in der Karre gehen heißt, können schwerlich Urteile fällen. Vier Wochen ist viel; acht Tage ist zu einer Korrektion genug." Er wußte also, was den Kammergerichtsräten mit neun Monaten Festung angetan wurde. Merkwürdig zwiespältig und den Trotz des gichtgequälten Königs auf sein Urteil wohl noch bestärkend war die Reaktion der Öffentlichkeit am 12. Dezember 1779. Vor dem Hause des gestürzten Ministers, dem Schloß gegenüber, fuhren in endlosen Reihen die Kutschen mit der Beamtenprominenz auf, um Beileidsbesuche abzustatten; zugleich drängten sich aber die Bauern mit Bittschriften am Schloßportal, und Bürgerhäuser wurden illuminiert als Dank an den König, der dem Volk sein Recht schaffte.

Der nächste und letzte von Friedrichs Großkanzlern war Johann Heinrich Casimir v. Carmer, aus pfälzisch-reformierter Familie, der seit 1763 die Breslauer Oberamtsregierung und seit 1768 das Schlesische Justizministerium geleitet hatte. Bereits ein Vierteljahr nach seiner Amtsübernahme legte er praktische Verbesserungsvorschläge für die Schaffung zuverlässiger Justizkollegien, für eine neue mündliche Verfahrensart bei Prozessen und für die Schaffung eines allgemeinen Gesetzbuches vor. Friedrich der Große bezeichnete den Entwurf vom April 1780 als „admirable" und wünschte eine Ergänzung der Kodifizierung durch Provinzialrechte. Durch die denkwürdige Kabinettsorder vom 14. April 1780 wurde Cramer beauftragt, eine Prozeßordnung und eine Gesetzeskodifikation in deutscher Sprache auszuarbeiten. Damit trat die Gesetzgebung in den Mittelpunkt des letzten Reformabschnitts auf dem Gebiet der friderizianischen Justiz. Zuvor aber wurden einige der nicht zu Ende geführten Reformen aus der Zeit Coccejis vollendet. So kam es zu den Justizreglements für Ost- und Westpreußen vom 3. Dezember 1781 und für die Kur- und Neumark vom 30. November 1782. Das Königsberger Hofgericht mit Tribunal wurde mit dem Oberburggrafenamt, dem Hof und Halsgericht und dem Pupillenkollegium zur Ostpreußischen Regierung mit zwei Senaten zusammengelegt; alle Sondergerichte, auch in Westpreußen, wurden aufgehoben. Vom Kammergericht wurde der vierte Senat jetzt als Obertribunal für alle Provinzen abgetrennt, nach schlesischem Muster für die Marken Kreisjustizräte bestellt. Da die Kammerjustiz nicht zu beseitigen war, wurde bei jeder Kammer eine besondere Justizdeputation eingerichtet, die dem Chef der Justiz unterstanden, von dem sie Weisungen für die Rechtsfindung entgegenzunehmen hatten; sie blieben jedoch zugleich Teile der Kammern. Hier wurde ein Justiz-Sach-Dienstweg in der doppelten Unterstellung geschaffen, wobei den Justizdeputationen die beratende, den Kammern die ausübende Funktion zufiel. So hatte das Ressort-Reglement von 1751, ohne geändert zu werden, eine neue Interpretation erfahren. Gleichwohl stellte der Freiherr vom Stein aus seinen Erfahrungen als Kammer- und Oberpräsident noch Jahrzehnte später fest, daß das Ressort-Reglement „unsystematisch und dunkel abgefaßt" sei; die Jurisdiktions-Kommission sei beschäftigt, es zu kommentieren und zu deklarieren, doch entständen täglich neue Streitigkeiten. Das war freilich bei der geschäftigen und mit täglich neuen Eingängen überhäuften, zudem sich fortgesetzt stark ändernden, mit kleinem Personal arbeitenden Verwaltung kaum anders möglich. Eine dauernde Festlegung hätte Erstarrung gebracht und wäre undurchführbar gewesen; so blieben der Zentralbehörde nur Weisungen, die allerdings große Selbständigkeit und Mitdenken voraussetzten und damit neue Reibungen heraufbeschworen. Jedenfalls ist Carmers Prozeßordnung wie auch seine Festlegung des Landrechts bereits von einem entwickelten Juristenstand ausgegangen, dem anspruchsvolle Gesetze zur Auslegung und Verwirklichung anvertraut werden konnten. Gewissermaßen probeweise waren die Justizdeputationen schon 1772 bei den Kammern Marienwerder und Bromberg eingeführt worden.

Als erstes Gesetzbuch wurde am 26. April 1781 die Gerichts- und Prozeßordnung als „Corpus Juris Fridericianum I" in Kraft gesetzt. Am 10. August 1783, in dem gleichen Jahre, in dem endlich die fortschrittliche preußische Hypothekenordnung erscheinen konnte, wurde eine Revisionsdeputation gebildet, die den Fortgang der Kodifikation überwachen und sie ergänzen konnte. Die praktische Ausarbeitung hatte Carmer seinem Mitarbeiter Carl Gottlieb Svarez (Schwarz) überlassen, der in unübertroffener Detailkenntnis und bedeutender Sprachgestaltung die Arbeit so rasch förderte, daß die erste Fassung in den Jahren nach 1780 niedergeschrieben und in den ersten Teilen seit 1784 als Probe in Erwartung öffentlicher Kritik gedruckt werden konnte. König Friedrich zeigte sich sehr erfreut über den guten Fortschritt, war jedoch nicht wenig erschrocken über den Umfang: „Es ist aber sehr dicke", äußerte er beim Empfang des zweiten Teils 1785, „und Gesetze müssen kurz und nicht weitläufig sein". Das entsprach den bereits 1748 von Montesquieu in seinem „L'esprit des lois" formulierten Grundsätzen, die sich Friedrich rasch zueigen gemacht hat und die ihn bei allen Justizreformen als Richtschnur begleiteten. Dennoch ist daraus keinerlei Abhängigkeit zu konstruieren. War es für Montesquieu eine Tatsache, daß jedes Volk eine eigene Rechtskörperschaft bilde und daher auch ihre eigenen Gesetze haben müsse, so ist gerade in Preußen trotz gewaltiger Vorarbeiten noch die unerschöpfliche Energie Friedrichs des Großen zur Gesetzesinitiative erforderlich gewesen, um Verfahren und Inhalt auf das Praktische und Brauchbare hin zu richten. Über die Tragweite einer solchen Kodifikation bestand kein Zweifel. Deshalb sind schon nach der Bekanntgabe des Planes und der ersten Entwürfe bedeutende Rechtsgelehrte und praktische Juristen auch aus nichtpreußischen Staaten durch Gutachten und Preisausschreiben zur Stellungnahme aufgefordert worden. Diese brachten 52 Gutachten und 62 Ausarbeitungen von Kopenhagen bis Dresden und von Kassel bis Königsberg bei. Der berühmte Reichsrechtsgelehrte Stephan Ludwig Pütter schrieb 1784 in den Göttingischen Gelehrten Anzeigen: „Wird nicht jeder Patriot mit uns wünschen, daß daraus ein ähnliches Gesetzbuch für jede anderen deutschen Staaten erwachsen möchte? Oder warum nicht selbst für ganz Deutschland?" König Friedrich erlebte sein Erscheinen nicht mehr. Fünf Jahre nach seinem Tode waren die Entwürfe aufeinander abgestimmt und am 20. März 1791 als Gesetz vollzogen. In Kraft treten konnte das Gesetzbuch erst nach heftigen inneren Kämpfen am 1. Juni 1794 als „Allgemeines Landrecht für die Preußischen Staaten". Es hat sich in der Praxis bewährt und das ihm gesteckte Ziel voll erreicht. Achim von Arnim rechtfertigte noch im Jahre 1814 das Landrecht, das „uns zugleich Konstitutionsurkunde geworden".

Damit ragt das erste Gesetzbuch in das Zeitalter der Verfassungskämpfe hinein, für das es nicht bestimmt war. Der von seinen Verfassern vorgesehene Ausbau in Richtung auf die noch fehlenden Provinzialrechte wurde hier nicht mehr vollzogen. Lediglich die Provinzen Ostpreußen und Westpreußen haben Provinzialrechte auf der Grundlage des Allgemeinen Landrechts in den Jahren 1801/02 und 1844 erhalten. Die gesetzgeberische Leistung bleibt mit dem 18. Jahrhundert und durchaus zutreffend mit Friedrich dem Großen verknüpft. Noch im Jahre 1970 konnte daher in der Einleitung zu der Neuausgabe gesagt werden, „daß dieses Gesetzbuch wohl die größte Kodifikation der deutschen Gesetzgebungsgeschichte und zugleich eines der wichtigsten Denkmäler der preußischen Aufklärung ist." Der Rechtsgelehrte Hermann Conrad nannte das Allgemeine Landrecht von 1784 das „Grundgesetz des friderizianischen Staates". Denn Carl Gottlieb Svarez, der 1791/92 dem preußischen Kronprinzen und nachmaligem König Friedrich Wilhelm III. Vorträge über Recht und Staat hielt, hat dabei nicht nur die Grundzüge des Allgemeinen Landrechts erläutert, sondern auch alles das zusammengefaßt, was Friedrich der Große zum Wohl seines Staates mit der Rechtsreform bezweckt hat: „Die regelmäßigste Ordnung in der ganzen Staatsverfassung, die strengste Aufsicht auf die prompte und unparteiische Rechtspflege, die stets wachsame Vorsorge, daß nicht ein Stand, eine Klasse der Nation die Rechte der anderen schmälere, daß der ärmere und niedrigere von seinen reichen und mächtigen Mitbürgern nicht unterdrückt werde, die unverminderte Sorgfalt für Gründung und Unterstützung gemeinnütziger Anstalten, wodurch der Wohlstand der Particuliers (= Einzelunternehmer) befördert, wodurch der Landbau, Manufakturen und Fabriken, in Aufnahme gebracht werden können, die Achtung für die bürgerliche Freiheit, für die Rechte und das Eigentum der Untertanen, endlich die vollkommenste Religions- und Gewissensfreiheit — dies sind die Grundsäulen des Systems der Preußischen Staatsverwaltung."

3. *Kabinettsregierung*

Die persönliche Regierungsweise von seinem Schreibtisch aus in schriftlicher Form, nicht in Sitzungen des Ministerkollegiums, hat zwar in seinem Alter zunehmend den Stil seiner Verwaltung bestimmt, doch ist dieses keine grundsätzliche Neuerung König Friedrichs gewesen. Es sind auseinanderzuhalten der möglichst kleine bewegliche Führungsstab als Spitze der Staatsverwaltung einerseits und die Ausfertigung von Erlassen des Alleinherrschers durch Kabinettssekretäre zur sofortigen Vollziehung andererseits. Schließlich ist davon grundsätzlich zu unterscheiden das Kabinettsministerium, das neben dem kollegialischen Generaldirektorium und neben der Justizbehörde die Aufgabe des Auswärtigen Departements wahrnahm. Im normalen Verwaltungsablauf war der Weg von der königlichen Initiative bis zum unterzeichneten Dekret lang und mit mancherlei Für und Wider in der Spannung zwischen Kabinett und Behörde gepflastert. Am Ende von Friedrichs Regierung bestand Preußen keineswegs aus einem schematisch gegliederten, nach mechanischen Prinzipien geleiteten Staatswesen; dies war auch kaum beabsichtigt. Die unterschiedlichen Landesteile und die Kompetenzüberschneidungen der Amtsstellen verlangten fortgesetzte Entscheidungen des Königs, und dieser hat, weil er gefragt werden und den Überblick behalten wollte, seine Souveränität zunächst nirgends einschränken und Befugnisse delegieren können; zunehmend allerdings ist das dann bei der Justiz geschehen und auf Sondergebieten, wie dem Bergwerks- und Hütten-Departement, wo hervorragend zuverlässige und selbständige Mitarbeiter wirklich tätig waren. Das Allgemeine Landrecht bestimmte im Zweiten Teil und 13. Titel: „Alle Rechte und Pflichten des Staates gegen seine Bürger und Schutzverwandten vereinigen sich in dem Oberhaupt derselben. Die vorzügliche Pflicht des Oberhauptes im Staate ist, sowohl die äußere als innere Ruhe und Sicherheit zu erhalten und einen jeden bei dem Seinigen gegen Gewalt und Störungen zu schützen. Ihm kommt es zu, für Anstalten zu sorgen, wodurch den Einwohnern Mittel und Gelegenheiten verschafft werden, ihre Fähigkeiten und Kräfte auszubilden und dieselben zur Beförderung ihres Wohlstandes anzuwenden. Dem Oberhaupte im Staate gebühren daher alle Vorzüge und Rechte, welche zur Erreichung dieser Endzwecke erforderlich sind."

Für die Kodifizierungsarbeit des Allgemeinen Landrechtes wurde die bisherige Entscheidungssammlung herangezogen, soweit diese verfügbar war. Während die Reskripte durch die Behörden als königliche Amtsträger Nomine Regis „Wir Friedrich von Gottes Gnaden etc." ausgefertigt wurden und auch für die Eingänge mit formeller Adresse der Stilus Curiae erwartet wurde, waren die Dekrete aus dem Kabinett formlos in der dritten Person im Resolutionsstil abgefaßt: „Seine Königliche Majestät haben zur Abhelfung aller bei dem Finanz- und Kameralwesen bisher leider noch bemerkten

Fehler einen Plan entwerfen lassen ...". Jedoch konnte auch die Kabinettsorder im persönlichen Briefstil der Handschreiben gehalten sein: „Mein lieber Etats-Minister von Derschau!" Die auf kleinem Quartbogen geschriebenen Ordres bedurften der Gegenzeichnung nicht. Sie waren in ihrer Art nicht neu, doch bildete sich unter Friedrich dem Großen eine gleichbleibende knappe und sachliche Form heraus. Die Kabinettsordres lassen in ihrer kurzen und nur selten begründenden Fassung nicht den Gang der Entstehung und der Verhandlungen, vielmehr nur das Ergebnis und die Schlußformulierung der Anordnung erkennen. In der zweiten Hälfte seiner Regierung hat König Friedrich II. bis zu 12, manchmal mehr Kabinettsordres täglich herausgehen lassen; die Gesamtzahl der zwischen den Jahren 1728 und 1795 angefertigten Anordnungen dieser Art beläuft sich nach Schätzungen auf 3 bis 400 000 Stück. Davon sind nach ihrer Ausfertigung sogleich Abschriften (fälschlich Minüten = Konzepte genannt) angefertigt und chronologisch gesammelt in Foliobänden (Kopierbüchern) aufbewahrt worden. Sie wurden seit 1741 in regelmäßigen Abständen an das Generaldirektorium zur Aufbewahrung im Geheimen Archiv abgeliefert. Adressaten der Kabinettsordres waren nicht allein die unmittelbar nachgeordneten Zentralbehörden, der König wollte grundsätzlich jede Stelle erreichen. In den Siebziger Jahren sind jährlich durchschnittlich 170 Kabinettsordres an die Präsidenten der Kriegs- und Domänenkammern gerichtet worden; daß dabei Domhardt die meisten Anweisungen erhalten hat, geht schon aus seiner Stellung als Leiter von drei Kammern und einer Kammerdeputation hervor. Daneben gab es königliche Entscheidungen in der Form von Marginalresolutionen auf den eingegangenen Akten und Schriftstücken; sie erhielten Gültigkeit aber erst durch Umstilisierung in ein behördliches Dekret oder in eine Kabinettsorder, wobei mancherlei impulsive Formulierungen geglättet und einige Härten gemildert worden sind. Die Geschwindigkeit des Aktenumlaufs und der Erledigung von Verwaltungsgeschäften von einem Tag zum andern war in damaliger Zeit unerreicht; die kleinen und beweglich gehaltenen Behörden und ihre durchrationalisierte Geschäftsordnung haben dazu nicht wenig beigetragen, angefangen von dem berühmt gewordenen „königlichen Lapidarstil", der kurz und treffend das Wesentliche zusammenziehen konnte.

Über die einlaufenden Schriftstücke wünschte sich der König möglichst umfassend zu unterrichten. Den Ministern wollte er selbständig nur die „bagatelles" lassen, wie er sich im Politischen Testament von 1752 ausdrückte. Gewiß hat er sich, wo er es für notwendig hielt, sogleich informieren lassen oder das Schriftstück an die zuständige Stelle mit dem Ersuchen um Stellungnahme weitergeleitet. Auch hierbei sind die königlichen Selbstentscheidungen aus dem Kabinett viel seltener gewesen als angenommen wird. Friedrich war im Aktenstudium außerordentlich fleißig und ausdauernd. Um sich rascher zurechtzufinden, ordnete er bei Ein- und Ausgängen einen Betreff-Vermerk neben der Unterschrift-Zeile an. Der Berichtstil sollte klar und knapp sein und auf feststehende Sachbezeichnungen Rücksicht nehmen; so rügte der König 1773, daß der clevische Kammerpräsident in einem monatlichen Routinebericht statt „Zahlungstermin" den Ausdruck „Verfallzeit" gebraucht hatte. Im Gebrauch der Titulaturen zeichnete sich in der zweiten Hälfte des 18. Jahrhunderts die Entwicklung ab, daß für die Bewertung der Persönlichkeit weniger der Geburtsstand als die Berufsstellung von Bedeutung wurde. Erst am 20. Juni 1764 wurde ein für alle Provinzen gleichmäßiges Formular für den Kanzleistil eingeführt, womit mancher Schwulst aufhörte. Am fortschrittlichsten konnte man in Westpreußen vorgehen, wo seit 1774 in Dienstakten die Kurialien fortblieben.

Die Vorstellungen von der unbeschränkten absoluten Regierungsweise wurden bestärkt durch den Namen des Königs, der allen Verfügungen vorangestellt war. Sämtliche königliche Anordnungen hatten Gesetzeskraft. Auf allen behördlichen Papieren, bei Bekanntmachungen von der Kanzel, in öffentlichen Verkündungen stand der Name des Königs, was dazu beitrug, die ganz personell aufgefaßte Staatsautorität zu stärken. Seltsam wurde es nur, wenn die Behörden untereinander Nomine Regis Korrespondenzen führten. Von allergrößter Bedeutung war es, daß die internen Anordnungen, Bemerkungen und Pläne des Königs innerhalb des Dienstbereichs blieben. Daran hat es aber öfters gefehlt. Eine strenge Mahnung zur Geheimhaltung erging als Kabinettsorder an das Generaldirektorium am 15. Oktober 1746. Sehr ernsthafte Vorstellungen machte der König am 13. Mai 1768 in Potsdam dem Minister v. Hagen, es sei durch Unbedachtsamkeit der Minister des Generaldirektoriums mehrfach geschehen, daß Kabinettsordres und Randnotizen zu den Berichten, sogar Finanzanordnungen „oft denselben Abend oder doch tags darauf durch die ganze Stadt bekannt und Abschriften allenfalls zu haben wären"; solche würden sogar verschickt und gesammelt. „Des Königs Majestät", fährt Hagen in seiner Aufzeichnung vom gleichen Tage fort, „verwehrten uns nicht, in Gesellschaften zu gehen; wir sollten aber, da Sie sich bloß an uns hielten und uns responsable machen würden, alles, was zum Dienst gehörte und vornehmlich alle Kabinettsordres von nun an mehr sekretieren ... Sie schrieben an uns gerade heraus, wollten aber nicht haben, daß das gleich verbreitet würde." Indessen war es fraglich, ob die „undichte Stelle" bei dem Generaldirektorium zu suchen war. Von den drei Geheimen Kabinettssekretären, die ihm von seinem Vater überkommen waren, gewann Friedrichs II. höchstes Vertrauen August Friedrich Eichel. Er war weit mehr als ein Sekretär oder gar Schreiber; eher entsprach seine Stellung derjenigen der späteren Kabinettschefs. Er war bei der Abfassung der Kabinettsordres zweifellos nicht nur formal, sondern auch sachlich beratend tätig. Zahlreiche Minister suchten — nicht ohne Erfolg — ihn günstig zu stimmen, um ihre Wünsche bei dem König durchsetzen zu helfen. Eichel wich auch in den Kriegen nicht von des Königs

Seite, wurde sogar bei Soor gefangen, aber ausgetauscht. Seine Zuverlässigkeit und Verschwiegenheit war erprobt. Als er im Frühjahr 1768 gestorben war, blieb eine Lücke, die nicht ausgefüllt werden konnte. Zu keinem anderen der insgesamt 16 Geheimen Kabinettssekretäre hat Friedrich der Große ein solches Zutrauen gehabt. Der Sekretär Galster wurde 1774 unter dem Vorwurf von Vertrauensbruch und unrechtmäßiger Bereicherung entlassen und ein Jahr auf der Festung Spandau in Gewahrsam gehalten; und von der Frau des Sekretärs Stellter wußte ganz Berlin, daß sie mit ihrer Freundin, der „Geheimen Finanzrätin" Beyer, allzu gern Einfluß auf die Ministerernennungen nehmen wollte. Dazu ist es zu Friedrichs Zeiten in einem erwähnenswerten Umfang nicht gekommen; der König war zu vorsichtig, um sich in Personalangelegenheiten auf andere zu verlassen; auch hat er die Einwirkungen „unverantwortlicher" Ratgeber in den meisten Fällen durchschaut und abgewiesen — anders als sein Nachfolger, bei dem die eigentliche Staatsleitung praktisch ausfiel und das fast allgewaltig gewordene Kabinett die Minister beherrschte. Die Kabinettssekretäre als Träger von Staatsgeheimnissen empfahl allerdings auch König Friedrich angelegentlich seinem Nachfolger in dem persönlichen Testament vom 8. Januar 1769: „Sie besitzen Geschäftskenntnis und können ihn am Anfang seiner Regierung in vielen Dingen beraten, über die sie Bescheid wissen und die selbst den Ministern unbekannt sind."

Nach dem Siebenjährigen Krieg hatte sich der Schwerpunkt der dirigierenden Verwaltungstätigkeit vom Generaldirektorium in das Kabinett verlagert, so daß sich die Zahl der Sekretäre und Chiffrier-Beamten von 3 im Jahre 1740 auf 6 seit 1768 verdoppelte. Im Februar 1768, unmittelbar nach Eichels Tod, wurde eine Geschäftsverteilung im Kabinett vorgenommen, getrennt nach auswärtigen, inneren und militärischen Sachen. Aus den Eingängen vorwiegend persönlichen Charakters und solchen, die nicht in die neue Dreiteilung hineingehörten, hatten die Geheimen Kabinettssekretäre Auszüge für den Kabinettsvortrag, schriftlich auf halbem Blatt niedergelegt, vorzubereiten. Auch diese Tendenz zur Ressort-Gliederung im Kabinett brauchte noch keine Änderung des bisherigen Verwaltungsverfahrens zu bedeuten, so unzulänglich dieses dem König unter der Belastung des Krieges erschienen sein mag. Denn die seit 1768 weiter aufgesplitterten zentralen Behörden benötigten zunehmend die vereinheitlichende Zusammenfassung, die leitende Hand. Der König war den Anstürmen der Geschäfte in der Periode des großen Retablissements nicht mehr gewachsen und bedurfte dafür eines Arbeitsstabes, eben des erweiterten Kabinetts. Mag für ihn der Gedanke mitgespielt haben, über mehrere rivalisierende Ministerien umso besser herrschen zu können, so hat doch wohl nicht diese Idee, sondern die praktische Einsicht den Ausschlag gegeben: daß zur Zeit der höchsten Beanspruchung und der geringsten finanziellen Mittel eine kostspielige und risikoreiche Umbildung der Minsterien sich von selbst verbieten müsse. Die Entwicklung hat ihm insofern Recht gegeben, als der König erfahren und beweglich genug war, mit dem vorhandenen Instrument vollendet zu spielen. Noch brauchte er seine Etats-Minister, auf deren Gutachten und Urteile er zu „reposieren“ hoffte; sie waren die Sachverständigen, die vorbereitenden und ausführenden Organe des kollegialischen Generaldirektoriums, noch nicht die verantwortlichen Ressort-Behörden selbst. Aber die Entwicklung auf dieses Ziel hin war nicht mehr aufzuhalten, und der König hat weniger grundsätzlich theoretisch, als tatsächlich praktisch dazu in seinem letzten Regierungsjahrzehnt beigetragen. Die bisher wenigstens einmal jährlich stattfindende „Minister-Revue“ hörte seit 1775 auf; seitdem wurden vom König nur noch je zwei Departements-Chefs empfangen.

Die letzte kollegialische Fühlungnahme der obersten Behörden, so gering sie ohnehin noch war, ist nun auch institutionell beendet worden, nachdem der Staatsrat längst nicht mehr einberufen worden war. Der Gesamtüberblick über den Staat war jetzt nur noch an einer Stelle, im Kabinett, möglich. Es ist dabei nicht zu verkennen, daß das Generaldirektorium als Ganzes inzwischen angewachsen und unübersichtlich geworden war. Im Jahre 1740 zählte diese Behörde erst 5 Minister, 19 Geheime Finanzräte und 15 untere Bediente; vierzig Jahre später waren es (ohne die Akzise-Verwaltung und die neuen Departements) 6 Minister, 24 Geheimräte und 80 Sekretäre; die Zahl hatte sich hinsichtlich des alten Geschäftsumfanges demgemäß mehr als verdoppelt, insgesamt mindestens verdreifacht. Die wegen der notwendigen Übersichtlichkeit weiterhin stets schriftlich erfolgte Leitung aus dem Kabinett entwickelte sich nunmehr in der Weise, daß einzelne Minister — nicht immer streng auf ihrem Fachgebiet — Sonderaufträge durch den König erhielten oder daß Sonder-Bevollmächtigte, die zum Teil außerhalb der Behörden standen, bestimmte örtlich und zeitlich begrenzte Aufgaben durchzuführen hatten. Ein frühes Beispiel dafür ist die an Brenkenhoff erteilte Sondervollmacht, und gerade dieser Fall zeigt, daß Ausnahmezustände sich über Jahrzehnte hinziehen konnten. Doch auch im kleineren Rahmen und mit jüngeren Beamten führte der König Revisionen von Behörden außer der Reihe durch; so bereiste der Finanzrat v. Hagen im Winter 1763/64 die neun westlichen Provinzen und hatte danach „drei Tage in Potsdam ein solch scharfes Examen, Provinz vor Provinz, bei des Königs Majestät ausgestanden, davon wenige Exempel sein werden.“ Vier Wochen später war der so Examinierte zum Minister ernannt. An Auflösung der Verwaltungseinheit, wie er sie sah, hat der König dabei nicht gedacht. Auch gab er Verantwortungen ab, besonders auf dem Gebiet der Personalwirtschaft und der Justiz. So wurde die Rechtsprechung durch die Regiments-Chefs, was Friedrich Wilhelm I. hatte eindämmen wollen, wieder erweitert, wodurch das Militärstrafrechtsverfahren kürzer und drastischer als das Zivilverfahren gehandhabt wurde; der Generalauditeur als Chef der Militärgerichtsbarkeit verlor seine Immediatstellung und die Einspruchsmöglichkeit gegen die im Kabinett getroffenen oder bestätigten Entscheidungen.

König Friedrichs Vorstellung, in den Ermahnungen an seinen Nachfolger niedergelegt, daß der Staat so geschlossen in Erscheinung zu treten habe wie ein philosophisches System, scheint auf die Einzelentscheidung als bestmögliche Verwaltungskunst hinauszulaufen. Doch ist das kaum mehr als eine Forderung. Den wenigen, aufsehenerregenden, echt absolutistisch ausgesprochenen und den noch weniger wirklich vollzogenen Kabinettsentscheidungen im Sinne von Machtsprüchen und Willkürakten (die zudem nicht in Friedrichs philosophisches System paßten) stehen tausende andere Verfahrensarten gegenüber, die den König an seine Gesetze gebunden zeigen. Denn der Staat ist schon bei Friedrich Wilhelm I. gegenüber dem Herrscher verselbständigt; der „König von Preußen" ist eine bleibende Institution jenseits des Wechsels der Personen. Schon der Begriff „Herrscher" paßt auf diese beiden Könige nicht recht; so sehr sie herrisch auftreten konnten: sie standen als Träger der Hoheitsrechte im Dienst. Ihre Gewalt war sogleich begrenzt durch das Ziel, das sie für den Staat, nicht für sich persönlich als Alleinherrscher, zu erreichen hatten; und was erreichbar sein konnte und durfte, bestimmte die Staatsräson. Als Vollstrecker des Staatswillens, nicht des eigenen, hatten sie Pflichten auszuüben im Dienst an der Allgemeinheit, als „erste Diener des Staates".

Das Gegenstück zu der schriftlichen Kabinettsorder war die „Revue", die Besichtigung, der Augenschein an Ort und Stelle; das Spiegelbild der formulierten Kabinettsentscheidung und der Freiheit der Entschließung hierzu war die Abhängigkeit von den Fachleuten, von dem Ergebnis eigener Nachprüfungen, von der Wirksamkeit der Exekutive, von der Verläßlichkeit der Mitarbeiter. Das galt auf dem Gebiet der Verwaltung der Provinzen ebenso wie bei der Wirtschaft und dem Heerwesen. Die Stellung im Kabinett war für den König nicht nur der erhöhte Standpunkt mit der besseren Übersicht. Der Platz war dem schneidenden Zugwind ausgesetzt, und er konnte die Isolierung bedeuten. Über manches, was geschah oder hätte geschehen sollen, ist Friedrich in seinen letzten Jahren schon nicht mehr zureichend ins Bild gesetzt worden. Die Riesenarbeit war nur mit Anstrengung und unter selbstloser Mithilfe aller Kräfte zu bewältigen. Es lag in der menschlichen Natur, daß ihm in der jahrzehntelangen Anstrengung nicht mehr überall gleich bereitwillig gefolgt wurde. Es gab Erschöpfung, Bequemlichkeit, Widerstand. Der König sollte, teils aus Furcht, teils aus Eigensinn und mangelndem Verständnis, nicht alles erfahren. Er war zu klug, das nicht zu merken, und die Antwort darauf war eine Abfolge von Zorn, Verbitterung, Härte, noch größerer Anstrengung und — wachsender Vereinsamung. Längst hatte sich die Tafelrunde in Sanssouci gelichtet. Als „Rute und Geißel" bezeichnet Heinitz in seinem Tagebuch den Einundsiebzigjährigen, aber er bewundert zugleich den König, „der durch Erfahrungen sich stark genug glaubt, ohne Rat selbst zu regieren und seinem sich gemachten Plan allein zu folgen, solchem getreu bleibt und dadurch Ordnung und Strenge erhält."

Ordnung und Strenge herrschten auch auf einem Gebiet, dem nach Begabung und Neigung Friedrich der Große ebenso zugetan war wie dem der inneren Verwaltung: der auswärtigen Politik. Man hat die Begabungen von Friedrich Wilhelm I. und Friedrich II. so aufzuteilen gesucht, daß der Vater als der größte innere König Preußens dargestellt worden ist, während dem Sohn die tiefere Neigung zur europäischen Kabinettspolitik zugeschrieben wird. Daß eine solche Einteilung nur bedingt stimmt, wird aus den bisherigen Ausführungen hervorgegangen sein. Im folgenden kann dem Auswärtigen Departement, dessen Schilderung ein eigenes Werk darstellen würde, nur in Umrissen Würdigung zuteil werden, und auch nur dort, wo es Gegenstand der Staatsverwaltung gewesen ist. Auch auf diesem Felde war durch Friedrich Wilhelm I. bereits das solide Fundament gelegt worden. Das „Kabinetts-Ministerium" war mit der Geheimen Kanzlei sowie dem Kabinett im ursprünglichen Sinne die Einrichtung zur Erledigung der „Auswärtigen Affairen". Bei der Regierungsübernahme 1740 amtierten drei Kabinettsminister: Adrian Bernhard v. Borck, Wilhelm Heinrich v. Thulemeier und Heinrich v. Podewils. Der erste erhielt Ende 1741 seinen Abschied und wurde durch seinen Neffen Caspar Wilhelm v. Borck ersetzt; der zweite starb bereits 1740, ohne daß er einen Nachfolger erhielt. Der weitaus bedeutendste unter diesen war Podewils, vorsichtig, bedachtsam, zuverlässig; er hatte freilich entgegen seiner Einsicht nicht die Möglichkeit, das Temperament des jungen Friedrich zu zügeln. So machte er das Beste aus seiner Lage und hat dem Monarchen mit seinen Einsichten und Fähigkeiten nach besten Kräften gedient bis er 1760 verstarb. An seine Stelle trat des Königs Jugendfreund Graf Karl Wilhelm v. Finckenstein. Er war bereits 1749 als Kabinettsminister berufen worden auf die Stelle des damals verstorbenen Axel v. Mardeveld, der erst 1747 den jüngeren Borck abgelöst hatte. In den Jahren 1760 bis 1763 war Finckenstein alleiniger Kabinettsminister; er zeigte sich auf Grund seiner vorangegangenen Gesandtschaftserfahrungen in Kopenhagen, London und St. Petersburg der schwierigen Lage Preußens in jenen Jahren voll gewachsen und hat mit freimütigen Warnungen an den König nicht gespart. Sein großes Ansehen und seine lange, Friedrichs Regierung überdauernde Tätigkeit gaben der preußischen Außenpolitik einen bedeutenden Rang. Die Krise des Bayerischen Erbfolgekrieges hat Finckenstein glücklich gemeistert. Seit 1763 wirkte ihm zur Seite der aus der Hallenser staatsrechtlichen Schule hervorgegangene Ewald Friedrich v. Hertzberg, ebenfalls über die Lebzeiten König Friedrichs hinaus. Er hatte sich um das Zustandekommen des Friedens von Hubertusburg verdient gemacht, und Fleiß, Arbeitskraft und historische Kenntnisse machten ihn zu einem wertvollen Mitarbeiter auf dem Felde der deutschen Angelegenheiten. Doch traten Meinungsverschiedenheiten und Zwiespältigkeiten über die Zielsetzung des Deutschen Fürstenbundes auf, den Hertzberg ablehnte, der für Friedrich aber zur Bestätigung der Richtigkeit der von ihm durchgehaltenen Politik wurde: indem es Preußen im Jahre 1785 gelang, Kursachsen, Hannover, Braunschweig, Mainz, Hessen-Kassel, Baden, Mecklenburg und die thüringischen Fürsten unter seiner Führung zu vereinen, konnte nicht nur ein „Equilibrium" gegenüber Österreich hergestellt, sondern die Reichsverfassung angesichts zunehmender äußerer Bewegungen und Bedrohungen gefestigt werden. Friedrich als Schützer der Reichssicherheit: dahin hatte sich ein Vierteljahrhundert nach seinem ersten und einzigen Eroberungsfeldzug seine Politik entwickelt; dem Gesetz der fortschreitenden Expansion hat er sich mit kühler Überlegung zu entziehen gewußt.

Die Geschäfte des Departements für auswärtige Angelegenheiten waren nicht sehr umfangreich und konnten im Kabinettsministerium zufriedenstellend erledigt werden. An Geheimen Kabinettsräten — dieser Titel wurde 1750 geschaffen — waren die sehr fähigen Rechtsgelehrten Johann Gotthilf Vockerodt, ursprünglich Student der Theologie in Halle, und der Professor für Staatswissenschaft an der Universität Frankfurt/Oder, Schweikard Weinreich, aus der Zeit vor 1740 übernommen worder, ferner Rüdiger v. Ilgen d. J., der als expedierender Sekretär in der Geheimen Kanzlei sowie als Leiter des königlichen Haus- und Kabinettsarchivs dem König bei der Abfassung von Denkschriften und der Begründung von historischen Anrechten Preußens wertvolle Dienste leistete. Als Sprache im auswärtigen Schriftverkehr — mit Ausnahme der Reichsangelegenheiten — wurde durch Verordnung vom 21. Juni 1740 das Französische verbindlich. Eine glückliche Hand bewies der König in der Auswahl seiner Diplomaten, die er sorgfältig ausbilden ließ und die mit Takt, Würde und persönlicher Bescheidenheit einen neuen, zeitgenössischen Stil in die überlebte Kabinettspolitik des nunmehr aufgeklärten Europa brachten. Durch scharfe Kontrolle und durch unabhängige Agentenberichte hat König Friedrich die Richtigkeit der Berichterstattung und die Zuverlässigkeit seiner Gesandten überwachen lassen. Das Auswärtige Departement ist nach Organisation, personeller Besetzung und Wirksamkeit eine sehr leistungsfähige Behörde gewesen, scharf getrennt von allen anderen Ministerien, allein vom König mit Weisungen versehen. Im Auswärtigen Departement des Kabinettsministeriums hat sich deshalb die Form der friderizianischen Kabinettsregierung am reinsten entfalten können.

Die steigende Arbeitslast bedingte eine immer strengere Zeiteinteilung des Königs. Ihren festen Platz im Jahresablauf hatten die Reisen nach Schlesien und Westpreußen zur Besichtigung von Verwaltung und Truppen, ebenso die Revuen der Potsdamer Garnison. Der Tagesablauf verlief nach genauer Routine. Hatten in den ersten Regierungsjahren darin Musik,

Redouten und Komödien noch Raum gehabt, so fielen diese nach dem Siebenjährigen Kriege fast ganz fort. Auch die Flötenkonzerte hörten auf, und die einzige Entspannung blieben Lektüre und Unterhaltung mit dem Vorleser. „Nicht Rang- und Zeremoniell-Rücksichten, wie bei den Herrschern im Stil Ludwigs XIV., machten den König unsichtbar, sondern die Arbeit", so charakterisiert Carl Hinrichs treffend den Regierungsstil des „Alten Fritz". Zeitgenossen haben die Tagesroutine beschrieben: Der König stand mit dem Hellwerden auf, im Sommer um 4 Uhr, manchmal früher, im Winter gegen 5 Uhr. Sofort wurde ihm ein versiegelter Umschlag mit den am Vorabend eingegangenen Briefen ans Bett gebracht; der König sortierte die Briefe und verbrannte einige, deren Beantwortung ihm nicht wichtig zu sein schien. Dann nahm er im Vorzimmer die Meldung des Adjutanten der Potsdamer Garde entgegen und entließ diesen mit Aufträgen und Bestellungen. Während des Frühstücks sah er die sortierten Briefe durch, gab Anordnungen für das Mittagessen und erwartete dann am Schreibtisch den Vortrag der Kabinettsräte, die der Reihe nach gerufen wurden. Die auswärtigen Sachen hatten Vorrang, dann folgten die innere Verwaltung, die Justiz, das geistliche Departement. Der König war mit einer abgetragenen Uniform und hohen Stiefeln bekleidet, trug den großen weichen Hut beständig auf dem Kopf und hatte seine beiden Windspiele um sich. Nach den Referaten gab der König sogleich die oft sehr eingehenden Anweisungen für die Bearbeitung und sprach diese mit den Räten durch, die ihre Vorschläge und Bemerkungen dazu machten. In der Form von Kabinettsordres wurden die Antworten, auch als Zwischenbescheid, am frühen Nachmittag unterschriftsfertig vorgelegt. Die Berichte der Behörden hat der König in ähnlicher Art mit Anweisungen versehen und hat den Departementschefs seine Absichten durch Handschreiben mitteilen lassen. Danach wurde es Zeit für eine kurze Truppeninspektion und den Empfang einiger Fremden, wohl auch Bittsteller, obwohl dieses ungewöhnlich war. Nach einer ziemlich ausgedehnten Mittagstafel erfolgte die Durchsicht und Unterfertigung der zu expedierenden Sachen. Der späte Nachmittag und der Abend blieben dem Vorleser zur Verfügung, auch machte der König einen Ausritt. Abends pflegte er nicht mehr zu speisen und ging vor 10 Uhr zu Bett. Tag für Tag verlief in dieser Gleichförmigkeit. Dem Generaldirektorium hat der König die rasche Arbeitsweise des Kabinetts mehrfach als Muster vorgehalten. Der Geheime Kabinettsrat Mencken urteilte rückblikkend als Mitbeteiligter über diese Tätigkeit des Königs: „Es ist klar, daß bei einer so unwandelbaren Ordnung sehr viele Geschäfte bestritten werden können, allein schwer ist es zu begreifen, wie er seinen großen Geist so sklavisch und ausdauernd an diese Ordnung zu fesseln vermochte. Er ist in dieser Rücksicht wirklich einzig zu nennen."

Daß über die Regierungsweise Friedrichs, der alles in harter Anspannung hielt, viel geschimpft und „räsonniert" worden ist, erstaunt nicht. Aber es ist doch bemerkenswert, daß ihm als Person die Hochachtung nicht versagt wurde, weil jedermann wußte, daß er sich selbst nicht schonte. 1777 berichtete der englische Gesandte Elliot, „wie das Volk sich freute, ihn zu Pferde zu sehen; alles Klubgeschwätz von einem Lande, das unter dem Gewicht seiner Lasten stöhne, und von einer Nation, die mit eiserner Rute regiert werde, verschwand vor dem aufrichtigen Zuruf aller Schichten der Bevölkerung, die sich verbanden, ihre Begeisterung für ihren großen Monarchen zu bezeigen." Den Beinamen eines Großen hatte ihm Preußens Bevölkerung schon bei Lebzeiten zugelegt. Ein Zeitgenosse, Friedrich August Ludwig v. d. Marwitz, schilderte lebhaft die Rückkehr des Königs von einer Besichtigung am 21. Mai 1785 nach Berlin: „Das ganze Rondell und die Wilhelmstraße waren gedrückt voll Menschen, alle Fenster voll, alle Häupter entblößt, überall das tiefste Schweigen und auf allen Gesichtern ein Ausdruck von Ehrfurcht und Vertrauen. Der König ritt ganz allein vorn und grüßte, indem er fortwährend den Hut abnahm. Er hat ihn vom Halleschen Tor bis zur Kochstraße gewiß zweihundert Mal abgenommen ... Noch stand die Menge, entblößten Hauptes, schweigend, alle Augen auf den Fleck gerichtet, wo er verschwunden war, und es dauerte eine Weile, bis ein jeder sich sammelte und ruhig seines Weges ging ... Und doch war nichts geschehen; nur ein dreiundsiebzigjähriger alter Mann, schlecht gekleidet, staubbedeckt, kehrte von seinem mühsamen Tagewerk zurück. Aber jedermann wußte, daß dieser Alte auch für ihn arbeitete, daß er sein ganzes Leben an diese Arbeit gesetzt und sie seit 45 Jahren auch nicht einen Tag versäumt hatte."

AUSBLICK: TRADITION

‚Ich sehe den Tod herannahen,' sagte Friedrich der Große im Februar 1786 zu seinem Vorleser, dem Marchese Girolamo Lucchesini, ‚aber ich werde meine Tätigkeit fortsetzen, bis er kommt, und ich werde bei der Arbeit sterben.' Am 17. August 1786 um 2 Uhr 20 Minuten früh stand das Herz des großen Königs und mit ihm die Staatsmaschine still. Die Öffentlichkeit hielt den Atem an. Als man sich aus der Erstarrung zu lösen begann, überwog das Gefühl der Erleichterung. Jetzt kamen die Kritiker zum Zuge, die Lässigkeit triumphierte und glaubte alle Schwierigkeiten überwunden. Das Wesen der Staatskunst Friedrichs, seine Sorge um den Staat, seine Wachsamkeit, seine Energie, seine richtungweisenden Anstöße wurden nicht mehr verstanden. In weniger als einem Jahrzehnt hatte sein Nachfolger den mühsam aufgehäuften Staatsschatz ohne Not aufgebraucht. Im Jahre 1806 ging nicht das friderizianische System zugrunde, sondern die Überheblichkeit und Leichtfertigkeit der Epigonen. Die Erbärmlichkeit jener Zeit schob eilfertig die Schuld auf den großen Friedrich und sein ‚System'.

Wenige seiner Zeitgenossen, auch seiner Bewunderer, haben ihn wirklich verstanden. Goethe würdigte seine Bedeutung und vermochte ihr zugleich eine passende Form zu geben: „Blickten wir nach Norden, so leuchtete uns von dort Friedrich, der Polarstern, her, um den sich Deutschland, Europa, ja die Welt zu drehen schien." Der Fixstern kann nicht untergehen. Welche Epoche sollte mit Friedrich zugrunde gegangen, vor allem welche neue nach ihm entstanden sein? Der Staat zeigt sich in veränderlichen, durch die Epochen wechselnden Formen, aber er behält, solange sich Menschen zu gemeinsamem politischen Gestaltungswillen zusammenfinden, einen gleichbleibenden, wesentlichen Kern. Auch in dem Willen Friedrichs des Großen ist etwas von dem Unvergänglichen am Staat zu finden. Man hat die Ideen des Philosophen von Sanssouci analysiert und die Richtschnur seines Handelns in römischen Staatstraditionen, stoischer Lebenshaltung, französischer Aufklärung und brandenburgischem Erbe zu suchen gemeint, ohne damit seine Erscheinung erklären zu können; man hätte eine geheime Neigung zu Macchiavelli und eine schamhaft verschwiegene, ja verdrängte kryptopietistische Verstrickung hinzunehmen dürfen, ohne seinem Wesen auf den Grund zu kommen. Unde? Ubi? Quo? Drei Fragezeichen über der letzten Ode des Königs: „Wo kam ich her? Wo bin ich? Wohin gehe ich? Ich weiß es nicht..." Diesen drei Fragen steht in derselben Spätzeit eine eindeutige Antwort gegenüber: „Es ist nicht nötig, daß ich lebe, wohl aber, daß ich meine Pflicht tue." Nicht die Spekulation, sondern die Tat, nicht der Plan, sondern die Ausführung, nicht die Erkenntnis, sondern die Erfahrung sind die Leitlinien friderizianischer Staatskunst gewesen. Wachsamkeit, Energie und Beharrlichkeit galten allein als Resultate des Nachdenkens, wenn sie zielbezogen eingesetzt wurden; darin und nicht im Gedanken an sich lag die Rationalisierung.

Das Ergebnis der Regierung Friedrichs des Großen läßt sich in einem ebenso knappen wie eindrucksvollen Zahlenvergleich zusammenfassen: sein Staat dehnte sich von 119 000 qkm auf 195 000 qkm aus; die Bevölkerung wuchs trotz schwerer Kriegsverluste von 2,2 auf 5,8 Millionen Einwohner. Einem gekrönten aufgeklärten Philosophen hätte das, wenn er damit das Glück seiner Untertanen befördert haben würde, eine große Genugtuung verschafft. Aber es kam nicht allein auf diesen äußeren Rahmen an, wenngleich er nicht gering zu schätzen war. Daß das Erreichte nur unter ständiger tätiger Mithilfe Aller zu halten war, daß die Mühen der Bewahrung nicht geringer sein durften als die Anstrengungen und Opfer der Erringung: das ist dem König selbst am meisten deutlich gewesen. Man hat diese Zielsetzung nachträglich als überspannt, als auf die Dauer nicht haltbar bezeichnet — aber worin sollte das Privileg einer nachfolgenden Generation begründet liegen, bei gleichem oder besserem Ertrag sich weniger anspannen zu brauchen? Friedrichs Staat hat manches für seine Bewohner tun können, so sind bei der Rhein-Überschwemmung von 1784 sofort 110 000 Taler und dann noch einmal die Hälfte zur Verfügung gestellt worden, und bei der Hochwasserkatastrophe im Oder-Gebiet im Frühjahr 1785 der dreißigste Teil des Gesamthaushalts jenes Jahres: „Welcher Landesherr in der Welt wird das tun?" schrieb der König. Aber Preußen war kein Wohlfahrtsstaat im Sinne des Gefälligkeitsstaates. Maßstab blieb das Gemeinwohl insgesamt, abgestuft und wohltemperiert, um sich nach außen und innen behaupten zu können, die Einwohnerschaft zu Fleiß und Selbständigkeit anzuhalten. „Suum Cuique": die von König Friedrich I. dem Schwarzen Adlerorden gegebene Devise hat der Enkel in aufgeklärter Art zu verwirklichen gesucht. Nicht über stumpfe Massen und fruchtlose Einöden wollte Friedrich gebieten, sondern ein gesittetes Volk in Ordnung und Rechtlichkeit erziehen, nicht reich, aber auch nicht erbärmlich, auskömmlich, sparsam und gediegen. Mochten die physiokratischen Staatstheorien der Zeit hierfür ihre Modelle bereithalten und diese variieren: hier kam es auf die Durchführbarkeit an, auf jeden Mann, jede Quadratmeile, jeden Taler.

Gustav Schmoller hat in seiner Akademierede von 1892 deutlich festgestellt, daß der preußische Staat unter Friedrich dem Großen ebenso auf Rechtssicherheit und Unabhängigkeit der Überzeugung wie auf Gehorsam und Unterordnung gestellt war. In der Tat mußten beide Eigenschaften auch beim König gleichzeitig entwickelt sein, um dafür Maßstäbe zu setzen. Aber mühelos und allein durch liberale oder fortschrittliche

Gesetzgebung war das nicht zu erreichen. „Die Menschen bewegen sich, wenn man sie antreibt“, schreibt der König in seinem Politischen Testament von 1768, „und stehen still, wenn man nur einen Augenblick aufhört, sie vorwärts zu drängen.“ Daher war der Staat kein Spielzeug in der Hand von Monarchen, sondern bedurfte Maßnahmen, die mit Ernst und Strenge durchgesetzt werden mußten, um den Erfolg zu sichern. Nicht nur Befehle zu erteilen, sondern auch die Ausführung zu überwachen, hat der König immer wieder seinen Ministern und Kammerpräsidenten eingeschärft und es selbst so gehalten. Dabei war Friedrich stets auf der Suche nach Menschen, die ihn verstanden und die selbständig genug waren, auch ohne dauernde Einwirkung mit großer Energie das Notwendige durchzusetzen. Nur wenige sind ihm darin gefolgt, so Heinitz, Hagen, Finckenstein, Domhardt, Winterfeldt und Seydlitz. Die Begabungen waren in dem dünn besiedelten Lande nicht unerschöpflich. Aber auch den guten Durchschnitt und die Mittelmäßigkeit hat Friedrich nicht unterdrückt, sondern angespornt. Daß Begabung allein nicht genügte, um das Wesen des friderizianischen Staates und seine Aufgaben mit der ganzen Hingabe zu ergreifen, die der König voraussetzte, haben zwei Männer gezeigt, die Friedrichs besonderes Vertrauen erfahren und sich doch nicht im Dienst des Staates haben halten lassen. Friedrich Wilhelm von Steuben war preußischer Offizier im Zweiten Schlesischen Krieg und im Siebenjährigen Krieg und gehörte zu jenen jüngeren Stabsoffizieren, die der König selbst in strategische Grundbegriffe einwies; vor Schweidnitz diente er Friedrich als persönlicher Adjutant. Gleichwohl blieb er nicht in Preußen, sondern ging zuerst in hohenzollern-hechingische, danach in badische Dienste, bis er 1777 in Nordamerika zu Ehren und Ruhm kam. Friedrich Wilhelm Graf v. d. Schulenburg-Kehnert, als jüngster Minister Friedrichs besonders protegiert und mit wichtigen Sonderaufträgen versehen, verstand es, sich bei drei Monarchen an der Spitze zu halten, bis ihn das Unglück des Tilsiter Friedens veranlaßte, seinen Abschied zu nehmen und sich ziemlich unwürdig als Minister Jérômes anstellen zu lassen. Daß Standespersonen ihren Dienstherren wechselten, war im 18. Jahrhundert noch ganz gewöhnlich, nicht mehr jedoch in Preußen, wo der Staatsbegriff anspruchsvoller entwickelt war. Daß gerade aus der engen Umgebung Friedrichs solche Rückfälle in die frühere Vasallenzeit vorkamen, zeigt nur, wie wenig die Staatsauffassung des Königs wirklich verstanden worden ist.

Dagegen ist mancher geblieben, dem Friedrich ein weit unbequemerer Dienstherr gewesen ist. Der Grobianimus und der zynische Spott gegenüber den höheren, die gänzliche Nichtachtung gegenüber den unteren Beamten sind wenig schöne Züge gewesen für den, der in Äußerlichkeiten empfindlich ist, den eigenen Ehrgeiz gekränkt fühlt und die Person mehr sieht als die Sache. Wer das Ganze im Auge hatte, fand dennoch im Staatsdienst viel Anziehendes, und so ging von dem viel geschmähten Preußen eine seltsam werbende Kraft aus, die um so stärker wirkte, als sie gar nicht beabsichtigt war. Als der junge Reichsfreiherr vom Stein sich nach einer geeigneten Verwaltungstätigkeit umsah, da lockte den nassauischen Reichsritter der Dienst in Potsdam. Im Jahre 1780 fühlte Stein eine „tiefe Verehrung für Friedrich den Großen"; sie ließ ihn „lebhaft wünschen, ihm zu dienen, unter ihm mich zu bilden". Im gleichen Jahre wurde er dem König vorgestellt und trat in Heinitz' Departement ein. Stein, der sich in seiner Tätigkeit als Kammerpräsident, Oberpräsident und Minister durchaus auf erprobte friderizianische Verwaltungsgrundsätze stützte, hat noch nach 1807 in seinem zeitgenössischen Geschichtswerk eine abgewogene, gerechte Würdigung von Friedrichs des Großen Verwaltungsleistung aus eigener Kenntnis abgeben können. „Die Erhaltung der deutschen Verfassung war Friedrichs ernster Wille, und er sicherte sie als Greis mit Kraft und Weisheit durch den Teschener Frieden und den deutschen Fürstenbund. Die Verwaltung des Innern seiner Staaten war wohltätig, milde, beförderte den inneren Wohlstand, Geisteskultur, Denkfreiheit; sie war sparsam in Verwendung des öffentlichen Einkommens, sie wirkte als Muster und Ziel des Nachstrebens für die übrigen deutschen Staaten und besonders für Österreich. Nur war alles auf Selbstregierung berechnet, keine ständische Verfassung, kein als Vereinigungspunkt dienender, tätiger Staatsrat, keine Einrichtungen, wo sich Gemeingeist, Übersicht des Ganzen bilden, gewisse feste Verwaltungsmaximen sich entwickeln konnten; alle Tätigkeit erwartete den Anstoß von oben, nirgends Selbständigkeit und Selbstgefühl ... Solange an der Spitze des Ganzen ein großer Mann stand, der es mit Geist, Kraft und Einheit leitete, so brachte das Maschinenspiel gute und glänzende Resultate, die das überall hervorstehende Flickwerk, die Halbheit und nordische Gemütlosigkeit der Masse verbargen. Sein Beispiel erhielt sparsame, einfache Sitten, reizte zur angestrengten Tätigkeit, schreckte die Bösen, hob die Guten und zwang die große Zahl der Mittelmäßigen und Charakterlosen, auf dem schmalen Pfad der Pflicht zu wandeln. Wie unerwartet schnell wurde alles dieses ganz anders nach dem Tode des großen Königs ... Um es zu glauben, muß man Zeitgenosse und Zeuge gewesen sein."

Wenn der große Staatsreformer des 19. Jahrhunderts hier beklagt, daß sich „Gemeingeist" im friderizianischen Preußen im Sinne einer Mitverantwortung für den Staat wenig entwickelt hatte, so war er weit entfernt, diesen Fehler dem König zur Last legen zu wollen; wußte Stein doch selbst am besten, wie gering die Neigung war, Selbständigkeit zu entfalten und staatliches Selbstgefühl zu zeigen. In der Weckung der Kräfte und ihrer Konzentration auf das Gemeinsame erkennt er den weitwirkenden, vorbildhaften Einfluß, den die Gestalt Friedrichs auf die Nachwelt erlangen kann. Stein sieht in dem König ein Prinzip, die Verkörperung der Staatskontinuität, und zwar in deren zeitlosen Maßstäben, die er durch sein Wirken gesetzt hat. Denn das hatte Stein an Friedrich verstanden: daß er aus der Geschichte lebte, das Urteil über sein Lebenswerk also säkularen Dimensionen unterwarf. Weil er in der Tradition stand, hat er Tradition weiterreichen können. Es gibt kein Zeugnis Friedrichs des Großen über Preußen, das stärker von Enthusiasmus geprägt ist und das über Jahrhunderte hinweg Zukunft und Vermächtnis mit umschließt als das Persönliche Testament von 1769, in dem der König sagt: „Bis zum letzten Atemzuge werden meine Wünsche dem Glück dieses Staates gelten. Möge er stets mit Gerechtigkeit, Weisheit und Stärke regiert werden. Möge er durch die Milde der Gesetze der glücklichste, finanziell der bestverwaltete und durch ein Heer, das nur nach Ehre und edlem Ruhm strebt, der am tapfersten verteidigte sein. Möge er blühen bis an das Ende der Zeiten!"

Über die Staatsidee Friedrichs des Großen, über seine Persönlichkeit, seine Kriege und Siege, über die Erfolge seiner Außenpolitik ist seit mehr als zwei Jahrhunderten in allen Kulturländern viel geschrieben worden. Über seine Verwaltungstätigkeit konnte man bisher wenig lesen. So sollten denn hier neben Zieten, Seydlitz und Schwerin, deren Verdienste und Einsatz durchaus nicht zu schmälern sind, auch jene Männer des Generaldirektoriums und Kabinettsministeriums, der Justiz, Kirchen und Schulen, der Kammerverwaltungen und der Kreisämter genannt werden, die nicht weniger ihre Kraft im Dienst des Staates erschöpft haben. Sie alle standen mit ihrem König in einer unmittelbaren Wechselbeziehung; sie konnten in seiner Pflichterfüllung und Pünktlichkeit ein Vorbild für ihren nunmehr deutlich ausgeprägten Berufsstand sehen. Was sie an ihrem obersten Chef trotz mancher seiner Schwächen bewunderten, hat der Minister v. Heinitz gleichsam für sie alle noch zu Lebzeiten Friedrichs des Großen gültig zum Ausdruck gebracht: „Der Gedanke, daß er seinen Stand als einen Beruf angesehen und nach Geistes- und körperlichen Kräften so viel wie möglich zu erfüllen gesucht, dies allein macht ihn für die ganze Welt verehrlich."

ANHANG

DIE VERWANDTSCHAFT FRIEDRICHS DES GROSSEN

Friedrich Wilhelm (1620—88) ∞ (1) Luise Henriette (1626—67)
(Gr.) Kurfürst v. Brandenburg v. Nassau-Oranien

Ernst August (1629—98) ∞ Sophie (1630—1714)
Kurfürst v. Hannover von der Pfalz

Friedrich III. (I.) Kurf. v. Brand. u. Kg. in Preußen (1657—1713) ∞ (2) Sophie Charlotte (1668—1705)

Georg I. König v. Engl. (1660—1727) ∞
Sophie Dorothea v. Celle (1666—1726)

Friedrich Wilhelm I. König in Preußen (1688—1740) ∞ Sophie Dorothea (1687—1757)

Georg II. v. England
(1683—1760)
∞
Caroline v. Ansbach
(1683—1737)

Wilhelmine	Friedrich II. d. Große König v. Preußen	Friederike Luise	Philippine Charlotte	Sophie	Ulrike	August Wilhelm	Amalie Äbtissin zu Quedlinburg	Heinrich	Ferdinand
1709—58	1712—86	1714—84	1716—1801	1719—65	1720—82	1722—58	1723—87	1726—1802	1730—1813
∞	∞	∞	∞	∞	∞	∞		∞	∞
Friedrich v. Brandenbg.-Bayreuth	Elisabeth Christine v. Braunschweig-Wolfenbüttel	Karl von Brandenbg.-Ansbach	Karl von Braunschw. Wolfenbüttel	Friedr. Wilh. zu Brandenbg. Schwedt	Adolf Friedr. v. Schweden	Luise v. Braunschw. Wolfenbüttel		Wilhelmine v. Hessen-Kassel	
1711—63	1715—97	1712—57	1713—80	1700—71	1710—71	1722—80		1726—1808	

Luise
1738—1820

Friedrich Wilhelm II. König v. Preußen
1744—97

BEHÖRDENGLIEDERUNG UM 1775

Generaldirektorium

(nach Acta Borussica, Preuß, Klaproth-Cosmar, Rosenmöller u. a.)

I. Departement [1769 in A und B]

Friedrich v. Görne	1739—45
Ad. Ludw. v. Blumenthal	1745—62
Joachim Christ. v. Blumenthal [ab 1769 nur A]	1763—98
Valentin v. Massow [nur B]	1769—75
Leopold Otto v. Gaudi [nur B]	1775—89

[A] Pommern, Neumark
Tresor, Münzwesen [ab 1769]
[B] Preußen, Litthauen
Westpreußen [seit 1775]
Kassensachen
Grenz-, Rodungs- und Räumungssachen

II. Departement

Franz Wilhelm v. Happe	1727—47
August Friedr. v. Boden	1747—62
Valentin v. Massow	1763—69
Friedr. Wilh. v. Derschau	1769—79
Friedr. Gottlieb Michaelis	1779—81
H. E. Dietr. v. Werder	1781—86

Kurmark
Magdeburg u. Mansfeld [1771 zum III. Deptm.]
Mühlsteinregal
Karten- u. Stempelsachen
General-Kriegskassensachen
Marsch-, Verpflegungs- und Einquartierung [1746 zum VI. Dpt.]
Salzregal [1747 vom III. D.]
General-Postamt [1769 vom III. D., 1784 zum V. Dpt.]

III. Departement

August Friedr. v. Boden	1739—47
Adam Otto v. Viereck	1747—54
Friedr. Wilh. v. Borcke	1754—64
Ludw. Philipp v. Hagen	1764—70
Friedr. Wilh. v. d. Schulenburg-Kehnert	1771—86

Cleve, Mark, Geldern, Moers
Ostfriesland
Neuchâtel, Montfort, Turnhout
Minden, Ravensberg 1766 v. IV. Dpt.
Halberstadt u. Hohenstein [1766 v. IV. Dpt.]
Tecklenburg, Lingen [1766 v. IV. Dpt.]
Magdebg. m. Mansfeld 1771 v. II. D.
Münzwesen [ab 1747 bis 1750]
Invalidensachen [ab 1747—1770]
Bergwerke u. Hütten [bis 1768]
Stempelsachen [1769 an IV. Dptm.]
Salzregal [1747 an II. Dptm.]
Postwesen [1769 an II. Dptm.]

IV. Departement

Adam Otto v. Viereck	1731—47
Franz Wilhelm v. Happe	1747—60
(Friedr. Wilh. v. Borcke)	1760—64
Ludw. Philipp v. Hagen	1764—70
J. A. Friedr. v. d. Horst	1766—74
Friedr. Christoph v. Görne	1774—82
Aug. Wilh. v. Bismarck	1782—83
Friedr. Anton v. Heinitz	1783—84
H. E. Dietr. v. Werder	1786—91

Halberstadt [1766 zum III. Dptm.]
u. Hohenstein "
Minden, Ravensberg "
Tecklenburg, Lingen "
Münzwesen [1769 zum I. Dptm.]
Kommerzien und Fabriken [1740 an V. Dptm.]
Handelsstatistik [seit 1766]
Zoll- u. Akzise (Regie) [seit 1766]
Seehandlung, Staatsbank } 1771 an III. Dptm.
Invalidensachen [1747 an III. Dptm.]

V. Departement [1740]

Samuel v. Marschall	1740—49
[Joh. Rud. Em. Fäsch, interim.]	1750—66
Jul. Aug. Friedr. v. d. Horst	1767—74
Friedr. Christoph v. Görne	1774—82
Friedr. Anton v. Heinitz	1782—82
Aug. Wilh. v. Bismarck	1782—83
Friedr. Anton v. Heinitz	1783—84
Hans Ernst Dietr. v. Werder	1784—86

Kommerzien und Fabriken
dazu 1765: Commissaire général de Commerce;
1767 angegliedert:
Manufaktur-Kommission

Kolonistensachen

VI. Departement [1746]

Heinr. Christoph v. Katte	1746—60
Carl Heinrich v. Wedell	1761—77
Carl v. d. Osten-Sacken	1777—79
Levin Rud. v. d. Schulenburg	1779—88

Militär-Sachen [„Kriegsministerium"]
Geheime Kriegs-Kanzlei
Marsch-, Einquartierungs- und Servissachen [von II. Deptm.]
General-Proviantamt u. Magazine
Salpetersachen
General-Adjutant
General-Inspekteur der Artillerie
Chef des Ingenieurkorps und der Festungen
General-Auditeur
General-Intendant
General-Quartiermeister
Militär-Waisenhaus Potsdam
Invaliden-Sachen [ab 1770] [von III. Dptm.]

VII. Departement [1768]

Ludw. Philipp v. Hagen	1768—70
Friedr. Wilh. v. d. Schulenburg-Kehnert	1770—74
Jac. Sigism. Waitz v. Eschen	1774—76
Friedr. Anton v. Heinitz	1777—1802

Bergwerks- und Hüttenwesen
(Maschinenwesen) [von III. Deptm.]

Dem Generaldirektorium unmittelbar unterstellt [seit 1770]:
Geldrisches Landes-Administrations-Collegium

Ober-Kriegs- u. Dom.-Rechenkammer

v. Piper	1744—52
Resen	1752—64
v. Tieffenbach	1764—76
Roden	1768—81
Hans Wilhelm Kummer	1781—86

VIII. Departement [1770]

[Ob.Jäger-Mstr. Gf. v. Schlieben	1748]
Ludw. Philipp v. Hagen	1770
Friedr. Wilh. v. d. Schulenburg-Kehnert	1770—72
v. Lüderitz	1772—75
v. d. Schulenburg-Kehnert	1775—86

Forst-Sachen
(Nutzholz-Kommission)
(Brennholz-Kommission)

General-Postmeister

Friedr. v. Görne [I.]	1719—45
Sam. v. Marschall [V.]	1745—49
Georg Detl. v. Arnim	1750—53
Gust. Ad. v. Gotter	1753—62
Heinrich IX. Gf. v. Reuß	1762—69
v. Derschau vgl. II. Dptm.	1769—79
Michaelis vgl. II. Dptm.	1779—81
v. Werder vgl. II. Dptm.	1781—1800

Geheimer Etats-Rat

Justiz-Staatsrat
Groß-Kanzler:
Samuel v. Cocceji 1747—55
Jos. Phil. Pandin de Jariges 1755—70
Carl Jos. Max. v. Fürst und Kupferberg 1770—79
Joh. Heinr. Cas. v. Carmer 1779—98
Justiz-Departement
Samuel v. Cocceji 1737—46
Levin F. v. Bismarck 1746—63
C. J. M. Fürst v. Kupferberg 1763—70
Ernst Friedem. v. Münchhausen 1771—80
Eberh. Ludwig v. d. Reck 1794—1807

Geistliches Departement
[bis 1764 dem Justiz-Departement unterstellt, seitdem selbständig]
Christian v. Brandt 1738—49
Carl Ludolph v. Danckelmann 1749—64
Luth.:
Ernst Friedem. v. Münchhausen 1764—70
Ref.:
Joh. Ludw. v. Dorville 1764—70
Luth.:
Carl Abraham v. Zedlitz 1770—88
Ref.:
Wolfg. Ferd. v. Dörnberg 1771—95

Justizminister f. Schlesien
Samuel v. Cocceji 1742—43
Georg Dietloff v. Arnim 1743—48
Carl Ludolph v. Danckelmann 1748—49
Hans Carl Fürst v. Carolath 1750—63
Ernst Friedemann v. Münchhausen 1763—68
Joh. Heinr. Casimir v. Carmer 1768—79
A. Leop. v. Danckelmann 1780—93

Kabinetts-Ministerium
(Auswärtiges Departement)
I Adrian Bernh. v. Borck 1740—41
Casp. Wilh. v. Borck 1741—47
Axel v. Mardeveld 1747—49
C. Wilh. v. Finckenstein 1749—60
Ewald Friedr. v. Hertzberg 1763—91
II Heinrich v. Podewils 1728—60
C. Wilh. v. Finckenstein 1760—1800
III. Wilh. Heinr. Thulemeier 1740

Justiz-Minister im Ausw. Departm.
Balthasar Konrad zum Broich 1731—45
W. F. v. Danckelmann 1746
Ernst Wilhelm v. Bredow 1746—56

Kriegskonsistorium
[Präsidenten sind die General-Auditeure]
Christian Otto Mylius 1739—52
Andr. Fr. Wilh. v. Pawlowsky 1752—65
Joh. Ludw. Reinecke 1765—73
Joh. Friedr. v. Goldbeck 1773—87

Immediat:
Provinzialminister für Schlesien
Ludw. Wilh. v. Münchow 1741—53
Joach. Ew. v. Massow 1753—55
Ernst Wilh. v. Schlabrendorff 1755—70
Carl Georg Heinr. v. Hoym 1770—1806

Immediat:
Ober-Bau-Departement
Hans Georg Wenz. v. Knobelsdorff („Sur-Intendant“) 1740—53
Gottfr. Konr. Wilh. Struve 1770—

Die preußischen Provinzial-Verwaltungen 1779
(Kriegs- und Domänenkammern und Kammer-Deputationen)

Kriegs- u. Dom.-Kammer	Amtssitz	Unterstellte K.-Deput.	Amtssitz
Preußen	Königsberg		
Litthauen	Gumbinnen		
Westpreußen	Marienwerder	Netzedistrikt	Bromberg
Pommern	Stettin	Hinterpommern	Köslin
Breslau	Breslau	(Justizkommission und Deputatus)	Glatz
		Oberschlesien	Oppeln
Glogau	Glogau		
Kurmark	Berlin	Altmark-Prignitz	Stendal
Neumark	Küstrin		
Magdeburg	Magdeburg	Saalkreis mit Mansfeld	Halle
		Halberstadt	Halberstadt
		Hohenstein	Ellrich
		Tecklenburg-Lingen	Lingen
Minden-Ravensberg	Minden		
Ostfriesland	Aurich		
Cleve-Mark	Cleve	Mark	Hamm
		Moers (seit 1779 nur Deputatus)	Moers
		Geldrisches Landes-Administrations-Kollegium (seit 1770 selbständig unter dem Generaldirektorium)	Geldern

EINWOHNERZAHLEN DES PREUSSISCHEN STAATES 1776

Angefertigt von der General-Salz-Kasse für Friedrich d. Gr. Druck: Gustav Schmoller: Studien über die wirtschaftliche Politik Friedrichs d. Gr. XII: Die wirtschaftlichen Zustände im Herzogtum Magdeburg: Die Industrie, hauptsächlich die Textilgewerbe und die Salinen. Aus: Jahrbuch für Gesetzgebung, Verwaltung und Volkswirtschaft im Deutschen Reich, 11, 1887, S. 872 f. — Hier ergänzt.

Provinz	*Einwohnerzahl*
Ostpreußen	430 342
Litthauen	335 368
Westpreußen (und Ermland)	416 233
Kleinpreußen (Netzedistrikt)	107 665
Pommern	384 484
Neumark	233 354
Kurmark	618 463
Magdeburg, Saalkreis u. Mansfeld	231 913
Halberstadt	78 146
Hohenstein	21 095
Minden und Ravensberg	124 812
Lingen und Tecklenburg	39 629
Ostfriesland	102 183
Grafschaft Mark	117 480
Cleve, Geldern und Moers	146 598
	3 387 765
dazu Schlesien und Glatz *	1 372 754
insgesamt Einwohner ** (1776)	4 760 519

* nach Büsching für 1776
[Anton Friedrich Büsching: Zuverlässige Beiträge zu der Regierungsgeschichte König Friedrichs II. vornehmlich in Ansehung der Volksmenge, des Handels, der Finanzen und des Kriegsheeres. Hamburg 1790].

In dem Hauptbericht von Hoym von 1785 für das Jahr 1777 werden für Schlesien 1 377 678 Einwohner angegeben. E. Pfeiffer: Die Revuereisen Friedrichs d. Gr. Berlin 1904 S. 108 Anm. 25 nach Ehem. St. A. Breslau M. R. V,9 a.

** ohne Militärpersonen und deren Anhang

Vgl. Reinhold Koser: Zur Bevölkerungsstatistik des preußischen Staates von 1756—1786. In: Forschungen zur brandenburg. u. preuß. Geschichte 16, 1903 S. 583—589. — Derselbe ebenda Bd. 7, 1894 S. 540—548.

ZEITTAFEL

1701	18. Januar	Kurfürst Friedrich III. von Brandenburg krönt sich in Königsberg zum König in Preußen
1712	24. Januar	Friedrich II. der Große von Preußen in Berlin geboren
1713—1740		Regierungszeit König Friedrich Wilhelms I. von Preußen
1713	24. Oktober	Königlich Preußische Evangelisch-reformierte Inspections-Presbyterial-Classical-Gymnasien und Schulordnung
1723	19. Januar	Einsetzung des General-Oberfinanz-Kriegs- und Domänen-Direktoriums (Generaldirektorium) zu Berlin
1728	Jan.-Febr.	Reise des Kronprinzen Friedrich mit dem König an den Hof nach Dresden
1730	5. August	Fluchtversuch des Kronprinzen nach England
	20. Nov.	Dienstantritt des Kronprinzen als Auskultator bei der Neumärkischen Kriegs- und Domänenkammer in Küstrin
1732	29. Febr.	Kronprinz Friedrich übernimmt als Oberst das Infanterie-Regiment Christoph Heinrich von der Goltz in Neu-Ruppin
1733	12. Juni	Vermählung des Kronprinzen Friedrich mit Prinzessin Elisabeth Christine von Braunschweig-Wolfenbüttel
1734	Juli-Sept.	Kronprinz Friedrich im Feldlager des Prinzen Eugen
1735	Sept.-Okt.	Reise des Kronprinzen in königlichem Auftrag nach Ostpreußen
1736	Juli-Aug.	Zweite Reise des Kronprinzen mit dem König nach Ostpreußen
	Ende Aug.	Übersiedlung des Kronprinzenpaares nach Rheinsberg
1739	Juli-Aug.	Dritte Reise des Kronprinzen mit dem König nach Ostpreußen
1740	31. Mai	Tod Friedrich Wilhelms I. Übernahme der Regierung durch Friedrich II.
	27. Juni	Bildung des V. Departements des Generaldirektoriums für Kommerzien und Fabriken
	Juli-Sept.	Huldigungsreise Friedrichs II. durch die Provinzen
	Oktober	Militärdemonstration gegen Lüttich. Verkauf von Herstal
	Dezember bis	
1742	Juni	Erster Schlesischer Krieg (Schlachten von Mollwitz, Chotusitz)
	28. Juli	Friede zu Berlin. Organisation der Verwaltung des Herzogtums Schlesien und der Grafschaft Glatz
1744	23. Juni	Huldigung der Ostfriesischen Stände nach Erwerb Ostfrieslands für Preußen durch Erbfall
	August bis	
	Dezember	Zweiter Schlesischer Krieg (Schlachten von Hohenfriedeberg, Soor, Kesselsdorf)
	25. Dez.	Friede zu Dresden

1746	25. Febr.	Bildung des VI. Departements des Generaldirektoriums für Kriegswesen
	27. August	Einleitung der Justizreform durch Cocceji
1747	1. Mai	Fertigstellung des Schlosses Sanssouci bei Potsdam
	Sommer	Siedlungsarbeit in Pommern (Moritz von Anhalt)
1748		Fertigstellung des Invalidenhauses
	20. Mai	Ressort-Reglement für Generaldirektorium und Kriegs- und Domänenkammern
1750	17. April	Revidiertes General-Privilegium und Reglement für die Judenschaft im Königreich Preußen
	Juni	Reise Friedrichs II. nach Ostpreußen
	14. Juli	Preußisches Münzgesetz (Graumann Generalmünzdirektor)
	3. August	Renoviertes Militär-Konsistorial-Reglement und Kirchen-Ordnung (Feldprobst Decker)
1751	Juni	Reise nach Emden. Gründung der Asiatischen Handelskompanie in Emden
1752	11. Januar	Erstes Persönliches Testament Friedrichs II.
	27. August	Erstes Politisches Testament Friedrichs II.
1753	Juni	Reise Friedrichs II. nach Ostpreußen
	Sommer	Beginn der Melioration des Oderbruchs
1754	20. April	Justiz-Visitations-Ordnung als Abschluß der 1. Etappe der Justiz-Reform
1755	Juni	Reise Friedrichs II. nach Emden und Holland
1756	August bis	
1763	Februar	Siebenjähriger Krieg (Schlachten von Prag, Kolin, Roßbach, Leuthen, Zorndorf, Hochkirch, Kunersdorf, Liegnitz, Torgau, Burkersdorf), Besetzung von Sachsen
	15. Febr.	Friede zu Hubertusburg
		Königliche Porzellanmanufaktur in Berlin
		Besuch der westlichen Provinzen Preußens
	12. August	Generallandschul-Reglement
1764		Reise nach Ostpreußen wegen polnischer Thronwirren abgesagt
	15. Juni	Neuorganisation des selbständigen Geistlichen Departements
	12. Juli	Edikt betreffend Schutz des Bauernlandes
		Instruktionen zur Gemeinheitsteilung
1765	20. Juli	Gründung der Preußischen Staatsbank
1766	9. April	Einsetzung der Zoll- und Akzise-Verwaltung (Régie)
	30. April	Instruktion für die Land- und Steuerräte
1768	Mai	Bildung des VII. Departements des Generaldirektoriums für Berg- und Hüttenwesen (Hagen, später Heinitz)
	Sommer	Besuch der westlichen Provinzen Preußens
	7. November	Zweites Politisches Testament Friedrichs II.
1769	8. Januar	Zweites persönliches Testament Friedrichs II.
	25.—28. Aug.	Besuch Kaiser Josephs II. bei Friedrich II. in Neiße
	Herbst	Gründung der Heringsfanggesellschaft in Emden
	24. Okt.	Edikt über die Gemeinheitsteilungen

1770		Bildung des VIII. Departements des Generaldirektoriums für Forstwesen (v. d. Schulenburg)
1771		Einrichtung der Hauptnutzholzadministration
1772	13. September	Besitzergreifung von Westpreußen, dem Netzedistrikt und dem Ermland nach Verträgen
		Gründung der Seehandlungs-Societät
1775		Beginn der Besiedlung des Netze- und Warthegebiets nach Meliorationen
		Einrichtung der Witwen-Verpflegungsanstalt
1776	22. August	Grenzvertrag zwischen Preußen und Polen
1776		Siedlungen in Oberschlesien
1778	bis 1779	Bayerischer Erbfolgekrieg
1779	13. Mai	Friede zu Teschen
	5. September	Kabinettserlaß über das Unterrichtswesen (Zedlitz)
1780	14. April	Anordnung zur Gesetzeskodifikation (Allgemeines Landrecht für die preußischen Staaten; Carmer, Svarez)
1785	23. Juli	Deutscher Fürstenbund
1786	17. August	Tod Friedrichs II. des Großen in Potsdam

ARCHIVALIEN-ÜBERSICHT

Ehem. *Preußisches Geheimes Staatsarchiv:*
jetzt Deutsches Zentralarchiv *Merseburg* [Brandenbg., Neumark Restbestände im *Geheimen Staatsarchiv Berlin Dahlem* (u. a.: Akten des Kronprinzenprozesses Küstrin; Mesures à prendre aus cas d'une guerre; Politiques 1763—64; Finances; Militaire. — Etat der Kgl. Hofkapelle 1752/53. — Hofstaats- u. Fourage-Etat. — Exposé Du Gouvernement Prussien [1776]. — Politisches Testament 1752 (Reinkonzept, eigenhändig). — Briefe Friedrich d. Gr. an seinen Kammerdiener Fredersdorf, Originale. — Kammerdeputation Bromberg)].

Brandenburg-Preußisches Hausarchiv:
jetzt Deutsches Zentralarchiv *Merseburg*

Ehem. Staatsarchiv Königsberg/Pr.:
Jetzt Staatl. Archivlager *Göttingen,* Preuß. Kulturbesitz (u. a.: Kriegs- u. Domänenkammer *Königsberg* und *Gumbinnen).* Weitere Einzelbestände in den Staatsarchiven *Aurich, Düsseldorf, Koblenz, Magdeburg, Münster.*
Ehem. Staatsarchiv *Stettin*
Ehem. Staatsarchiv *Breslau*
Ehem. Staatsarchiv *Danzig* [Kr.- u. Dom.-Kammer Marienwerder]

Literatur:

Mitteilungen der Preuß. Archivverwaltung:

Heft 6	Bestände Koblenz				
24	„	Berlin-Dahlem	I	[jetzt	Merseburg]
25	„	„ „	II—IX	„	„
26	„	„ „	X—XI	„	„
27	„	Brandenbg.-Pr. Hausarchiv		„	„
21	„	Danzig			

Veröff. Nieders. Archivverwaltung:
Heft 3 Das Preuß. Staatsarchiv in Königsberg [jetzt Göttingen] (1955)

Übersicht über die Bestände des Geh. Staatsarchivs Berlin-Dahlem:
Teil I Provinzial- und Lokalbehörden (1966)
Teil II Zentralbehörden. Andere Institutionen und Sammlungen (1967)

Übersicht des Brandenburgischen Landeshauptarchivs Potsdam (I. Weimar 1964)

NACHWEISE

ALLGEMEIN:

Oeuvres de Frédéric le Grand, hrsg. v. J. D. E. *Preuß*. 31 Bde. 1846—1857. — Die Werke Friedrichs des Großen. In deutscher Übersetzung, hrsg. v. G. B. *Volz*. 10 Bde. — Briefe, hrsg. v. M. *Hein*. 2 Bde. 1912—1914 — Gespräche, hrsg. v. F. v. *Oppeln-Bronikowski* und G. B. *Volz*. 3. Aufl. 1926. — Politische Korrespondenz Friedrichs d. Gr. Hrsg. v. G. B. *Volz* u. a. [bis 1782] 46 Bde. 1879—1939. — Friedrich der Große im Spiegel seiner Zeit, hrsg. v. G. B. *Volz*. 3 Bde. 1926—1927. — Preußische Staatsschriften aus der Regierungszeit König Friedrichs II., hrsg. v. R. *Koser* und O. *Krauske*. 3 Bde. 1877—1892. — A. *Hildebrand:* Das Bildnis Friedrichs d. Gr. Zeitgenössische Darstellungen. Berlin 1940. 2. Aufl. 1942. — J. D. E. *Preuß:* Friedrich der Große. Eine Lebensgeschichte. 4 Bde. 1832—1834. — L. v. *Ranke:* Zwölf Bücher Preußischer Geschichte (sämtliche Werke Bd. XXV—XXIX) 2. Aufl. 1878 f. Krit. Ausg. v. G. *Küntzel,* 3 Bde. 1930. — Th. *Carlyle:* History of Frederick the Great, 6 Vols. 1857—1865. Deutsche Ausgabe (gekürzt) zuletzt 1954. — J. G. *Droysen:* Geschichte der Preußischen Politik, Teil V, 1—4, 1874—1886. — M. *Hein:* Friedrich der Große. Ein Bild seines Lebens und Schaffens. o. J. — R. *Koser:* Geschichte Friedrichs d. Gr. 4 Bde. 7. Aufl. 1921—1925, Neudruck 1963. — G. *Ritter:* Friedrich der Große. Ein historisches Profil. 1954. Engl. Ausgabe: Frederick the Great, an historical Profile. 2. Aufl. 1968. — G. P. *Gooch:* Frederick the Great. The Ruler, The Writer, The Man. 1947. Deutsche Ausgabe: Friedrich der Große, Herrscher, Schriftsteller, Mensch. 1951. — Rezension der deutschen Ausgabe von Leonhard v. *Muralt*-Zürich in: Göttingische Gelehrte Anzeigen 207. Jg. 1953, S. 49—61. — W. *Elze:* Friedrich d. Große. Geistige Welt, Schicksal, Taten. 2. Aufl. 1939 — W. *Dilthey:* Friedrich d. Gr. und die deutsche Aufklärung. 1927. — E. *Spranger:* Der Philosoph von Sanssouci. In: Abhandlungen der Preuß. Akademie der Wissenschaften, Phil.-hist. Kl. 5, 1942. 2. Aufl. 1962. — W. *Hubatsch:* Das Problem der Staatsraison bei Friedrich d. Gr. 1956. — G. *Holmsten:* Friedrich II. Hamburg 1969. — Thomas Babington *Macaulay:* Frederic the Great (Edinburgh Review April 1842) [bis 1763]. Deutsche Neuausgabe eingeleitet von Alexander *v. Hase,* Berlin 1971.

I. ALS KRONPRINZ

J. D. E. *Preuß:* Friedrichs d. Gr. Jugend und Thronbesteigung. 1840. — E. *Lavisse:* La Jeunesse du Grand Frédéric, Paris 1891. 3. Aufl. 1899. 4. Aufl. 1916. — Le Grand Frédéric avant l'avènemant. 1893. — Deutsche Ausgabe: Die Jugend Friedrichs d. Gr. 2 Bde. 1921, 2. Aufl. 1925. — F. *Arnheim:* Der Hof Friedrichs d. Gr., Teil 1: Der Hof des Kronprinzen. 1912. — G. B. *Volz:* Die Krisis in der Jugend Friedrichs d. Gr. In: Histor. Zeitschr. 118, 1917 S. 398 ff. [zu den Jahren 1734/35].

— D. *Rohmer:* Vom Werdegang Friedrichs d. Gr. Die politische Entwicklung des Kronprinzen. Geifswald 1924. — H. *Droysen:* Tageskalender Friedrichs d. Gr. Teil 1: 1732—1740. Teil 2: 1740—1763. In: Forschg. z. brandenburg. u. preuß. Geschichte 25, 1913 und 29, 1916. — R. *Koser* (Hrsg.): Tagebuch des Kronprinzen Friedrich 1734. In: Forschg. z. brandenburg. u. preuß. Geschichte. 4, 1891. — R. *Koser:* Friedrichs d. Gr. Briefwechsel mit Grumbkow und Maupertuis 1731—1759, 1898 (Publikationen aus den Preuß. Staatsarchiven 72). — R. *Koser* und H. *Droysen:* Briefwechsel Friedrichs d. Gr. mit Voltaire 1736—1778, 4 Bde. 1908—1917. (Publ. a. d. Preuß. Staatsarchiven 81, 82, 86, 90). — C. *Hinrichs:* Der Kronprinzenprozeß. Friedrich und Katte. 1936. — Mémoires de Frédérique Sophie Wilhelmine Margrave de Baireuth 1706—1742. 2. Aufl. 1845, oft nachgedruckt. Dazu G. B. Volz, in: Forschg. z. brand. u. preuß. Geschichte 36. 1924. — G. B. *Volz* (Hrsg.): Friedrich d. Gr. und Wilhelmine v. Bayreuth. Ihr Briefwechsel. I: 1728—1740. II: 1740—1758. Deutsche Übersetzung. 1924—1926. — Denkwürdigkeiten zur Geschichte des Hauses Brandenburg. Hrsg. v. G. B. *Volz.* 1913. — *Roman:* Jochen *Klepper:* Der Vater. 1937 (u. Neuauflagen).

I. 1. Bei der Kammer in Küstrin und beim Regiment

Hohenzollern-Jahrbuch 1908 S. 101. — Fr. *Förster:* Friedrich Wilhelm I. 3 Bde. und 2 Urkundenbände. 1834 ff. — Journal über die Anwesenheit des Königs von Preußen zu Dresden 1728. In: Dresdner Geschichtsblätter 1899 Nr. 1. — H. *Granier:* Die kronprinzlichen Schulden Friedrichs d. Gr. In: Forschg. z. brandenb. u. preuß. Gesch. 8, 1895. — P. *Becher:* Der Kronprinz Friedrich als Regimentschef in Neu-Ruppin 1732—1740. 1892. — E. *Poseck:* Die Kronprinzessin Elisabeth Christine, Gemahlin Friedrichs d. Gr. 1940. 2. Aufl. Stuttgart 1952. — B. *Krieger:* Friedrich d. Gr. und seine Bücher. 1914 — Derselbe, in: Hohenzollern-Jahrbuch 1911—1913.

I. 2. Ostpreußen und Rheinsberg

B. *Schumacher:* Geschichte Ost- und Westpreußens. 2. Aufl. 1957. — F. *Terveen:* Gesamtstaat und Retablissement. Der Wiederaufbau des nördlichen Ostpreußens unter Friedrich Wilhelm I. 1714—1740. (Göttinger Bausteine zur Geschichtswissenschaft 16) 1954. — A. *Skalweit:* Die ostpreußische Domänenverwaltung unter Friedrich Wilhelm I. und das Retablissement Litauens. 1906. — W. *Hubatsch:* Geschichte der evangelischen Kirche Ostpreußens. 3 Bde. 1968. — Briefe Friedrichs d. Gr. in deutscher Übersetzung, hrsg. v. M. *Hein.* Bd. 1, 1914. — *Knorr:* Friedrich d. Gr. als Freimaurer. In: Hohenzollern-Jahrbuch 1899. — C. *Hinrichs:* Der allgegenwärtige König. Friedrich d. Gr. im Kabinett und auf Inspektionsreisen. 2. Aufl. 1940. — C. *Hinrichs:* Preußentum und Pietismus. 1971. — H. *Iwanowius:* Reisen König Friedrich Wilhelms I. und des Kronprinzen Friedrich nach Preußen. In: Sitzungsberichte des Vereins für Geschichte von Ost- und Westpreußen 4, 1900. — R. *Grieser:* Friedrich Wilhelm I. auf der Reise in Preußen. In: Mitteilungen des Vereins f. Geschichte von Ost- und Westpreußen 3, 1928/29.

I. 3. Das Erbe Friedrich Wilhelms I.

Friedrich d. Gr., Gespräche, hrsg. v. F. *v. Oppeln-Bronikowski* und G. B. *Volz.* 3. Aufl. 1926. — Dazu: Podewils über die Unterredung König-Kronprinz am

28. 5. 1740, in: Hohenzollern-Jahrbuch 1904 S. 23 ff. — H. *de Catt:* Memoiren und Tagebücher. Unterhaltungen mit Friedrich d. Gr. Hrsg. v. R. *Koser*. 1884. Publikationen aus den Preuß. Staatsarchiven 22). — Deutsche Ausgabe von W. Schüßler 1940. [Tagebucheintragungen vom 19. 1. 1760 und 26. 6. 1760]. — G. *Küntzel* und M. *Hass* (Hrsg.): Die politischen Testamente der Hohenzollern. Band 1. 2. Aufl. 1919. Darin: Instruction König Friedrich Wilhelms I. für seinen Nachfolger vom 22. Januar bis 17. Februar 1722 und letzte Ansprache Kg. Friedr. Wilh. I. an den Kronprinzen. — G. *Schmoller:* Preußische Verfassungs-, Verwaltungs- und Finanzgeschichte. 1921. — Acta Borussica. Denkmäler der preußischen Staatsverwaltung im 18. Jahrhundert. Behördenorganisation. Band VI, 1. Hrsg. von O. *Hintze*. 1901. — C. *Jany:* Geschichte der Kgl. Preußischen Armee. Band 1. 1928. — Zur Personalgeschichte der leitenden Beamten unerläßlich: Ch. A. L. *Klaproth* und C. W. *Cosmar:* Der Kgl. preuß. u. Kurf. brandenburg. Geheime Staatsrat. Berlin 1805.

II. DER JUNGE KÖNIG

Koser: Friedrich d. Gr. Bd. I — Joh. Gustav *Droysen:* Geschichte der preußischen Politik V: Friedrich d. Gr. Bd. I. — Wilhelm *Oncken:* Das Zeitalter Friedrichs d. Gr. 2 Bde. Berlin 1871—82 (Allgemeine Geschichte in Einzeldarstellungen. Hrsg. v. W. Oncken). — William *Pierson:* Preußische Geschichte. Bd. 1. Berlin 1881. — Ernst *Berner:* Geschichte des preußischen Staates. Berlin 1891. — Leopold von *Ranke:* Zwölf Bücher preußischer Geschichte.

1. Residenzen

Friedrich *Nicolai:* Beschreibung der königlichen Residenzstädte Berlin und Potsdam, aller daselbst befindlichen Merkwürdigkeiten und der umliegenden Gegend. 3 Bde. 3. Aufl. Berlin 1786. Nachdruck Berlin 1968. — Margarete *Kühn:* Schloß Charlottenburg. 13. Aufl. Berlin 1966. Auch in englischer Sprache erschienen. — Johann Daniel Friedrich *Rumpf:* Beschreibung der äußeren und inneren Merkwürdigkeiten der Königlichen Schlösser in Berlin, Charlottenburg, Schönhausen, in den bei Potsdam. 1794. — Paul *Seidel:* Der neue Flügel Friedrichs d. Gr. am Charlottenburger Schloß. In: Hohenzollern-Jahrbuch XVI. 1912. S. 86—94. — Georg *Holmsten:* Potsdam. Die Geschichte der Stadt, der Bürger und Regenten. Berlin 1971. — Hans *Kania:* Potsdamer Baukunst. 2. Aufl. Berlin 1926. — Heinrich Ludwig *Manger:* Baugeschichte von Potsdam, besonders unter der Regierung Friedrichs II. 2 Bde. Berlin und Stettin 1789. — Georg *Sello:* Potsdam und Sans-Souci. Forschungen und Quellen zur Geschichte von Burg, Stadt und Park. Breslau 1888. — Willy *Kurth:* Sanssouci. Seine Schlösser und Gärten. 8. Aufl. Berlin 1968. — Carl von *Lorck:* Preußisches Rokoko. Oldenburg 1964. — Eduard *Vehse:* Geschichte der deutschen Höfe seit der Reformation. I. Abt.: Geschichte des preußischen Hofes und Adels und der preußischen Diplomatie. 3. und 4. Teil, Kapitel V: Friedrich II. der Große. Hamburg 1851. — Anneliese *Streichhan:* Knobelsdorff und das friderizianische Rokoko. 1932.

Wegstrecke Potsdam-Berlin: Nicolai III S. 1259 f.; Vehse 3, 1, III S. 225. — *Gazetten:* Ebd. III 227; Nicolai II 978. — *Preuß:* Friedrichs d. Gr. Jugend und Thronbesteigung. Berlin 1840. S. 486. — E. *Kaeber:* Geistige Strömungen in Berlin unter Friedrich d. Gr. In: Forschg. brand. preuß. Gesch. 54 (1943). — E. *Consentius:* Friedrich der Große und die Zeitungszensur. In: Preußische Jahrbücher CXV. — *Vehse* 3, 1, III S. 226 f. — Einzelbände der Haude & Spenerschen und der Vossischen Zeitung aus den Regierungsjahren Friedrichs des Großen in der Universitätsbibliothek Bonn. — Faksimilia des „Journal de Berlin" und der Haude & Spenerschen Zeitung von 1741 in: Wilhelm *Oncken:* Das Zeitalter Friedrichs d. Gr. Bd. 1 nach S. 308. — Die Druckfreiheit ist wegen des „üblen Gebrauchs", wegen der Empfindlichkeiten auswärtiger Mächte, wegen der Publikation Kgl. Geheimverfügungen und wegen der Kränkung anderer Leute Ehre und Leumund durch KO. vom 9. Juli 1743 wieder eingeschränkt worden.

2. Huldigungsreise

Küntzel-Hass: Politische Testamente der Hohenzollern I. — *Jany* Bd. 2. — *Koser:* Geschichte Friedrichs d. Gr. Bd. 1. S. 217 ff. — Weitere Literatur *ebenda* Bd. 4 S. 34 f. — *Droysen:* Bd. 1 S. 48 ff. — W. *Oncken* in Bd. 1. — *Vehse* 3. Band 1. Abt. III Kap. 5 S. 228 f. — Walter *Mertineit:* Die friderizianische Verwaltung in Ostpreußen. Heidelberg 1958 (Studien zur Geschichte Preußens. 1.) S. 39 ff. — Max *Hein* (Hrsg.): Briefe Friedrichs d. Gr. Bd. 1. 1914. — *Acta Borussica* IV b S. 5 ff., 21, 79, 110, 133, 141, 145, 150; 572—576. — Johannes *Schultze:* Die Mark Brandenburg. Bd. 5. Berlin 1969. S. 81 ff. — Hermann *Rothert:* Westfälische Geschichte. Bd. 3. 3. Aufl. Gütersloh 1964. — Carl *Hinrichs:* Der allgegenwärtige König. 2. Aufl. 1940 S. 80, 85, 108. — W. *Wiegand:* Friedrich d. Gr. in Straßburg. In: Korrespondenzblatt des Gesamtvereins der deutschen Geschichts- und Altertumsvereine. 1899. S. 122—129.

Tortur: Ernst *Berner:* Geschichte des preußischen Staates. S. 330. — *Acta Borussica* VI, 2 S. 8—11. — *Koser:* Die Abschaffung der Tortur durch Friedrich d. Gr. In: Forschungen zur brandenburgischen und preußischen Geschichte. Bd. 6. S. 575 ff. — Siegfried *Isaacsohn:* Geschichte des preußischen Beamtentums vom Anfang des 15. Jahrhunderts bis auf die Gegenwart. Bd. 3: Das Beamtentum unter Friedrich Wilhelm I. und während der Anfänge Friedrichs d. Gr. Berlin 1884. —
Über seine Auffassung von der Stellung des Fürstentums vgl. als Ergänzung zum Antimacchiavell *Friedrichs II.* Essay: Regierungsform und Herrscherpflichten von 1777. In: Oeuvres Bd. 9 S. 207 ff. Übersetzt von *Volz:* Werke Friedrichs d. Gr. Bd. 7. S. 225 ff.
Fritz *Gause:* Die Geschichte der Stadt Königsberg. Bd. 2. Köln 1968. — Edith *Spiro:* Die Gravamina der ostpreußischen Stände auf den Huldigungslandtagen des 18. Jahrhunderts. Diss. phil. Breslau 1929. — August *Skalweit:* Die Entlassung des Plusmachers Eckhart (Forschg. brand. preuß. Gesch. 22, 1909, S. 274—282), betont dessen unbestreitbare kameralistische Befähigung.

Marginal-Dekrete Friedrichs II.: Georg *Borchardt:* Herrschen und Dienen. Die Randbemerkungen Friedrichs d. Gr. 2 Bde. Potsdam 1936—1937. Neu herausgegeben von Erich *Murawski* unter dem Titel: Ihr Wintbeutel und Erzschäker. Die Randbemerkungen Friedrichs d. Gr. Bad Nauheim 1963 (dort weitere Literatur).

Huldigungsreise: Es ist nach dem königlichen Reskript an die Kriegs- und Domänenkammer in Königsberg, datiert Berlin, 25. Juni 1740 ausgeschlossen, daß der König mit insgesamt nur drei Wagen gereist sei, wie Koser, Friedrich d. Gr. Bd. 1 S. 217, annimmt. Es hätte dann nicht so umständlicher Vorspannregelungen bedurft; auch nahm der König seine Leibköche mit. Trotz kleinsten Gefolges müssen es insgesamt mindestens 10 Wagen gewesen sein. Die in Acta Borussica VI, 2 S. 43 erwähnten 3 Wagen enthielten nur das persönliche Gefolge an Standespersonen, außer den Generalen noch v. Borcke, v. Wartensleben, Jordan, v. Podewils, v. Buddenbrock. — Auch die Beurteilung der Regimenter ist bei Koser zu berichtigen: Die Neumärker schnitten schlecht ab (Schulenburgs Dragoner), die Pommern waren durchweg vorzüglich; von den preußischen Regimentern versagte Glaubitz, während im Regiment Flanß der Kapitän v. Wobeser den Pour le mérite erhielt! Acta Borussica Bd. VI, 1 S. 43. — *Katte:* v. Natzmer in: Altpreußische Biographie Bd. 1 S. 327 (mit Literatur). — *Garnisonen:* Günther *Gieraths:* Die Kampfhandlungen der brandenburg-preußischen Armee 1626—1807. Ein Quellenbuch. Berlin 1964. — Zwei Ranglisten des Preuß. Heeres 1713—1740 (Beiheft zum Militär-Wochenblatt 1891. S. 53—123 betr. Rangliste vom Dezember 1740). *Kirche- und Universität:* Walther *Hubatsch:* Geschichte der evangelischen Kirche Ostpreußens. 3 Bde. Göttingen 1968. Bd. 1 218 ff. — *Landratsamt: Acta Borussica* VI, 2 S. 58 ff. — Otto *Hintze:* Die Wurzeln der Kreisverfassung in den Ländern des nordöstlichen Deutschland. In: Staat und Verfassung: Gesammelte Abhandlungen. Hrsg. v. Fritz Hartung. Leipzig 1941. — Vgl. Otto *Hintze:* in: Sitzungsberichte der Preußischen Akademie der Wissenschaften. Phil.-hist. Klasse Nr. XXIII. 1915 und: Forschungen zur brandenburgischen und preußischen Geschichte 28. 1915 (für die Mark Brandenburg).

Huldigung in Berlin: Acta Borussica VI, 2. S. 21 ff., 66 ff. — *Magdeburg:* S. 79 ff. 83 ff. — *Halberstadt:* S. 116. — *Kleve:* S. 14 ff., 110, 133, 139. — *Minden:* S. 141. — *Ravensberg:* S. 145. — *Lauenburg:* S. 150. — *Wadzek* und *Wippel:* Geschichte der Erbhuldigungen der brandenburg-preußischen Regenten aus dem hohenzollernschen Hause. Berlin 1798. — *Straßburg:* W. *Wiegand:* Friedrich d. Gr. in Straßburg. In: Korrespondenzblatt des Gesamtvereins der deutschen Geschichts- und Altertumsvereine. 47. Berlin 1899. S. 122—129. — Wiegand nimmt aus sächsischen Quellen den 30. August als Ankunft Friedrichs in Duisburg an; nach *Schmoller* in Acta Borussica VI, 2 S. 143 Anm. soll der König schon am 29. August in Wesel gewesen sein. Über seine Tätigkeit bis zum 1. September ist dort jedoch nichts mitgeteilt, so daß mir Wiegands Mitteilungen, auch der Reisezeit wegen, verläßlicher erscheinen. Vgl. Hans *Droysen:* Tageskalender Friedrichs d. Gr. 1740—63. In: Forschungen zur brandenburgischen und preußischen Geschichte 29. 1916 S. 95 ff.

3. Preußische Kameralwirtschaft:

Acta Borussica, Behördenorganisation, VI, 1 passim. — *Isaacsohn:* Beamtentum. Bd. 3 S. 241 ff. — *Koser:* Friedrich der Große. Bd. 1 S. 154 ff. — Hugo *Rachel:* Die Handels-, Zoll- und Akzisepolitik Preußens 1740—1786. Berlin 1928 (Acta Borussica. Die einzelnen Gebiete der Verwaltung. III, 1.2.). — *Derselbe:* Das

Berliner Wirtschaftsleben im Zeitalter des Frühkapitalismus. Berlin 1931. — Rudolph *Stadelmann:* Preußens Könige in ihrer Tätigkeit für die Landeskultur. Bd. 2. Leipzig 1882. (Publikationen aus den Preußischen Staatsarchiven. 11.) Vgl. auch Bd. 3. 1887. S. 109. — Gustav *Schmoller:* Studien über die wirtschaftliche Politik Friedrichs des Großen und Preußens überhaupt von 1680—1786. In: Jahrbuch für Gesetzgebung, Verwaltung und Volkswirtschaft im Deutschen Reich. N.F. 8. 10. 11 (1884—1887). Auch separat I—VII, VIII—XII. — W. O. *Henderson:* Studies in Economic Policy of Frederick the Great. London 1963. — Paul *Rehfeld:* Die preußische Rüstungsindustrie unter Friedrich dem Großen. In: Forschungen zur brandenburgischen und preußischen Geschichte 55. 1944. S. 1—31. — B. *Rosenmöller:* Schulenburg-Kehnert unter Friedrich dem Großen. 1914. (Preußische Staatsmänner. Bd. 1.) — Otto *Behre:* Geschichte der Statistik in Brandenburg-Preußen bis zur Gründung des Kgl. Statistischen Büros. Berlin 1905. — L. *Krug:* Topographisch-statistisch-geographisches Wörterbuch der sämtlichen preußischen Staaten. 13 Teile, 1796—1803. — L. *Beutin:* Die Wirkungen des Siebenjährigen Krieges auf die Volkswirtschaft in Preußen. In: VSWG 22. 1929. S. 16—31. — Hildegard *Hoffmann:* Die gewerbliche Produktion Preußens im Jahre 1769. Diss. phil. (Ost-)Berlin 1956 (Mschr.). — Conrad *Matschoss:* Friedrich der Große als Beförderer des Gewerbefleißes. Festschrift des Vereins zur Beförderung des Gewerbefleißes. Berlin 1912. — A. *Zottmann:* Die Wirtschaftspolitik Friedrichs des Großen. In: Historische und politische Aufsätze. Bd. 2. Berlin 1908. S 131 ff. — O. *Geissler:* Die Wirtschaftspolitik Friedrichs des Großen und der Begriff der Planwirtschaft. Diss. phil. Tübingen 1951. — Carl *Hinrichs:* Das königliche Lagerhaus in Berlin. In: Forschungen zur brandenburgischen und preußischen Geschichte. 44. 1932. S. 46—69. — Helmuth *Dehne:* Die Messe von Frankfurt a. Oder in der Zeit der merkantilistischen Wirtschaftspolitik Preußens im 18. Jahrh. Diss. phil. Frankfurt/M. 1923. — Stephan *Skalweit:* Die Berliner Wirtschaftskrise und ihre Hintergründe. Diss. phil. Frankfurt/M. 1937. — Max *Schulze-Briesen:* Der preußische Staatsbergbau im Wandel der Zeiten. Bd. 1. 1933. — C. *Ergang:* Friedrich der Große in seiner Stellung zum Maschinenproblem. 1910 (Beiträge zur Geschichte der Technik und Industrie. Hrsg. v. C. Matschoss. Bd. 2.) S. 78 ff. — O. *Steinecke:* Des Ministers v. Heinitz „Mémoire sur ma gestion du 4e et 5e département." In: Forschungen zur brandenburgischen und preußischen Geschichte 22. 1909. S. 183—191. — H. *Stephan:* Geschichte der preußischen Post. 1858. — J. G. *Krünitz:* Ökonomisch-technologische Encyklopädie. Bd. 24. Berlin 1790. Bd. 142—143. Berlin 1926. — Kurt *Hinze:* Die Arbeiterfrage in Brandenburg-Preußen zu Beginn des modernen Kapitalismus. Berlin 1927. 2. Aufl. Berlin 1963.

V. Departement: Acta Borussica. Die einzelnen Gebiete der Verwaltung, Handels-, Zoll- und Akzisepolitik 1740—1786. Bearb. v. Hugo Rachel. Bd. III, 1 u. 2. Berlin 1928. — Dazu anstelle einer Einleitung: H. *Rachel:* Der Merkantilismus in Brandenburg-Preußen. In: Forschungen zur brandenburgischen und preußischen Geschichte 40. 1927. S. 221—266. — Instruction für das V. Departement vom 27. Juni 1740: Acta Borussica. Behördenorganisation. VI, 2. S. 26—32. — Otto *Hintze* über die preußische Wirtschaftspolitik in Acta Borussica. Behördenorganisation VI, 1. S. 32 f. — *Isaacsohn:* Beamtentum. Bd. 3. S. 241 ff. — W. O. *Hen-*

derson: Studies. — Abgrenzung des V. Departements gegenüber dem Generaldirektorium: Acta Borussica VI, 2. S. 35 (Kabinettsorder vom 12. Juli 1740), S. 182 f. (Protokoll der Konferenz der dirigierenden Minister vom 5. Januar 1741), S. 191 f. (Kabinettsorder vom 12. Februar 1741); ebd. Kabinettsorder vom 16. März 1747. — Kabinettsorder an die kurmärkische Kammer vom 16. März 1748 betr. Flachsspinnen von Frauen und Kindern. — Vgl. C. *Mattschoss:* Gewerbefleiß. — *Behre:* Statistik. S. 212 f., 222, 272, 284, 289. — *Borgstede:* Statistisch-topographische Beschreibung der Kurmark Brandenburg. 1. Teil. Berlin 1788. — Martin *Wehrmann:* Von den Anfängen der Industrie in Pommern (Veröff. d. Ver. d. Industr. Pommern 16). 1907.

Getreidehandel: Acta Borussica. Getreidehandelspolitik III und IV. Ebd. über die Magazinpolitik. — Westliche Provinzen: Erhebung über den Getreideanbau und -verbrauch im Kammerbereich Minden; erste genaue Ermittlung von 1767 bei *Behre:* Statistik. S. 224. — Friedrich *Lampp:* Die Getreidehandelspolitik in der ehemaligen Grafschaft Mark während des 18. Jahrhunderts. Münster 1912 (Münstersche Beiträge zur Geschichtsforschung. 40.) — Hildegard *Lullies:* Zur Handelspolitik Friedrichs d. Gr. Diss. phil. Königsberg 1926.
Wollindustrie: Carl *Hinrichs:* Das Königliche Lagerhaus in Berlin. In: Forschungen zur brandenburgischen und preußischen Geschichte 44. 1931. S. 46—69. — Johannes *Feig:* Die Begründung der Luckenwalder Wollindustrie durch Preußens Könige im 18. Jahrhundert. In: Forschungen zur brandenburgischen und preußischen Geschichte 29. 1916. S. 407—456. — F. *Schmidt:* Die Entwicklung der Cottbuser Tuchindustrie. 1928. — *Acta Borussica.* Die einzelnen Gebiete der Verwaltung. III, 1. 1928. S. 542—569. — Anton *Overmann:* Die Entwicklung der Leinen-, Woll- und Baumwollindustrie in der ehemaligen Grafschaft Mark unter der Regierung Brandenburg-Preußens besonders im 18. Jahrhundert. 1908 (Münstersche Beiträge zur Geschichtsforschung. 31.). — Hans *Roemer:* Die Baumwollspinnerei in Schlesien bis zum preußischen Zolltarif von 1818. Diss. jur. Tübingen 1914 (zugleich in: Darstellungen u. Quellen z. schles. Geschichte 19, Berlin 1914). — Friedrich Frhr. *v. Schroetter:* Die schlesische *Wollindustrie* im 18. Jahrhundert. In: Forschungen zur brandenburgischen und preußischen Geschichte. 10. 1898; 11. 1899; 12. 1902 (ursprünglich für die Acta Borussica vorgesehen).

Seidenindustrie: Acta Borussica. Die einzelnen Gebiete der Verwaltung. Die preußische Seidenindustrie im 18. Jahrhundert und ihre Begründung durch Friedrich den Großen. 3 Bde. Bearb. v. Gustav Schmoller und Otto Hintze. Berlin 1892. — Zusammenfassender Bericht darüber von Gustav *Schmoller* in: Umrisse und Untersuchungen zur Verfassungs-, Verwaltungs- und Wirtschaftsgeschichte. Leipzig 1898. S. 530—561. — M. *Mushacke:* Krefeld im friderizianischen Zeitalter unter besonderer Berücksichtigung der Seidenindustrie. Krefeld 1899. — *Gotskowski* in: Altpr. Biographie I. S. 224 f. — Otto *Hintze:* Ein Berliner Kaufmann aus der Zeit Friedrichs des Großen. In: Schriften des Vereins für die Geschichte Berlins. 30. 1893. (Auch in: Historische und politische Aufsätze. Bd. 2. Berlin 1908.)

Porzellanmanufaktur: Acta Borussica. Die einzelnen Gebiete der Verwaltung, Handels-, Zoll- und Akzisepolitik. III, 1. Berlin 1928. S. 677—679. — Paul *Seidel:*

Friedrich der Große und seine Porzellan-Manufaktur. In: Hohenzollern-Jahrbuch. 6. 1902. S. 175—206. — G. *Voss:* Der große König und die Berliner Porzellan-Manufaktur. In: Mitteilungen des Vereins für die Geschichte Berlins. 1912. — A. D. *Bensch:* Die Entwicklung der Berliner Porzellanindustrie unter Friedrich dem Großen. 1928. — Wolfgang *Scheffler:* Jubiläumsausstellung des Kunstgewerbemuseums Berlin im Schloß Charlottenburg zum 200jährigen Bestehen der Staatlichen Porzellanmanufaktur Berlin, 21. 9. bis 17. 11. 1963. — Berliner Porzellan des 18. Jahrhunderts. Ausstellung zum 200jährigen Jubiläum der Manufaktur 1963. Hrsg. von der Verwaltung der Staatlichen Schlösser und Gärten, Potsdam-Sanssouci, den Staatlichen Museen zu Berlin, dem Kunstgewerbemuseum. 1963. — *Rachel:* Berliner Wirtschaftsleben. S. 202 f.

Spiegel- und Glasfabrikation: Acta Borussica. Handels-, Zoll- und Akzisepolitik. III, 1. S. 682 f. — W. *Hoff:* Die Glashütten in der Neumark, besonders in friderizianischer Zeit. Diss. phil. Berlin 1940.
Verkehr: Stephan: Post. — *Acta Borussica.* Handels-, Zoll- und Akzisepolitik. III, 1. S. 399—411.

Holzwirtschaft: Stadelmann: Landeskultur. Bd. 2. — F. *Mager:* Der Wald in Altpreußen als Wirtschaftsraum. Bd. 2. Köln 1960. (Ostmitteleuropa in Vergangenheit und Gegenwart. 7.) — Hermann *Schorr:* Die Hauptnutzholzadministration im friderizianischen Preußen. Diss. phil. Halle 1956 (Mschr.). — *Schorr* stellt für das Jahr 1770 folgenden staatlichen Waldbestand in Magdeburger Morgen fest: Kurmark 1.057.000; Ostpreußen und Litthauen 1.000.000; Neumark 542.000; Hinterpommern 329.000; Vorpommern 299.000; Magdeburg 131.000. Schlesien ist in dieser Aufstellung nicht erfaßt, die Westprovinzen hatten nur unbedeutende Staatswälder. Staatswald verhielt sich zu Privatwald im Verhältnis 10 : 7.

Einzelne Gebiete: Aloys *Meister:* Handel, Gewerbe, Industrie und Bergwesen bis zu Beginn des 19. Jahrhunderts. In: Die *Grafschaft Mark.* Festschrift zum Gedächtnis der 300jährigen Vereinigung mit Brandenburg-Preußen. Bd. 1. Detmold 1909. S. 443—461. — Gustav *Schmoller:* Studien über die wirtschaftliche Politik Friedrichs des Großen. XII: Die wirtschaftlichen Zustände im *Herzogtum Magdeburg.* In: Jahrbuch für Gesetzgebung, Verwaltung und Volkswirtschaft. N. F. Jahrgang 11. 1887. S. 831 ff. — *Acta Borussica.* Handels-, Zoll- und Akzisepolitik. III, 1. S. 669 ff., 755 ff. — Kurt *Hinze:* Die Arbeiterfrage in Brandenburg-Preußen zu Beginn des modernen Kapitalismus. Berlin 1927. 2. Aufl. 1963. — Hugo *Rachel:* Das *Berliner* Wirtschaftsleben im Zeitalter des Frühkapitalismus. Berlin 1931. — Stephan *Skalweit:* Die Berliner Wirtschaftskrise von 1763 und ihre Hintergründe. Diss. phil. Frankfurt/M. 1937 (auch VSWG Beiheft 34. 1937.) — Otto *Wiedfeldt:* Statistische Studien zur Entwicklungsgeschichte der Berliner Industrie von 1720 bis 1890. Leipzig 1898. (Staats- und sozialwissenschaftliche Forschungen. 16. Heft 2.) — Walter *Mertineit:* Ostpreußische Manufaktur- und Merkantilpolitik im 18. Jahrhundert. Ein Beitrag zur friderizianischen Verwaltungspraxis. In: Zeitschrift für Ostforschung. 9. 1960. S. 481—492. — *Minden-Ravensberg* unter der Herrschaft der Hohenzollern. Festschrift zur Erinnerung an die 300jährige Zugehörigkeit der Grafschaft Ravensberg zum brandenburg-preußischen Staate.

Hrsg. v. H. Tümpel. Bielefeld 1909. — Darin besonders: H. *Tümpel:* Politische Geschichte. Abschnitt 2, 6. S. 37 ff.; O. *Schulz:* Entwicklung der Landwirtschaft. Abschnitt 3, 2. S. 162; H. *Potthoff:* Geschichte von Gewerbe und Handel. Abschnitt 2, 2. S. 193 ff.; H. *Blocks:* Geschichte des Post- und Telegraphenwesens. Abschnitt 1. S. 262 f. — Aloys *Meister:* Friedrich d. Gr. und das preußische Westfalen. 1912. — Otto *Geisler:* Die Wirtschaftspolitik Friedrichs d. Gr. und der Begriff der Planwirtschaft. Diss. jur. Tübingen 1952 (Masch.Schr.). — Friedrichs d. Gr. Begründung für den Industrieschutz: Conrad *Matschoss:* Friedrich d. Gr. als Beförderer des Gewerbefleißes. Berlin 1912 S. 38 f. (ohne Nachweis).

III. NEUE PROVINZEN

1. Schlesien

Rechtsansprüche auf Schlesien: Preuß. Staatsschriften aus der Reg.-Zeit Kg. Friedrichs II., bearb. v. R. *Koser.* Bd. 1, Berlin 1877. — C. *Grünhagen* und H. *Markgraf:* Lehns- und Besitz-Urkunden Schlesiens im Mittelalter. 2 Teile. Leipzig 1881—83. — Fritz *Wagner:* Kaiser Karl VII. und die großen Mächte. 1938.

Weisungen für die Zeit der Abwesenheit Friedrichs: Acta Borussica. Behördenorganisation. VI, 1. S. 178 f. — *Des Königs Friedens-Aufenthalte in Schlesien:* 1746 Juli/August; 1747 August/September; 1748 September; 1749 April/Mai; 1750 September; 1751 August/September; 1752 September; 1753 Mai und Oktober/November; 1754 September; 1755 September. — Hans *Droysen:* Tageskalender Friedrichs des Großen 1740—1763. In: Forschungen zur brandenburgischen und preußischen Geschichte. 29. 1916. S. 113—139. — (Karl Ludwig *v. Klöber):* Von Schlesien vor und seit dem Jahr MDCCXXXX. Bd. 1. Freiburg 1785. Bd. 2. Freiburg 1786. (Der Verfasser war geborener Pfälzer, seit 1766 Rat der Berliner Kriegs- und Domänenkammer. Sein Buch erschein anonym, angeblich als Übersetzung aus dem Englischen). — Heinrich *Wuttke:* König Friedrichs des Großen Besitzergreifung von Schlesien und die Entwicklung der öffentlichen Verhältnisse in diesem Lande bis zum Jahre 1740. Bd. 1. 2. Leipzig 1842—43, (— 1740). Vgl. dazu Otto *Hintze* in Acta Borussica VI, 1. S. 507 Anm. 2.

Schlesien vor der Einverleibung: Acta Borussica. Behördenorganisation. VI, 1. Bearb. v. Otto Hintze. Berlin 1901. S. 493—556. — Max *Lehmann:* Staat und Kirche in Schlesien vor der preußischen Besitzergreifung. In: Historische Zeitschrift. 50. S. 193 ff. — *Verwaltung:* Colmar *Grünhagen:* Schlesien unter Friedrich dem Großen. 2 Bde. Breslau 1890—92. (Unübertroffene quellennahe Darstellung des Breslauer Staatsarchivars. Weitere Literatur siehe unten zu Kap. IV. 1.). — *Acta Borussica.* Behördenorganisation. VI, 2 (Akten zur preußischen Verwaltung in Schlesien). S. 205 ff., darunter u. a. Huldigung in Breslau (S. 223—233); Einrichtung der Verwaltungsbehörden (S. 236—326); Huldigung in Glatz (S. 339 f.); Justizverwaltung (S. 341—350); Einrichtungen der Regierungen in Breslau und Glogau (S. 362 bis 375, 380—400); Huldigung in Neisse (S. 435); evangelischer Kirchenbau (S. 434 f.); Postwesen (S. 453 f.); Klassifikationskommission (S. 455—468);

Steuerräte (S. 485—493); Instruktion für Münchow vom 24. September 1742 (S. 498—502); Bericht über Oberschlesien (S. 508—513, 540 f.); Departementsverteilung (S. 551—561); Huldigung in Oberschlesien (S. 565—568); Einrichtung der Regierung in Oppeln (S. 627—633, 702—705, 734 bis 738). — Zusammenfassend: *Isaacsohn*. Bd. 3. S. 206—230.

Feldkriegskommissariat: Acta Borussica. Behördenorganisation. VI, 2. S. 188 Anm. 1. Ein Aktenbestand über diese Behörde besteht nicht. Außer den beiden Chefs und dem Generalproviantmeister gehörten der Kriegsrat Köppen (Kassenwesen) und mehrere Subalternbedienstete dazu. Vgl. *Friedrich der Große:* Werke (deutsche Ausgabe von Volz). Bd. 6. S. 15 und 7. S. 180 f. — H. *Helfritz:* Geschichte der preußischen Heeresverwaltung. Berlin 1938. S. 174—177. — Fred *Schädrich:* Das Generalfeldkriegskommissariat in Schlesien 1741 (Historische Untersuchungen 2). Breslau 1913. — Colmar *Grünhagen:* Die Entstehung des Schlesischen Sonderministeriums. In: FBPG 20, 1907 S. 105 ff. — *Kriegs- und Domänenkammern in Breslau und Glogau:* Personalbestand (früheste Aufstellung) in *Acta Borussica.* Behördenorganisation. VI, 2. S. 296—301. — *Ansprache Münchows* an die Glogauer Kammer am 2. Januar 1742: *Acta Borussica.* Behördenorganisation. VI, 2. S. 296—301. Sein abgelehntes Heiratsgesuch ebd. S. 473. Verweigerung eines Geschenks ebd. S. 606 (Kabinettsorder vom 8. Juni 1743). — *Oberamtsregierungen in Breslau und Glogau: Acta Borussica.* Behördenorganisation. VI, 2. S. 362 ff. Dasselbe für *Oppeln:* Ebd. S. 627 ff. Eine Verlegung von Oppeln nach Ratibor oder Kosel war vorgesehen, unterblieb aber bis zur Übersiedlung nach Brieg. 1756. — *Cocceji:* E. *Döhring* in NDB. Bd. 3. 1957; dort weitere Literatur. Seine Dienstanweisung: *Acta Borussica.* Behördenorganisation. VI, 2. S. 362—375 (besonders S. 373, ebd. in Anmerkung 1 das Personal der Glogauer Oberamtsregierung von 1742). — *Domänenkassenertrag: Grünhagen.* Bd. 1 S. 387. — *Handel und Gewerbe:* ebd. S. 490 ff., Bd. 2 S. 529 ff. Post: *Stephan* S. 205—211.
Hermann *Fechner:* Wirtschaftsgeschichte der preußischen Provinz Schlesien in der Zeit ihrer provinziellen Selbständigkeit 1741—1806. Breslau 1907. (Dort auch S. 20 Schlabrendorffs Kritik am Regierungssystem Friedrichs II.). — F. Frhr. *v. Schrötter:* Die schlesische Wollindustrie im 18. Jahrhundert. In: FBPG 11, 1899. — Alfred *Zimmermann:* Blüte und Verfall des Leinengewerbes in Schlesien. Breslau 1885. — Ernst *Pfeiffer:* Die Revuereisen Friedrichs d. Gr. besonders die schlesischen nach 1763 und der Zustand Schlesiens von 1763—1786. In: Eberings Histor. Studien 44, Berlin 1904. Nachdruck Vaduz 1965
— Über Schlabrendorff vgl. C. Grünhagen in ADB
— Über Hoym vgl. H. Fechner in ADB, St. Skalweit in NDB 9 (1972).
Joh. *Ziekursch:* Beiträge zur Charakteristik der preußischen Verwaltungsbeamten in Schlesien bis zum Untergang des friderizianischen Staates (Quellen u. Darstellungen z. schles. Geschichte 4, 1904). — *Derselbe:* Zur Charakteristik der schlesischen Steuerräte (1742—1809). In: Zs. d. Ver. f. Gesch. Schlesiens 43, 1909 S. 131—182.

Schlesischer Bergbau: Hermann *Fechner:* Geschichte des schlesischen Berg- und Hüttenwesens 1741—1786. In: Zeitschrift für Berg-, Hütten- und Salinenwesen im preußischen Staat. 48—50. 1900—1902 (auch separat 1903). — Karl *Pflug:* Zur Geschichte des Bergbaues im Waldenburger Berglande. In: Zeitschrift des Vereins für Geschichte Schlesiens. 43. 1909. S. 75—98. — Konrad *Wutke:* Die Wiederbelebung des schlesischen Bergbaues unter Friedrich dem Großen. 1741—1776. Friedrich Anton Frhr. von Heinitz und sein Verdienst um den Aufschwung des schlesischen Berg- und Hüttenwesens. In: Aus der Vergangenheit des schlesischen Berg- und Hüttenlebens. Breslau 1913 (Der Bergbau im Osten des Königreichs Preußen. Festschrift zum 12. Allgemeinen Deutschen Bergmannstag, Breslau 1913. Bd. 5.) S. 1—90. — Max *Schulz-Briesen:* Der preußische Staatsbergbau von seinen Anfängen bis zum Ende des 19. Jahrhunderts. Bd. 1. Berlin 1933. S. 1—71. — K. *Matschoß:* Preußens Bergwirtschaft unter Friedrich dem Großen. In: Bergwirtschaftliche Mitteilungen. 1912. S. 221. — E. *Reimann:* Friedrich der Große und der Freiherr von Heinitz. Gotha 1892. (Abhandlungen zur Geschichte Friedrichs des Großen.) S. 124 ff. — Über J. *v. Justi: H. Rößler.* In: Biographisches Wörterbuch zur deutschen Geschichte. München 1953. Ferd. *Frensdorff:* Über das Leben ... des Nationalöconomen J. H. G. v. Justi. In: Nachr. Ak. Wiss. Göttingen, phil.-hist. Kl. 1903 H. 3 S. 448 ff. — Hans *Haußherr:* J. H. G. v. Justi, in: Verwaltungseinheit und Ressorttrennung. Berlin 1953, S. 79—96. — B. *Rosenmöller:* Schulenburg-Kehnert unter Friedrich dem Großen. Berlin 1914. — *Über Waitz-Eschen:* C. W. *v. Dohm:* Denkwürdigkeiten meiner Zeit oder Beiträge zur Geschichte des letzten Viertels des 18. und des Anfangs des 19. Jahrhunderts. Bd 4. Lemgo und Hannover 1819. S. 407. — *Heinitz* (Heynitz): O. *Steinecke* in: ADB. 55. 1910. Nachträge. S. 493—500. — Ernst *Opgenoorth:* „Ausländer" in Brandenburg-Preußen als leitende Beamte und Offiziere 1604—1871. Würzburg 1967 (Beiheft 28 zum Jahrbuch der Albertus-Universität Königsberg/Pr.) — F. W. *v. Reden:* K. *Wutke:* Aus der Vergangenheit des schlesischen Berg- und Hüttenlebens. Breslau 1913. S. 91—277. — *Karl vom Stein:* Freiherr vom Stein. Briefe und amtliche Schriften. Neu hrsg. v. Walther Hubatsch. Bd. 1. Stuttgart 1957. — Zur Kontroverse über den preußischen *Merkantilismus* vgl. Gustav *Croon:* Die Wirkungen des preußischen Merkantilismus in Schlesien. In: Zeitschrift des Vereins für Geschichte Schlesiens. 42. Breslau 1908. — Die Entgegnung von Hermann *Fechner* und die Erwiderung von Gustav Croon ebd. 43. 1909. S. 304—332. — Hermann *Fechner:* Die Wirkungen des preußischen Merkantilismus in Schlesien. In: VSWG, 1909, S. 315 ff. — *Derselbe:* Die Fabrikengründungen in Schlesien nach dem Siebenjährigen Krieg unter Friedrich d. Gr. In: Ztschr. f. d. ges. Staatswissenschaft 57, 1901, S. 618 ff. — *Derselbe:* Friedrichs d. Gr. und seiner beiden Nachfolger Garnhandelspolitik in Schlesien 1741—1806. In: Ztschr. d. Vereins f. Gesch. Schlesiens 35, 1901 S. 303 ff. — *Heinitz Tagebuch: Wutke:* Bergbau. S. 51 f. nach O. *Steinecke:* Friedrich Anton von Heynitz. Ein Lebensbild. In: Forschungen zur brandenburgischen und preußischen Geschichte. 15,2. 1902. S. 106 ff., hier S. 128.

2. Ostfriesland

Carl *Hinrichs:* Die ostfriesischen Landstände und der preußische Staat. 1744—1756. Ein Beitrag zur Geschichte der inneren Staatsverwaltung Friedrichs des Großen. 1. Teil: 1744—1748. In: Jahrbuch der Gesellschaft für bildende Kunst und vaterländische Altertümer zu Emden. 22. 1927. S. 1—268, (nach Akten des Preußischen Geheimen Staatsarchivs Berlin und des Emdener Ratsarchivs). Die von Hinrichs geplante Fortsetzung ist nicht mehr bearbeitet worden. — *Isaacsohn* Bd. 3. S. 230—236. — Tilemann Dothias *Wiarda:* Ostfriesische Geschichte. Bd.

6—10. Aurich und Leer 1795—1817. — Sebastian Anton *Homfeld:* Gründlicher Bericht von der Beschaffenheit des ostfriesischen Reichs-Mannlehens und der dem König- und Kurhause Brandenburg in diesem Reichsleben auf Abgang des ostfriesischen Mann-Stammes zustehenden Succession. In: Reinhold *Koser*: Preußische Staatsschriften. Bd. 2. Berlin 1892. S. 361 ff. — Otto *Schüssler:* König Friedrichs des Großen Vertrag mit Emden. Gymnasialprogramm Emden 1902. — Otto *Hintze:* Friedrichs des Großen Absicht, Emden zu verkaufen. In: Forschungen zur brandenburgischen und preußischen Geschichte. 13. 1900. S. 570 f. — *Acta Borussica.* Behördenorganisation VI, 2. S. 717—724 und S. 717 Anm. 1; S. 923 f. und Anm. 1. — *Ebd.* VI, 1. S. 556—614. — Immediatberichte Homfelds, Sendung Bügel, Verhandlungen Coccejis und Huldigung: *ebd.* VI, 2 S. 746—771. Die ostfriesischen Revenuen: *ebd.* S. 812 ff.; Convention mit den ostfriesischen Ständen vom 7. Juli 1744: *ebd.* S. 801—808. Cocceji, „äußerste Vergnügung": *ebd.* S. 797 (Immediatbericht vom 3. Juli 1744). — Kurt *Perels:* Die allgemeinen Appellationsprivilegien für Brandenburg-Preußen (Quellen u. Studien z. Verfassungsgeschichte des Deutschen Reichs III, 1). Weimar 1908. — Korrespondenz Bügel-Boden: *Acta Borussica.* VII. S. 30 ff., 290. — Generaldirektorium an Jhering 7. Mai 1748: Preußisches Geheimes Staatsarchiv, Generaldirektorium Ostfriesland XIX No 2, nach *Hinrichs:* Landstände S. 246. Die Ständeregierung hatte am 18. November 1747 „sämtliche Ausstellungen, die Jhering als Inspektor bei den Landrechnungen gemacht hatte, und alle seine Besserungsvorschläge ein für allemal für erledigt erklärt" (ebd. S. 259). — III. Departement an Auswärtiges Departement in ostfriesischen Angelegenheiten am 5. Juni 1745: *Acta Borussica.* Behördenorganisation VI, 2. S. 900 ff. — Ressort-Reglement vom 18. August 1746: *Acta Borussica.* VII. S. 114 und 120. — Rehabilitation der ehemaligen fürstlich-ostfriesischen Administratoren: *Hinrichs:* Landstände. S. 248. 255. — *Acta Borussica.* VIII. S. 64—67. — Bakmeisters Ernennung zum Inspektor beim Auricher Administrationscollegium: *Acta Borussica.* VIII. ebd. — Instruktionen und Immediaterlasse des Königs an Lentz: *ebd.* vom 27. September, 26. Oktober, 26. November, 10. Dezember 1748 in *Acta Borussica.* VIII. — *Friedrich der Große in Emden:* H. *Droysen:* Tageskalender. In: Forschungen zur brandenburgischen und preußischen Geschichte. 29. 1916. — *Wiarda:* Ostfries. Geschichts. Bd. 8. S. 362 ff. — *Post: Acta Borussica.* VI, 2. S. 767. — H. *Stephan:* Geschichte der preußischen Post. Berlin 1859. S. 211—215. — C. *Eßlinger:* Das Postwesen in Ostfriesland 1744—1806. Aurich 1908 (Abhandlungen und Vorträge zur Geschichte Ostfrieslands. H. 8/9.). — *Ostfriesland im Siebenjährigen Krieg: Acta Borussica.* XI. XII. — *Lob für die Provinz:* ebd. XI. S. 494. 508. — *Kompetenzverteilung in der Ostfriesischen Regierung 1759:* ebd. XII. S. 66—74. — *Derschau:* Altpreußische Biographie. Bd. 1. Königsberg 1941. S. 128. — *Homfelds Tod:* Acta. Bor. XII S. 373. — *Lentz:* Ostfries. Monatsblatt 5, 1877; seine Zeitungsberichte: ebenda 4, 131 ff., 383 ff. (hrsg. E. *Friedlaender,* 1876). — *Lentz und Colomb:* M. *Haß:* Friedrich der Große und seine Kammerpräsidenten. In: Festschrift zu G. Schmollers 70. Geburtstag. Leipzig 1908. S. 181—220. — Wöllners Charakteristik von ihm in: Preußisches Geheimes Staatsarchiv Rep. 96, 206 E. — B. *Rosenmöller:* Schulenburg-Kehnert unter Friedrich dem Großen. Berlin 1914. S. 162 ff. — *Ebd.* S. 170 Anm. 18 die Kabinettsorder Friedrichs des Großen an Schulenburg, Berlin, 21. Mai 1785 betr. See-Anwächse (Generaldirektorium Ostfriesland XXXVIII, 7 v. 2). — Diddo *Wiarda:* Die geschichtliche Entwicklung der wirtschaftlichen Verhältnisse Ostfrieslands. Jena 1880. — *Fischbach:* Historische, politische, geographische, statistische und militärische Beiträge die Königlich Preußischen und benachbarte Staaten betreffend. Bd. 1.2. Berlin 1781—1782. Hier: Bd. 1. S. 111—184. Bd. 2. S. 297—356. — *Bayen-Salz aus Ostfriesland:* Kabinettsorder Friedrichs des Großen an den Kammerpräsidenten Lentz vom 12. Oktober 1751. Desgleichen 16. Oktober und 13. November 1751. *Acta Borussica.* Handels-, Zoll- und Akzisepolitik. III, 1. S. 769. — Cocceji an Podewils, 16. und 23. Juni 1744: *Hinrichs:* Landstände. S. 119. — *Acta Borussica.* VI, 2. S. 785. — *Bügels Frankreich-Seeschiffahrt über Leer:* ebd. S. 203, Bericht vom 12. 4. 1748. — *Latouche:* Arnold *Berney:* Die Anfänge der friderizianischen Seehandelspolitik. In: VSWG. 22. 1929 (auch separat). — *Reederei von Splitgerber und Daum:* Friedrich *Lentz* und Otto *Unholtz:* Die Geschichte des Bankhauses Gebrüder Schickler. Berlin 1912. S. 80 f. — *Koser:* Friedrich der Große. Bd. 2. S. 192 f. — *Ders.:* Der Große Kurfürst und Friedrich der Große in ihrer Stellung zu Marine und Seehandel. In: Marine-Rundschau. 1904. Heft 4. — Vgl. Politisches Testament Friedrichs des Großen von 1753: „Die Emdener Kompanie" und „Zukunftsphantasien". Desgleichen 1768: „Handel". — Viktor *Ring:* Die asiatischen Handelskompanien Friedrichs des Großen. 1890. — H. *Bergér:* Überseeische Handelsbestrebungen und koloniale Pläne unter Friedrich dem Großen. Leipzig 1899. — *Wiedererrichtung der Asiatischen Kompanie 1769/70:* Preußisches Geheimes Staatsarchiv Rep. 95 A, IV, 45. *Rosenmöller:* Schulenburg-Kehnert. S. 173—177. — *Bedenken des Königs:* Minüten, K.O. 26. August 1782 an Schulenburg. *Rosenmöller:* Schulenburg-Kehnert. S. 174. — *Schiffbau:* Friedrich II. an Fäsch 1. 10. 1749. — *Acta Borussica.* Handels-, Zoll- und Akzisepolitik. III, 1 S. 404—422. — *Seehandel Ostfrieslands allgemein:* vgl. *ebd.* S. 129—141. — *Emdener Handlungsgericht 1775: Acta Borussica.* Behördenorganisation. XVI, 1. 1970. S. 217 ff. — *Heringsfang: Acta Borussica.* Handels-, Zoll- und Akzisepolitik. III, 1. S. 772—779. — *Rosenmöller:* S. 182—216 und dort genannte Literatur. — *Seehandlung:* Paul *Schrader:* Die Geschichte der Königlichen Seehandlung (Preußische Staatsbank) mit besonderer Berücksichtigung der neuen Zeit, auf Grund amtlicher Quellen bearbeitet. Diss. jur. Münster 1911. — Hermann *Schleutker:* Die volkswirtschaftliche Bedeutung der Königlichen Seehandlung von 1772—1820. Diss. jur. Tübingen 1920. (Die Dissertation von G. *Heinicke:* Die Preußische Staatsbank (Seehandlung) behandelt nicht die Zeit des 18. Jahrhunderts.) — Gründungspatent der Seehandlungsgesellschaft: *Mylius:* Novum Corpus Constitutionum. 5. Teil, 1. Band. S. 513 ff. — *Rosenmöller* S. 268—323.

3. Staatssiedlungen

Der frühere Begriff „Kolonisation" ist heute, nachdem das Wort einen vollständigen Begriffswandel durchgemacht hat, nicht mehr ohne die Gefahr gröblicher Mißverständnisse zu gebrauchen. Tatsächlich handelte es sich bei den friderizianischen Peuplierungsmaßnahmen um Meliorationen und Siedlungen, die vom Staat veranlaßt und finanziert wurden. — *Allgemein:* Max *Beheim-Schwarzbach:* Hohenzollernsche Colonisationen. Ein Beitrag zu der Geschichte des preußischen Staates und der Colonisation des östlichen Deutschlands. Leipzig 1874. — Rudolph *Stadelmann:* Preußens Könige in ihrer Tätigkeit für die Landeskultur. Bd. 2: Friedrich der Große. Leipzig 1882 (Publikationen aus den Preußischen Staatsarchiven. 11.) — Anton *Zottmann:* Die Wirtschaftspolitik Friedrichs des Großen. Leipzig 1937 (Gesellschaftswissenschaftliche Abhandlungen. 8.) S. 123 ff. — Heinrich *Bergér:* Friedrich der Große als Kolonisator. Gießen 1896 (Gießener Studien auf dem Gebiet der Geschichte. 8.) — E. Friedrich *v. Hertzberg:* Acht Abhandlungen, welche in der Kgl. Akademie d. Wiss. zu Berlin an den Geburtsfesten des Königs im Jänner 1780 bis 1787 vorgelesen wurden. Berlin und Leipzig 1789.

Oderbruch: Friedrich der Große: Geschichte des Siebenjährigen Krieges. Werke in dt. Übersetzung hrsg. v. G. *Volz.* Bd. 3. Berlin 1913. S. 8. — Albert *Detto:* Die Besiedlung des Oderbruchs durch Friedrich den Großen. In: Forschungen zur brandenburgischen und preußischen Geschichte. 16. 1903. S. 163—205. — P. F. *Mengel:* Das Oderbruch. 2 Bde. Eberswalde 1930. 1934.

Pommern: Karla *König:* Friedrich der Große und Pommern. Stettin 1940 (Pommern im Wandel der Zeiten. 2.) — *Beheim-Schwarzbach:* Colonisationen. S. 367 f. — Fritz *Knack:* Burg Saatzig, Jacobshagen und die pommerschen Koloniegründungen Friedrichs des Großen, Graebnitzfelde und Constantinopel. Hildesheim 1912. — P. *Wehrmann:* Friedrich der Große als Kolonisator in Pommern. In: Jahresbericht 6 der Geogr. Gesellschaft zu Greifswald. Teil 2. Greifswald 1898. — Hans *Hesse:* Die Kolonisationstätigkeit des Prinzen Moritz v. Anhalt-Dessau in Pommern (Baltische Studien, N.F. 14), 1910. — E. *Drumm* und A. *Zink:* Saarpfälzische Kolonisation in Pommern unter Friedrich dem Großen. Stuttgart 1938. — K. *Rosenow:* Der Kreis Schlawe unter Friedrich dem Großen. Schlawe 1927. — *Brenckenhoff:* A. G. *Meissner:* Das Leben Franz Balthaser Schönbergks v. Brenkenhoff. Leipzig 1782. — A. *Berg:* Der Brenckenhoffsche Defekt. In: Forschungen zur brandenburgischen und preußischen Geschichte. 11. 1898. — F. *Curschmann* in: Festschrift Rudolf Kötzschke. Leipzig 1927. — Gustav *Schmoller:* Die preußische Einwanderung und ländliche Kolonisation des 17. und 18. Jahrhunderts. In: Umrisse und Untersuchungen zur Verfassungs-, Verwaltungs- und Wirtschaftsgeschichte. Leipzig 1898. — Waldemar *Kuhn:* Kleinsiedlungen aus friderizianischer Zeit. (Diss. Danzig 1915), Stuttgart 1918. — Walther *Kuhn:* Die preußische Kolonisation unter Friedrich dem Großen. In: Deutsche Ostsiedlung in Mittelalter und Neuzeit. Köln 1971 (Studien zum Deutschtum im Osten. 8.) S. 182—196. — Udo *Froese:* Das Kolonisationswerk Friedrichs des Großen. Wesen und Vermächtnis. Heidelberg 1938 (Beiträge zur Raumforschung und Raumordnung. 5.) — Gotthardt *Arndt:* Grundsätze der Siedlungspolitik und Siedlungsmethode Friedrichs des Großen. Diss. phil. Leipzig 1934.

Neumark: P. *Schwartz:* Brenkenhoffs Berichte über seine Tätigkeit in der Neumark. 1907 (Schriften des Vereins für die Geschichte der Neumark. 20.) — Herbert *Moegelin:* Das Retablissement des adligen Grundbesitzes in der Neumark durch Friedrich den Großen: In: Forschungen zur brandenburgischen und preußischen Geschichte. 46. 1934. S. 28—69. 233—274. — *Acta Borussica.* Behördenorganisation. XIII. 1932. Bearb. v. Ernst Posner. — Erich *Neuhaus:* die fridericianische Kolonisation im Warthe- und Netzebruch, nach archivalischen Quellen dargestellt. Landsberg a. W. 1906 (Schriften des Vereins für die Geschichte der Neumark. 18.)

Kurmark: H. L. *Schmidt:* Friderizianische Siedlungspolitik in der Mark Brandenburg. In: Jahrbuch für brandenburg. Landesgeschichte. 12. 1961. — R. *Jung:* Wie Friedrich der Große im Rhin- und Dosseluch siedelte. 1930 (Veröffentlichungen des historischen Vereins der Grafschaft Ruppin. 4.) — *Friedrich der Große an Werder* 23. 4. 1786: *Stadelmann:* Preußens Könige. Bd 2. Nr. 619. S. 643. — *An die Kurmärkische Kammer* vom 12. 4. 1763: ebd. Nr. 152. S. 339. — *Beheim-Schwarzbach:* Colonisationen. S. 360 ff. — Helmut *Kublick:* Die Siedlungspolitik Friedrichs des Großen im Kreise Cottbus. Diss. phil. Halle 1935.

Magdeburg: Alice *Reboly:* Die friderizianische Kolonisation im Herzogtum Magdeburg. In: Sachsen und Anhalt. Jahrbuch der landesgeschichtlichen Forschungsstelle für die Provinz Sachsen und Anhalt. 16. 1940. 214—323 (mit einer Karte). — *Rosenmöller* S. 30 ff., 87 ff. — *Stadelmann:* Preußens Königs. Bd. 2. S. 19 (für 1758).

Schlesien: Beheim-Schwarzbach: Colonisationen. S. 299—358. — Alfons *Perlick:* Friedrich der Große und das Beuther Land. Beuthen O.S. 1926. — K. *Räbiger:* Koloniegründungen im Amte Herrnstedt 1776—85. In: Zeitschrift des Vereins für die Geschichte Schlesiens. 44. Breslau 1910. — Herbert *Schlenger:* Friderizianische Siedlungen rechts der Oder bis 1800. Breslau 1933 (Beiheft 1 zum geschichtlichen Atlas Schlesiens). — Johannes *Ziekursch:* Die innere Kolonisation im altpreußischen Schlesien. In: Zeitschrift des Vereins für die Geschichte Schlesiens. 48. Breslau 1914.

Ostpreußen: Walter *Mertineit:* Die friderizianische Verwaltung in Ostpreußen. Heidelberg 1958 (Studien zur Geschichte Preußens Bd. 1.) — *Beheim-Schwarzbach:* Colonisationen. S. 373 ff. — E. *Kobbert:* Das große Moosbruch, seine Urbarmachung und Besiedlung. Diss. phil. Königsberg 1925. — Zitat Friedrichs II. wegen Moorkultivierung vom 1. August 1786 in: A. *v. Taysen:* Die militärische Tätigkeit Friedrichs des Großen während seines letzten Lebensjahres. Berlin 1886. S. 8. — August *Skalweit:* Wieviel *Kolonisten* hat Friedrich der Große angesiedelt? In: Forschungen zur brandenburgischen und preußischen Geschichte. 24, 1911 S. 243—248 (Berichtigung von Beheim-Schwarzbach). *Stadelmann:* Preußens Könige. Bd. 2. S. 37.

Westpreußen: Literatur siehe Kapitel V, 3. — Walther *Maas:* Preußische Siedlungen in Westpreußen und dem Netzedistrikt 1772—1848. In: Deutsche Ostsiedlung in Mittelalter und Neuzeit. Köln 1971 (Studien zum Deutschtum im Osten. 8.) S. 197—218 (mit einer Karte). — Konrad *Gatz:* Siedler unter Preußens Fahnen. Zur Ansiedlung in Westpreußen und im Netzegau unter Friedrich dem Großen. Leipzig 1941 (Ostdeutsche Heimatbücher. 6.) — Werner *Schulz:* Die zweite deutsche Ostsiedlung im westlichen Netzegau. Diss. phil. Berlin 1937. (Deutschland und der Osten. 9. und 10.) Darstellung und Quellenband. — *Koser:* Friedrich der Große. Bd. 3. S. 351 f. — Max *Bär:* Westpreußen unter Friedrich dem Großen (Publikationen aus den preußischen Staatsarchiven. 83.84.)

Westliche Provinzen: Minden-Ravensberg unter der Herrschaft der Hohenzollern. Hrsg. v. H. Tümpel. Bielefeld 1909. S. 163. — Meldung des Amts Sparenberg nach Akten der Kriegs- und Domänenkammer Minden V, 214: Acta die geforderten Nachrichten und Vorschläge zu reellen dem Lande unschädlichen Verbesserungen betreffend. — *Rosenmöller:* S. 122 f.

Kleve-Mark: Rosenmöller: S. 148 f. — Walter *Ring:* Kolonisationsbestrebungen Friedrichs des Großen am Niederrhein. Duisburg 1917 (Schriften des Duisburger Museumsvereins. 7.) mit 6 Abb. und 1 Karte.

Ostfriesland: Rosenmöller: S. 171. — *Tabelle* (Übersicht der Siedler) nach A. *Skalweit:* Wieviel Kolonisten hat Friedrich der Große angesiedelt? In: Forschungen zur brandenburgischen und preußischen Geschichte. 24. 1911. S. 247 f. — *Leibniz:* Zitat bei *Dutens* Bd. 4. S. 502. — *Politisches Testament 1768:* Dt. Ausgabe Oppeln-Bronikowski. S. 135. — *Antimachiavell:* Volz (Hrsg.): Werke *Friedrichs des Großen.* Bd. 7. S. 20. — Geschichte des Siebenjährigen Krieges: Ebd. Bd. 3 S. 9.

IV. UM PREUSSENS EXISTENZ

1. Staatsverwaltung im Kriege

Allgemein: Friedrich der Große: Geschichte des Siebenjährigen Krieges = Oeuvres de Fréderic le Grand t. 4,5). Deutsche Ausgabe: Die Werke Friedrichs des Großen. Hrsg. v. G. B. Volz. Bd. 3 u. 4. Berlin 1913. Das recht umfangreiche Werk beschränkt sich auf die Darstellung der außenpolitischen und militärischen Vorgänge. — Ebenso *Willy Andreas:* Friedrich der Große und der Siebenjährige Krieg. Leipzig 1940 (Neudruck aus: Historische Zeitschrift 158. 1938). — Alfred *Graf Schlieffen:* Friedrich der Große. Berlin 1912. — Die Kriege Friedrichs des Großen. Hrsg. v. [Preuß.] Großen Generalstab. Teil 1: Der I. Schlesische Krieg 1740—1742. 3 Bde. Berlin 1890—1893; Teil 2: Der II. Schlesische Krieg 1744—1745. 3 Bde. 1895—1896; Teil 3: Der Siebenjährige Krieg 1756—1763. Bd. 1 bis 13 (bis 1760, mehr nicht erschienen). Berlin 1901—1914. — Curt *Jany:* Der Siebenjährige Krieg. Ein Schlußwort zum Generalstabswerk. In: Forschungen zur brandenburgischen und preußischen Geschichte 35. 1923. — Eberhard *Kessel:* Quellen und Untersuchungen zur Geschichte der Schlacht bei Torgau. Berlin 1937. — Reinhold *Koser:* Die preußische Kriegführung im Siebenjährigen Kriege. In: Historische Zeitschrift. 92. 1903. — Hans *Rothfels:* Friedrich der Große in den Krisen des Siebenjährigen Krieges. In: Historische Zeitschrift. 134. 1926. Neudruck in: Bismarck, der Osten und das Reich. Darmstadt 1960. — Johann Wilhelm *von Archenholtz:* Geschichte des Siebenjährigen Krieges in Deutschland. 13. Aufl. Leipzig 1893 (Darstellung eines kriegsteilnehmenden Offiziers). — Carl Friedrich *Pauli:* Leben großer Helden des gegenwärtigen Krieges. 9 Bde. Halle 1758—1764. [Augenzeugenberichte]. — Winfried *Baumgart:* Der Ausbruch des Siebenjährigen Krieges. Zum gegenwärtigen Forschungsstand. In: Militärgeschichtl. Mitteilungen 11 (1972).

Staatsverwaltung: Acta Borussica. Behördenorganisation. Bd. VII. Berlin 1904 (1746—1748); Bd. XI. Berlin 1922/25 (August 1756 bis Dezember 1758); Bd. XII. Berlin 1926 (1759 bis Februar 1763). — *Politische Correspondenz Friedrichs des Großen.* Hrsg. von der Preußischen Akademie der Wissenschaften. Bd. 11—19.

Berlin 1883—1892 (1756—1760); Bd. 20—22. Berlin 1893—1895 (1760—1763). — *Briefe Friedrichs des Großen.* Deutsche Ausgabe hrsg. v. Max Hein. Bd. 2. Berlin 1914. — Friedrich der Große. Gespräche mit [Heinrich Alexander de] Catt. Verdeutscht und hrsg. von Willy Schüßler. Leipzig 1940. — Hans *Droysen:* Tageskalender Friedrichs des Großen vom 1. Juni 1740 bis 31. März 1763. In: Forschungen zur brandenburgischen und preußischen Geschichte. 29. 1916. S. 95—157. — Georg *v. Frantzius:* Die Okkupation Ostpreußens durch die Russen im Siebenjährigen Kriege mit besonderer Berücksichtigung der russischen Quellen. Diss. phil. Berlin 1916. — Chester V. *Easum:* Prince Henry of Prussia — Brother of Frederick the Great. Wisconsin 1942. Deutsche Ausgabe Göttingen 1958 (Göttinger Bausteine zur Geschichtswissenschaft 24.) — G. L. *Mamlock:* Friedrichs des Großen Beziehungen zur Medizin. Berlin 1902. — *Derselbe:* Friedrichs des Großen Korrespondenz mit Ärzten. Stuttgart 1907. — Ernst *v. Werlhof:* Friedrich d. Gr. und Sachsen. In: Neues Archiv f. Sächs. Geschichte 34, 1913, S. 142 ff. — Eine zusammenfassende Darstellung zur friderizianischen Staatsverwaltung im Siebenjährigen Kriege fehlte bisher ebenso wie eine Auswertung der Quellensammlung der Acta Borussica. Bei dem hier gesteckten Rahmen war das nur in Kürze und in Umrissen möglich. — Hans *Portzek:* Friedrich d. Gr. und Hannover in ihrem gegenseitigen Urteil. (Veröff. Histor. Kommission Niedersachsen XXV. 1.). Hildesheim 1958. — *Friedrich d. Gr.:* Betrachtungen über die militärischen Talente und den Charakter Karls XII. (1759). In: Oeuvres VII, Berlin 1847, S. 66—68; deutsch in: Werke, hrsg. v. G. B. Volz Bd. VI, Berlin 1912, S. 367—381. — Richard *Nürnberger:* Friedrich des Großen Réflexions sur Charles XII. In: Spiegel der Geschichte. Festgabe für Max Braubach, Münster 1964 S. 590—601. — Zur Personalgeschichte der leitenden Beamten unerläßlich: Ch. A. L. *Klaproth* und C. W. *Cosmar:* Der kgl. preuß. u. kurf. brandenburgische Geheime Staatsrat. Berlin 1805.

2. Heeresverwaltung

Hans Helfritz: Geschichte der preußischen Heeresverwaltung. Berlin 1938. — Eugen *v. Frauenholz:* Entwicklungsgeschichte des deutschen Heerwesens. Band 4: Das Heerwesen in der Zeit des Absolutismus 1940 (Dazu: S. Kaehler in Göttingische Gelehrte Anzeigen 203, 1941 S. 508—521). — *Zur Formationsgeschichte:* Günther *Gieraths:* Die Kampfhandlungen der brandenburg-preußischen Armee 1626—1807. Ein Quellenhandbuch. Berlin 1964 (Veröffentlichungen der Historischen Kommission Berlin. 8.) — Curt *Jany:* Geschichte der Königlich Preußischen Armee bis zum Jahre 1807. Band 2: Die Armee Friedrichs des Großen 1740 bis 1763. Berlin 1928. — Carl *Grünhagen:* Die Einrichtung des Militärwesens in Schlesien bei dem Beginne der preußischen Herrschaft. In: Zeitschrift des Vereins für Geschichte und Altertum Schlesiens. Band 23. Breslau 1889. S. 1—28. — Fred *Schädrich:* Das Generalfeldkriegskommissariat in Schlesien 1741. Breslau 1913 (Historische Untersuchungen. 2.) — Franz *Schwartz:* Organisation und Verpflegung der Preußischen Landmilizen im Siebenjährigen Kriege. Ein Beitrag zur preußischen Militär- und Steuergeschichte. Leipzig 1888 (Staats- und sozialwissenschaftliche Forschungen. Band 7, Heft 4.) — *Derselbe:* Die schlesische Gebirgs-Landmiliz 1743 bis 1745. In: Zeitschrift des Vereins für Geschichte und Altertumskunde Schlesiens. Bd. 23. Breslau 1889. S. 145—176. — Eduard *Schnackenburg:* Das Invaliden- und Versorgungswesen des brandenburgisch-preußischen Heeres bis zum

Jahre 1806. Mit Benutzung archivalischer Urkunden. Berlin 1889. — August *Skalweit:* Die Eingliederung des Friderizianischen Heeres in den Volks- und Wirtschaftskörper. Jena 1944. S. 194—220 (Jahrbücher für Nationalökonomie und Statistik. Bd. 108.). — Robert *Arnold:* Die Anfänge des preußischen Militärkabinetts. In: Historische Aufsätze. Karl Zeumer zum sechzigsten Geburtstag. Weimar 1910. S. 169—200. — A. *v. Taysen:* Die militärische Tätigkeit Friedrichs des Großen während seines letzten Lebensjahres. Berlin 1886 (Militärische Studien über die letzte Regierungs-Periode König Friedrichs II. 2. Folge). — *Acta Borussica.* Behördenverwaltung. Bd. XI. Berlin 1922—25. Bd. XII. Berlin 1926. — Zwei Ranglisten des Preußischen Heeres 1713—1740. In: Beiheft zum Militär-Wochenblatt. 1891. S. 53—123 (hier: Rangliste vom Dezember 1740). — Eduard *Lange II:* Heeresschau der Soldaten Friedrichs des Großen (Supplement zu Kugler-Menzels Geschichte Friedrichs des Großen). Leipzig 1856. Erweiterter Nachdruck Krefeld 1970. — Konrad *Wutke:* Die Gründung des landschaftlichen Pensionsfonds für arme adlige Witwen und Waisen durch Friedrich den Großen. In: Zeitschrift des Vereins für Geschichte Schlesiens. 43. 1909. S. 183 ff. — L. *v. Scharfenort:* Kulturbilder aus der Vergangenheit des altpreußischen Heeres. Berlin 1914. — Friedrich Frhr. *v. Schroetter:* Die Entwicklung des Begriffes „servis" im preußischen Heerwesen. In: Forschungen zur brandenburgischen und preußischen Geschichte. 13. 1900. S. 1—28. — C. *Kling:* Geschichte der Bekleidung, Bewaffnung und Ausrüstung des Königlich Preußischen Heeres, herausgegeben vom (Preußischen) Kriegsministerium. 3 Bände mit zahlreichen Farbtafeln, bis zum Jahre 1808 reichend. Weimar 1906—1911. — Otto *Büsch:* Militärsystem und Sozialleben im Alten Preußen 1713 bis 1807 (Veröff. Berliner Histor. Kommission 7), Berlin 1962.

3. Finanzen

Gustav *Schmoller:* Die Epochen der preußischen Finanzpolitik bis zur Gründung des Deutschen Reichs. In: Umrisse und Untersuchungen. 1898. — Adolph Friedrich *Riedel:* Der brandenburg-preußische Staatshaushalt in den letzen beiden Jahrhunderten. 1866. — Franz *Schneider:* Geschichte der formellen Staatswirtschaft von Brandenburg-Preußen. Berlin 1952. — Manfred *Wachenhausen:* Staatsausgabe u. öff. Interesse in den Steuerrechtfertigungslehren d. naturrechtl. Rationalismus. Berlin 1972. — Reinhold *Koser:* Der preußische Staatsschatz von 1740 bis 1756. In: Forschungen zur brandenburg. und preuß. Geschichte. 4. 1891. S. 529—551. — *Derselbe:* Die preußischen Finanzen im Siebenjährigen Kriege. In: Forschungen zur brandenburgischen und preußischen Geschichte. 15. 1900. S. 153 bis 217, 329—75. — *Derselbe:* Die preußischen Finanzen von 1763—1786. In: Forschungen zur brandenburgischen und preußischen Geschichte. 16. 1903. S. 445—76. — Eduard *Reimann:* Über die Finanzpolitik Friedrichs des Großen. In: Abhandlungen zur Geschichte Friedrichs des Großen. Gotha 1892. — Heinrich *Schnee:* Die Münzjuden in Brandenburg-Preußen, vornehmlich unter Friedrich d. Gr. In: Deutsches Archiv f. Landes- und Volksforschung 8, 1944 S. 367—385. — Th. *v. Dithfurth:* Zur Geschichte der Königlich preußischen Oberrechenkammer. Berlin 1909. — Walther *Schultze:* Geschichte der preußischen Regieverwaltung von 1766 bis 1786. I: Die Organisation der Regie von 1766 bis 1786 und die Reform der Akzise von 1766 bis 1770. Leipzig 1888 (Staats- und sozialwissenschaftliche Forschungen. Bd. 7. H. 3.) — *Derselbe:* in Forschungen zur brandenburgischen und preußischen Geschichte. 5. 1892. S. 191—202. — Gustav *Schmoller:* Die Einführung der französischen Regie durch Friedrich den Großen 1766. In: Sitzungsberichte der Akademie der Wissenschaften Berlin. Phil.-hist. Klasse. 1888 (z. T. deutlich abweichend von Schultze). — Friedrich Frhr. *v. Schrötter:* Preußische Münzpolitik im 18. Jahrhundert. In: Forschungen zur brandenburgischen und preußischen Geschichte. 22. 1909. S. 134—142. — *Derselbe:* Die Münzverwaltung Friedrichs des Großen. In: Hohenzollern-Jahrbuch. 15. 1911. S. 91—99. — *Derselbe:* Die Begründung des preußischen Münzsystems durch Friedrich den Großen und Graumann 1740—1755. Das Geld des Siebenjährigen Krieges und die Münzreform nach dem Frieden 1755—65 (Das preußische Münzwesen im 18. Jahrhundert. Bd. 2—4. Acta Borussica. Die einzelnen Teile der Verwaltung). Berlin 1904—1913. — Konrad *Wutke:* Die Gründung des landschaftlichen Pensionsfonds für arme adlige Witwen und Waisen durch Friedrich den Großen. In: Zeitschrift des Vereins für die Geschichte Schlesiens. 43. 1909. — Friedrich *Lenz* und Otto *Unholtz:* Die Geschichte des Bankhauses der Gebrüder Schickler. Berlin 1912. — Heinrich *Schnee:* Die Hoffinanz und der moderne Staat. Bd. 1. Berlin 1953. Bd. 5. Berlin 1965. — Otto *Hintze:* Friedrich der Große nach dem Siebenjährigen Krieg und das Politische Testament von 1768. In: Geist und Epochen der preußischen Geschichte. Hrsg. v. Fritz Hartung. Leipzig 1943. Hier S. 514—536. — Marcus C. *v. Niebuhr:* Geschichte der Königlichen Bank in Berlin 1765—1845. Berlin 1854. — Heinrich *Poschinger:* Bankwesen und Bankpolitik in Preußen. Bd. 1. Berlin 1878. — Melle *Klinkenborg:* Über den Anteil Friedrichs des Großen an der Begründung der preußischen Bank (Reichsbank). In: Forschungen zur brandenburgischen und preußischen Geschichte. 29. 1916. S. 474—480. — Bernhard *Rosenmöller:* Schulenburg-Kehnert unter Friedrich dem Großen. Berlin 1914 (§ 17: Die Bank). — C[hristian] A[ugust] *Zakrzewski:* Die wichtigeren preußischen Reformen der direkten ländlichen Steuern im 18. Jahrhundert. Leipzig 1887 (Staats- und sozialwissenschaftliche Forschungen. Bd. 7. H. 2). — Heinrich v. Beguelin: Historisch-kritische Darstellung der Accise- und Zollverfassung in den preußischen Staaten. Berlin 1797. — Arnold *Borel:* Le Conflit entre les Neuchâtelois et Frédéric le Grand sur la question de la ferme des impôts du pays de Neuchâtel (1766—1768). Diss. phil. Bern. 1889. — R. *Witschi:* Friedrich d. Gr. und Bern. Bern 1926. — Olivier *Eisenmann:* Friedrich d. Gr. im Urteil seiner schweizerischen Mitwelt. Diss. phil. Zürich 1972. — Erich Paul *Reimann:* Das Tabaksmonopol Friedrichs des Großen. Diss. phil. Berlin 1912. — Ludwig *Beutin:* Die Wirkungen des Siebenjährigen Krieges auf die Volkswirtschaft in Preußen. In: Vierteljahresschrift für Sozial- und Wirtschaftsgeschichte. Bd. 26. 1933. S. 209—243. — Leopold *Krug:* Geschichte der preußischen Staatsschulden. Hrsg. v. C. G. Bergius. Breslau 1861. — *Friedrich der Große:* Denkwürdigkeiten vom Hubertusburger Frieden bis zum Ende der Polnischen Teilung. Kap. 2: Finanzwesen. In: Oeuvres. Bd. 6. S. 73—90. Berlin 1847. Deutsch in: G. B. Volz (Hrsg.): Die Werke Friedrichs des Großen. Bd. 5. Berlin 1913. S. 56—68. — *Derselbe* über Finanzen in den Politischen Testamenten von 1752 und 1768. — Edikte: Novum Corpus Constitutionum Prussico-Brandenburgensium praecipue Marchicarum 1751—1810. 14 Bde. Berlin 1753—1822.

V. DAS ZWEITE RETABLISSEMENT

1. Verwaltungsreform

Reinhold Koser: Zur Bevölkerungsstatistik des preußischen Staates von 1756—1786. In: Forschungen zur brandenburgischen und preußischen Geschichte. 16. 1903. S. 583—589. — *Derselbe:* Ebd. 7. 1894. S. 540—548. — Martin *Haß:* Die preußischen Adreßkalender und Staatshandbücher als historisch-statistische Quelle. In: Forschungen zur brandenburgischen und preußischen Geschichte. 20. 1907. S. 170 ff. — Otto *Behre:* Geschichte der Statistik in Brandenburg-Preußen bis zur Gründung des Kgl. Statistischen Büros. Berlin 1905. — M[ax] *Hanke:* Geschichte der amtlichen Kartographie Brandenburg-Preußens bis zum Ausgang der friderizianischen Zeit. Bearbeitet von Hermann Degner. Stuttgart 1935 (Geographische Abhandlungen. 3. Reihe. Heft 7.) — Adolf *Poschmann:* Die Landesaufnahme des Ermlandes im Jahre 1772. In: Ztschr. f. Gesch. d. Ermlandes 23, 1928 S. 382—445. — *Acta Borussica.* Behördenorganisation. Bd. 7—10, 13—16,1. Berlin 1904—1970. Bodens Antwort an Friedrich II. ebd. Bd. 12. 1926. S. 63—65; Instruktion vom 20. 5. 1748 in Bd. 7. 1904. S. 552—839. Beamtentabellen in Bd. 8 (1906) S. 190—223; dazu: Martin *Haß:* Zur Aufnahme des Personalbestandes der preußischen Provinzial- und Lokalbehörden im Jahre 1748. In: Forschungen zur brandenburgischen und preußischen Geschichte. 21. 1908 S. 549—558. — *Ediktensammlungen:* Christian Otto *Mylius:* Corpus Constitutionum Marchicarum. 6 Teile (1298—1736). Teil 1—3 in einem Band. Hier wichtig: 4 Continuationes (1737—1750) und Supplement zu Cont. 1—3 (1737—1747) mit Registern. Berlin und Halle 1737—1755. — *Novum Corpus Constitutionum* Prussico-Brandenburgensium praecipue Marchicarum [für die Jahre 1751—1810]. Hrsg. v. d. Kgl. Preuß. Akademie der Wissenschaften. 12 Bde. Dazu je 1 Registerband für 1751 bis 1775 und 1775—1800. Berlin 1753—1822. — George *Grube:* Corpus Constitutionum Pruthenicarum. Königsberg 1721 (wichtig wegen der Aufzeichnung der weiter gültigen ständischen und kirchlichen Rechte). — Entsprechende Ediktensammlungen von David Friedr. *Quickmann* für Pommern: Ordnung oder Sammlung derer in dem kgl. preuß. Herzogtum Pommern und Fürstentum Cammin bis Ende des Jahres 1747 publicirten Edikten, Mandaten und Rescripten ... Frankfurt 1750. — Für Cleve-Mark: Johann Joseph *Scotti:* Sammlung der Gesetze und Verordnungen, welche in den ehemaligen Herzogthümern Jülich, Cleve und Berg ... ergangen sind. 4 Teile [1418—1816]. Düsseldorf 1821—22. — Ed. *Cauer:* Ein Regierungsprogramm Friedrichs des Großen [Instruktion von 1748]. In: Preußische Jahrbücher. 10. 1862. S. 335—362. — August *Skalweit:* Die Entlassung des Plusmachers Eckhart. In: Forschungen zur brandenburgischen und preußischen Geschichte. 22. 1909. S. 594—602. — Heinrich *v. Friedberg:* Friedrich der Große und der Prozeß Goerne. In: Historische Zeitschrift 65. 1890. S. 1—43. — Über Knyphausen: H. *Hoffmann:* Die gewerbliche Produktion Preußens. 1956. — Über A. H. v. Borcke: Stephan *Skalweit:* Edmund Burke und sein „Prussian gentleman". In: Festgabe für Max Braubach. Münster 1964. S. 613—626. — Walther *Schultze:* Ein Angriff des Ministers von Heinitz gegen die französische Regie in Preußen. In: Forschungen zur brandenburgischen und preußischen Geschichte. 5. 1892. S. 191 bis 202. — Otto *Steinecke:* Friedrich Anton von Heinitz. Ein Lebensbild. In: Forschungen zur brandenburgischen und preußischen Geschichte. 15. 1902. S. 421—

470. — *Derselbe:* Des Ministers von Heynitz Mémoire sur ma gestion du 4e et 5e département. Ebd. 22. 1909. S. 183—191. — F. J. *Kühns:* Die Ressortverhältnisse des Preußischen Geheimen Staatsrats bis in das 18. Jahrhundert. In: Zeitschrift für preußische Geschichte und Landeskunde. 8. 1871 S. 141—170. — Edgar *Loening:* Gerichte und Verwaltungsbehörden in Brandenburg-Preußen. Halle 1913 (Abhandlungen und Aufsätze. 1.) — Richard *Ecker:* Die Entwicklung der Königlich Preußischen Regierung von 1701—1758. Diss. phil. Königsberg 1908. — Ed. Rudolf *Uderstädt:* Die ostpreußische Kammerverwaltung 1713—1756. In: Altpreußische Monatsschrift. 49—51. 1912—1914. — August *Skalweit:* König Friedrich der Große und die Verwaltung Masurens: In: Forschungen zur brandenburgischen und preußischen Geschichte. 21. 1908. S. 139—173. — Walter *Mertineit:* Die friderizianische Verwaltung in Ostpreußen. Heidelberg 1958. (Studien zur Geschichte Preußens. 1.) — Erneuerte Instruktion f. d. preuß. Regierung v. 30. 7. 1774 im ehem. St. Archiv Königsberg, Et. Min. 121. — Georg *Rohde:* Die Reformen Friedrichs des Großen in der Verfassung und Verwaltung des Herzogtums Geldern 1763—1770. Diss. phil. Göttingen 1913. — P. *Steffens:* Die Entwicklung des Landratsamtes in den preußischen Staaten bis zum Ausgang des 18. Jahrhunderts. Diss. phil. Berlin 1914. — O. *Kutzner:* Das Landratsamt in Schlesien 1740—1806. Diss. phil. Breslau 1911. — Ludwig Wilhelm *Brüggemann:* Ausführliche Beschreibung des gegenwärtigen Zustands des Kgl. Preuß. Herzogtums Vor- und Hinter-Pommern. I. II. 1. 2. Stettin. 1779 und 1784. — Adolf *Schill:* Die Einführung des Landratsamtes in Cleve-Mark. In: Forschungen zur brandenburgischen und preußischen Geschichte. 22. 1909. S. 321—374. — Otto *Hintze:* Die ständischen Elemente in dem Regierungssystem Friedrichs des Großen (Vortragsbericht). In: Forschungen zur brandenburgischen und preußischen Geschichte. 9. 1897. S. 595 f. — Leo *Wollenhaupt:* Die Clevisch-Märkischen Landstände im 18. Jhdt. (Histor. Studien 159). Berlin 1924. — Martin *Haß:* Friedrich der Große und seine Kammerpräsidenten. In: Beiträge zur brandenburgischen und preußischen Geschichte. Festschrift zu Gustav Schmollers 70. Geburtstag. Leipzig 1908. S. 191—220. — R. *v. Flanß:* Quos ego! Bescheide König Friedrichs II. an die Westpreußische Kriegs- und Domänenkammer 1779 ff. In: Zeitschrift des Historischen Vereins für den Regierungsbezirk Marienwerder. 5. 1881. S. 243—250. — Johannes *Ziekursch:* Beiträge zur Charakteristik der preußischen Verwaltungsbeamten in Schlesien bis zum Untergang des friderizianischen Staates. Breslau 1907 (Darstellungen und Quellen zur schlesischen Geschichte. 4.) — Dazu: Martin *Haß* in Forschungen zur brandenburgischen und preußischen Geschichte. 20. 1907. S. 568 ff. und 21. 1908. S. 331 ff. — W. *Naudé:* Zur Geschichte des preußischen Subalternbeamtentums. In: Forschungen zur brandenburgischen und preußischen Geschichte. 18. 1905. — H. A. *Mascher:* Das Institut der Landräte in Preußen. Berlin 1868. — Franz *Gelpke:* Die geschichtliche Entwicklung des Landratsamtes der preußischen Monarchie unter besonderer Berücksichtigung der Provinzen Brandenburg, Pommern und Sachsen. Berlin 1902 (Verwaltungsarchiv. 10.) — G. A. H. *v. Lamotte:* Von den Landräten in der Churmark u.a.m. Berlin 1793. — Hans *Delbrück:* Landrath und „Regierung" in Preußen. In: Preußische Jahrbücher. 54. 1884. S. 518—532. — S. *Isaacsohn:* Geschichte des preußischen Beamtentums. Bd. 3. Berlin 1884 (Neudruck 1962). — Martin *Haß:* Über das Aktenwesen und den Kanzleistil im alten Preußen. In: Forschungen zur brandenburgischen und preußischen Geschichte. 22.

1909. S. 521—575. — Hans *Haussherr:* Die Auflösung der Einheitsverwaltung in Preußen. In: Verwaltungseinheit und Ressorttrennung vom Ende des 17. bis zum Beginn des 19. Jahrhunderts. Berlin 1953. — *Landratsamt in Ostpreußen: Acta Borussica.* Bd. 9. 1907. Nr. 247. — *Cleve-Mark:* ebd. Nr. 320 und 333.

Entlassungen leitender Beamter: u. a. Kammerdirektor Kellner in Königsberg 1746 (Acta Borussica Bd. 7); Kammerdirektor Ernst Gottlieb Cautius in Magdeburg 1769 (ebenda Bd. 15); Etatsminister Fabian Abraham v. Braxein in Königsberg 1768 (ebenda Bd. 14); vgl. auch sonst ebenda in verschiedenen Bänden, Register, Stichwort „Entlassungen", „Cassation", „Strafen". — *Belohungen, Besoldungen:* ebenda unter entsprechenden Registerstichworten. — [Hengst]: Die Ritter des Königlich Preußischen Hohen Ordens vom Schwarzen Adler und ihre Wappen. 2. Aufl. 1901. — Colmar *Grünhagen:* Die Entstehung eines schlesischen Sonderministeriums. — *Derselbe:* die beiden ersten schlesischen Sonderminister. In: Forschungen zur brandenburgischen und preußischen Geschichte 20. 1907 S. 105 ff., 429. — G. W. *v. Raumer:* Landräte und Kreisstände der preußischen Monarchie. In: Berliner Politisches Wochenblatt 1832/33. — Otto *Hintze:* Die Wurzeln der Kreisverfassung in den Ländern des nordöstlichen Deutschland. In: Gesammelte Abhandlungen, hrsg. v. Fritz Hartung. I: Staat und Verfassung. Leipzig 1941 S. 176—205.

Ediktensammlungen:
Sammlung aller in dem souveränen Herzogtum Schlesien und dessen incorporierten Grafschaft Glatz in Finanz-, Justiz-, Criminal- usw. Sachen publicierten und ergangenen Ordnungen, Edicten, Mandata. Breslau o. J. bei Joh. Jacob Korn. — H. F. *Diez:* Archiv Magdeburgischer Rechte. T. I. Magdeburg 1781. — Sammlung gemeiner und besonderer Pommerscher und Rügischer Landes-Urkunden, Gesetze, Privilegien, Verträge, Constitutionen und Ordnungen. Band 1 bis 3 herausgegeben von Johann Carl *Dähnert.* Stralsund 1765 bis 1769. Supplement und Fortsetzungen 4 Bände, herausgegeben von G. *v. Klinckowström,* Stralsund 1782 bis 1802.

Geschichte des Generaldirektoriums:
Der Geheime Finanzrat Franz Rembert *Roden,* 1768 Erster Präsident der Oberrechenkammer, verfaßte im März 1781 eine „Historisch-chronologische Beschreibung von der Stiftung des General-Directorii usw." (Preuß. Geh. Staatsarchiv R. 94 II C 4); Collectaneen dazu übersandte er am 16. April 1767 an den Minister v. Hagen (Acta Borussica, Behördenorganisation Bd. 14, 1934, Nr. 119 S. 290). Vgl. J. D. E. *Preuss:* Friedrich d. Gr. Eine Lebensgeschichte. 1832 Band 3 S. 444 ff. Zur Personalgeschichte der leitenden Beamten unerläßlich: Ch. A. L. *Klaproth* und C. W. *Cosmar:* Der kgl. preuß. u. kurf. brandenburgische Geheime Staatsrat. Berlin 1805.

2. Domänen- und Agrarreform

Otto *Behre:* Geschichte der Statistik in Brandenburg-Preußen bis zur Gründung des Kgl. Statistischen Bureaus. Berlin 1905. — W. *Naudé* und A. *Skalweit:* Die Getreidehandelspolitik und Kriegsmagazinverwaltung Preußens 1740—1756 (Acta

Borussica. Getreidehandelspolitik. Bd. 3. und Bd. 4.) Berlin 1910—1931. — Rudolph *Stadelmann:* Preußens Könige in ihrer Tätigkeit für die Landeskultur. Bd. 2. Leipzig 1882 (Publikationen aus den Preußischen Staatsarchiven. 11.) — Hans *Plehn:* Zur Geschichte der Agrarverfassung von Ost- und Westpreußen. In: Forschungen zur brandenburgischen und preußischen Geschichte. 17. 1904. S. 383—466; 18. 1905. S. 61—122. — Gustav *Aubin:* Zur Geschichte des gutsherrlich-bäuerlichen Verhältnisses in Ostpreußen von der Gründung des Ordensstaates bis zur Steinschen Reform. Leipzig 1902. — Wilhelm *v. Brünneck:* Die Aufhebung der Leibeigenschaft durch die Gesetzgebung Friedrichs des Großen und das Allgemeine Preußische Landrecht. In: Zeitschrift der Savigny-Stiftung für Rechtsgeschichte. Germ. Abt. Bd. 10. 1889. S. 24—69; Bd. 11. 1890. S. 101—150. — Peter *Schutiakoff:* Die Bauerngesetzgebung unter Friedrich dem Großen. Diss. jur. Straßburg 1893. Darmstadt 1895. — Johannes *Ziekursch:* Hundert Jahre schlesischer Agrargeschichte. Vom Hubertusburger Frieden bis zum Abschluß der Bauernbefreiung. Breslau 1915 (Darstellungen und Quellen zur Schlesischen Geschichte. 20.) — Otto *Hintze:* Zur Agrarpolitik Friedrichs des Großen. In: Forschungen zur brandenburgischen und preußischen Geschichte. 10. 1898. S. 275—309. [Mit Recht hat dieser hervorragende Kenner der Akten der Mehringlegende (Franz Mehring: Die Lessinglegende, 1893) mit ihren „tendenziös zugespitzten Ausführungen" zur Instruktion vom 22. Mai 1763 (Acta Borussica. 13. S. 113 ff.) und ihren Fehlinterpretationen begründet widersprochen]. — *Acta Borussica.* Behördenorganisation. Bd. 7. (1904) bis Bd. 16 (1970). — Walter *Mertineit:* Die friderizianische Verwaltung in Ostpreußen. Heidelberg 1958 (Studien zur Geschichte Preußens. Bd. 1.) — Friedrich Wilhelm *Henning:* Herrschaft und Bauernuntertänigkeit ... vor 1800. Würzburg 1964. — *Derselbe:* Bauernwirtschaft und Bauerneinkommen in Ostpreußen im 18. Jahrhundert. Würzburg 1969. — E. *Schwenke:* Friedrich der Große und der Adel. Diss. phil. Berlin 1911. — Otto *Meinardus:* Das Gnadengeschenk Friedrichs des Großen für den schlesischen Landadel. In: Zeitschrift des Vereins für Geschichte Schlesiens. 44. 1910. — Konrad *Wutke:* Über die Einladung schlesischer Vasallen zur Hochzeit des Prinzen von Preußen im Jahre 1765. In: Zeitschrift des Vereins für Geschichte Schlesiens. 42. 1908. — H. *Mauer:* Das landschaftliche Kreditwesen Preußens. Straßburg 1907. — Theodor *v. d. Goltz:* Geschichte der deutschen Landwirtschaft. 2 Bde. Stuttgart 1902—1903. — P. *Habernoll:* Die Versuche Friedrichs des Großen, das englische System der Fruchtwechselwirtschaft in Preußen einzuführen. In: Landwirtschaftliche Jahrbücher. 1900. S. 89 f. — Schlabrendorff: „raisonnable zu gouvernieren": Acta Borussica. Behördenorganisation. Bd. 12. S. 388. — Friedrich *Lütge:* Geschichte der deutschen Agrarverfassung vom frühen Mittelalter bis zum 19. Jahrhundert. 2. Aufl. 1967. (Damit wird das weithin überholte, in der Literatur jedoch oft zitierte Werk von Georg Friedrich *Knapp:* Die Bauernbefreiung und der Ursprung der Landarbeiter in den älteren Teilen Preußens, 2 Bände, Leipzig 1887, ersetzt.)

3. Westpreußen

G. F. *v. Martens:* Recueil des principaux traités tom VI p. 89 und 93, Göttingen 1801. — A. *Beer:* Die erste Teilung Polens, 2 Bde. und Dok. Bd., Wien 1873. — H. H. *Kaplan:* The First Partition of Poland. New York 1962. — Weitere Literatur zum Gesamtproblem von W. *Hubatsch* und H. *Jablonowski:* Epochen politischer Gestaltung im nordostdeutschen Raum (Wiss. Buchgesellschaft, Reihe Libelli Bd. CCLXIV) Darmstadt 1968 S. 40 ff. — M. *Bär:* Westpreußen unter Friedrich dem Großen. Bd. I, II. (Publ. a. d. Pr. Staatsarchiven 83, 84), Leipzig 1909 S. 38 ff. — Th. *v. Moerner:* Kurbrandenburgs Staatsverträge 1601—1700, Berlin 1867 S. 809 f. — H. *Jablonowski:* Die erste Teilung Polens (Beiträge z. Gesch. Westpreußens 2, 1969) S. 47 ff. Anm. 14 hat vorgeschlagen, besser von einer „Dismembration Polen-Litauens 1772“ statt von der 1. Teilung Polens zu sprechen. — Th. *Schieder:* Deutscher Geist und ständische Freiheit im Weichsellande, Königsberg 1940. — E. *Bahrfeldt:* Die Münzen und Medaillensammlung in der Marienburg Bd. II, Danzig 1904, S. 102. — E. *Joachim:* J. F. v. Domhardt, Berlin 1899. — A. G. *Meissner:* Das Leben F. B. Schönbergks v. Brenckenhoff, Leipzig 1782. — M. *Miller:* Die Auswanderungen der Württemberger nach Westpreußen und dem Netzegau 1776—1786, Stuttgart 1935 (Veröffentl. d. Württ. Archiv-Verwaltung 1). Nachdruck 1972 (Sonderschriften des Vereins für Familienforschung in Ost- und Westpreußen e. V. Nr. 22). — *Elbing:* Verpfändung von Stadt und Territorium an Kur-Brandenburg im Geheimvertrag des Kurfürsten Friedrich III. von Brandenburg mit König August II. v. Sachsen-Polen vom 28. Mai/7. Juni 1698 in Johannisburg; brandenburgischer Vertrag mit der Stadt Elbing am 11. November 1698 in Elbing, wobei auf das brandenburgische Besetzungsrecht aus den Wehlauer und Bromberger Verträgen von 1657 Bezug genommen wird. Die endgültige Besitznahme erfolgte 1703. Theodor *v. Moerner:* Kurbrandenburgs Staatsverträge von 1601 bis 1700. Berlin 1867 Nr. 121 c, 418, 423, 432, Anhang XXV. — Walther *Maas:* Preußische Siedlungen in Westpreußen und Netzedistrikt 1772—1848 (Studien zum Deutschtum im Ausland 8), Köln 1971 S. 197—218. — Emilian *von Zernicki:* Vasallen-Liste des im Jahre 1772 Preußen huldigenden polnischen Adels in Westpreußen. Den im König Geh. Staats-Archiv zu Berlin befindlichen Huldigungsakten entnommen. In: Vjschr. f. Wappenkunde 20, 1892 S. 1—72. — Max *Beheim-Schwarzbach* [Gymn. Prof. in Ostrau bei Filehne]: Der Netzedistrikt in seinem Bestande zur Zeit der ersten Teilung Polens. In: Zs. d. Histor. Gesellschaft für die Provinz Posen 7, 1892 S. 188—262, 381—426; 8, 1893, S. 47—70, 121—210. — J. *Meisner* [Oberlandesgerichtsrat in Posen]: Gerichtsverfassung und Rechtspflege im Netze-Distrikt unter Friedrich d. Gr. In: Zs. d. Hist. Ges. f. d. Prov. Posen 7, 1892 S. 263—336. [Aus: Acten der Besitznahme-Kommissarien Rep. II B 1 im Staatsarchiv Posen]. — Martin *Meyer* [Reg.Rat in Bromberg]: Mitteilungen aus der Geschichte der preuß. Domänenverwaltung im Netzedistrikt zur Zeit Friedrichs d. Gr. In: Jahrbuch d. Histor. Ges. f. d. Netzedistrikt zu Bromberg. Bromberg 1895 S. 27—68. [Acta Camerae betr. die Vermessung, neue Einrichtung und Verpachtung der Starostei-Güter in der Provinz Klein-Preußen] und andere betr. Faszikel. [Wohl in Bromberg, Provenienz nicht angegeben]. — Hans *Kiewning* [Archivhilfsarbeiter in Posen]: Seidenbau und Seidenindustrie im Netzedistrikt von 1773—1805 [Provinzialgeschichtl. Parallele zu den Acta Borussica]. In: Zs. d. Histor. Ges. f. d. Prov. Posen 10, 1895 S. 1—116, 169—238; 11, 1896 S. 53—121, zus. 257 S. [Aus: Akten St. A. Posen, Kriegsarchiv Bromberg III. 17. 2. Vol. I—XIII. Vol. III—XI fehlen für 1781—97. Ergänzungen: Privatunternehmen]. — Christian *Meyer* [Staatsarchivar in Posen a. D.] (Hrsg.): Friedrich der Große und der Netzedistrikt. 2. Auflage Bromberg und Leipzig 1908. — Rodgero *Prümers:* Der Netzedistrikt unter Friedrich d. Gr. (Histor. Monatsblätter f.

d. Prov. Posen XIII Nr. 2), 1912. — Ludwig *Boas:* Friedrichs d. Gr. Maßnahmen zur Hebung der wirtschaftlichen Lage Westpreußens. In: Jahrbuch d. Histor. Ges. f. d. Netzedistrikt, 1891, S. 33—65 und 1892 S. 5—26. Teil 1 auch Diss. phil. Berlin 1890. — Johann Friedrich *Goldbeck:* Vollständige Topographie des Königreich Preußen. II. Teil: Westpreußen. Marienwerder 1789. Nachdruck Hamburg 1969 (Sonderschriften des Vereins für Familienforschung in Ost- und Westpreußen e. V. Nr. 7). — Max *Toeppen:* Historisch-comparative Geographie von Preußen. Gotha 1858. — Erich *Keyser:* Das Preußenland (Staats- und Verwaltungsgrenzen in Ostmitteleuropa, Historisches Kartenwerk II). München 1954. — H. u. G. *Mortensen,* R. *Wenskus:* Historisch-geographischer Atlas des Preußenlandes, Lieferung 2, Wiesbaden 1970 (Verwaltungskarte Ost- und Westpreußen Ende 18. Jahrhunderts). — *Besitzergreifungsprotokolle 1772:* Zeitschrift des Historischen Vereins für den Regierungsbezirk Marienwerder, 7. Heft Marienwerder 1883 S. 87—106. — Otto *Hintze:* Die Industrialisierungspolitik Friedrichs des Großen [in Westpreußen]. Danzig 1903. Wiederabdruck in: Historische und politische Aufsätze. 1927 Band 2 S. 107—130. — Margot *Herzfeld:* Der polnische Handelsvertrag von 1755. In: Forschungen zur brandenburgischen und preußischen Geschichte 32 (1920), 35 (1923), 36 (1924); dazu Adalbert *Hahn:* ebenda 51 (1939). — Hans *Haussherr:* Provinz und Staat in der altpreußischen Finanzwirtschaft (Westpreußen unter Friedrich dem Großen). In: Forschungen zu Staat und Verfassung. Festgabe für Fritz Hartung. Berlin 1958 S. 269—288. — Ilse *Rhode:* Das Nationalitätenverhältnis in Westpreußen und Posen zur Zeit der polnischen Teilungen. In: Deutsche wissenschaftliche Zeitschrift für Polen, 7, 1926 S. 3—79. — Walther *Recke:* Friedrich der Große und Westpreußen. In: Westpreußen-Jahrbuch 1951/52, S. 80—86. — Robert *Schück:* Die Organisation der Posten in Westpreußen (1772/73). In: Altpreußische Monatsschrift 10, 1873 S. 52—60. — J. *Borngräber:* Die Einrichtung der Preußischen Post in Westpreußen 1772. In: Deutsche Postgeschichte. 2, 1941 S. 59—74. — Ruth *Bliß:* Zur Überlieferung der Friderizianischen Landes-Aufnahme für Westpreußen und den Netzedistrikt in den Jahren 1772/73. In: Preußenland 6, 1968 S. 49—56. — Ad. *Poschmann:* Die Landesaufnahme des Ermlandes im Jahre 1772. In: Ztschr. f. Gesch. d. Ermlandes 23, 1928. — Max *Aschkewitz:* Die Bevölkerung im südlichen Pommerellen vom 13.—18. Jahrhundert. In: Altpreußische Forschungen XIX, 1942 S. 155—184.

VI. DER ALTE KÖNIG

1. Kirchen- und Schulverwaltung

Kirchenwesen: Carl *Hinrichs:* Preußentum und Pietismus. Göttingen 1971. — *Behre:* Statistik. — *Acta Borussica.* Behördenorganisation (passim, u. a.: Bd. VII: Kgl. Patronat. Bd. VIII: Ober-Konsistorium. Bd. IX: General-Visitationen, Pomesanisches Konsistorium, Provinzial-Synode Cleve; Bd. XIII: Geistliches Departement. Bd. XIV: Bekanntmachung amtl. Edikte in den Kirchen; Revision der Kirchenrechnungen in den Ämtern. Bd. XVI: Ablösung der Naturalbezüge der Pfarrer). — Johann Heinrich Friedrich *Ulrich:* Über den Religionszustand in den preußischen Staaten seit der Regierung Friedrichs d. Gr. Leipzig 1778—1780. 2 Bände.

— Friedrich *Brandes:* Geschichte der kirchlichen Politik des Hauses Brandenburg. I: Geschichte der Evangelischen Union in Preußen. Teil 2. Gotha 1873. Darin Kap. 20 und 21: Die Stellung Friedrichs des Großen zu den kirchlichen Fragen. — Heinrich *Pigge:* Die religiöse Toleranz Friedrichs des Großen nach ihrer theoretischen und praktischen Seite. Mainz 1899. — Max *Lehmann:* Preußen und die katholische Kirche seit 1640. Teil 2—5 (1740 bis 1786). Leipzig 1881 ff. (Publikationen aus den Preußischen Staatsarchiven Bd. 10. 13. 18. 24. 53.) — O. *Hegemann:* Friedrich der Große und die katholische Kirche in den reichsrechtlichen Territorien Preußens. Diss. Heidelberg. München 1904. — L. *Witte:* Friedrich der Große und die Jesuiten. 2. Aufl. Halle 1901. — Th. *Mommsen:* Friedrich der Große und das katholische Vicariat in Berlin. In Preußische Jahrbücher. 39. — W. *Schneider:* Die Kirchenpolitik Friedrichs d. Gr. In: Histor. Vierteljahresschrift 31, 1937 S. 275—292. — Ed. *Cauer:* Die Umgestaltung der kirchlichen Verhältnisse Schlesiens unter Friedrich dem Großen. In: Schlesische Provinzialblätter. 1862. Auch in: Ed. *Cauer:* Zur Geschichte und Charakteristik Friedrichs des Großen. Breslau 1883. — C. *Weigelt:* Die evangelische Kirche in Schlesien zur Zeit der preußischen Besitzergreifung und ihre Entwicklung von 1740 bis 1756. In: Zeitschrift des Vereins für Geschichte Schlesiens. 23. 1889. — Augustin *Theiner:* Zustände der katholischen Kirche in Schlesien 1740 bis 1758. 2 Bde. Regensburg 1852. — Ludwig *Petry:* Die Errichtung schlesischer Ordensprovinzen unter Friedrich dem Großen. In: Der Oberschlesier. Juni/Juli 1936. S. 1—8. — Hartwig *Notbohm:* Das evangelische Kirchen- und Schulwesen in Ostpreußen während der Regierung Friedrichs des Großen. Heidelberg 1959 (Studien zur Geschichte Preußen. 5.) — Walther *Hubatsch:* Geschichte der evangelischen Kirche Ostpreußens. 3 Bde. Göttingen 1968. — Heinz *Neumeyer:* Kirchengeschichte von Danzig und Westpreußen aus evangelischer Sicht. Bd. 1. Leer 1971. — Hellmuth *Heyden:* Kirchengeschichte Pommerns. Bd. 2. Köln 1957. — Hellmut *Eberlein:* Schlesische Kirchengeschichte. 4. Aufl. Ulm 1962. — Heinrich Friedrich *Jacobson:* Geschichte der Quellen des Kirchenrechts der Provinzen Preußen, Posen, Rheinland und Westfalen. 3 Bde. Königsberg 1837—1844 (mit Urkunden und Regesten). — D. H. *Hering:* Beiträge zur Geschichte der reformierten Kirche in den preußisch-brandenburgischen Ländern. 2 Teile. Breslau 1784—85; Neue Beiträge. 2 Teile. 1786—87. — Rudolf *v. Thadden:* Die brandenburgisch-preußischen Hofprediger im 17. und 18. Jahrhundert (Arbeiten zur Kirchengemeinde 32). Berlin 1959. — Julius *Langhäuser:* Das Militär-Kirchenwesen im kurbrandenburgischen und königlich preußischen Heer. Seine Entwicklung und derzeitige Gestalt. Diss. jur. Straßburg. Metz 1912. — Alexander *Lyncker:* Die Altpreußische Armee 1714—1806 und ihre Militärkirchenbücher. Berlin 1937 (Schriftenreihe der Reichsstelle für Sippenforschung. 1.) — E. *Schild:* Die preußischen Feldprediger. 2 Bde. Eisleben und Halle. 1889—1890. — Richard *Graewe:* Die Feldprediger der Armee im 17., 18. und 19. Jahrhundert. In: Zeitschrift für Heereskunde. Jg. 29. 1965; 33. 1969; 34. 1970. — Feld-Choräle: C. *Jany:* Geschichte der preußischen Armee. Bd. 2. 1928 — Selma *Stern:* Der preußische Staat und die Juden. Bd. III 1—2, 1, 2. Die Zeit Friedrichs des Großen. Darstellung und Akten. 3 Bde. Tübingen 1971 (mit reicher Literatur).

Schulwesen: Acta Borussica. Behördenorganisation (passim, u. a.: Bd. VIII: Verbot des Besuchs auswärtiger Schulen. Bd. X: Clevesche Stadtschulen. Bd. XIII:

Landschulwesen, Besoldung, Schulbücher. Bd. XIV: Überprüfung des General-Schul-Reglements durch die Landräte). — Eduard *Cauer:* Friedrichs des Großen Grundsätze über Erziehung und Unterricht. Programm Gymnasium Danzig 1873. — Alfred *Heubaum:* Das Zeitalter der Staats- und Berufserziehung. 1: Bis zum Beginn der allgemeinen Unterrichtsreform unter Friedrich dem Großen 1763 ff. Berlin 1905 (Geschichte des Deutschen Bildungswesens seit der Mitte des 17. Jahrhunderts.) — Justus *Bona-Meyer:* Friedrichs des Großen pädagogische Schriften und Äußerungen. Mit einer Abhandlung über Friedrichs des Großen Schulregiment nebst einer Sammlung der hauptsächlichsten Schul-Reglements, Rescripte und Erlasse. Langensalza 1885. — Robert *Stein:* Die Schule als Staatsanstalt in Schulgeschichte und Staatslehre bis 1794. Diss. phil. Leipzig 1906. — Conrad *Rethwisch:* Der Staatsminister Freiherr v. Zedlitz und Preußens höheres Schulwesen im Zeitalter Friedrichs des Großen. 2. Aufl. Straßburg 1886. — Ferdinand *Vollmer:* Die preußische Volksschulpolitik unter Friedrich dem Großen. Berlin 1918 (Monumenta Germaniae Paedagogica. 56.) — Kurt *Wöhe:* Die Geschichte der Leitung der preußischen Volksschule von ihren Anfängen bis zur Gegenwart. Diss. phil. Halle 1933. — A. M. *Kosler:* Die preußische Volksschulpolitik in Oberschlesien 1742—1848. Breslau 1929. — Georg *Froelich:* Ein Landschulkatalog des Kirchspiels Georgenburg vom Jahre 1766. In: Altpreußische Monatsschrift. 31. 1894. S. 470—490. — B. *Poten* (Hrsg.): Geschichte des Militär-, Erziehungs- und Bildungswesens in den Landen deutscher Zunge. Berlin 1896 (Monumenta Germaniae Paedagogica. 17.) — F. *Wienecke:* Das preußische Garnisonschulwesen. In: Mitteilungen der Gesellschaft für deutsche Erziehungs- und Schulgeschichte. Beiheft 14. 1907. — J. *Grüner:* Das Schulwesen des Netzedistrikts zur Zeit Friedrich des Großen (1772—1786). Breslau 1904. — E. *Clausnitzer:* Die Volksschulpädagogik Friedrichs d. Gr. und der Preußischen Unterrichtsverwaltung seiner Zeit. (Die pädagogischen Klassiker 7). Halle 1902. — E. *Reimann:* Über die Verbesserung des niederen Schulwesens in Schlesien in den Jahren 1763—1769. In: Zeitschr. des Vereins für die Geschichte Schlesiens 17, 1883 S. 317—351. — Emil *Waschinski:* Das Schulwesen der Lande Lauenburg und Bütow bis 1773. In: Zeitschrift für Geschichte der Erziehung und des Unterrichts 4, 1914. S. 84—115.

Wissenschaften: Adolf *Harnack:* Geschichte der Kgl. Preußischen Akademie zu Berlin. Berlin 1900. — Reinhold *Koser:* Friedrich d. Gr. und die preußischen Universitäten. In: Forschungen zur brandenburgischen und preußischen Geschichte 17, 1904. — Walther *Hubatsch:* Die Königsberger Universität und der preußische Staat. In: Jahrbuch der Albertus-Universität zu Königsberg/Pr. Band 17, 1967 S. 63—79. — Wilhelm *Dilthey:* Friedrich der Große und die deutsche Aufklärung (Gesammelte Schriften 3). 2. Auflage Leipzig 1942. — Walter *Ring:* Geschichte der Universität Duisburg. 1920. — Dem *Andenken der Universität Frankfurt* [Oder], 26 April 1506 bis 10. August 1811. Festschrift zur 400. Wiederkehr ihres Gründungstages. 1907. — Götz *v. Selle:* Geschichte der Albertus-Universität zu Königsberg in Preußen. 2. Aufl. Würzburg 1956. — 450 Jahre *Martin-Luther-Universität* Halle-Wittenberg. Bd. 2: Halle 1694—1817. Halle o. J. [1952]. — W. *Schrader:* Geschichte der Friedrichs-Universität zu Halle. Bd. 1. Berlin 1894. — Friedrich *Andreae:* Geschichte der Jesuitenuniversität. In: Die Universität Breslau. Hrsg. v. Fr. Andreae und A. Grisebach. Breslau 1928. — Ludwig *Petry:* Geistesleben des Ostens im Spiegel der Breslauer Universitätsgeschichte. In: Deutsche Universitäten und Hochschulen im Osten. Köln 1964 (Wissenschaftliche Abhandlungen der Arbeitsgemeinschaft für Forschung des Landes Nordrhein-Westfalen. 30.) — Helmuth *Fechner:* Friedrich der Große und die deutsche Literatur. Braunschweig 1968. — Ludwig *Geiger:* De la littérature allemande (1780) von Friedrich dem Großen. 2. Aufl. Berlin 1902. Nachdruck Darmstadt 1969.

2. Justizreformen

F. J. *Kühns:* Die Ressortverhältnisse des Preußischen Geheimen Staatsrats bis in das 18. Jahrhundert. In: Zeitschrift für Preußische Geschichte und Landeskunde, 8, 1871 S. 141—170. — Conrad *Bornhak:* Preußische Staats- und Rechtsgeschichte. Berlin 1903. — Hermann *Conrad:* Deutsche Rechtsgeschichte. Band 2: Neuzeit bis 1806. Karlsruhe 1966. — Albert *Lotz:* Geschichte des deutschen Beamtentums. 1909. 2. Aufl. 1914. — Edgar *Loening:* Gerichte und Verwaltungsbehörden in Brandenburg-Preußen. Halle 1914. — Otto *Hintze:* Preußens Entwicklung zum Rechtsstaat (Auseinandersetzung mit Edgar Loening). In: Forschungen zur brandenburgischen und preußischen Geschichte 32, 1920, S. 385—451. — Adolf *Stölzel:* Brandenburg-Preußens Rechtsverwaltung und Rechtsverfassung. 2. Band Berlin 1888. — Siegfried *Isaacsohn:* Gesch. d. preuß. Beamtentums III S. 289—343. — Friedrich *Holtze:* Geschichte des Kammergerichts in Brandenburg-Preußen (Beiträge zur brandenburg-preußischen Rechtsgeschichte). 3. Teil: Das Kammergericht im 18. Jahrhundert. Berlin 1901. — Erik *Amburger:* Das Kammergericht und seine Präsidenten. Berlin 1955. — Eberhard *Schmidt:* Kammergericht und Rechtsstaat (Schriftenreihe der Juristischen Gesellschaft Berlin 31). Berlin 1968. — Otto *Behre:* Geschichte der Statistik in Brandenburg-Preußen. Berlin 1905. S. 295 f. — Hans *Neufeld:* Die Friderizianische Justizreform bis zum Jahre 1780. Diss. jur. Göttingen 1910. — Otto *Hintze:* Friedrich der Große und die preußischen Justizreformen des 18. Jahrhunderts. In: Recht und Wirtschaft, Jahrgang 1 Heft 5, 1912, S. 129—135. — Max *Springer:* Die Coccejische Justizreform 1914. — E. *Döhring:* Samuel v. Cocceji. In: Neue deutsche Biographie Band 3, 1957. — Wolfgang *Rüfner:* Verwaltungsrechtsschutz in Preußen von 1749 bis 1842 (Bonner rechtswissenschaftliche Abhandlungen 53). Bonn 1962. — Karl *Dickel:* Friedrich der Große und die Prozesse des Müllers Arnold. 1891. — Dazu F. Graner, in Forschg. z. brand. u. preuß. Gesch. 38, 1692 S. 77 ff. — H. *v. Friedberg:* Friedrich d. Gr. und der Prozeß Goerne. In: Histor. Ztschr. 65 1890 S. 1—43. — W. *Hülle:* Friedrich und Trenck. In: Zeitschr. f. d. ges. Strafrechtswissenschaft 81, 1969 S. 834 f. — Eberhard *Schmidt:* Rechtssprüche und Machtsprüche der preußischen Könige, Leipzig 1943. — Gustav Berthold *Volz:* Friedrich der Große und Trenck. Urkundliche Beiträge zu Trencks merkwürdiger Lebensgeschichte. Berlin 1926. — Werner *Hülle:* Das Auditoriat in Brandenburg-Preußen. Ein rechtshistorischer Beitrag zur Geschichte seines Heerwesens mit einem Exkurs über Österreich (Göttinger rechtswissenschaftliche Studien 83). Göttingen 1971. — Johann *v. Hymmen:* Beiträge zur juristischen Literatur in den preußischen Staaten. 8 Bände und Repertorium. Berlin 1775 bis 1790. — Hans *Hattenhauer* (Hrsg.): Allgemeines Landrecht für die Preußischen Staaten von 1794. Textausgabe. Neudruck Frankfurt/Main 1970. — Wilhelm *Dilthey:* Das Allgemeine Landrecht (Gesammelte Schriften XII. Band). Leipzig 1936. — Hermann *Conrad:* Die geistigen Grundlagen des Allgemeinen Landrechts für die preußischen Staaten von 1794 (Arbeitsgemeinschaft für Forschung des Landes Nordrhein-Westfalen, Geisteswissenschaften 77). Köln 1958. — *Derselbe:* Das Allgemeine Landrecht von 1794 als Grundgesetz des friderizianischen Staates (Schriftenreihe der Juristischen Gesellschaft Berlin 22), Berlin 1965. — Erik *Wolf:* Carl Gottlieb Svarez. In: Große Rechtsdenker der deutschen Geistesgeschichte. Tübingen, 4. Auflage 1963. — Hermann *Conrad* und Gerd *Kleinheyer* (Herausgeber): Vorträge über Recht und Staat von Carl Gottlieb Svarez (1746—1798). Wiss. Abhandlungen der Arbeitsgemeinschaft für Forschung des Landes Nordrhein-Westfalen 10. Köln 1960. — Eberhard *Schmidt:* Johann Heinrich v. Carmer (Schlesische Lebensbilder Band 2, 1926). — *Acta Borussica.* Behördenorganisation. Darin: Band 7: Justizreform Coccejis; Band 8: dasselbe und Codex Fridericianus; Band 9 und 10: dasselbe und Justizverwaltung in den Provinzen (u. a. Justiz-Visitations-Ordnung Bd. 10 S. 60 f.); Band 13: Justizdepartement und Justizvisitationen; Band 14 und 15: dasselbe; Band 16/I: nur Bruchstücke dazu. — Ludwig *Tümpel:* Die Entstehung des brandenburg-preußischen Einheitsstaates im Zeitalter des Absolutismus 1609—1806. Breslau 1915, Nachdruck 1965. — Hermann *Conrad:* Rechtsstaatliche Bestrebungen im Absolutismus Preußens und Österreichs am Ende des 18. Jahrhunderts (Arbeitsgemeinschaft für Forschung des Landes Nordrhein-Westfalen 95). Köln 1961. — *Derselbe:* Staatsgedanke und Staatspraxis des aufgeklärten Absolutismus (Vorträge G 137 der Rhein-Westf. Akademie der Wissenschaften). Opladen 1971. — G. *v. Ising:* Aus dem Leben des Großkanzlers v. Jariges. In: Mitteilungen des Vereins für die Geschichte Berlins 44, 1927 S. 59 ff. — Hermann *Weil:* Frederick the Great and Samuel von Cocceji: A Study in the Reform of the Prussian Judicial Administration, 1740—1755. Madison, Wisconsin, 1967.

3. Kabinettsregierung

Heinrich Otto *Meisner:* Urkunden- und Aktenlehre der Neuzeit. 2. Auflage Leipzig 1952. Erweiterte Ausgabe unter dem Titel: Archivalienkunde vom 16. Jahrhundert bis 1918. Leipzig 1969. — Melle *Klinkenborg:* Die Stellung des Königlichen Kabinetts in der preußischen Behördenorganisation. In: Hohenzollern-Jahrbuch 19, 1915 S. 47—51. — Über Geheimhaltung der Kabinetts-Orders 1768 vgl. *Acta Borussica.* Behördenorganisation Band XIV S. 483 (Verfügung v. Massow 17. 5. 1768). — Martin *Haß:* Über das Aktenwesen und den Kanzleistil im alten Preußen. In: Forschungen zur brandenburgischen und preußischen Geschichte 22, 1909 S. 521—575. — Hermann *Hüffer:* Die Kabinettsregierung in Preußen und Johann Wilhelm Lombard. Leipzig 1891 [dort S. 48—57 über die Kabinettsregierung unter Friedrich d. Gr.]. — Hermann *Hüffer:* Die Beamten des älteren preußischen Kabinetts von 1713—1808. In: Forschungen zur brandenburgischen und preußischen Geschichte 5, 1892 S. 167—190. — Carl *Hinrichs:* Der allgegenwärtige König. Friedrich der Große im Kabinett und auf Inspektionsreisen. 2. Auflage Berlin 1942 S. 33. — Das Tagebuch des Marchese *Lucchesini* (1780—1782). Gespräche mit Friedrich dem Großen. Herausgegeben von Friedrich v. Oppeln-Bronikowski und Gustav Berthold Volz (Romanische Bücherei Nr. 5). München 1926. — Franzisco *Agramonte y Cortijo:* Friedrich der Große. Die letzten Lebensjahre. Berlin 1928 S. 327 f. — Weitere Literatur siehe in den Abschnitten II 1, V 1 und VI 2. — Hans Friedrich *v. Diebitsch:* Specielle Zeit- und Geschäftseinteilung König Friedrichs II. St. Petersburg 1802. — Friedrich August Ludwig *v. d. Marwitz:* Ein märkischer Edelmann im Zeitalter der Befreiungskriege, hrsg. v. *F. Meusel.* Hier: Band 1, 1908. — Willy *Andreas:* Marwitz und der Staat Friedrichs des Großen. In: Historische Zeitschrift 122, 1920. — Denkschrift *Mencken* vom Oktober 1797, Auszug in: C. *Hinrichs:* Der allgegenwärtige König, Berlin. 2. Aufl. 1940 S. 96. — *Elliot* 1777: zitiert *Koser* III S. 522.

TRADITION

Vgl. die politischen Testamente Friedrichs d. Gr. von 1752 und 1768 sowie das persönliche Testament von 1769. — Ergänzend dazu: „Abriß der preußischen Regierung und der Grundsätze, auf denen sie beruht, nebst einigen politischen Betrachtungen" (1776). Volz VII S. 210—216. — *Goethe:* Dichtung und Wahrheit 3. Teil. — *Stein:* W. Hubatsch (Hrsg.): Briefe u. amtl. Schriften Bd. IX S. 711 f., 735 f., 866. — Gustav Berthold *Volz:* Friedrich der Große im Spiegel seiner Zeit. 3 Bände 1926—27. — H. G. *de Mirabeau:* De la monarchie Prussienne sous Frédéric le Grand. 4 Vol., London 1788. Deutsch in 2 Teilen 1790—1791. — Zu bemerken ist, daß Mirabeau, bei aller persönlichen Würdigung des Königs, ein Feind des Staates Preußen ist und sich als Spion in Berlin aufhält, wo ihm von vielen Zuträgern unkontrollierte Meinungen reichlich zugetragen wurden. Das Verständnis für die Verwaltungsleistung Preußens blieb ihm versagt, auch war er seiner Art nach wenig geeignet, um darüber sachliche Urteile abgeben zu können. — Eine erste ernsthafte Beschäftigung mit Friedrich d. Gr. setzte mit der Erschließung des Nachlasses durch J. D. E. *Preuß* zwischen 1832 und 1856 ein. Die darauf bereits fußende volkstümliche Lebensgeschichte Friedrichs von Franz *Kugler* (1839—42) hat durch die wirklichkeitsnahen und hervorragend einfühlsamen Zeichnungen von Adolph *Menzel* geradezu eine Friedrich-Renaissance in breiten Volksschichten bewirkt, die fast ein Jahrhundert hindurch angehalten hat. Menzels „Tafelrunde" und „Flötenkonzert" sind neben hunderten von kleinen Arbeiten, u. a. zur Uniformgeschichte, aus der historiographischen Erschließung und Festigung des Friedrichsbildes gar nicht wegzudenken. — Thomas Babington *Macaulay:* Frederic the Great. 1842. (Oft neu aufgelegt, zuletzt deutsch und kommentiert Berlin 1971). — Thomas *Carlyle:* History of Frederick the Great. 6 Vls. 1857—65. (Mehrere deutsche Ausgaben, zuletzt in Kürzung 1954). — Gustav *Schmoller:* Akademie-Rede vom 21. April 1892 gedruckt in: Umrissen und Untersuchungen, Leipzig 1898 S. 560. — Nach dem persönlichen Nachlaß wurde mit den ACTA BORUSSICA seit 1892 (z. Z. noch nicht abgeschlossen) die Leistung Friedrich Wilhelms I. und Friedrichs II. auf dem Gebiet der Verwaltung neu entdeckt. Was an emsiger, entsagungsvoller Arbeit in stillem Gelehrtenfleiß an dieser Edition geschaffen worden ist, kann sich nur noch mit der Tätigkeit der Verwaltungsbehörden im 18. Jahrhundert selbst messen. Die Namen von Gustav *Schmoller,* Otto *Hintze,* Martin *Haß,* Ernst *Posner* und zahlreichen anderen können daher nur mit Ehrfurcht und Dankbarkeit genannt werden, ebenso die von Berthold Gustav *Volz* und Reinhold *Koser.* Sie alle schufen aus einer Quellennähe, um die sich heute kaum noch ein Geschichtsschreiber so eindringlich bemüht. Diese Männer heute unter pejorativen Vorzeichen als Konservative abzuwerten kennzeichnet lediglich einen simplifizierenden Snobismus. — Parallel zu *Koser* und *Ritter* liefen gediegene Arbeiten von weitem Horizont wie die von Ernest *Lavisse* und später *Gaxotte,* schließlich von George Peabody *Gooch.* — Kennzeichnend für die Friedrichforschung nach dem Zweiten Weltkrieg scheint dies zu sein, daß ein allgemeineres internationales Interesse an der Gestalt und Wirksamkeit des großen Königs aufgelebt ist, was Forschungsberichte und Publikationen widerspiegeln, von denen einige abschließend aufgeführt werden mögen. Walther *Hubatsch:* Preußen als internationales Forschungsproblem. In: Geschichte in Wissenschaft und Unterricht 1962 S. 71—86. — Thomas *Ellwein* und Waldemar *Brückmann:* Friedrich der Große im Spiegel der Nachwelt. In: Zeitschrift für Religions- und Geistesgeschichte 1948 S. 2—24. — Walter *Bußmann:* Friedrich der Große im Wandel des europäischen Urteils in Deutschland und Europa. In: Festschrift für Hans Rothfels, hrsg. Werner *Conze,* Düsseldorf 1951 S. 375—408. — Stephan *Skalweit:* Das Problem von Recht und Macht und das historiographische Bild Friedrichs des Großen. In: Geschichte in Wissenschaft und Unterricht 1951. — Karl Erich *Born:* Friedrich der Große im Urteil der preußischen Konservativen. In: Geschichte in Wissenchaft und Unterricht 1955. — Walther *Hubatsch:* Das Problem der Staatsräson bei Friedrich dem Großen. Göttingen 1956. — Stephan *Skalweit:* Frankreich und Friedrich der Große. Der Aufstieg Preußens in der öffentlichen Meinung des „ancien régime". Bonner Histor. Forschungen 1, Bonn 1952. — Manfred *Schlenke:* England und das friderizianische Preußen 1740—1763. München 1963. — Henry M. *Adams:* Die Beziehungen zwischen Preußen und den Vereinigten Staaten 1775—1870. Würzburg 1960. — Thomas M. *Barker* (Ed.): Frederick the Great and the making of Prussia. New York 1972. — F. A. v. Heinitz (Heynitz): W. Schellhas, in NDB 9 (1972) S. 96 ff.

PERSONEN- UND ORTSVERZEICHNIS

Nicht aufgenommen wurden die Stichworte: Friedrich II. d. Gr. v. Preußen, Preußen (Staat)

PREUSSEN
Verwaltungsgrenzen 1779

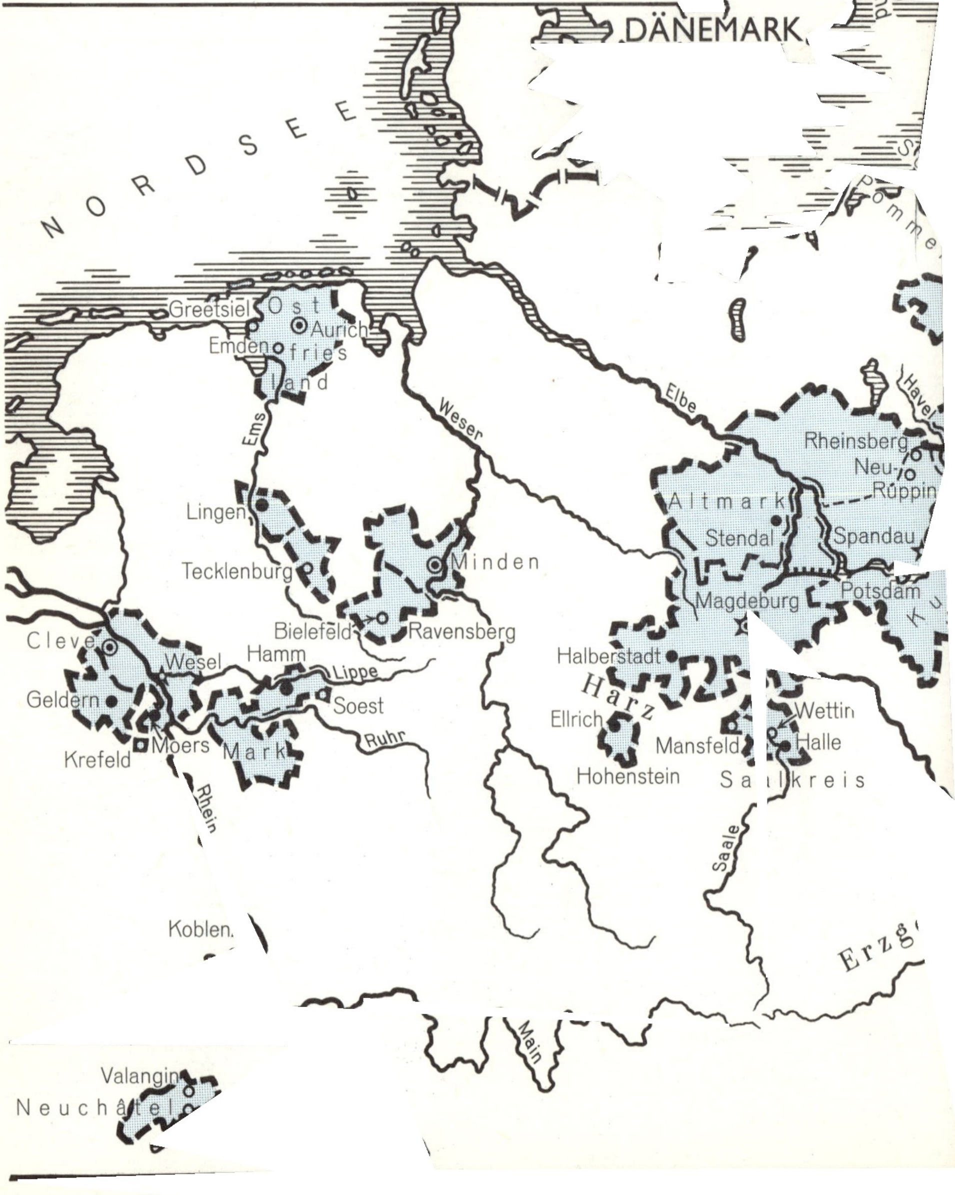